刘诗白 — 著

刘诗白选集

第七卷

转轨期经济运行研究

四川人民出版社

图书在版编目（CIP）数据

转轨期经济运行研究 / 刘诗白著. —成都：四川人民
出版社，2018.12
（刘诗白选集；第七卷）
ISBN 978-7-220-10866-2

Ⅰ. ①转… Ⅱ. ①刘… Ⅲ. ①中国经济—转型经
济—文集 Ⅳ. ①F123.9-53

中国版本图书馆CIP数据核字（2018）第184885号

ZHUANGUI QI JINGJI YUNXING YANJIU

转轨期经济运行研究

刘诗白　著

责任编辑	何朝霞
封面设计	陆红强
版式设计	戴雨虹
责任校对	吴　玥　林　泉
责任印制	王　俊
出版发行	四川人民出版社（成都槐树街2号）
网　　址	http://www.scpph.com
E-mail	scrmcbs@sina.com
新浪微博	@四川人民出版社
微信公众号	四川人民出版社
发行部业务电话	（028）86259624　86259453
防盗版举报电话	（028）86259624
照　　排	四川胜翔数码印务设计有限公司
印　　刷	成都东江印务有限公司
成品尺寸	170mm × 240mm
印　　张	32
字　　数	390千
版　　次	2018年12月第1版
印　　次	2018年12月第1次印刷
书　　号	ISBN 978-7-220-10866-2
全套定价	3000.00元（全13卷）

目 录

论 文 001

社会主义经济发展中的通货膨胀 003

论市场疲软的性质及治理 047

我国经济紧缩调整时期的经济机制与治理整顿 054

全面疏导 多方启动
　　——缓解市场疲软十策 075

谈我国当前的市场疲软 080

综合治理 启动市场 086

通货膨胀与国家管理和调控能力的薄弱有关
　　——社会主义经济发展中的通货膨胀续论 090

论市场消费需求的启动 106

继续启动市场 促进经济回升 124

关于当前经济形势和搞活国营大中型企业的若干问题 134

经济效益持续下降的原因探索 146

国民收入分配中的V扩张 160

长周小波 180

采取有效措施 控制通货膨胀 182

论经济过剩运行 185

不是过剩经济 而是过剩运行

    ——再论经济过剩运行 203

论世纪之交经济过剩运行及其治理 207

经济转轨与有效需求不足的治理 230

增大有效供给 245

经济转轨与增加有效供给 247

没有疲软的市场 只有疲软的产品 263

当前中国的就业形势及对策 266

如何启动有效需求 274

切实启动有效需求促进经济健康复苏 281

大力启动社会投资促进经济持续发展 293

专 著 295

我国转轨期经济过剩运行研究 296

第一章 现代市场经济的生产扩张与总量均衡问题 297

第二章 我国经济转轨与有效需求不足 345

第三章　我国经济转轨中的有效供给不足　......406

第四章　社会主义市场经济运行的周期性　......441

主　著　......469

中国转型期有效需求不足及其治理研究　......470

第一章　现代市场经济的生产扩张与总量均衡　......471

论文

刘诗白选集

社会主义经济发展中的通货膨胀^①

社会主义经济发展的长过程中，曾经出现发展—失调—调整的不良循环现象，这一不良循环在社会主义改革的初始阶段表现为过热发展—通货膨胀—经济调整。特别是通货膨胀的显著化，甚至激烈发展，往往成为社会主义经济健康发展和改革深化的重大障碍。因而，从理论上分析和找出导致通货膨胀的原因，弄清缓解、治理和克服通货膨胀的前提条件，探索在改革进程中如何避免形成导致通货膨胀的因素，以保证经济稳定增长，改革稳步深化，就是社会主义经济学必须加以回答的一个具有重大现实意义和具有重大理论意义的课题。本文将对这一问题，进行初步的探讨。

一、困扰着社会主义改革的共同难题——通货膨胀

经济运行的计划性，是社会主义经济的重大特征。以生产资料公有制为基础的有计划的商品经济，其经济运行有必要也有可能表现为

---

① 原载《江西社会科学》1990年第6期。

稳定、协调和持续增长的形态，经济的周期性大波动和危机，是和社会主义有计划的商品经济不相容的。但是，在社会主义国家经济的现实发展过程中都出现过多次失调，进行过多次调整，特别是在进行体制改革的社会主义国家，通货膨胀由隐蔽形态变成经济生活中的显著现象，而防止和抑制通货膨胀，也就成为社会主义国家在改革和发展过程中经济工作的一项重大课题。

我国10年改革开放，取得举世瞩目的成就。改革使经济获得活力，使国民经济持续和迅速发展，1978～1988年，国民生产总值年平均增长率为9.8%，而在此期间美国增长率为3%，日本为3.7%，英国为2%，韩国为8.3%，苏联为2%。我国经济实力不断增强，市场繁荣，农村多年来存在的温饱问题，迅速得到解决，人民生活有了前所未有的改善，我国"一穷二白"的状况业已根本改变。改革开放的10年，无疑是中华人民共和国成立以来经济发展最迅速的时期，改革成绩表明，十一届三中全会以来的路线方针是正确的。

冷静地观察和思索改革的经历，10年中所走过的道路并不平坦，经历了若干曲折，也有工作失误。表现得十分突出的问题是：伴随着经济搞活而来的是经济失控，随着改革的深化，宏观经济运行失控日益发展，愈演愈烈。其主要表现是：（1）社会总需求增长超过总供给增长，1980年就出现由投资膨胀推动的需求过旺，1984年后更出现由投资、消费双膨胀推动的需求过旺。（2）产业结构长期失衡，主要表现是农业的增长落后于工业的增长；工业中能源、原材料的增长落后于加工工业的增长，交通建设发展缓慢，基础设施落后。（3）宏观经济三大比例失调。财政收支不平衡，1979～1988年10年间有9年赤字，总共达650亿元；信贷收支不平衡，货币超经济发行。货币发行增量大大超过国民收入增量；外汇收支不平衡，进出口连年逆差，外汇储备跌到警界线下。（4）十分突出的是流通领域混乱现象与日俱增。不仅消费品供不应求，而且物资供求不平衡日益严重；价格体制不健全，价格双轨制助长流通内倒买倒卖。流通领域中出现"大办公司热"现象，全国范围内经营性公司一度达40多万家。

经济失衡与失控的最终结果则是通货膨胀的加剧。10年中我国曾出现三次通货膨胀。第一次通货膨胀是由于价格改革所致。1979年我国大幅度提高农产品收购价格，提价幅度大大超过国家财政承受能力，1979年出现财政赤字127亿元，1980年达到170亿元，造成1980年物价上涨6%。1981年实行调整紧缩，压缩固定资产投资100多亿元，赤字降为25亿元，1981年物价上涨幅度降低到2.8%，1982年为1.9%，工业消费品一度出现卖方市场，但是好景不长，出现第二次膨胀。1982年党的十二大提出了在20世纪末将国民生产总值翻两番的目标。由于人们思想上急于求成，各地竞相追求提前翻番。1984年，人民银行实行1985年信贷规模根据1984年末基数核定的方法，当年12月出现"四行劝贷"，信贷盲目扩张，导致货币发行失控，1984年底，货币发行猛增，达到262亿元，增加49.5%，出现以信贷膨胀为特征的需求膨胀。1985年实行紧缩政策，采取抽紧银根，即：（1）抽紧银行发放的流动资金贷款；（2）抽紧中央银行对专业银行再贷款，以促使专业银行限期收回对企业的贷款。当时未曾采取压缩基本建设规模的措施，经济过热仍然继续发展，1985年固定资产投资比上年增长52%。生产过热降不下来，而银根却又收紧，出现了1986年2月工业生产负增长和滑坡，财政减收，外汇收入下降，市场供应紧张。在此情况下，被迫放弃"紧缩银根"，在需求过旺的拉力下，1986年物价上涨6%。由于1985年紧缩银根，压缩总需求未获成功，而且1985年、1986年两年固定资产投资不断上升，总量失衡更加严重。为了使经济降温，1987年底提出收紧财政、收紧信贷的"双紧"，但实际上未得到贯彻。当时人们对通货膨胀的严重危害认识不足，过高估计了1987年的工作——既控制了宏观经济，又放活了微观经济。在这种指导思想下，1988年国家提出的"稳定经济"的方针，不能得到贯彻执行，1988年3月，工业生产增长较上年同期达到18%，人们还将之视为好事而不加抑制。在经济过热、需求过旺已经十分突出，两位数的通货膨胀（全年上涨18.5%）已经出现的情况下，5月提出"闯价格关"，结果导致7、8月全国性的抢购和挤兑的市场风波，基于这种严峻的经济形势，1988年9月党的十三届三中全会宣布进行治理整顿。

以上情况表明，10年改革开放，经济搞活和迅速发展的同时却带来了通货膨胀，它由20世纪80年代初5%以下的温和的通货膨胀，演变为80年代中期10%以下的通货膨胀，最终急剧演变为1988年夏两位数的通货膨胀。我国长期否认社会主义制度下存在通货膨胀，但在改革开放以来的经济发展进程中，人们看到通货膨胀不是理论家臆造出的"幻影"，而是活生生的现实。

通货膨胀的恶果十分显著：由于物价上升，超过了社会承受力，造成企业亏损增加，财政负担增大，居民收入下降。在此情况下，企业为了对职工进行补偿而增发奖金，造成工资成本上升。我国企业消化能力不强，大幅度的成本上升，加以社会需求过旺，必然引起工资成本推动的物价上涨，其结果是造成一部分群众生活水平的下降。1987年物价上涨7.3%，导致21%城镇居民生活水平下降；1988年物价上涨18.5%，导致30%城镇居民生活水平下降。职工强烈要求工资补偿，企业不得不增加对工人的补贴与实物发放，后者约相当于工资总额50%。由此造成了工资推动的螺旋形物价上涨。

原材料与其他投入品价格上涨，而企业又缺乏消化能力，于是企业纷纷采取涨价来弥补成本的上升，出现了成本推动的螺旋形的物价上涨。通货膨胀使企业亏损增加，国家不得不增加亏损补贴，再加以大量的价格补贴，这一切使财政负担更重，入不敷出。地方大量的"吃饭财政"变成赤字财政。财政收入不足，而国家各种支出不能少，只有向银行透支，银行就只有发票子，引起货币超经济发行。我国1984年至1987年货币投放为926亿，1987年货币流通量较之1983年增长1.75倍。货币投入量4年年平均增长率为29.3%，而国民收入年平均增长率为10.6%，货币增量大大超过国民收入的增长，导致国民收入大大超分配。物价上涨情况下的货币超量发行，又进一步扩大了总需求，促使价格进一步上涨，使通货膨胀愈演愈烈。通货膨胀，不仅全面干扰与影响了经济的正常运行，带来许多经济困难，妨碍了进一步改革措施的出台，而且，它破坏了一个健康的稳定的经济发展所必要的居民对国家的信任，使一些人对改革的前景产生怀疑。可见，通货膨胀不仅仅是一个令人生畏的"幽灵"，而且的确是经济运行中的一场灾害。因而，进行治理、整顿，制止通货膨胀，就成为我国的当务之急。

可见，通货膨胀在改革过程中表现出来和急剧发展，使从改革获得活力、生气和迅速发展的经济定期地面对着膨胀"危机"，而被迫地进行调整，它是经济稳定发展和社会主义改革的一个拦路虎。能否制止和防止通货膨胀，不仅关系我国当前面临的治理整顿的严峻任务的完成，关系我国国民经济持续、稳定和协调地发展，而且关系社会主义改革的顺利进行和深化，甚至可以说，关系社会主义改革的成败，因而防止出现通货膨胀，应该成为社会主义国家经济工作的一个指导思想。那种把通货膨胀当作发展中国家伤风咳嗽一类的小病，认为没有什么了不起，不予重视，对通货膨胀恶性发展，表现出麻木不仁的观点，是十分有害的。

二、通货膨胀的直接成因

通货膨胀是社会总需求超过总供给条件下出现的物价总水平的上涨，日常经济生活中出现的个别商品的上涨不是通货膨胀。通货膨胀无疑是一种货币现象，从直接成因来说，它是商品、货币对应关系被破坏的产物。如果总商品与总货币购买力相对应，在市场价格形成中，就不会有来自供给方面的涨价推力和来自需求方面的涨价拉力，价格就会与价值相对应，也就不会有价格的上涨和物价水平的上升。可见，社会总需求超过总供给，是造成通货膨胀的直接原因。社会总需求指有货币支付能力的总需求，总供给是排除货币价值变动因素影响的社会商品和劳务总供给。

根据货币流通规律，假定货币流通速度不变，总需求增长率与货币供应量增长率成正比。因此，为了保持物价的稳定，货币的供应量增长，应该与国民收入的增长相适应。如果一个国家，不能把握住货币发行的闸门，而实行货币超经济发行，使货币增长大大高于国民收入的增长，出现货币超速增长，必然形成社会总需求超过总供给，而在市场需求拉动下，就必然会有物价总水平的上升，即通货膨胀。

我国近年来就出现了下述情况：

年份	国民收入增长率（％）	M0（现金）增长率（％）
1979	7	26.3
1980	6.4	29.3
1981	4.9	14.5

续表

年份	国民收入增长率（%）	M0（现金）增长率（%）
1982	8.3	10.0
1983	9.8	20.7
1984	12.8	49.5
1985	8	24.7
1986	10.5	23.3
1987	9	19.4
1988	11.47	46.7
1989	3.7	9.8

社会总需求，具体表现为：投资需求+消费需求+净出口，或者是：政府支出+企业支出+个人支出。在进出口相均衡，即净出口为零的假设下，社会总需求，就是投资需求+消费需求。

需求膨胀，来自投资需求与消费需求膨胀，首先是投资需求膨胀。它意味着投资需求增长超过界限，即超过投资品的供给以及引起超过限度的消费品的供给，这是导致通货膨胀的重要因素。因为，投资需求的增长过多，不仅造成投资品的供应不足和投资品价格上升，而且我国基本建设投资约有40%会直接转化为对消费品的需求，再由于国民经济中第Ⅰ部类和第Ⅱ部类的互相联系和互相推动，投资活动的兴旺，成为经济的一种始发推动力，它刺激和带动对消费品的需求。上述投资膨胀引发通货膨胀的情况，不仅出现在资本主义经济中，也出现在社会主义有计划的商品经济中。特别是由于社会主义"短缺经济"，投资支出过量，更成为引起和加剧通货膨胀的重要原因。经济过热，导致投资需求膨胀，造成"三材"和其他原材料的供不应求，电力、交通的紧张，形成生产资料涨价的压力并使消费品的供应越来越紧缺，造成全面涨价的形势。

1982年召开的党的十二大，提出了20世纪末工农业总产值翻两番的目标，要达到这一目标，工农业总产值平均年增长率为7.2%（但实际增长率大大超过7.2%）。就工业生产增长率来看，"六五"时期年增长率达到10.8%，1983～1984年超过10%，1985年更跃升为21.4%。1986年全国人大六届四次会议讨论通过的"七五"计划（1986～1990），强调"投资规模必须同国力相适应"，"把投资规模搞得过大，必然造成重大比例严重失调，使经济发展走弯路，延缓现代化建设的进程"，在速度上强调采取适度增长，避免经济过热，特别是经济体制改革的全面展开需要有一个比较宽松的经济环境。但是，这些计划指标并未在实践中得到认真的贯彻落实，在指导思想上总觉得速度高些比低些好，因而实际上工业生产的增长，大大超过"七五"计划规定的平均年增长率7.5%，1986年为11.7%，1987年为17.7%，1988年乡镇企业增长在30%以上。

"七五"计划规定，五年内全社会固定资产投资规模平均增长率为3.7%，但"七五"时期前三年，摊子越铺越大，项目越来越多，固定资产投资规模平均年增长达17%，大大超过财力、物力的承受能力。从绝对数值来看，全社会固定资产投资规模1985年为2543亿元，比上年增长38.8%，占当年国民收入的36.3%；1986年为2914亿元，比上年增长12.5%，占当年国民收入的37.4%；1987年为3918亿元，比上年增长34.4%，占当年国民收入的42.8%。我国近年来固定资产投资比上年增长的幅度之大，占当年国民收入的比重之高，在世界各国中是不多见的。在改革带来的投资主体多元化和投资权力下放和分散化的条件下，迅速增长的固定资产投资，一部分来自企业自有资金（包括自筹资金），但企业短期行为盛行，实际上大部分资金是依靠银行信贷资金。近年来，在财政包干的利益驱动下，地方政府大搞工业建设，银行不得不增加信贷。地方政府大搞加工工业的短期行为带来的产业结构失衡的加剧，又迫使国家从中央财政拿钱发展电力和交通等基础产业和基础设施。扩权以来的中央财力本已分散（1987年中央财政收入占财政总收入的49%），而支出又不断增长，因而只有靠向银行增加透支。

总之，固定资产投资的迅疾增加，一是靠财政赤字，二是靠扩大信贷规模，而最终不能不依靠多发钞票，我国近年来的固定资产投资的膨胀，是导致通货膨胀的主要原因。

消费需求的膨胀，是近年来总需求膨胀的重要因素。我国近年来，在对企业实行扩权让利，搞活经济中，出现了消费失控，表现为：工资和其他劳动收入的增长大大超过了劳动生产率的增长，出现了消费基金增长过快。例如：（1）1979～1987年9年居民货币收入年平均增长20.9%，而同期国民收入平均年增长8.8%。1988年1～11月，银行工资和对个人其他现金支出比1987年增长27.7%，同期国民收入增加10%，特别是工资总额以外的其他"灰色收入"和实物性收入增长也很迅猛，目前大约占工资总额50%。（2）超前消费。我国目前人均年收入300多美元，属于世界低收入水平，而人们的消费方式却超越了常规的收入—消费界限，存在着普遍的高消费倾向，如追求彩电、录音机、录像机、双门电冰箱等高档耐用消费品。（3）政府和企业的消费开支，即集团购买力迅速增长。1988年计划压缩集体购买力20%，但实际增长21%。

一方面，多种所有制和多种经营形式的发展，允许一些地方和一部分人先富起来，把一部分收入分配权（如工资浮动、奖金增发）下放给企业，在这些新条件下形成的收入分配机制，诱发了普遍的消费亢进；另一方面，对消费需求的宏观控制不力，对收入分配中的过大差别缺乏调控，对高消费缺乏引导，因而，消费膨胀愈演愈烈，成为近年来的特点。1984~1987年是消费需求迅猛增长期，职工工资总额年增20.3%。在基本建设投资开始有所压缩，投资需求一定程度得到控制的1988年，消费需求却刹不住，仍然继续膨胀。我国人口多，消费需求总量大，而生产力水平低，消费品生产还较为落后，消费品生产增长又受到多种因素制约。消费基金增长的严重失控，势必造成消费需求超过市场消费品可供量，引起商品匮乏，脱销断档，造成涨价压力。加之我国存在消费领域狭窄的状况：由于实行住房、教育、医疗供给制，因而个人消费集中于日用消费品，特别是高档消费品，加剧了某些日用消费品的供求失衡。

消费膨胀，是形成我国通货膨胀的重要原因，它直接带来近年来消费物价的上升。1988年消费膨胀情况严重，1~9月消费品零售价格增长16%，月增长25%。消费膨胀不仅仅引起物价上涨，而且迅猛增长的消费需求，通过扭曲的市场调节机制，刺激消费品生产，特别是高消费产业的盲目发展，加剧了产业结构的失衡，使原材料生产、电力、交通等基础产业更显得薄弱，从而又进一步从供给要素上加剧了通货膨胀的发展。

总之，我国近十年来经济发展和改革过程中，出现了投资膨胀和消费膨胀，而且愈演愈烈，呈现出发展—膨胀—调整的状况，其具体表现是：1981年的投资单膨胀—调整压缩—1985年后的投资、消费双膨胀—调整压缩—进一步的投资、消费双膨胀。投资膨胀和消费膨胀，直接造成了我国的需求膨胀，是我国通货膨胀的直接成因。

三、加深通货膨胀的主观原因

就一般而论，通货膨胀的起因，是用于购买商品的货币支出过多，即流通中的票子过多。票子是通过中央银行发行，是政府基于某种货币政策发行出来的。银行如果不实行货币的超经济发行，就不会使流通中出现超量货币对不足商品的追逐，也就不会有需求拉动的物价水平的上升。纵观第二次世界大战后世界资本主义国家，如果一国政府执行某种扩大赤字财政和增发货币刺激经济的政策，就会出现经济过热与通货膨胀；而另一些国家政府严格执行稳定货币的政策，严把货币发行的闸门，使流通中货币量与商品经济所需要的货币量相适应，在一段时期保持价格水平的稳定。政府和中央银行的某种政策，又是基于一定的经济学理论，例如当前世界资本主义国家的通货膨胀就与实行赤字财政来刺激与保证有效需求的凯恩斯主义经济理论密切相关。

我国是社会主义国家，近年来，通货膨胀的不断发展甚至愈演愈烈，不能简单地和完全地归结于客观原因，例如简单地说，这是由于双重体制的摩擦。我们不能简单地把通货膨胀说成是经济体制改革和模式转换期的必然产物，是不可避免的现象，如果这样认识问题，那么，社会主义经济发展中将永远也摆脱不了通货膨胀；而经济体制改革，也可以说不是最佳选择，而改革也就不可能继续推进，向新模式的转换也就永远不能完成。

冷静地思考过去，应该可以认识到，在一定时间内票子发得太多，与工作失误，特别是指导思想的偏颇有关。应该看到，通货膨胀的不断发展与恶化，直接源于需求过旺、经济过热，而其主观原因是人们急于求成，追求发展的高速度，产值的高增长。我国人口多，每年净增1700万人以上，造成强大的就业压力。加以政府开支增量大，补贴多，包袱重，而财政收入来自经济增长，因而客观要求有一定增长速度。我国的两难是：经济增长放慢将引起劳动力转移、就业增长和财政增长的困难，经济增长加快又会与物价稳定相矛盾，一旦增长过速逾限，通货膨胀就会迅速强化。因此，我国应实行国民经济持续、稳定、协调增长的方针。

急于求成，增长求速，是我国长期流行的社会心态。我国自20世纪50年代以来，在急于求成的心理下，追求高速度，"大跃进""土法上马""万马奔腾"，此后又有"洋冒进"，直接造成了经济的过热，加剧了物资与消费品短缺，造成"隐性通膨"。而改革开放10年来的几度需求膨胀，特别是1988年急剧地表现出来的通货膨胀，也都与人们在推进社会主义经济增长中要求过急密切相关。为了加快建设速度，人们拼命争投资，上项目，迅猛地扩大基本建设规模，财政没有钱，靠银行发票子。加之近年来一些人食洋不化，照搬西方凯恩斯主义经济学，竭力鼓吹借助通货膨胀，实行"强迫储蓄"，集中群众手头资金来加快建设速度，认为它是加速经济增长的捷径和有效方法，认为这样做不仅无害，而且有益。在已经出现两位数的通货膨胀的情况下，有的人甚至还主张：采取大胆的措施，发几百亿票子搞重点建设。另一种观点是，对于发展中国家，通货膨胀仅属于伤风感冒这类小病，是不足为奇和难以避免的。

在我国，由于人们迷恋高速度，以及受到通货膨胀有益论、财政赤字无害论等错误观点的影响，造成在一段时期内不能采取有效措施来放慢发展速度，控制过热运行的经济，抑制需求膨胀的发展。1988年春，李鹏同志在全国人大七届一次会议上所做的政府工作报告中，强调经济稳定增长。而会议刚刚结束，面对工业增长率达到18%

的经济过热，人们仍然不为过高的速度担心，不仅不采取紧缩控制的措施，而是扩大信贷，保证对企业的资金供应，其结果不仅是对过热经济火上加油，而且进一步加剧了货币超经济需要发行，激化了总需求与总供给的矛盾，引起了两位数的通货膨胀，引发了当年8、9月的"市场风潮"。

可见，认识上的模糊和偏差，使10年来我们未能对建设规模进行有效的控制，使之与国力相适应。年年喊压缩基本建设，但老是压不下去，经济长期未能摆脱"过热症"，出现了全国范围内的扩大基本建设的热潮，实际上是在用增发钞票来加快经济增长。这就是我国通货膨胀不仅制止不了，而且是愈演愈烈的一个重要因素。

总之，对处在短缺经济情况下的我国来说，必须掌握好增长的度，保证经济适度增长，而不能超过经济的可能人为地加快发展速度。实践再次证明，在我国当前条件下30%多的积累率，百分之十几的工业发展速度，是大大超过经济客观可能性的，这样的速度下，经济过热，需求膨胀乃是不可避免的。由于社会主义经济中，国家具有分外强大的经济职能，从而政府决策机构在经济发展中拥有特别重要的作用，因而决策机构认真贯彻决策民主化和科学化，保持清醒头脑，从本国的国情出发，制定稳健的发展方针，规定一个恰当的增长速度，对于防止和抑制改革时期的通货膨胀，就具有十分重要的作用。

四、形成通货膨胀的深层原因

（一）内生的需求膨胀要素的客观存在

通货膨胀的直接原因，是需求膨胀，即有支付能力的总需求超过了总供给，这种状况的产生，固然与人们认识的偏颇，即由此引起的指导经济工作的政策措施的失误有关。但我国所面对的通货膨胀，是在10年改革过程中不断发展的，屡禁不止，愈演愈烈，这也是进行改革的社会主义国家都遇到的问题。因而，我们研究通货膨胀的成因，就不能停留在事物表层，需要从社会经济的深层次上进行追根，寻找引起需求膨胀和经济失控的体制上的原因。美国自由主义经济学家弗里德曼曾经说，社会主义国家的通货膨胀就是银行票子发多了。这样的评论，在寻找社会主义国家的通货膨胀的根源时，完全脱离具体的经济体制和现实经济机制，不仅是老生常谈，而且可以说是浅薄之见。

通货膨胀的产生，无疑有其深刻的、来自经济体制的原因。首先是来自企业方面的原因，即由于企业组织不完善，经济机制不健全，内抑制功能（即自我约束功能）薄弱而产生的内生膨胀要素。

传统体制的根本弊端在于国家集中过多，束缚了作为生产组织的企业的积极性。进行改革，就要搞活企业，要实行自负盈亏，赋予企业自身利益动机；要扩大企业经营自主权，实行自主经营，解除单一的指令性管理体制加在企业身上的束缚；要强化市场机制的作用，使企业的生产与经营活动更多地和直接地从属于市场调节。但是，如果企业经营机制还不健全，自我约束机制尚未建立，企业自身利益驱动机制的引进与市场作用的增强必然激发企业自行扩张的积极性，产生内在的投资膨胀，即超过企业的财务能力和合理经营界限的投资扩张（包括自身投资、社会筹资和利用银行贷款投资）。另外，企业职工有增加消费的愿望，在企业经营机制还不健全、自我约束机制尚未形成的情况下，一旦企业放活，拥有自主分配的权力，必然会产生消费亢进，即超过企业财务能力和合理经营界限的消费扩张。

由于人们未能充分注意到上述模式转换期内生的膨胀动因和未能

使改革配套，特别是未能高度重视宏观调控体系的组建；也由于形成企业自我约束机制和"宏观管住"的改革措施的推行，需要通过实践进行探索，不可能一蹴而就，因而在我国近年来实行对企业放权让利的改革过程中，企业的投资冲动表现得十分强烈。由于扩权后的企业收入与经济效益直接挂钩，调动了企业的扩产欲与投资欲，而企业又是负盈不负亏，资金大锅饭体制尚未被打破，因而出现了：（1）盲目投资，胡乱上项目，不考虑是否有市场，甚至只求眼前能捞一把，不顾产品是否有长期销路；（2）挤占财政和银行资金，企业不是用自有资金去扩大生产，而是向上级争投资，流动资金靠银行贷款。总之，旺盛的投资冲动，乃是扩权后的企业行为的重要特点。在缺乏自我抑制机制条件下，扩权后的企业的消费冲动也十分强烈。那些缺乏自我约束机制的企业，在自身利益驱动下，产生了自有资金分配的消费倾斜，即企业将自有资金更多用于消费，而尽可能地减少积累，甚至分光、发光。企业负盈不负亏在收入分配上必然引起工资攀比。一些国营企业，即使是发生亏损，人们也要想方设法发奖金。这样，个别企业消费基金的增长，又会刺激带动一大批企业消费基金的增长，这种消费超出常规、超越合理行为界限成为十分普遍的现象。再加上对外开放条件下产生的消费的国际攀比，更是进一步加强了消费亢进。

可见，在未能建立起企业自我约束机制和建立起相应的有效的宏观调控体系的条件下，一个以实行扩权让利、搞活企业为中心和以之起步的经济体制改革，必然会在使企业具有活力的同时产生投资与消费双亢进，这种模式转换初始时期的内生的需求膨胀，成为通货膨胀的体制上的动因。

以上论述表明，在模式转换期，人们必须在对企业进行扩权时，采取有效措施，来克服和消除这种内生的需求膨胀趋势，为此，要制订和设计配套的改革措施。这就是：一要把对企业的扩权、让利放活与企业自我约束机制的形成结合起来；二要把增强企业的活力与强化国家的宏观调控结合起来。

（二）企业的涨价冲动与成本转嫁

在商品经济体制下，企业是一个拥有责、权、利的，实行自主经营的商品生产者。社会主义企业拥有的自主权，一般说来不仅包括日常生产与销售决策权，而且拥有一定的投资决策权、收入分配权，还包括必要的定价权，对于那些充分依靠市场调节，从而实行价格完全放开的企业，更是有充分的定价权。

对于拥有自身特殊利益的国营企业来说，基于获得自我赢利的动机，在产品能够销售出去的前提下，企业总是想把销售价格定得更高些。因而，在实行了价格放开的场合，自主经营的企业总会把追求赢利的愿望变成涨价的行动。只不过是由于来自市场的抑制作用，由于价格在众多生产者的销售竞争中形成的机制，使提高销售价格的愿望并不能经常地成为现实。实际上，价格形成并不是决定于生产者个人的愿望，而是要在竞争的合力与压力下，均衡于商品价值这一社会中准。正是市场竞争机制，形成了对生产者固有的内在涨价冲动的经济抑制，它强使生产当事人按照相当于价格中准的生产价格出售商品。市场发育越是成熟，市场竞争机制的作用越充分，企业的涨价冲动就会更有效地被抑制，就不致于出现普遍的涨价行动；反之，如果市场发育不成熟，市场机制的作用不充分，价格的市场形成机制尚未建立起来，那么，外在的市场抑制力的缺乏，就决定了企业的涨价冲动会十分强烈，而且会把这种内在冲动变成涨价的行动，从而导致普遍的涨价。

　　进行体制改革，人们有必要对企业实行扩权，为了使企业扩权所带来的自身利益驱动和涨价冲动受到外来的抑制，人们必须使市场机制的形成与企业扩权同步，为此，就要求实行配套的改革。具体地说，要在市场发育成熟，有可能形成充分竞争性的市场价格的条件下，赋予企业以定价权和自主销售权。但是，改革的困难正在于市场发育需要的时间，在改革过程中往往出现市场机制正常发挥作用的滞后。由于短缺经济中存在的慢性供求失衡，由于流通领域的改革的缓慢、供销组织的不完善和竞争性经营的缺乏，由于部门的与地区的行政壁垒使市场割裂等原因，社会主义国家难以在较短的时期内，在很大的商品范围内形成统一市场，并使企业在市场上进行平等的价格竞争。即使是在某些领域，例如在蔬菜副食品、一般日用消费品和工业小商品领域，实行了放开价格，但是这种自由市场交换实际上往往被限制在地区范围内，并且还因供给弹性小、销售组织不健全等原因，而使这种生产者间的竞争很不完全，使供求—价格效应、价格—供求效应表现得软弱无力。可见，社会主义国家在新旧模式转换期，客观上存在着正常的市场机制形成的滞后和面对市场调节作用的软弱无力。它意味着对扩权企业涨价冲动的外在约束力的缺乏或薄弱，因而，来自企业的涨价趋势，将成为实行扩权过程中难以避免的现象，这种涨价趋势也是新旧模式转换初始阶段产生通货膨胀的重要因素。

　　从理论上明确企业扩权的改革会孕育涨价冲动，这是十分重要的。它将使人们采取更加稳健和慎重的改革措施。（1）实行对企业逐步的扩权，扩之有度；（2）要把价格的放开，置于市场发育和市场机制的抑制功能发挥作用的基础之上。具体地说，首先，价格放开的改革要以买方市场形成为前提，其次要实行先调后放的逐步的价格改革。

改革初始时期出现的企业的涨价冲动，将因为在总量失衡条件下市场上存在的更大需求拉力而强化。假定总需求与总供给大体均衡，由于这个或那个产品供求失衡将是难以避免的，对那些供不应求的个别产品来说，就会形成市场上的需求拉力，这种拉力强化了市场竞争抑制功能软弱条件下的企业的涨价冲动，造成个别商品价格上涨幅度过度，即超过竞争条件下正常的价格上涨幅度。但是，这一商品的涨价和另一商品的跌价是并存的，不会出现普遍涨价和价格总水平的上升。假定总量失衡，由于需求过旺，市场上存在普遍的需求拉力，这样将会产生普遍的涨价趋势，这种情况下企业的涨价冲动就越发强烈，表现为"乱涨"和"猛涨"，这种情况在我国近年来的经济生活中表现得十分突出。

成本转嫁是企业涨价冲动的一种具体方式。企业在原材料或工资成本上升时，不是通过加强经营管理，精打细算，降低生产成本，将涨价要素从内部消化，而是简单地诉诸提高销售价格，将上升的成本转嫁给消费者，这就是成本转嫁。成本转嫁乃是市场机制缺乏、市场外抑制功能缺乏或薄弱条件下的企业行为，它导致成本推动的通货膨胀，并且成为改革初始阶段即模式转换期通货膨胀产生的另一重要动因。

降低成本的内在冲动与要求乃是现代商品经济中企业的本能和生存之道。在发达的商品经济中，企业面临激烈的市场竞争，为了在竞争中求生存，求发展，求赢利，企业不能不关心价格的降低，从而要千方百计加速技术进步，完善经营管理，减少各种不必要的开支和杜绝浪费，挖掘内在潜力，不断地和最大限度地降低成本。降低成本的强烈冲动乃是现代商品经济中企业的行为特征，它们有赖这种行为与"消化功能"，在投入品价格上涨时，尽可能地遏制住产出品的价格涨势。例如，20世纪70年代世界石油价格猛涨并曾由此引起发达资本主义国家的通货膨胀，但很快，上涨的价格又因企业的技术进步和经营改善带来的成本下降而下跌。

对上升的成本的内在消化功能的缺乏，乃是传统体制下企业的特征。我国传统的统收统支体制下的国营企业，价格由国家定，盈亏由国家负，亏损由财政补，由于不存在价格成本正差的企业利益机制，更不存在价格成本负差导致的企业生存危机，又不影响企业的发展，这就决定了企业对成本降低缺乏关心。在体制改革的过程中，扩了权的企业引入自身利益动机，又有一定的定价权——包括双轨制下的自销产品的议价权，再加上实行企业自留利润，自主投资，国家不再统包投资，因而价格与企业的利益以及企业的发展密切相关。这样也就产生了价格成本差额的赢亏和企业损益的机制，这一价格（或成本）—企业损益机制，使企业有了涨价冲动。但是，由于改革不可能一蹴而就，在一定时期内，企业改革不到位，企业（特别是国营大中型企业）仍然在国家襁褓之中，仍然可以吃财政补贴，享受税收减免和贷款等种种来自"父爱主义"的优惠，因而，企业仍然和过去一样，不会因为价格与成本发生负差额而丧失生存条件，更不必担心会破产。尽管改革过程中，企业的财政约束总的趋向硬化，但是这不是短时间所能完成的，"父爱主义"的被抛弃并非易事。只要这种大锅饭的旧体制继续存在，企业就不可能有合理的经营行为，就会缺乏改善经营管理、降低成本、提高赢利的自觉的积极性，而仍然会从属于传统的行为方式和习惯势力，懒懒散散地经营，辛辛苦苦地（向国家）讨价还价。可见，在新旧模式转换初始时期，企业一方面有了一定范围内的价格—损益机制和产生了涨价冲动；另一方面，它又缺乏来自市场的外抑制和降低成本的内在动机。因此，作为完善的企业经营机制的必要内容的内在消化功能不可能顺利形成，其表现是企业并不想方设法遏制成本的上升，而却是随意地实行成本转嫁，将投入品价格上涨的负担转嫁到买方，即消费者身上。

成本转嫁具有下列三种形式：

第一，把原材料的涨价部分转嫁到产出品价格上。这就是：使用涨了价的投入品的一系列企业递次的成本转嫁，例如初级产品涨价，引起加工产品相应涨价，最终引起消费品的相应涨价。这是相关企业间因为投入品价格上涨而导致的涨价连锁。人们通常称之为"轮番涨价"。根据天津市1988年对285个大中型企业普查资料表明，原材料能源价格上涨引起加工工业产品价格上涨，其转嫁率为126%，这种对应式的即1:1式的成本转嫁效应，造成原材料价格上涨——加工产品价格上涨——原材料产品价格上涨，最终导致原先不合理的"比价复归"。我国1979年曾大幅度提高农产品价格，此后，20世纪80年代中期加工工业产品价格和日用消费品价格，特别是农业生产资料价格迅猛上涨，导致80年代末农产品价格与工业品价格的不合理的"比价复归"。

第二，把工资成本的增加部分转嫁到产品价格上。由于实行经济效益与职工收入相挂钩，取得了高效益的企业，职工的工资，特别是奖金不断提高，生活福利也不断改善。由于现行体制下工资的刚性，在以后企业效益下降，甚至发生亏损条件下，提高了的工资支出也降不下来；再加以企业之间在工资上互相攀比，即使是效益差甚至亏损的企业，也在职工工资和福利上想方设法向先进企业看齐。工资不合理地增加，促使产品价格上涨。

第三，在制度不健全条件下，对企业的各种摊派，以及非经济性的开支，也都被打入产品成本，进一步造成价格上涨。

可见，成本转嫁这一不合理的企业行为，是造成通货膨胀的重要因素，而且成为价格改革的极大障碍，它会使比价的调整归于失败。而在进行体制改革的过程中，能否有效地抑制住企业的成本转嫁行为和尽可能地弱化价格上升的成本推动，就是人们能否把通货膨胀有效控制住的另一关键。人们如果未能采取稳健的改革步骤和实行配套的改革措施，如果不能增强企业的内抑制功能与市场外抑制作用和强化国家宏观调控功能（上抑制作用），那么，这种成本转嫁效应将更加强化，从而表现出一种病态的企业经营行为。这种价格形成机制中的成本推力和总量失衡（以及结构失衡）条件下产生的需求拉力相结合和相促进，其结果则是价格的猛涨和乱涨，从而导致通货膨胀的急剧恶化。

五、形成通货膨胀的深层原因——市场外抑制功能的薄弱

新旧模式转换期企业有内生的需求膨胀冲动和涨价冲动（包括成本转嫁），不仅是由于企业组织结构和经营机制的不完善，而且与企业外在的市场环境和市场机制起作用的状况密切相关。

体制改革的重要任务是引进与培育市场机制，增强经济运行的商品性，以实现计划经济与市场调节相结合。设想新旧模式转换的任务业已实现，较为完备的社会主义有计划的商品经济体制业已形成，市场交换得到广泛的发展，重要商品的统一国内市场和社会主义市场体系已形成，绝大多数消费品、生产资料和其他生产要素价格已经放开，并且在很大程度上从属于市场调节。在这种情况下，在这些经济领域（军事工业、主要的基础部门、关键的技术生产等领域仍将从属于直接计划机制的调节）中，价格形成的市场竞争要素将得到增强。

价格形成的市场机制对充分自负盈亏的企业，将起到强有力的调节作用。它不仅会强化企业的积累动机和扩产动机（对有效益的企业来说），而且会表现出市场外抑制的功能，促使企业缩减与放弃不合算的生产项目，开拓新产品，实行转产和兼并，并为了增强竞争能力（包括抑制不合理的投资支出）而强化积累，优化投资，并且厉行节约，节制消费（抑制不合理的工资支出），以降低成本。可见，市场机制起了一种强有力的外抑制的作用，它强使企业要对自身的投资与消费实行自我约束，成为抑制企业内生的需求亢进和涨价冲动的有效外在的经济杠杆。当然，这种自我约束功能的产生，其内在基础是企业的预算约束和产权约束的硬化和真正实行自负盈亏。

在新旧模式转换期，由于市场发育不成熟，市场调节力的薄弱，加以企业改革尚在艰难地探索，还难以一下子就实行充分的自负盈亏。因而，有效的市场外抑制机制难以迅速地形成。这样，对内生需求膨胀冲动与涨价冲动较小的抑制作用，就往往是新旧模式转换期的重要特征。

在新旧模式转换期，将逐步对企业实行扩权和价格放开，逐步地引进市场机制，但在相当长的时期内，存在着计划与市场调节作用程度不相同的、多层次的经济调节和运行方式。因而，对不同经济领域来说，市场外抑制作用是不相同的。

在不具备引进市场机制的领域，对于那些严重供不应求的关键性的生产部门，和对于那些具有垄断性的竞争，包括自然的垄断和经济的垄断，由于不存在市场竞争的条件，从而不能实行价格放开，因为在强烈的需求拉动下，将产生强烈的涨价趋势和形成损公利己的垄断高价。

在只能逐步引进市场机制的部门，对于广大的经营性的生产部门来说，在改革中，应该实行对企业扩权和赋予企业一定程度的价格自主决策，例如实行指导性的浮动价格，在国家规定的幅度内，企业可以自主决定价格。在这种运行机制下的企业，市场调节对企业产品价格形成的外抑制作用有所增强。但是，在企业经营机制尚未健全、自我约束机制尚未形成的条件下，仍然存在涨价冲动和成本转嫁趋势。

一般说来，这种成本转嫁与涨价所能达到的幅度，决定于商品供求与市场竞争的状况，因而，总量失衡与结构失衡的状况，就成为这些价格实行松动和一定程度放开了的领域的价格涨势的决定要素。如果总量失衡和结构失衡得到改善，市场竞争的压力将抑制企业的涨价冲动，价格上涨率将会下降，而如果总量失衡和结构失衡严重，则增大的市场需求拉力，将促使价格上涨率增大。我国近年来实行浮动价格的工业消费品价格与实行议价的生产资料价格的持续上升和1989年的猛涨，表现了企业内在涨价冲动与市场需求拉力的交相促进。

在那些完全放开了价格，市场的调节作用较为充分的领域，如三类农副产品，一般工业消费品和工业小商品，特别是对于个体经济、私营经济，以及集体经济的生产领域，由于存在较为充分的竞争，价格也是在市场竞争中形成，因而市场竞争中形成的中准价就对生产者起着强制作用。它不仅对这些企业进行生产导向，而且强使它们进行产品调整，并且强使它们抑制不合理的经营行为（包括抑制不合理的投资支出与工资、福利支出），因而，人们就看见市场这只"看不见的手"，即价值规律，通过调节供求，从而对企业涨价冲动与成本转嫁起到有效的抑制作用。当然，如果面对着总量失衡的宏观环境，由于普遍的需求拉力，这一领域的价格上升也是难免。

以上分析表明，在改革过程中，人们只能做到一部分经济领域——个体经济、私营经济、集体和国营的小生产——形成较为充分的市场外抑制机制，对于国营企业的广大领域，将是以这种外抑制功能和企业自我抑制功能的薄弱为特征，而对于那些垄断性部门和关键性的生产资料和消费品的生产领域，由于存在资源和供应短缺，在一定时期，甚至较长时期内都不宜实行价格放开和引进市场机制，因而这一领域将在相应的时期内不具有市场外抑制的功能。因此，市场外抑制功能形成的滞后、作用范围的有限性和抑制功能的软弱，就成为新旧模式转换初始时期难以避免的现象。

我国是一个生产力水平低，自然经济传统深厚，又长期实行计划经济体制的国家。十年改革的实践表明，我国经济的市场外抑制（和企业自我抑制）机制的形成，需要经历一个发展过程。这是一个逐步的经济商品化的过程，是市场逐步发育、市场调节的作用强化和渗透力范围扩大的过程，是企业组织结构与经营机制逐步完善化的过程，也是生产力发展、生产（交通）社会化的过程。在我国，市场外抑制（与企业内抑制）的充分发挥作用，绝不可能在短时期内实现。我们不可能很快就构建起一个具有强有力的自我抑制功能的经济机制，因此，在改革的初始阶段我们将难以有效抑制来自企业内的内生需求膨胀冲动和涨价冲动，因而，我们还将面对价格上升与膨胀的压力，还有发生通货膨胀的可能性与危险性。我们应该基于对模式转换期，特别是它的初始阶段的矛盾的清醒认识，妥善地设计与规划配套改革方案。

第一，企业扩权，应该有步骤、渐进地发展，而不可操之太急，扩权过头。例如，不能使企业的投资、分配权力扩充到国家难以对投资和消费进行有效控制的地步。特别要着眼于企业机制的转换和自我约束机制的形成。

第二，需要实行审慎而稳妥的价格改革，由逐步调，到放调结合，再在时机成熟时，实行放开。价格放开，必须以市场机制形成与充分起作用为前提。如果市场还发育得不成熟，统一的大市场还难以形成，价格放开的条件就未具备。比如严重的供不应求的基本生产资料和消费品，就只能实行调价而不能实行放开，否则就会出现大大超出成本以上的乱涨价。特别重要的是不能在价格改革上，脱离客观条件，追求一步到位，全面放开。

第三，要把企业的放活与宏观的"控制"结合起来。首先，要建立起保证总量均衡的宏观调控机制，要花大力气来促使各种调控手段的健全，在实行搞活企业的微观改革的过程中，注意防止国家"控制"力的削弱和管理"真空"的出现。要在经济手段能有效起作用的前提下，逐步削弱、取消行政手段，而不能一下子取消行政手段。此外，还要大力构建调节经济的法律手段、思想道德手段、构建保证市场规则得以被遵守和通行的其他社会手段，如消费者对市场的监督，等等。

总之，要确立起宏观控制强化到什么程度，企业的搞活、价格的放开就到什么程度的观念，要树立起以强化宏观控制为中心的配套改革的观念，而不能实行孤军直入的企业扩权让利和价格放开的改革。

六、推动物价上涨的产业结构失衡

经济学教材通常的说法是：物价水平的上升在于社会总需求超过总供给，如果总供给与总需求相一致，社会就不会出现物价总水平的上升。因为，假如出现个别产品供求失衡，只会出现个别产品的价格涨跌，而产品A的涨价又会与产品B的跌价相抵消，因而不会有物价一般水平的上涨。假如存在着产业结构的失衡，某些产品大类存在供不应求，通过市场机制的作用，通过涨价—增产、跌价—减产的经济自我调节，会导致产品的供求重新归于均衡。因而，在一个市场发育成熟、市场机制健全、市场调节作用充分的发达的商品经济中，产业结构的失衡，不致成为导致通货膨胀的持续要素。

但是在我国的经济体制下和新旧模式转换期，产业结构的失衡，却是引起价格水平上涨的重要因素。在我国近年来的经济生活中，呈现出两类导致物价总水平上升的机制：一是由于投入流通的货币过量，表现为货币购买力的总需求超过总供给而引起的价格上涨机制；二是由于产业结构失衡，基本产品供给紧张，而产生的价格上涨。后一种价格水平的上升，我们称之为结构性通货膨胀。

产业结构（包括产品结构）和需求结构不相对应和失衡之所以会引起物价水平的上升，是由于新旧模式转换期的具体条件：企业开始获得了自主权，但尚未真正摆脱行政束缚，企业还是负盈而不负亏；合理的价格体系尚未形成，价格还未理顺；经营机制尚未健全，自我约束机制还没有形成；原先体制下的地区与部门封锁尚未被打破，统一的国内大市场尚未形成；生产要素市场（包括资金、劳务）尚未发育成熟，资产存量还不能流动，等等。因而，市场机制还未充分发挥作用。其结果是：

第一，总供求均衡条件下的局部结构失衡，不可能借助市场调节而自行校正和调整，使长线得到压缩，短线得到扩张。例如在我国那些产品不适销对路的企业，由于：（1）价格扭曲，短线产品定价太低，长线产品价格高，使价格起着逆调节作用；（2）可以轻易地获得财政资助，因而企业对市场状况不敏感，即使产品早已没有销路，人们仍然继续进行生产；（3）目前全面实行的承包制还不完善，从而会对企业起一种普遍支持作用，使那些无效的企业，也不急于进行自我调整；（4）破产法因缺乏社会保障体系这一宏观条件而难以推行，因而亏损并不对企业形成沉重的压力；（5）市场体系未形成，生产要素不流动或流动性差，产权不能实行自主转让，竞争性的市场机制作用小；（6）与企业的自我发展、自我调整密切相关的金融市场尚在形成过程中。

在上述条件下，企业既缺乏充沛的自我调节的内在动机，又缺乏进行转产、兼并等的经济调整机制和条件。可见，新旧模式转换期结构的自我调整机制的缺乏和软弱无力，使产业结构一旦形成，就具有僵硬的性质。其结果是：长线不能压短，短线不能拉长，产业和产品结构失衡的硬化，引起产品供求长期不相适应，短线产品价格上涨和持续居高不下。我国近年来能源、钢材等原材料、农用生产资料的供不应求和价格上涨，加工工业、高消费产业的迅速扩张，甚至在市场出现疲软时仍然不急于压缩生产和调整产品结构，正是与经济自我调整机制的缺乏和薄弱密切相关。可见，在我国新旧模式转换期条件下，特别是在价格尚未理顺的条件下，单纯依靠市场调节对产业结构进行调整，是难以奏效的。

在我国体制改革的初始阶段，初生的、不完备的、扭曲的市场机制对增长产生较强刺激作用，而缺乏有效的制约和"制衡"作用。由于在负盈不负亏条件下的企业缺乏有效自我抑制和自我调整动能，扭曲的市场作用使一大批高消费产业以使人目眩的速度盲目膨胀，促使乡镇企业迅速发展，而原材料、能源、交通等基础产业却发展缓慢，造成产业结构愈加失衡。而其结果则是这些短缺产品的价格不断上涨。

第二，总量均衡而结构失衡，也会形成普遍的价格上涨。在新旧模式转换期，下面三种情况是需要注意的：

一是在实行职工收入和企业效益挂钩的条件下，赢利大的企业职工拥有较高的收入，享有较好福利，其结果是企业之间收入反差的扩大，企业在缺乏自我约束机制的条件下，必然会产生普遍的工资攀比效应。那些经营不善，效益低，甚至亏损的企业，利用软预算约束，在缺乏效益甚至亏损条件下，继续扩大工资、资金的发放。由于那些价格不合理——而不是由于经营不善——从而发生亏损的国营企业，它们就更认为有理由去想方设法增发奖金，向收入高的企业看齐和进行工资攀比。这种普遍的工资攀比效应，在我国对企业实行扩权过程中表现得十分突出，近年来甚至是愈演愈烈，造成工资的增长幅度连年大大超过劳动生产率的增长。而其结果则是普遍的工资成本的增加，由此形成工资推动的通货膨胀。

二是总量均衡但结构失衡下物价水平的上升，在于普遍的成本转嫁。在新旧模式转换期，市场调节功能以扭曲的形式出现，它不是强使短线的和经营不善的企业去压缩生产，而是促使企业普遍地盲目地扩产，市场不"制冷"，而只是"加温"。一方面，效益高的企业，有能力支付涨价的投入品的开支；另一方面效益差的企业，依靠"成本转嫁"，不会理会"三材"等生产资料的高价，也继续购买，甚至不惜大量占用流动资金，抢购和超储短缺原材料。可见，扭曲的市场机制并不是压缩了低效益的生产和抑制"成本转嫁"，却是煽起普遍的"扩张热"，因而短线就更短，结构失衡更加恶化，供求矛盾不仅不能改善，甚至更加尖锐，其结果就是普遍的物价上涨。我国1985年以来，电力、钢材（线材）、水泥等供应越来越紧张，价格不断上涨，就体现了上述情况。

三是银行信贷机制不健全，成为总量均衡但结构失衡下物价水平上升的一个关键因素。在传统体制下，实行的是资金大锅饭，银行成为企业资金"有求必应"的供应者。在新旧模式转换期，专业银行走向企业化经营的道路，产生了自身利益驱动，银行信贷增强了独立性，并逐步把信贷建立在争取资金使用效益的基础之上。但是，银行经营方式的改革有一个过程，在金融改革的初始阶段，由于专业银行缺乏有效的亏损约束机制，还不可能在信贷活动中做到认真贯彻讲求资金使用效益的原则，也由于银行信贷活动还不能摆脱不合理、来自行政的和其他干扰，因而，那些高能耗、高材耗、低效益的、应加以调整的企业，占有银行资金的现象十分普遍。这种情况表明，企业活动不仅缺乏来自健全的金融体制所固有的资金供应的制约，而且，无效益的企业活动还可以从这种资金供应机制中得到支持。这种银行信贷机制不仅阻碍产业结构的调整，而且，"资金大锅饭"体制，使银行屈从于行政的压力，不得不在缺乏效益的条件下供应资金，其结果是信贷膨胀，最终不得不增加货币发行。从而，最终引起总需求超过总供给。可见，适应于发达的西方自由市场经济的关于总量均衡下，结构失衡不会引起价格水准上升的论点，对我国并不适用。我国经济体制和经济机制的新旧模式转换期，使产业结构的失衡，带有僵硬的和持续的性质，而产业结构失衡和与需求结构不对称，将引起一些供不应求的产品的涨价，引起把这些产品作为投入品的后续部门的产品涨价，由此还将出现连锁性涨价，从而引起普遍的价格水平上升。特别是银行的传统的信贷机制，在促使价格上涨中起着关键作用。不是按照资金效益原则而是带有"资金供给制"性质的信贷，不仅对失衡的产业结构起着支撑作用，而且，它以其信贷膨胀和货币的增长促使总需求超过总供给和造成物价总水平上升到新的高度。

可见，在我国，通货膨胀的成因，是多方面的。它既有认识与工作失误方面的原因，也有来自体制方面的原因即内生的膨胀因素；既有需求方面的原因，又有供给方面的原因；既有企业内在原因，又有市场外在原因。总之，通货膨胀的要素，植根于新旧模式转换期正在改革中的不完善的体制和不完善的经济机制，它是经济体制改革初始阶段暴露并往往会鲜明表现出来的现象，当然，在本质上，它是社会前进中出现的新问题，是可以加以治理和从根本上加以解决的。科学地阐明我国的通货膨胀，就要从对这一复杂的经济机制的分析着手。要从根本上克服通货膨胀，人们除了要大力发展生产力，优化产业结构，以保证提供充分的有效供给而外，更主要的是要按照客观规律的要求，稳妥地和正确地进行和深化经济体制改革，逐步地、积极地向前推进和完成从旧的体制向新的体制的过渡。

七、国家管理通货膨胀和调控能力的薄弱

通货膨胀的生成，一个极其重要的因素是国家的管理与宏观调控体系的不健全和国家调控力的薄弱，以致不足以抑制新旧模式转换期存在的需求膨胀趋势。

在有计划的商品经济中，由于微观经济的广大领域直接由市场调节，微观经济活动与经济运行具有自发性和盲目性，因此，需要强化国家对宏观经济的调控和管理。我国是一个经济不发达，幅员广大，地区差别大的国家，在发展商品经济和利用市场调节中，为了能做到既充分调动企业积极性，搞活经济，又防止发生经济失控；既加快发展速度，又不扩大地区之间的差别，就需要充分发挥国家组织调控经济的职能，特别要强化中央政府的调控作用。尤其是在新旧模式转换期，在市场机制形成滞后，微观经营机制尚未健全，企业的自我约束机制薄弱的发展阶段，为了能对企业实行扩权，对地方适当下放管理

权，而又避免经营失控，因而更必须强化国家的管理和调控职能。

我国经济体制改革包括三个部分：（1）搞活企业，使之成为拥有责、权、利的，实行自主经营、自负盈亏、自行发展的相对独立的商品生产者；（2）发展市场关系，发挥市场调节作用；（3）建立国家宏观调控体系。在城市改革过程中，我们以搞活企业为突破口，首先对企业实行扩权让利，此后是进一步扩大企业自主权，然后采取和普遍推行以搞活企业为内容的经营承包责任制。搞活企业的决定性的步骤是放开价格，由此实现把企业推入市场，完成市场性的微观经营主体的塑造。选择以企业为突破口来进行改革无疑是正确的。十年来我国生产的迅速增长，市场的繁荣兴旺，人民生活前所未有的显著改善，是来自经济搞活，首先是来自获得自主权的企业的活力。但是，把"微观搞活"，必须同时把"宏观管住"，也就是要把对企业的扩权、对市场作用的引进和建立国家的宏观调控体系相结合。

（一）企业扩权与国家调控力的矛盾

我国以扩权让利起步的企业改革中，由于企业有了自留利润，实行工资与赢利挂钩，经营承包制更进一步将超额收入在承包期内固定给企业支配，这一切使企业有了强劲的动力机制，使企业产生了追逐自身利益的内在冲动，这是企业表现出活力的经济基础。

企业争取赢利极大化的动机和行为，只是在一定条件下，才能成为具有积极意义的合理的竞争行为。如果国家能对企业活动发挥有效的计划指导和调控，如果能形成发育成熟的市场、完善的市场组织、较完全的市场竞争，通过市场竞争的损益（包括企业破产）机制，那么就能对企业行为进行约束，促使企业改进经营管理，加强技术进步，降低成本，以最少投入去获得最大赢利。如果社会形成能有效地维护市场的规则，保护公平竞争的法律规范，以及制约引导企业行为的道德规范与舆论力量，这样的社会机制，对企业不合理行为也将发生有效的抑制作用。但是，改革和新旧模式的转换不可能一蹴而就，市场形成和市场机制发挥作用，需要有一个过程，而集体主义的市场规则的建立和健全，以及社会主义商品经营道德规范发生作用，都需要经历一段时间，因而一些扩权的企业，在争取自身利益的冲动下，客观地会表现出不合理的短期行为：不是在最大限度改进生产和经营管理的基础上争取赢利并将赢利积累最大化，而往往是用不正当的方法，争取赢利最大化。具体地说，在销售方面，在涨价冲动下，一些企业滥用自主权，采取不正当地损害同行利益和损害消费者的经营行为，如哄抬物价、欺行霸市、价格垄断、伪造假冒、短缺斤两，等等。

在消费方面，出现了企业自留利润使用中的消费倾斜。1985年以来，国营企业留利，用于发展生产的只有20%左右，用于非生产性基本建设、购买小汽车、给职工发放奖金和实物的比重占80%左右。表现出强烈的消费亢进。

在生产方面，企业往往不顾产品是否适销，盲目追求产值，为此，千方百计争取国家资金，占用银行贷款，并依靠自筹资金去扩大基本建设，表现出强烈的投资冲动。

此外，新旧模式转换期的企业还存在植根于旧的体制之中的膨胀动因，即由于企业吃国家大锅饭而又以产值增长考评政绩而产生的投资扩张冲动。可见，以企业扩权肇始的改革，在其初始阶段，难免存在内生的膨胀因素。另外，对企业实行扩权让利的改革中，出现了利益过度向企业倾斜，如一些企业利润自留部分过多，国家集中部分过少，而企业留利中绝大部分又转化为个人收入和福利，出现了国家拿小头，企业拿中头，个人拿大头的状况。1988年国家财政收入在国民收入中的比重降到19.5%。对企业让利过度引起的利益格局的调整，减少了国家财力，从而削弱了国家调控经济的物质基础。

（二）对地方政府下放部分管理权与国家调控的矛盾

对地方政府下放适当的管理权限，是改革中央权力过度集中的体制的必要组成部分。我国传统的经济体制中央集权过多，地方政府缺乏必要的经济管理权。在中国这样的生产社会化水平低，而又人口众多、幅员广阔、地区差别大的国家，以条条为主的高度集中的管理体制，不利于在资源配置和在组织生产力中贯彻因地制宜，发挥地方的优势和挖掘各地区的潜力。距生产单位遥远的中央机关，对基层情况难以准确掌握，信息反馈难以及时，造成决策迟缓，易产生决策失误，带来经济发展中的许多浪费。为了使政府的经济调控和管理更加科学、及时和灵活，在我国有必要把地方政府作为国家管理的一个重要层次，因此，要进行向地方下放部分管理权的管理体制的改革。

改革中将一批中央管的企业下放地方管理，赋予地方以兴办各项企事业的投资权。向地方下放管理权限的改革，方向是正确的，收到积极效果。为了进一步调动地方的积极性，我国实行了财政包干体制。这一体制1987年肇始于广州与上海，1988年推行到多数省市。财政包干，有积极作用，但也存在重大弊端。地方财政包干，一方面使地方能从经济发展中得到追加财力，用于满足地方的需要，加速地方经济的发展，但另一方面，它又成为产生来自地方政府短期行为的动因。因为，成为投资主体的地方政府，在地方利益的驱动下，财政收入不是使用于基础产业和基础设施，而是用于赢利高的加工工业，从而带来工业的盲目发展和重复建设。在地方财政收入少、开支大、"吃饭财政""赤字财政"的压力下，盲目投资和重复建设，更是变本加厉。应该看到，近年来，地方受利益驱动而盲目建设，成为我国产业结构不断恶化的重要原因。除了来自地方的投资冲动而外，为了调动各地职工的积极性，以及在消费的地区攀比压力下，地方政府也尽可能增加对职工的生活补贴，从而产生了地方的消费膨胀冲动。上述地方政府行为缺乏规范而产生的需求膨胀，成为新旧模式转换的需求膨胀的另一重要因素。

中央和地方在财力结构上的失衡和两级政府管理在事权上未能正确划分，还造成流通领域的混乱。因为地方工业盲目发展，必然加剧对原料的争夺。要办小棉纺厂，就要争购棉花；办毛纺厂，就要争夺羊毛；办缫丝厂，就要急购蚕茧。近年来日益加剧的棉花、羊毛、蚕茧大战，就是在这种地方盲目投资冲动的情况下出现的。

各地区盲目建设、重复建设引起产业结构"趋同"，使市场竞争激化。企业的生产状况与各地的财政收入直接相关，即使企业是高能耗、低效益，甚至亏损，地方政府也必然要予以保护，不仅将本应调往其他地区的原料，留在本地区，以保证地方管的企业之需，而且还在供电、运输上给本地办的企业以优惠，并为外地的商品在本地区销售设置障碍。这一切，就造成地区封锁，市场割裂，不利于统一市场的形成。可见，财政包干，一方面，以其所带来的地方利益的驱动，引起了盲目生产和流通领域的混乱，加剧了需求膨胀，而另一方面，它带来中央与地方利益关系的新格局，造成中央财力的削弱。中央财政收入在国民收入中的比重，1988年已经下降为45%，由于财政收入在国民收入中的比重本来已经大大下降，中央财政在国民收入中的比重又急剧下滑，中央财力就大大地被削弱，中央政府无力对能源、原材料等基础产业部门和交通等基础设施进行投资，直接影响到国营大中型企业的发展和产业结构的调整，使我国产业结构的失衡状态长期难以改变，而这种产业结构失衡，是我国通货膨胀的重要因素。中央财力的薄弱，还影响到国家财税调节杠杆作用的发挥。例如，在调整价格中，由于财力缺乏，国家无力更有效地采用对企业进行补贴、贴息，以稳定销价的措施，同时国家也无力对城市居民和职工进行某种收入的补贴，总之，中央财力的匮乏，使中央政府难以充分发挥财税的调控功能。为了维持必要开支，一是增发国债；二是向银行信贷透支，使银行增发货币。可见，财政体制变革中带来的国民收入分配向地方倾斜和中央财力的薄弱，成为刺激通货膨胀的重要因素。

（三）金融搞活与国家调控的矛盾

在社会主义有计划商品经济新体制下，建立一个合理的银行体系，有效地发挥中央银行的调控功能，是加强国家调控功能的关键。这是因为，企业成为相对独立的商品生产者和实行自主经营，包括自主投资、自行发展，因此在经济运行中，存在企业盲目扩大资金需求而引发信用膨胀的可能性。特别是在新旧模式转换期，由于对企业实行扩权让利，而企业内抑制和市场外抑制功能尚未健全，受自身利益驱动而缺乏责任牵制的企业所固有的短期行为，必然更加强化这种盲目的投资需要，来自企业的信用膨胀的趋势将会更加强烈。例如：（1）企业由于软预算约束，缺乏谋求资金使用效益的积极性，即使拥有大量未充分利用的固定资产，企业仍然不断向国家争取新投资以扩大生产规模。（2）企业不留足流动资金，将自有资金消费化的现象是十分普遍的。一旦流动资金不足，就向银行要求贷款。（3）在我国改革中，实行了企业流动资金不再由财政保证而由银行供应的体制，银行面对着企业日益增大的资金需要的压力。以上情况表明，在改革过程中，随着企业的放活，由企业自发性的活动牵动的银行信贷膨胀趋势，将是客观存在的。

而且在现行体制下，银行依附于财政，中央银行缺乏必要的独立性，在出现赤字时，财政就向银行实行透支，在这种缺乏内在制衡作用的财政银行体制下，中央银行不仅不可能成为货币发行的自动控制阀门，反之，在企业的内生投资、消费双膨胀冲动下，银行还将可能成为信贷膨胀的源泉，助长通货膨胀。

另外，在有计划的商品经济体制下，更多的社会资金将集中于银行和通过银行进行营运，为了满足自主经营的企业对资金的需要，银行按照计划经济与市场调节相结合的原则改革资金营运方式，形成更加灵活、便利的银行信贷机制，建立和发展金融市场以满足企业对资金的需要。在金融、信贷上实行搞活，引进市场机制，必然会出现资金营运中的自发性。特别是在企业的盲目的资金需求冲动下，往往会产生信贷膨胀趋势。专业银行经营方式的改革和实行企业化，在未能采取落实经营责任的有效措施以前，专业银行在自身利益的驱动下，也会产生内生的信贷膨胀要求。

（四）引进市场、搞活经济与计划调节的矛盾

我国按照社会主义商品经济的性质而进行的引进市场的改革，在方向上是正确的。经营的商品化，市场关系的发展，市场调节作用的引进为我国国民经济增添了新鲜的活力，使企业表现出昂扬的生产与经营积极性，带来了国民经济前所未有的高涨。但是，在引进市场的改革中急于求成，例如在形成和运用计划经济与市场调节相结合的运行机制时，对市场作用估计过高、计划作用估计不足。例如，削弱了计划的综合平衡作用，在某些领域过快过多地放弃了指令性计划，没有设计和采取相应的配套措施来加强指导性计划，对不直接做计划的

经济领域缺乏有效的管理等。在我国近年来实际工作中，有脱离现实条件的可能，在推行市场化中跨步过大的倾向，造成对计划经济一定程度的削弱，这是改革以来特别是1984年以来，经济活动的失控越演越烈的一个重要原因。

市场的形成和市场调节作用的发挥，就微观基础来说，涉及企业组织机构与经营机制按照自主经营、自负盈亏、自行发展的原则进行再造；就交换结构来说，涉及商品价格在商品中形成的机制的构建（其决定性步骤是实行价格放开），涉及地区间和城乡间实行"通开"，形成商品流通的统一市场；还涉及各种生产要素的流动化和社会主义市场体系的形成；还需要有交通的发展和各种运输工具的现代化以及信息的发展；需要有流通组织的健全和活动方式的完善等。因而，这本身需要有一个发展过程，特别是在我国这样的原先商品经济不发达，自然经济传统深厚的国家，市场的发育更需要有较长的时间，因而引进市场关系于原先的计划体制之中，实现计划与市场相结合的新模式转换不可能一蹴而就。

市场调节，既有积极的正效应，也有消极的负效应，其正效应是：它赋予企业以更充分的物质动力；促进企业经济自行启动，自行积累和发展；能对企业进行导向；推动和促使企业自我抑制和自我调节。恰当和充分地运用市场的作用，能大大增强企业，乃至整个国民经济的活力。市场调节的负效应表现于它带来经济活动的自发性，在缺乏有效的更高的制衡与调节机制——即计划机制——时，将出现经济活动的盲目性。市场调节是物质利益的调节，从而不可能对于所有的生产部门和活动领域都起作用。另外，市场调节的积极效应需要条件。在企业经营机制不健全，例如软预算约束、负盈不负亏、价格体系扭曲、市场发育不完全、市场竞争不充分的条件下，市场调节会表现为扭曲形式，发生价格信号失真，出现导向失误，加剧生产活动的盲目性；也会强化企业的扩张冲动，却不能使企业自我约束。因此，在改革的初始阶段，市场机制往往是积极效应与消极效应同时并存，如果还存在总需求超过总供给，以及产业结构的失衡，扭曲的市场调节将产生普遍的扩张动力，强化盲目发展而不是促进结构调整。新旧模式转换期的市场调节的这种性质表明：一是不能不顾现实的具体条件而过度地和不适当地扩大市场调节的范围；二是要自始至终实行计划经济与市场调节相结合。盲目的和过急的市场化，不仅会造成对计划机制的冲击，而且会成为经济失控和价格上涨的直接动因。

社会主义国家的改革中，往往会出现对市场机制的作用估计过高，对扩大市场调节范围过急的思路和做法，特别是产生了放弃计划的"全面的市场化"的改革理论与实践。这一理论的宣扬者只看见市场的积极效应，而忽视了它的消极效应，低估了计划的综合平衡的作用，提倡急剧地放弃指令性计划和迅速实行全面放开物价的改革。但是，这一全面市场化的实践并未获得成功。人们可以看到，在实行这种步子过急和范围过大的市场化改革的地方，往往出现了双重的效应：一方面市场这一"无形的手"，的确可以给微观经济带来活力，导致短时的局部领域的繁荣；但另一方面，由于国家这一"看得见的手"的功能（计划管理）的削弱导致宏观经济失控，产业结构更加恶化，总量失衡加剧，其结果是难以抑阻的通货膨胀，最终使得国家不得不对经济进行"调整"。上述国民经济的不良发展十分突出地出现在东欧某些社会主义国家的改革中。我国十年来的改革中，首先在农村集市贸易通过联合承包，放手发展农民家庭经营，实行了扩大市场调节的改革。此后在城市的蔬菜及副食品的生产、供应和国营经济、集体经济的小商品生产中实行了市场调节，此后国营企业的消费品生产价格逐步放开，国营企业的生产资料生产和流通的指令性计划范围也不断缩小。1985年开始对生产资料价格实行"双轨制"，即局部的不完全的市场调节。这些改革给企业带来了活力，加快了经济增长，大大改善了市场消费品供应，提高了城乡人民的消费水平，事实证明了我国改革的方向和重大措施是正确的。但是，1984年以来，也出现经济过热，需求过旺，产业结构失衡恶化，流通领域严重混乱，物价上涨，由一位数迅速跃上两位数的形势。我国经济的出现失控，与市场调节的某些不适当的扩大和计划经济受到某些削弱密切相关。

（五）把加强宏观调控贯穿于整个体制的改革过程之中

综上所述，以构建社会主义商品经济为目标的经济体制改革，要经历一个逐步开展、不断演化的发展过程，这是一个由旧经济模式向新经济模式转换的过程，是新经济体制在克服旧经济体制中，逐步形成和不断完善的过程。在体制改革的初始阶段，由于新的体制还不完善，由于僵化的旧体制尚未在各个方面被取代，经济机制还不健全，两种体制之间的摩擦还经常干扰着经济的运行。在这一阶段，上述经济体制和运行机制中的矛盾就会表现为内生的膨胀因素，例如在对企业进行扩权，实行微观经济搞活中，企业会产生盲目发展、投资冲动和消费亢进的行为，即内生于企业行为的需求膨胀因素。在对地方实行分权，调动地方管理经济的积极性中，会产生地方利益驱动的盲目生产和重复建设，不仅加剧产业结构失衡，而且扩大了投资需求和消费需求，从而产生内生于地方政府行为的需求膨胀因素。

在实行金融体制改革，搞活银行信贷，发展金融市场中，由于旧的银行体制的缺陷，再加以专业银行企业化过程中产生的利益驱动，特别是由于资金市场机制的自发性，还会产生内生于金融机构的需求膨胀因素。

除此之外，多种经济成分的发展，多种经营方式的引进，以及允许多种分配形式的存在，在商品经济的机制中，必然产生个人收入分配差别的扩大，形成某种"分配不均"现象。这种收入分配机制，也将成为刺激高消费行为和促进需求膨胀的因素。

基于上述状况，为了保证在搞活经济中，不引起经济活动自发性和需求膨胀因素的大量积累和表现为激化形态：经济失控和总量失衡，因而，人们应该注意以下三个方面：（1）改革要逐步推行，逐步深入；（2）在改革中，要把搞活经济的机制和各种互相制衡和约束机制的构建结合起来；（3）要把微观经济的搞活和宏观经济的管理结合起来，特别是要自始至终把加强国家的宏观调控作为体制改革的关键，使之与企业的搞活相配套，有效发挥对拥有了活力，也表现出很大自发性的企业行为的调控和制约作用。

例如，在企业扩权中，就应当逐步进行，全面考虑。

第一，有必要实行逐步扩权，不是实行一次性地把包括生产决策权、购销权、定价权、扩大再生产以及收入分配权和企业产权全部下放，而是分别情况，逐步扩权。对于一般的企业，把日常的生产和再生产所必要的经营管理权、局部的收入分配权、必要的定价权和投资权实行下放；对那些应限产的产业，例如高消费的加工工业，不能给予扩大再生产的自主权；对于具有垄断性而产品又供不应求的行业，不能给予价格自主权；对于关系国计民生的重点行业，不能取消指令性生产计划的物资调拨；对于定价不合理的行业，不宜实行工资与效益挂钩，等等。这种范围合理和有度的企业扩权，乃是弱化企业内生的膨胀力的保证。

第二，必须正确处理纯收入在国家和企业之间的分配关系，既要扩大企业在生产成果中直接支配的部分，留足自有资金，以保证企业有进行自主生产和扩大再生产的财力，要形成企业职工的收入与企业创造的纯收入共同增长的经营条件和机制，以刺激职工的积极性。同时，要保证作为所有者和管理者的国家占有纯收入的主要部分，实现国家拿大头，企业拿中头，职工拿小头。这不仅是弱化企业膨胀冲动的现实条件，而且也是从根本上强化国家的管理和调控能力之必要。

第三，要把企业自我发展机制的形成和企业自我约束机制的形成相结合。自我约束是企业合理行为的重要内容，实行企业扩权和增强自主经营、自我发展功能，必须和强化自我约束功能结合起来。自我约束机制的形成既与市场机制有关，又与强化经济责任制、自负盈亏、财政约束的硬化（包括实行企业破产），以及健全法人财产制度、强化产权约束等密切相关。形成自我约束机制是完善企业经营机制的一项重要内容，在当前要大力完善承包制——科学地确定上交基数，确定恰当的承包内容，包技术改造，包固定资产增值，包各项效益指标，真正做到既包盈（超收归己）又包亏（用自有资金补交国家），试行税利分流和积极探索其他经营方式，由此使企业对投资冲动和消费亢进实行自我约束。

归结起来，在实行企业扩权时，必须根据辩证唯物主义的观点，正确地对待搞活与管住的关系。既要赋予企业以必要的自主权，使企业成为自主经营的主体，又不能使企业"完全独立"，摆脱国家的调控；既要给予企业以自行支配的财力，又不能削弱国家集中的财力；既要发挥企业在经营活动中的积极性，又要注意抑制企业自主经营所固有的盲目性活动和需求膨胀冲动；既要坚持对企业下放必要的自主权、让利于企业，又要使扩权的改革与其他配套的改革，特别是制衡扩权企业的自发性和需求膨胀趋势的改革结合起来并互相配合。一句话，企业扩权必须逐步地进行而不能急于求成。

在改革政府管理体制和财政体制中，要适当调整中央与地方的管理权限和利益关系，改变中央权力过度集中现象，发挥地方政府的管理职能，明确地方的事权，如文教建设和管理，地方基础设施，交通、城市水电等设施以及必要的基础产业的建设和管理权限；也要适当划分财权，使地方拥有必要财力，去办它应办的事，这对于充分调动地方的积极性是十分必要的。但权力下放必须是不削弱中央对宏观经济进行管理和调控的权限，维护中央政府对重大基础产业和重大基础设施的投资主体地位。我国改革实践中的经验教训表明，对地方分权必须有度，对宏观经济的决策权应集中于中央，特别是要改变中央和地方在权力、财力结构中的过度向地方倾斜的不正常状况，以便既有效地调动地方的积极性，又不强化地方的膨胀冲动，这对于在改革搞活过程中防止经济失控和抑制通货膨胀是十分必要的。

在改革金融体制，搞活资金流通，发展和动用金融市场中，必须同时大力地增强中央银行的调控功能，维护中央银行在执行货币政策中的独立性，加强中央银行对专业银行和其他金融机制信贷活动的调控，建立起一个能有效地对专业银行的信贷活动进行调控的中央银行体系，坚持使用好经济手段和有效地运用行政手段，来对信贷活动进行调控。在健全与改革专业银行的经营方式中，既要引进竞争机制，把信贷放活，但又要避免不适当的竞争、不恰当的信贷方式——如1984年末的"四行劝贷"——所引起的信贷失控，特别是在探索建立和发展金融市场中，要注意避免资金流动的盲目性和资金使用的无政府状态。

在利用市场调节上，扩大市场作用范围，发挥市场功能，有必要根据不同经济领域，采取逐步推行的方式。这就是：（1）首先在局部领域内形成市场机制，发挥市场调节作用，然后向更大范围展开；
（2）先在城乡个体经济、城乡私营经济领域实行较完全的市场调节，
然后在集体经济和国营经济实行不同程度的市场调节；（3）先在国营
经济的小工业范围内实行较完全的市场调节，然后在国营大中型生产
的某些领域，根据条件，逐步推行一定程度的市场调节，在宏观经济
稳定发展的状况下，逐步放开和强化市场调节的作用；（4）对于那些
资源约束严重，短时期难以达到供求基本平衡的基本产品生产领域，
主要仍应实行直接的计划调节，但要有效地利用价值规律的作用和尽
可能地辅之以市场作用。

在利用市场调节上，要使国家调控与市场作用互相渗透，坚持计
划经济与市场调节相结合。在治理整顿期间，要着眼于加强计划性，
也要利用和发挥市场调节作用，在今后的改革中，我们还要扩大对市
场调节的运用，但是必须以坚持用计划机制把国民经济的基本比例关
系和关键环节"管住"为前提。这就是：（1）要把总需求控制住，改
革计划、财政、金融体制，用行政手段、经济手段、法律手段，将增
长速度、基本建设总规模、信贷规模、国民收入中积累与消费比例控
制住；（2）要把产业结构调整好；（3）要把基本产品的生产与价格
控制住；（4）价格实行调放结合，先调后放，逐步放开。

总之，人们要根据改革初始阶段市场调节所固有的十分鲜明的双
重效应，把坚持计划经济，充分发挥计划机制的主导作用和充分利用
市场调节相结合，要把国家的宏观调控——通过计划机制——贯串于
市场机制的作用之中，形成国家调控的市场，发挥市场在搞活微观经
济中的积极作用，又防止和减弱它所导致的对计划机制的冲击，从而
使市场能发挥最大搞活之效，又最少地发生失控之弊。

在我国改革过程中出现的经济矛盾与内生需求膨胀因素，表现

为一个激化形态，即改革—放活—膨胀—调整，其主观的原因在于改革的一个时期中，人们注意了微观放活，未充分重视"宏观管住"；注意了让利、放权（包括对地方下放管理权），未充分重视中央财权和经济实力的维护；重视了发挥市场调节作用，忽视了维护计划功能；重视了在收入分配中拉开差距，一部分人先富起来，忽视了对分配和收入的强化管理和调节等。主观认识上的模糊在于不能从理论上弄清改革初始阶段的经济放活措施将要产生的内生膨胀机制。具体地说，人们未曾弄清在社会主义改革的初始阶段，在国家的宏观调控机制未能得到加强，在市场外抑制和企业自我抑制功能未能建立和健全以前，企业扩权、对地方放权、市场放开、金融搞活等措施都要滋生内生的膨胀因素，并且会和传统体制的膨胀因素相结合。因此，人们未能形成一个最佳的改革思路：把构建内外上下抑制和制衡力量作为改革的基点，作为搞活的条件。具体地说，在进行对企业扩权时，大力构建和形成采用经济手段与有效的行政手段相结合的国家宏观调控机制，同时构建和形成强有力的市场自我抑制机制和企业内在自我抑制机制，使企业、市场、国家调控三者共同生长，互相协调又互相制衡；兼用行政方法和经济方法管理经济，使之互相结合和互相制衡，最终形成一个既能管理、调控宏观经济，又能管理、调控微观活动的机制。这样，人们才能有效地抑制企业扩权产生的微观领域中的膨胀趋势，也才能抑制引进市场、经济搞活后产生的经济运行的自发性和盲目性。这样，改革初始阶段难以避免的需求膨胀趋势及其负效应，才会是最小，而所推动的供给增长的正效应将会最大，通货膨胀被限制在较小的幅度上。这样不仅为社会主义经济体制改革提供了良好的宏观环境，而且为国民经济持续、稳定和协调发展创造了经济条件。

论市场疲软的性质及治理[①]

治理整顿一年以来，取得了较为明显的成效，压缩基本建设与控制消费基金取得进展，紧缩货币和控制信贷十分有力，保值储蓄回笼货币收到意想不到的效果。严厉的紧缩措施迅速平息了抢购潮，刹住了物价涨势，去年年底物价月涨幅下降到7%，与此同时，工农业生产也以一定速度继续增长。

但是，在治理整顿中也出现了新问题与新困难，这就是：资金短缺，市场疲软，产品积压，工业生产自去年9月以来，两个季度低速增长，待业人数增多，经济效益下降。特别是资金短缺和市场疲软两大问题，严重地困扰着我国当前经济的发展。本文拟就市场疲软谈谈个人的见解。

一、市场疲软的性质

市场疲软出乎人们的意料，前年8、9月的抢购风波人们还记忆

---

① 原载《浙江财经学院学报》1990年第2期。

犹新，但一下子却又出现销售不景气，商店中商品堆积如山，购买者却分外稀少，长期的商品短缺转变为大量积压。市场疲软，1989年春就开始出现于电视机、电冰箱、洗衣机、录像机等高档耐用消费品领域，此后扩展到一般日用品，10月以后由消费品扩大到一部分生产资料。1989年电视机积压200余万台，电冰箱积压300余万台。人们曾经预料今年春节前后有所改变，但除个别地区某些消费品，特别是优质新产品销售较好外，市场总的状况并无起色。1990年1~2月份，社会商品零售总额1339亿元，比去年同期下降2.1%，其中消费品零售额下降3.1%。实际上今年头两个月市场销售仍在低谷徘徊。由于产品销售困难，企业再生产难以为继，停产、半停产面扩大，其结果是造成工业生产下降过猛，出现了从去年9月以来迄今两个季度的低速增长。工业增长速度过低，不仅影响财政收入，也影响劳动力就业和社会安定，给国民经济发展带来新的困难。

在当前，市场疲软已经成为制约我国经济生活的关键问题，因此，必须认真加以对待，采取有效措施，改变销售疲软的状况。为此，首先要弄清市场疲软的成因和性质。

对于市场疲软，人们的认识是不一致的。有的同志认为，这是"双紧"造成的恶果，认为宏观紧缩政策搞错了。有的同志更进一步认为，当前的市场疲软表明已出现了全面买方市场，社会总供给已经大于总需求，因而主张全面松动银根，采取全面刺激需求的政策。另一些同志则认为，经济形势"一团糟"，为此忧心忡忡，对进一步治理整顿，缺乏信心，消极悲观。

对于市场疲软，应该用辩证唯物主义的观点，从我国实行经济紧缩和调整时期的实际出发，来加以科学地认识。我认为，市场出现销售疲软，并不是治理整顿采取的双紧方针不对头，而是我国现行不完善的经济体制和不完善的经济机制下，实行有效的、严峻的宏观紧缩政策难以避免的现象。我国十年改革，取得巨大成效，国民经济迅速和持续增长，活力大大增强，但与此同时，出现了总需求超过总供给和明显的通货膨胀，因此，我国的治理整顿，需要解决总量失衡，优化结构，来保证经济的持续、稳定、协调发展。治理整顿，首先要从压缩总需求增长着手，然后，大力进行结构调整、完善体制和健全经济机制。治理整顿要经历若干个小阶段，从1988年9月开始，至1989年10月，是严峻的经济紧缩时期，采取了压缩基本建设、压缩货币、压缩信贷规模、压缩财政支出、压缩出口等多管齐下的措施。1989年压缩基建投资500亿元，社会固定资产增长规模保持在4100亿元水平。另外，采取推迟购买力的措施卓有成效，1989年保值储蓄使储蓄增加1334亿元；城乡储蓄5100亿元，创造历史最高水平。再加以发行国库券等一系列措施互相结合，确实收到抑制总需求的成效，使1989年社会商品销售总量为负增长，这是1961年以来多年所未有的现象。此外，前年抢购的滞后效应也逐渐显现出来；再加以通货膨胀时期社会消费心理过敏，消费行为异常，人们"买涨不买落"，上述的各项宏观调控措施，以及紧缩调整时期的消费心理和行为，必然要反映到市场上来，引起市场状况的变化。市场销售由热转平、转滞，这就是十分自然的，可以说，销售疲软正是宏观紧缩政策措施取得积极效果的同时出现的负效应。

任何宏观紧缩措施都存在二重效应，要压住物价而又不触动市场销售和不影响生产，是不可能的。因而市场疲软，是治理整顿向前进展中的困难，是可以克服的，完全用不着消极悲观。而且市场销售疲软，既为产业结构调整造成了外在的压力也提供了机遇，正确运用这一经济生活中的负效应，坏事也会转化为好事，从而有利于治理整顿的深入。因此，我们应该以辩证唯物主义的观点来分析，认识市场疲软这一现象，看到它产生的原因和条件，那种"双紧搞坏了"，"本来就不应该出现销售疲软"，把治理整顿这一场经济的深刻调整设想得一帆风顺，不产生任何新问题的看法是不正确的。

为了治理市场疲软，我们首先应该对销售疲软的现状与性质，作进一步的分析。

（一）滞销与紧缩并存的结构性市场疲软

市场疲软从去年春季就业已开始，主要出现于耐用消费品中，积压规模越来越大。此后衣服、呢绒、毛绒等日用品也开始滞销，9、10月份以后，由于工业生产下降过猛，一些生产资料，如钢材等也出现销售不旺。但是，总的说来，还是滞销与紧缺并存，削价与高价并存；一些疲软的产品价格还是偏高，与此同时，日用消费品粮、油、肉、蛋等基本食品，并不存在疲软问题，不少地方，农副产品价格仍居高不下。市场疲软面，尽管去年下半年有所扩大，但仍有相当一部分消费品紧缺，并不是全面需求不足。上述情况表明，当前的销售疲软，是一种结构性的市场疲软，而不是已经出现全面的买方市场。

（二）不稳固的价格下降与暂时性的销售疲软

我国当前的市场销售疲软和价格涨幅下降，是可喜的，它是总量控制初见成效的表现。但是，也必须看到治理整顿抑制总需求的任务并未完成，经济深层次的问题还未得到解决，价格涨势虽被控制住，但基础并不牢固。从需求方面来看：（1）固定资产投资规模，1989年虽然比1988年下降了，但比原计划的3300亿仍多了800亿，基本建设压缩任务尚未完成。（2）消费需求增长虽然减缓，但它仍然大大高于生产发展速度和劳动生产率增长的幅度。以上两方面表明，根植于现行体制与机制中的需求膨胀趋势，只是暂时受到压抑，但根子仍然存在，膨胀趋势仍然存在。（3）特别是目前流通中货币达到2344亿元，尽管比上年只增长9.8%，但是从1984年以来货币增发过多（1984年增长49.5%，1985年以后又以20%左右增长），因而流通中过多的货币尚未吸收完。（4）去年社会商品零售总额下降，银行的强化储蓄功能起了很大作用，特别是保值储蓄吸引了大量购买力。但是必须看到，储蓄只是推迟了购买力，减少即期消费品的购买。目前城乡储蓄总额近6000亿元，手持现金在1500亿元以上，7000多亿的结余购买力，是市场潜在的威胁，对此，切不可掉以轻心。

从供给方面来看：（1）产业结构调整刚起步，结构尚未优化，农业基础还很薄弱，短线产品——能源、交通、原材料——去年虽有较快发展，但多年来积累起来的发展不足，要从根本上改变还需要时间。市场商品中还有相当一个比重是质劣、款式陈旧甚至是假冒伪劣商品。据重庆市一个调查，符合质量标准的商品只占50%，许多产品总供给量还是不足，供给结构还很不合理。（2）去年农业收成较好，固然是全党大抓农业所取得的成效，但气候条件是重要原因，实际上农业基础并不牢固。再加上人口压力日益增大（人口年增长1700万），粮、棉、油、糖供需缺口仍然很大，生猪生产很不稳定。（3）菜篮子供应问题并未根本解决，不少地区日用副食品价格稳定，稳中有降，基本上是靠粮油补贴和行政措施，一些地方对菜篮子和粮油补贴，已占到财政收入的50%~60%，这种情况已经难以为继，补贴一旦减少，日用品、副食品的价格是否稳得住还是问题。另外，依靠行政措施不许涨价，也基本上是治标而不是治本的办法。（4）尽管消费品稳中有降，但不少生产资料价格仍居高不下，甚至还在上涨。（5）1989年迄今工业库存增长，由于缺乏流动资金，商品库存不多，货币流通量与商品库存之比在缩小，50年代是1∶8，现在是1∶1.51。

综上可见，当前市场销售疲软的性质是结构性疲软，销售乏力和物价涨幅下降带有不稳定的性质，它表明尽管控制总量已初见成效，总需求与总供给的矛盾有所缓和，但是，流通中货币量过多，总需求超过总供给的基本格局并未改变，也不可能在短时期内得到改变。再加之深层次的经济体制还不完善，经济机制还不健全，内生的膨胀动因仍然存在，还有可能由局部需求不足向全面需求过旺"反弹"。基于对国民经济全局的上述分析，宏观紧缩政策还要继续坚持执行。当前治理市场疲软，不应该在基本政策上改弦更张，放弃双紧，放开银根，实行"开闸"，而应该按照五中全会精神，坚定不移地继续进行总量控制。但与此同时，我们也应该基于市场疲软持续较久，工业低速增长，经济周转失灵的新特点，及时采取必要的新的措施，进行微调。具体地说，当前要在继续实行紧缩的同时，把大力启动市场、搞活流通作为枢纽，逐步把治理整顿的重点转到推动重点发展、调整产业结构上来。也就是说：要以搞活流通为突破口，逐步把治理整顿推向调整结构、完善体制、优化机制的第二阶段。那种不正视经济中出现的新矛盾，不认真下气力来解决新问题，特别是不正视市场问题的严峻性，不积极探索和采取有效措施来缓解销售疲软的消极被动态度，也是不正确的。

二、全面疏导，多方启动，缓解市场疲软

缓解市场疲软，需要综合治理，我们应花大力气，从多方面疏导市场，回流资金，启动生产，搞活经济。当前，治理市场疲软，要从

以下10个方面着手①：（1）用活资金来启动生产，带动市场。（2）强化商业功能以疏通市场。（3）用开发新产品来开拓市场。（4）用好价格机制促进销路。（5）用引导消费来激励市场。（6）用减少对一些商品的不必要限制来活跃销售。（7）限制不必要的进口，提倡国货以扩大销售。（8）通过产品结构的优化和经济效益的提高来解决市场疲软的问题。（9）采取有效措施，清理"三角债"。（10）用好投资来启动市场。

---

① 这10个方面的治理措施，在《人民日报》1990年4月10日刊发的《全面疏导 多方启动——缓解市场疲软十策》一文有完整表述。此处仅留标题，不赘述。

我国经济紧缩调整时期的
经济机制与治理整顿①

　　我国以实行较严格的宏观紧缩政策肇始的治理整顿，经过全党全民一年多的努力，取得了较明显的成效，国民经济发展中的需求过旺、经济过热业已缓解，但也出现了一系列新矛盾、新问题，带来了新的困难。当前我们实际处在治理整顿的另一个阶段的开端，这一阶段既要采取有效措施来缓解经济生活中的新矛盾，又要注意防止总需求的扩张，大力推进结构调整，实现治理整顿的目标。这就需要实行更加完备的经济调整措施。为此，要求人们对一年多的紧缩中正负效应交相出现和相互转化，以及经济生活中错综复杂的变化，进行深入的分析和做出理论阐明。这也就是说，需要把研究经济紧缩、调整时期的经济机制与规律，提到议事日程上来。本文就是为此而写作的。

① 原载《经济学家》1990年第4期。

第七卷

一、经济紧缩过程与新矛盾的出现

自1988年9月以来，我国开始实行较严格的宏观经济紧缩政策。由于在财政支出、信贷规模、货币发行、消费基金增长、进口等方面实行全面收紧，取得了在短短几个月内把物价迅猛上涨势头刹住的成效。1989年物价涨幅逐月回落，由1月份27％的上涨率，下降到12月份6.4％的上涨率。在实行严厉的紧缩中，工业生产保持了8.6％的年增长，农业丰收，粮食产量超过1984年水平，国民生产总值增长3.9％，达到15677亿元。紧缩经济没有带来整个国民经济衰退的局面，这表明治理整顿取得了较明显的成效，也表明实行"双紧"的方针是正确的。

但是，在对宏观经济实行紧缩过程中也出现了新问题与新困难。这就是：资金短缺，市场疲软，产品积压，工业生产自1989年9月以来低速增长，待业人数增多，经济效益下降，而资金短缺和市场疲软两大问题，表现得更为突出。

对宏观经济实行紧缩的主要杠杆是收紧银根。银行采取限期收回逾期贷款、限制新贷款、提高筹资成本等措施来严格控制信贷规模和货币发行。尽管紧缩银根减少了经济营运所不可缺少的资金供应，由此将引起收紧经济的效应，但由于机制不灵，需要一定传递时间。加以经济膨胀机制仍然在起作用，因而货币信贷的"紧急制动"，对于仍然处在过热运转状态的经济，必然带来流通手段与支付手段的相对短缺。这就是1989年9月以来各个经济领域普遍出现的资金短缺现象的基本原因。

对宏观经济实行全面紧缩，势必导致市场消费需求增长的放慢。1989年压缩基本建设500亿元，减少了基建领域的工资支出。此外，控制集团购买力的措施得到落实，控制宏观的消费基金增长采取了新的措施，再加以对流通渠道的疏理，流通组织的整顿，压缩了在人为的购销热中膨胀起来的"虚假"的社会需求。这一切必然会导致消费需求增长的放慢，甚至绝对量的下降。1989年全年社会商品零售额为8101亿元，原订计划为8600亿元，只完成94.2%，比去年同期增长10%左右，增长幅度是1983年以来最低的，扣除物价上涨因素，实际下降7%～8%，近10年来仅此一年见。市场疲软，正是这种消费需求的增长放慢，甚至绝对量下降的表现。

市场疲软于1989年4月在一部分高档耐用的消费品如电视机、电冰箱、洗衣机、名酒等销售领域初露端倪，而在7、8月份进一步扩展到服装、家具等日用消费品的广泛领域，在10月以后，更波及一部分生产资料的领域，出现了市场较大面积的销售疲软。昨天市场上人们还竞相抢购，今天一下子店铺中商品却又堆积如山，电视机积压200万台，电冰箱积压300万台，这种现象是我国过去的调整时期所未曾见的。就1989年全年市场走向来说，一季度平稳，社会商品零售总额比上年同期增长22.6%；二季度销售增幅放慢，4月份增长20.5%，5月份增长17.2%；三季度销售增幅大幅度下降，7月份为7%，比5月份低10.2个百分点，8月份转化为负增长，即下降0.19%，9月份下降1.1%；四季度销售持续下降，10月份旺季不旺，销售额较上月下降0.3%，11月份销售继续下降0.9%。人们曾经预计春节后销售状况会有所改变，但实际上1990年1、2月份社会商品零售总额1339亿元，比去年同期下降2.1%。其中消费品零售额1229亿元，下降2%；农业生产资料零售额110亿元，下降3.1%。就城市来说，1、2月份城市商品零售额比上年同期增长1.4%，县城商品零售额下降6%，但县以下即农村商品零售额下降5.1%。就各类商品销售状况来看，副食品销售仍好于日用工业品和针纺织品，社会商业28种主要商品销售中，猪肉和水产品比上年同期增长11.1%和13.1%。其余商品减销，大件耐用消费品销售仍然滞销，录音机、洗衣机、电冰箱、电风扇销售分别下降34.5%、23.4%、15.5%、15.1%。但与此同时，一些质优新商品销售活跃。总的情况是，市场并未如人意料那样转好，迄今尚未从低谷中走出来。

市场疲软与资金短缺互相交织，是1988年这一次经济紧缩中令人瞩目的现象。一方面流动资金紧缺的过度发展和过长延续，引起了债务链拉长。资金循环的梗阻，导致生产活动的萎靡和商业活动的下降，其结果是市场疲软进一步加剧和市场疲软范围的扩大。另一方面，市场疲软，销售困难，库存增长，产成品资金更多地挤占流动资金，引起对流动资金需要量增大，其结果是资金更加紧缺。

资金短缺使企业的生产与经营难以为继，国家不得不增加流动资金的贷款。但是，新的贷款注入在启动新一轮的生产后，却因缺少市场，使新的资金投入滞留在产成品形态，而不能转化为货币资金。这样为了再次启动生产，又需要银行增加新的流动资金投入，从而形成资金投入—产成品资金—资金再投入的恶性循环，出现了企业产品不能实现而产生的资金"黑洞"。

总之，资金短缺挫伤了生产与经营活动，使市场销售疲软，而市场销售疲软又加剧了资金短缺，经济紧缩中这一对负效应的互相交织，即商品流通障碍与资金流通梗阻共同作用，使企业经济活动软弱乏力，甚至再生产难以为继，造成企业停产和半停产，其结果是1989年9月以来的工业低速增长。

资金短缺在过去经济紧缩调整中都曾出现，但市场疲软却是这次紧缩中出现的新问题。而且，市场疲软在紧缩经济所出现的各项矛盾中，占有特别重要的地位。在当前，市场销售不畅和困难，是资金难以回流的终极原因，是企业互相拖欠，债务链越发拉长的原因，是造成企业停工停产的直接动因，是银行不断投放点贷资金而生产仍然难以启动的根本原因。市场销售疲软，业已成为当前再生产机制发生紊乱、经济运行失序的原因，是制约我国经济生活的关键问题。

二、社会主义的经济紧缩、调整时期的特点

如何认识对宏观经济实行紧缩中出现的种种负效应和应该如何缓解与调节这些负效应，是现实向人们提出的重大课题。当前对于市场疲软与资金短缺，人们认识不一。有的同志说，这是"双紧"的恶果，认为宏观的紧缩政策错了；有的同志说，本来就应该实行"软着陆"，而无须实行"双紧"；不少基层的同志则为市场疲软、产品积压、生产滑坡而忧心忡忡，总觉得形势"一团糟"，对如何进一步治理整顿缺乏信心，消极悲观。

我们认为，市场疲软和资金短缺的出现，并不是治理整顿的"双紧"方针不对头，从根本上说，它是我国现行不完善经济体制和不完善经济机制下，实行较严格的宏观经济紧缩政策难以避免的现象。我国的治理整顿要通过解决国民经济中存在的总量失衡与结构失调两大问题，从根本上克服经济过热、需求过旺，控制通货膨胀，实现国民经济持续、稳定、协调发展。为此，首先必须解决总量失衡，要实行以抑制总需求为直接目的的"双紧"政策。由于多年来我国经济不均衡要素大量积累，造成了严重的通货膨胀。加之我国人口多，收入低，又缺乏收入补偿和就业保障机制，人们习惯于价格固定，对涨价承受力低，因而必须采取有效手段来抑制总需求膨胀，把物价涨势刹住，这不仅是一个迫切的经济问题，而且是一个政治问题，因而实行"双紧"政策，采用紧缩投资、信贷、货币、财政、进口多管齐下，

就是客观必然的。

以实行严格的宏观政策肇始的治理整顿，标志着我国经济进入了紧缩、调整时期。从1988年9月开始到1989年底，可以说是治理整顿的第一阶段，其主要特征是实行较为全面的宏观紧缩，其主要任务是抑制社会总需求的过猛增长。设想一个紧缩方法得当，负效应和阵痛较少的社会主义经济紧缩过程，由国家根据社会主义紧缩时期的经济机制和客观规律的要求，自觉地进行经济收缩和经济调整。这一社会主义的经济紧缩过程表现为：（1）资金供应减少，一部分企业和一定经济领域流动资金不足，但不是金融信贷危机；（2）社会总需求增长放慢，市场购销活动由旺转平、转疲。一些产品滞销，但不是全面的市场萧条；（3）对一部分企业实行关停并转，但不是企业大破产；（4）待业人员增多，但不是大量失业；（5）局部领域经济活动降温，经济增长放慢，但不是社会总体再生产的中断。这是一个国家掌握的、有计划的、有步骤的经济紧缩与经济调整，它与资本主义经济中，在自发性的市场机制作用下，以爆发性的危机形式，通过经济大崩溃和社会大动荡而实行的调整有根本的不同。

社会主义的经济紧缩过程，特别是它的肇始阶段，以抑制社会总需求的过度增长为主要任务，以实行减少投资量、信贷供应量，控制消费基金的增长，以及控制紧缺原材料的计划供应与市场供应，紧缩进口等多方面和互相配套的紧缩政策措施为特征，而上述政策在发挥它的紧缩需求功能，收到把物价涨势控制住的积极成效的同时，又难以避免地会引起市场购销活动的某些衰减，使资金供应感到不足，特别是经济收紧的"紧急制动"，难免要打乱过去的过热运转型的经济机制，造成暂时的"机制紊乱"，由此加剧局部领域经济活动的"衰减"，使企业停产或半停产范围扩大。可见，宏观紧缩总是正效应与负效应同时存在，如果没有任何负效应，意味着过度膨胀着的总需求尚未被抑制住，也就谈不上有正效应。

对比资本主义国家的情况。在那里往往是政府实行紧缩政策，在把通货膨胀率降下来的同时，却又发生了失业率的增长。可以说，当代资本主义发达国家，在它的许多次经济收紧过程中，都发生了经济衰退和失业率的上升，而政府为了缓和失业率的上升，而重新松动银根、刺激生产时，通货膨胀却又加剧了。资本主义国家面临着要稳住物价，还是稳住失业率的十分艰难的两难选择，甚至还会出现经济萧条与物价上涨共存的"滞胀"局面。这种情况在20世纪70年代初，尼克松失败的反通货膨胀政策就表现得十分鲜明。[1]社会主义的紧缩与调整和资本主义的经济紧缩与调整的不同，不在于这一紧缩不存在负效应，而在于人们有可能做到使经济紧缩的正效应为最大，负效应为最小。那种关于实行紧缩，控制住需求过旺，抑制住物价涨势，而又不出现任何负效应的观点，只是一种美好的愿望。

如果从以上所描述的一个健康的社会主义经济紧缩、调整过程的特征和要求出发，来考察我国的治理整顿，那么可以说，我国这一年来的经济紧缩，大体上适应了下述要求：（1）物价涨幅逐月下降，严重的通货膨胀势头迅速地被抑制住；（2）保持了经济的适当增长，全年工业生产增长8.6%；（3）没有发生大震荡，社会保持稳定。但是紧缩的正常发展中，由于在一段时期内紧缩力度过大，对出现的新问题未曾及时加以疏解，呈现各种负效应互相交织和不良演化的状况。但是，只要人们能弄清社会主义紧缩调整期的经济机制，特别是对各

---

[1] 20世纪70年代初，美国尼克松政府实行的反通货膨胀措施未取得成效，1974年物价上涨12%、失业率达到5.3%，超过了警戒线。

种宏观紧缩政策的效应——直接的效应与间接的效应——有深刻的认识，从而能设计和采取较为完备的和恰当的紧缩方法、步骤，做到主动地驾驭紧缩过程，有条不紊地、及时地调节与解决紧缩中出现的矛盾，因势利导地推动紧缩与调整的逐步深入和顺利发展，那么，人们将完全有可能在经济紧缩中做到代价最小而效果最大。更重要的是，事物总是在矛盾中发展的，即使是社会主义的经济紧缩，也不可能没有任何负效应和不带来任何困难和痛苦，何况20世纪80年代新条件下的经济紧缩与调整完全是一个新事物，人们还缺乏经验，迄今的经济学教科书也还不曾对这一场在经济转轨期中进行紧缩的机制与规律做出科学的阐明，人们还需要在不断总结实践经验中来推进经济紧缩与调整，因而还可能要交点学费。不过只要我们用唯物辩证的方法来观察当前的经济紧缩的过程及其问题，我们就会懂得这是前进中的困难，是可以克服的，就不会为之大惊小怪，也就不会丧失信心。

三、宏观紧缩与资金短缺

为了有条不紊地进行治理整顿，我们有必要分析我国实行"双紧"政策一年多以来的经济发展状况，特别是着眼于分析、探讨经济紧缩期的机制。

我国目前的经济，正处在由传统的产品经济向有计划的商品经济转换的初始期。其体制是一个还很不完善的社会主义经济体制，它既存在多年积累下来的旧体制的弊端，又存在近年来处于构建中，但尚不完善的新体制的局限性，由这种体制所决定的经济运行机制也是不健全的。大体说来，在现行的过渡性的体制与机制下，经济的自主性和活力获得很大的增强，但是市场调节机制尚未形成，微观经济的自我约束力量十分薄弱，宏观的调控体系和力量尚不充分。现行体制与机制的突出表现是：活力与盲目性、膨胀性并存，各种经济主体具有强烈的投资饥饿与消费亢进，形成总需求不断地和过度地增长，后者更引发和推动经济进一步盲目发展，加剧结构失调，最终导致严重的通货膨胀。经济膨胀机制与运行的盲目性，乃是实行宏观紧缩政策的客观特征。这一经济客观特征，很大程度上决定了宏观紧缩政策的效应状况，决定了上述政策所可能获得的正效应和所要发生的负效应。

信贷的宏观紧缩与资金短缺。实行从紧的信贷和货币政策，是紧缩宏观经济的主要手段。1988年9月人民银行与各专业银行实行紧缩银根，严格控制信贷规模，限期收回逾期贷款，对新的信贷实行从紧，调高利率，增大资金使用成本，以限制信贷活动。这些措施是对不断膨胀和运行过热的经济的一次有力的"紧急制动"。

抽紧银根，限制信贷规模的扩大和收缩货币发行，必然会影响各种主体的投资能力，对过热的基本建设起"制动"作用。我国经济具有由投资亢进驱动的膨胀惯性，这在于：指导思想上的急于求成，使基本建设规模过大，超出现有国力；投资体制不健全和缺乏制衡机制，难以对过度投资实行约束，基建每年再建项目过多，加上不乏"钓鱼工程"，需继续追加的投资量大；产业结构失调，特别是加工领域的投资热和"瓶颈"现象更加严重，要求国家不断扩大短线投资，而实际上长线投资增长更快，于是面多加水，水多加面；投资主体多元化，预算外资金占基建的半数以上，使投资热难以抑制；财政包干体制，形成地方政府投资欲望亢进；集体、个体和私营经济处在增长期，也是基本建设投资膨胀的一个原因。在现行体制与机制下，上述因素不仅表现为财政支出的膨胀和赤字，而且表现为投资贷款规模的急剧增大，例如人民银行的固定投资贷款就由1978年前的55亿元，增加到1989年的1700亿元，再加上带有固定资产性质的科技、农业贷款共达2700亿元。

现行的经济运行机制存在着流动资金不断膨胀的动因。这是因为：（1）每年竣工的建设项目多，投入生产营运的新企业需要新增的流动资金达数百亿元；（2）企业在自身利益驱动下追求产值，需要不断增加流动资金；（3）集体、个体、私营、中外合资等企业在大量兴办中，需要新增营运资金；（4）物价的上涨造成原有流动资金的不足，再加上原材料涨价下物资普遍超储，因而企业对流动资金的需要增大；（5）流动资金供应体制存在缺陷，1983年起财政不再承担流动资金供应，企业又不自己增补流动资金，预算内国营企业自有流动资金比重由1983年的39.5%，降到1989年的18%，资金缺口越来越大，企业在流动资金供应上对银行的依赖愈加增大。

可见，在我国当前的体制下，存在着流动资金不断膨胀的惯性，它和投资膨胀的惯性一起，助长了信贷膨胀。1983年以来，我国过热的经济运行是靠银行信贷膨胀和货币超量发行来维持转动的。1985年以来，货币年增长率均在20%上下，大大超过国民生产总值的增长率。像狂奔后鹿子需要水一样，我国迅速增长的过热的经济，需要日益增长的资金供应。这一资金膨胀惯性决定了再生产活动对资金供应，特别是对国家银行资金分外依赖，决定了国家银行资金供应变化对于企业投资和日常经济营运的直接影响和敏锐的反响。一旦中央银行采取严格的信贷紧缩政策，即使流动资金供应不减少，只不过是有控制的增加，这个信贷膨胀型和实行国家银行统包资金的经济，也会像缺氧一样出现资金紧缺效应。

信贷紧缩→"三角债"→资金紧缺。企业相互间在商品购销中会不断有债务的产生，通过日常的结算又不断得到清偿，经营不善的企业不能偿付债务则通过破产来清算。上述债务—清偿—破产机制，是商品经济中的正常现象。但我们这里说的"三角债"，不是指正常的商品经济中企业间暂时出现的未予支付的"负债"与拖欠，而是指的一大批相互发生购销业务联系的企业，在营运中不履行正常的清偿，却是继续负债买进的"拖欠经营"。这种"拖欠经营"的出现，其直接原因是资金短缺和市场疲软，而其内在原因则是企业机制的不健全和银行对结算监督的放松。

企业互相拖欠，三角债增长，进一步加剧了资金的短缺。首先，由于效益差的企业拖欠效益好的企业的资金，依靠占用他人流动资金来维持自己的生产，逼使他人去向银行增加贷款。其次，随着拖欠范围扩大，债务链扩张，使更多企业的资金不能顺利周转和回流，再生产的资金循环机制遭受破坏，其直接后果是维持国民经济运行的流动资金数量大大增加和需要由银行注入，一旦银行控制信贷，限制资金供应，企业就"转不动"。

债务链→清欠困难→资金短缺和市场疲软。在出现债务链的条件下，必须及时组织债务清偿，为此银行必须向一定的（单个或多个，但不是每一个）债务人，发放用于结清欠款的贷款。如果是简单的债务关系，只需要较少的清欠资金投入，就能解开简单债务链条。

假定1链：A→B→C→D……A

2链：B→E→F→G……B

如果投入启动资金X给A，可以清偿A欠B的债务，但由于第2链中B欠E，因而X的启动作用只限于A、B，而不能及C、D和了结D的债务，还需要对第2链进行投入X_2，以至对第3链投入X_3，对第4链投入X_4，才能清偿这一大批企业群体的债务链。可见，在三角债日益扩大，形成互相交错的债务链后，实际上资金投入难以收到清欠债务的成效，造成"清欠"的困难。1989年银行定期向国营大中型企业投入数十亿启动资金，但在三角债缠身的状况下，只不过是杯水车薪，难以解开债务链。

可见，企业间互相拖欠债务和"债务链"的扩张，不仅仅是造成当前资金紧缺的一个重要原因，而且更重要的是它还由此破坏企业与企业之间的信贷机制，造成企业资金循环梗阻，影响企业之间的供销活动，其结果是生产活动减弱和造成市场销售疲软。

一年来实行金融宏观调控是由于我国当前尚不完善的体制与具有资金膨胀惯性的经济机制，因此在实行紧缩信贷中应该注意以下几点：（1）切实掌握好信贷紧缩的"力度"，不要发生紧缩过度，以至出现"紧急制动"下，因资金缺乏而出现经济"休克"，即总体再生产运行的难以为继；（2）金融宏观紧缩应着重于压缩投资的增长，而对于维护日常再生产的流动资金的供应，则应予以保证；（3）金融宏观紧缩的初始阶段，在流动资金供应上实行从紧，要求讲求信贷紧缩方法，切实贯彻有压有保，做到充分保证效益好的企业和重点企业的资金需要，对那些效益差的、长线的、不符合产业政策要求的企业的资金供应进行限制；（4）金融宏观紧缩，应该适应再生产活动的节奏，在资金供应上该紧则紧，该松则松，防止与再生产活动要求相悖的松紧失序；（5）在金融宏观紧缩中，要做到"及时调节"，密切观察和针对紧缩中出现的新问题，及时采取有效对策进行调节，包括银根紧缩力度的调节，做到紧中有松，大紧小松，紧松适度。

总之，深入研究宏观紧缩期的经济机制，探索和采取恰当的与稳健的金融宏观紧缩措施，以充分地发挥紧缩正效应，最大限度地减少紧缩负效应，这是保证治理整顿顺利进行的根本条件。

四、宏观紧缩与市场疲软

宏观紧缩政策，最终会产生对市场需要的抑制效应。压缩基建开支，缩小基建规模，直接减少对生产资料的需求，并且传递和引起消费需求增长的放慢；收紧银根，会减弱企业生产营销活动，使经济增长率降低，职工收入减少，从而会对消费需求起抑制作用，并传递到中间产品，甚至原材料等初级产品的生产领域，造成对一部分生产资料的需求增长放慢，甚至绝对减少。一项全面的与严格的宏观紧缩政策，总会弱化市场投资需求和消费需求，出现部分产品需求不足与销售乏力，而其明显的与激化的形态就是持续的市场疲软。

1988年宏观紧缩的市场需求效应，可以从以下几点来加以分析：

第一，1988年9月开始的紧缩与过去的紧缩不同，在于它出现了生产资料需求和消费需求的较为显著的同时收紧。1989年紧缩财政支出，压缩基建投资500亿元，社会固定资产投资保持在4100亿元的规模，低于1987年的4300亿元，减少了对生产资料的需求。另外，实行抑制消费基金增长的措施开始逗硬，控制集团购买力收到成效，7月各级政府和企业单位采取认真的廉政措施，使集团购买力在近年来以每年20％的幅度上升后，第一次出现负增长。

可以说，1989年的紧缩，通过实行较为严格的紧缩财政和信贷措施的"釜底抽薪"，投以猛药，既抑制了对生产资料的需求，又抑制了对消费品的需求，从而收到了把社会总需求过度增长势头抑制住的效果，并使社会商品零售总额出现了负增长。

第二，1988年紧缩的另一特点是，银行加强储蓄功能和信用回笼，从而大大抑制了即期消费。基于我国1988年出现的抢购风和挤兑风的市场险情，金融调控除了收紧银根外，还采取调高银行存款利率，实行保值储蓄，以增强货币回笼，吸收手持现金。保值储蓄收到了意想不到的把即期购买力转化为储蓄的良好效果。1989年城乡储蓄净增1334亿，其中80%是保值储蓄，年末城乡储蓄金额达5135亿元，创历史最高纪录。

在1988年宏观紧缩中，储蓄功能大大强化，起了收缩市场需求的主要杠杆的作用。1989年个人收入增长比上年低11%，而居民储蓄存款比上年增长40%，储蓄率达到29.15%，比1988年提高11个百分点，边际储蓄率成倍地增长。在收入增长速度放慢时，储蓄倾向却急剧增长，这不能不是一个特异现象。它不仅仅是与治理整顿时期人们的生活保障意识的强化有关，而且与保值储蓄提供较为稳定的储蓄利益有关，也与由我国当前的经济、文化、国民价值观念等因素形成的较强的储蓄意识和倾向有关。事实表明，在我国，利率超过一定的数值——利息率与物价上涨率之差，就可以大大地强化人们的储蓄动机和催生持久不衰的储蓄热。这种情况，可以从1990年储蓄仍然超常增长，不少地区一个季度就完成了全年的储蓄计划这些特异的现象表现出来。

总之，储蓄功能的强化和储蓄行为的超常，信用回笼的猛增，起到使即期消费品购买力下降的后果，消费品市场疲软显然是与之直接有关。

第三，加强中央财力的措施，如继续向企业与职工发行国库券产生了减少消费需求的效应。

第四，抢购的滞后效应。在市场抢购风潮下，基于保值动机，人们竞相实行消费品超量购买，加以负债购物，因而在后续时期，人们会不可避免地紧缩消费支出，这种消费需求猛升后的降温和向下反弹，是市场规律作用的必然表现。

第五，治理通货膨胀过程中的消费心理异常。在某些特殊条件下，市场消费品购销状况会与人们的消费心理密切相关。具体地说，在通货膨胀和物价不稳的时期，出现了消费者对市场变化过敏反应和购买行为的反常，它表现为价格越涨，涨价预期越强，购买越旺，而价格越降，人们降价预期越强，越是不买。正是这种1989年跟着物价涨幅迅猛下降而出现的消费、购买心理和行为由买涨到不买落的变化，成为市场消费需求弱化的主观因素。另一方面，产品结构调整缓慢，大量产品质差、款式陈旧和价格高，成为消费者购买欲望减弱的客观因素。

第六，企业应变能力缺乏，产品结构调整迟缓，是我国紧缩时期市场需求问题明显化的重要原因。由于企业体制不完善与机制不健全，企业缺乏自我调整的动力，也缺乏来自市场调节的压力，以及顺利进行关停并转的机制，因而在市场滞销状况出现后，企业反应迟钝，新产品开发不力，转产不快，甚至市场购销业已呈现不旺却仍然盲目生产。产品结构刚性，加强了产品供求矛盾累积，这是市场销售转疲的一个重要因素。

综上所述，在当前我国的经济体制与经济机制下"双紧"政策发生效应，必然会表现为投资需求和消费需求增长的放慢，再加以强化储蓄减缩了即期消费需求，企业停工停产和亏损增大又在一定程度上减少了职工收入，市场疲软引起一部分农民减收，从而抑制了消费需求的增长，加以消费动机的弱化等，造成了社会总需求增长幅度的下降和即期市场需求的猛降，出现了即期需求小于有效供给的现象。可见，在我国，较严峻的紧缩带来的具有某些激化形式的紧缩效应，就表现为较沉重的市场销售转疲。

当前，我国的市场销售疲软，主要是结构性的市场疲软，经过一段时间的发展，业已带有一定的需求不足性，但不是全面的需求不足。这种局部性的、暂时的市场疲软，尽管对一部分企业的经济运行带来困难，表明社会需求过旺受到抑制，表明过热的经济业已开始降温，因而市场消费需求的弱化，表明国民经济在宏观紧缩措施下正在经历积极的调整。要实行对宏观经济的严格紧缩，而又想不产生任何需求弱化与销售疲软的现象，这是不可能的。我国当前治理整顿中的问题，不在于出现市场疲软以及资金短缺等现象，而在于：（1）能否采取一个较为完善的、从紧而又不过度的紧缩措施，以便将市场疲软与资金短缺控制在合理的和可承受的范围内；（2）能否在市场、资金问题出现和越来越表现出它的消极作用的条件下，及时在紧缩政策上进行微调和采取应变措施来加以缓解。如果宏观紧缩政策失当，或者对出现的新问题重视不够，采取的措施不力，那么正常范围内的市场销售问题，也有可能扩大、持续化和转化为非正常的、超过经济承受力的市场销售疲软，从而对国民经济的运行带来更大的消极影响。就我国当前来说，我们的任务是要继续控制总需求的过度增长，与此同时，要针对市场现象，采取适当的"松动"，以保证消费需求的适度增长，特别要花大力气来进行产品结构和产业结构的调整，以改善与增加有效供给，在形成新的产业结构的基础上，使总需求与总供给的矛盾获得基本解决，以奠定国民经济稳定、持续和协调发展的基础。也就是说，随着当前着眼于疏通、缓解市场疲软和资金短缺的各项措施的出台，我国治理整顿实际上将由以压缩总需求增长的严峻的紧缩阶段，进入以控制总需求和大力进行产业结构调整为主要内容的第二阶段，即调整结构阶段。

五、经济紧缩调整时期的矛盾与深化改革

我国当前的经济紧缩、调整的主要任务，是解决总量失衡与结构失调，在革新体制与完善经济机制的前提下，实现总需求与总供给基本平衡的格局，从而保证国民经济转上均衡的再生产的轨道，可见，整个经济紧缩、调整时期的基本矛盾是总量失衡与结构失调，及由此引起的需求膨胀和国民经济稳定增长的矛盾。在我国当前经济积弊甚深的条件下，从根本上解决上述矛盾，需要经历两个阶段：第一步，坚持紧缩，实行经济降温，刹住即期需求的猛长势头，缓解总需求与总供给的矛盾；第二步，在坚持控制总需求过快增长的前提下，大力进行产业结构调整，逐步做到需求结构与供给结构相适应。在第一阶段，人们采用全面紧缩需求的急刹车，在较短时期内形成被压制的即期需求低于市场商品供给的状态，把物价迅猛上涨的势头压下来。但是，宏观紧缩政策，在形成低于被压制的即期需求时，也往往同时形成过量的被推迟的需求——储蓄——过量的潜在需求即手持现金。可见，人们不能把有效的社会总需求概念仅仅归结为即期、已经实现的、有购买力的需求，应该将被推迟的需求与潜在的需求，作为社会总需求的一个部分，尽管它们是即期未实现的需求，但却是未来年份的现实需求。而且，要看到上述被推迟的和潜在的需求，具有不稳定的、难控制与难调节的特点，它可能引起某一个时期市场消费需求的陡然上升和反弹，形成超常的购买力，对市场造成突发的严重冲击，从而对物价的稳定构成危险。

可见，即使人们通过紧缩与推迟购买力的措施，把即期市场消费需求降下来，但从经济结构的本质和经济运行总体上来看，它并未解决我国现阶段经济的总需求大于总供给的基本矛盾。因此，人们还需

要继续紧缩与调整，特别是要大力进行产业结构的调整，在使需求结构与供给结构相适应的条件下，实现真正的总量均衡，这就是治理整顿第二阶段的任务。就我国来说，1989年末和1990年初开始了向第二阶段的发展。

我国的经济紧缩、调整时期，存在着经济活动收紧与有效供给增加的矛盾，可以说，这是实行宏观紧缩政策时期的主要矛盾。这一矛盾存在的原因是：

第一，宏观紧缩政策及其执行对生产必然会有抑制效应：（1）收紧银根，企业营运资金的供应受限，加以资金市场萎缩，企业难以从银行外渠道获得资金，因而资金供应量的收缩和供应成本的增长，必将削弱企业的生产与经营活动；（2）收紧银根的"紧急制动"阶段，银行限期收回逾期贷款，国营大中型企业首当其冲，企业的经营资金难以充分得到保证；（3）为了紧急制动，在信贷紧缩方式上难免"一刀切"，某些效益好的生产也会因资金供应不足而受到限制；（4）紧缩带来的市场消费需求的弱化及其向生产资料需求领域的传递，将进一步限制和影响企业的生产活动。

第二，不完善的体制对生产也存在抑制效应：（1）企业缺乏应变能力，在市场需求弱化的形势下，不能主动地、迅速地进行产品结构的自我调节，来打开销路和依靠自身力量缓解资金短缺；（2）财政包干制形成的地方利益格局，使地方政府行为难以合理化，成为贯彻产业政策和有效实行"有压有保"的障碍；（3）专业银行包干制和利益动机，使它对贷款期短、风险小、利润高的企业，包括加工工业的投资产生偏好，难以有效贯彻信贷结构的调整。

第三，经济机制的不健全与经济手段的缺乏，使有效供给的改善困难。（1）由于价格体制的不合理，以及在抑制通货膨胀中价格改革受限，从而缺乏传递和加强经济紧缩与调整的价格机制，使产业结构调整步履维艰；（2）国营企业的软预算约束和缺乏破产机制，使企业缺乏结构调整的压力；（3）兼并、产权转让的经济机制的缺乏，使"关停并转"的调整难以圆滑地进行；（4）在紧急制动期，借助行政手段的结构调整，尚未真正开始；（5）在紧缩时期，难以有效保证产业结构调整所需要的资金供应，等等。

可见，由于紧缩本身的效应，不完善的体制以及不完备的机制与手段薄弱与缺乏，因而宏观紧缩措施须形成一种限制性的宏观环境，从而对企业生产与流通产生不同程度的抑制作用，造成经济活动的乏力。加之保重点未必能一下子落实，国营大中型企业不可能一下子得到加强，因而，宏观紧缩措施的实行中，甚至会有可能出现基本生产受到影响的情况，表现为过猛的生产下降和过久的工业低速增长。

既然在经济紧缩、调整时期，客观上存在宏观紧缩与有效供给增长的矛盾，因此，人们要自始至终善于处理这一矛盾。（1）要使宏观紧缩的方法、步骤适应于紧缩期的经济机制，在采取严峻的抑制总需求的紧急制动时，要注意"力度"适当，防止"制动"效应过猛，对生产与经营活动冲击过大；（2）基于我国经济体制与机制的特征，绝对的和单纯的紧银根和紧财政方法是不适当的，应该在实行经济收紧中保证重点，即"有保有压"，在资金、物资、产品销售等方面提供保证，以维护基本生产部分正常运转的需要，这样就能在推进紧缩调整中避免出现大的经济震荡和社会震荡；（3）在实行宏观紧缩政策的过程中，要及时采取有效措施，解决新出现的矛盾，防止紧缩负效应的扩大和积累。归根到底，在实行收紧经济时，要切实保证生产的适度增长，防止出现大面积生产滑坡，由此将宏观紧缩的双重效应规范在"死一小块、活一大块"的格局之下，采取这样的经济紧缩措施将不会导致经济的滞胀。

我们认为，当前我国治理整顿严格的经济紧缩阶段已经基本结束，我国实际已经迈入经济紧缩、调整期的第二阶段。这一阶段既要坚持控制总需求，但又要从实际出发，通过紧缩政策的"微调"，及时缓解当前经济生活中出现的多重负效应——市场疲软、资金短缺、工业生产增长低速、待业人员增多等。这些措施是：（1）适当松动银根，以缓解企业流动资金的短缺；（2）适当增加基建与技改投资，以适当扩大投资品市场；（3）适当调低利率，对过高的储蓄倾向加以调节和鼓励适度消费，以适当扩大消费品市场；（4）大力进行结构调整，特别是加强国营大中型企业的生产，保证有效供给的增长，这是缓解市场疲软的先决条件；（5）大力清理"三角债"，缓解与消除资金流通的梗阻。当前正在采取的适当松动的措施，经过一定的时期，其激励市场消费需求和增加生产资料需求的效果将会显示出来，市场疲软将逐步得到缓解，并有可能出现某种程度的"复苏"，从而表现出启动生产的效应，工业生产的增长将会加快。第一阶段的宏观紧缩措施，引起即期市场需求的下降，由此带来激化的销售疲软负效应，而且必须看到，适当松动和由此将出现的市场复苏，也有可能再次引起即期市场需求的过度增长，从而发生经济的再次膨胀。在我国当前的经济体制与经济机制尚未完善的条件下，在采用某种适当的激励需求措施下又重新出现的膨胀趋势与抑制总需求的矛盾是客观存在的。这是经济紧缩、调整时期的另一主要矛盾。这一矛盾决定了现阶段经济发展中的风险，这也是人们解决现实新矛盾中遇到的"两难"，即继续单纯地收紧将引起经济滑坡，不适当的放开将导致重新膨胀。

基于我国经济紧缩调整过程中的两个矛盾——抑制总需求与经济增长放慢的矛盾，放松与经济重新膨胀的矛盾——人们在治理整顿中，特别是在当前，就有必要实行原则的坚定性和方法的灵活性相统一的、稳健的紧缩调整政策。具体地说，基于持续的市场疲软和过长的工业低速增长的负效应的积累的新情况，必须适当松动经济，疏导市场，启动生产，保证经济适度增长，同时继续坚持控制总量和大力调整产业结构，特别要警惕防止需求再次膨胀。治理整顿第一阶段，主要是紧缩经济，解决需求过旺，经济过热。第二阶段，主要是调整结构，但肇始于适当松动。第一阶段紧缩的收效，主要表现在经济的浅层次，人们看到中央政府"双紧"政策在执行中，尽管还有传递的失真和效应滞后，但毕竟是起了收紧经济和抑制需求的作用。第二阶段结构调整的收效，则表现在经济的深层次，不是依靠某一项或某几项政策，更不是采用简单的行政措施就能完成，而是既要有配套的政策，又要有各级政府的有效的行为，要依靠行政的、法律的特别是经济手段的运用，形成合理的企业行为、地方政府行为与个人行为，才能较为顺利地推进和完成产业结构调整这一艰巨的任务。从本质看，结构调整还不是最根本的目的，治理整顿所要达到的更高的目标，是消除经济中导致盲目建设、结构失调的机制。同样地，采用双紧政策以抑制需求过度增长，也不是最根本的目的，我们要达到的更高目标是消除内生的需求膨胀和经济过热的动因。因此，深化改革和完善机制，就具有更加重要的意义，它不仅仅直接关系结构调整目标的实现，而且是我国经济能否从根本上摆脱调整—膨胀—再调整—再膨胀的怪圈，转入持续、稳定、协调发展的轨道的根本前提。

全面疏导　多方启动①

——缓解市场疲软十策

在过去一年里，治理整顿取得较明显成效，迅速平息了抢购风波，刹住了物价涨势，与此同时工农业生产继续增长。但也出现了新问题与新困难，这就是：市场疲软，产品积压，资金短缺，工业生产自去年9月以来，两个季度低速增长。

市场出现销售疲软，并不是治理整顿采取的"双紧"方针不对头。市场疲软是在我国现行不完善经济体制和不完善经济机制下，实行有成效的、严峻的宏观紧缩政策难以避免的现象。1988年9月开始严格地控制信贷，去年压缩基建500亿元，保值储蓄使储蓄增加1334亿元，城乡储蓄达5100亿元，再加之发行国库券，这些措施收到抑制总需求之效，使全年社会商品销售总量比上年下降。此外，前年抢购产生滞后效应，加之社会消费心理过敏，消费行为异常，物价越跌，人们越不买。以上因素，使市场销售由热转平、转滞，这是很自然的。

---

① 原载《人民日报》1990年4月10日。

可以说，销售疲软正是宏观控制取得积极效果的同时表现出的负效应。当然，市场过疲，销售困难面过大，时间延续长，与我们具体工作也有关。李鹏总理在政府工作报告中指出，是由于"宏观疏导方面采取措施不够及时有力，缺乏有效办法"。我相信，认真总结以下四个方面的经验将有助于我们改进工作，改变市场疲软。（1）掌握好总量控制的"力度"，做到紧而有度；（2）掌握好总量控制的节奏，避免前紧后松，或前松后紧；（3）掌握好保重点与照顾面的关系；（4）处理好强化储蓄与引导消费的关系。

市场疲软是前进中的困难，是可以克服的。我国经济正在向好的方面发展，出现困难和问题，完全用不着消极悲观。而且，市场销售疲软，也为产业结构调整提供了外在压力和机遇，正确对待这一经济生活中的负效应，坏事也会变好事，有利于治理整顿的深入。但市场疲软，业已影响工业增长，带来许多困难，影响经济稳定，对此，我们切不可掉以轻心。在当前，我们应花大力气，疏导市场。回流资金，启动生产，搞活经济，要从市场抓起。

市场疲软，需要综合治理，要注意以下10个方面。

第一，用活资金来启动生产，带动市场。缓解市场疲软，首要的是缓解资金短缺。目前资金供应紧张，部分企业不仅无力支付原材料款，无力在市场收购农业原料，而且连工资也发不出，生产难以为继。商业企业、外贸企业因缺资金，影响购销活动，不能搞正常库存。为了缓解资金紧缺，需要改善金融宏观调控方法，当前特别要注意紧而有度，紧后要有松，大紧小松，防止过紧把弦绷断了。当然目前只能适度松动银根，不能实行"开闸"。今春工商银行增加贷款800亿元，农业银行增加贷款200亿元，这是必要的。但要注意瞻前顾后，确保下半年的资金需要。为了在紧缩中做到扶优汰劣，要用好利率杠杆，贷款给效益好的企业。硬性规定不给哪一领域贷款，这种"一刀切"的做法，会给经济带来损失。为了缓解资金短缺，除了适当降低利率外，还要应用好差别利率。要对四川德阳第二重型机械厂这样的微利高效（社会效益）企业予以利率优惠。这个厂去年流动资金贷款2.9亿元，付利息3000万元，较1988年增加1100万元，企业负担沉重。

第二，强化商业功能以疏通市场。目前，市场既有销售缩减，又有流通不畅，拥有10亿人的大市场潜力尚未充分发掘，特别是在农村大市场上，适销对路的商品难买，农副产品难卖。因此，迫切需要加强商业的功能，充分发挥国营商业和供销合作社的主渠道作用。要完善商业体制，现在商业企业既缺资金，又为保自身利润而不愿开展更多购销活动。要发挥商业的"蓄水池"功能，做到吞吐商品，稳定物价，希望国务院采取切实措施，用优惠利率贷款建立商品储积基金。另外，还要注意拓宽流通渠道。充分发挥集体、个体商业的辅助作用，搞活流通渠道。不可设卡过多，影响个体贩运的积极性，影响零星、多样的工农副产品的销售。

第三，用开发新产品来开拓市场。市场潜力很大，关键在于产品是否适销对路，是否物美、质优、价廉，在于企业能否不断开发新产品，用好"人无我有，人有我优，人优我廉，人廉我转"十六字经。在这方面，四川不少先进企业创造了不少经验。一级企业长虹机器厂，及时生产直角、平面、遥控彩色电视机，并采取其他促销措施，打开了销路，1989年生产65万台电视机销售一空，实现税利1.4亿元。希望我们的企业家发挥自力更生、开拓创新精神，眼睛向内，依靠自己渡难关，求发展，不要事事等待国家，依靠银行。

第四，用好价格机制来促进销售。市场上存在价格销售弹性。这就是：降低价格，销售增大；提高价格，销量减少。前年一些商品提价过度，造成积压，当前对一些商品适当降低价格，很有必要，但要讲究方法。降得好，有利于促销，方法不好，还会强化消费者的降价预期，强化等待心理。例如今天降一点，明天降一点，或者竞相削价，大抛卖，大"流血"，这就只能引起消费者的错觉，造成持币待购和储币待购。因此，建议对该降价的商品，统一制定和安排降价促销措施，防止和减少盲目性。

第五，用引导消费来激励市场。消费品销售呆滞，在于人们买得少。针对当前状况，有必要适当激励消费欲望，使人们多买一点。我们还处在紧缩时期，在总体上要实行控制需求政策而不能改弦更张，要采取刺激需求政策。但当前需要进行必要的微调，引导消费适当增长，除了采取经济手段，如降低存款利率1.26个百分点；还应进行思想引导，既反对高消费，又不压制正常消费，提倡合理、适度消费。

第六，减少对一些商品的不必要限制以活跃销售。当前踏板摩托车大量滞销，而不少城市采取多种措施限制其销售。对办公用的国产电子打字机、计算机、传真机的专控，似不必要，建议放宽。

第七，限制不必要的进口，提倡国货以扩大销售。当前产品市场销售困难，而盲目进口却尚未彻底刹住。高档消费品，如录像机市场基本被进口货占领；一般消费品，如照相机、烟、酒，也是洋货充斥，连化妆品也是大量进口。海南岛橡胶年产20万吨，为全国1/2，目前销售困难，但国内不少厂家仍然在进口国外橡胶。四川德阳东方发电机厂，发电机订货减少，但1989年有的部门仍然进口发电设备184万千瓦，新建的江油发电厂的32万千瓦发电设备，就是从国外进口的。我们不排斥进口，但不应该盲目进口，特别是需要有贸易保护措施。不进行必要的保护，把不该让的市场让给国外产品，我们的民族工业就发展不起来。现在是下决心解决这一问题的时候了。

第八，优化产业结构和提高经济效益。我国总需求大于总供给的格局，不可能在短时期内改变，对于"短缺经济"的我国来说，应把优化产业结构、增加有效供给作为中心任务。只有搞好结构调整，我们才能防止在疏导、复苏市场中再度出现需求过旺和再次发生市场风波。市场是个"百慕大三角"，对未来的市场变化，人们难以看得很准，因此，当前只能立足于疏导。在搞活市场中，还要注意掌握好"度量"和适时调节，不能贸然地全面刺激需求。总之，要把疏导市场置于产业结构优化和增强有效供给的基础之上。

第九，采取有效措施，清理"三角债"。启动生产，活跃市场，必须解开企业身上的"债务链"。为清理三角债，政府业已采取恢复银行托收承付。根据企业同志意见，还应改进点贷资金使用方式，将用于清理"三角债"的点贷资金给债务一方。目前点贷给债权一方，在债务清理中欠人的被扣去，人欠的未扣回，反而增加了利息负担，因而企业不愿贷款，宁肯互相拖欠。

第十，用好投资来启动市场。要有效地启动、疏导市场，需要有足够的投资需求，使它与现实的生产资料生产规模相适应，否则，我们的机电、水泥、汽车、重型机械，甚至发电设备等生产企业将难以摆脱困境，甚至会发生生产萎缩。但总量控制又必须坚持，全社会固定资产投资不能突破。为此，只能有压有保，改善投资结构，把有限的资金用到"刀刃"上，首先保证效益好的国营大中型企业的需要。其次，要充分保证和用好技术改造的资金。如何在坚持总量控制下，适当增加投资需求，适当扩大开工不足的、生产设备与基本生产资料欠缺的重点企业的商品销路，以启动生产，带动市场，这是当前应该很好地进行研究的一个课题，这不仅关系当前市场疲软的缓解，而且也关系20世纪90年代经济发展的后劲。

谈我国当前的市场疲软[①]

　　金秋十月，记者在美丽的蓉城就当前我国的市场疲软问题，采访了著名经济学家、西南财经大学校长、教授、博士生导师刘诗白。这位学识渊博、德高望重的经济学家指出：

一、市场出现一些转机，但总体上的疲软仍没有解决

　　市场，成了当前经济发展的关键。当前，经济运行中的主要问题是市场疲软。为了解决这一问题，我们从1989年第4季度以来陆续采取了许多措施，如经济松动、放松信贷、启动市场，目前已取得了一定成效。今年，从6月份开始市场出现了一些转机，6、7、8三个月，特别是8月份的市场情况更好些。"亚运热"在一些大城市，特别是在北京起了一定的作用。北京四大商场的销售额比去年大幅度增长，日销售额均达200万元以上。市场出现的一些转机，与各地采取的促销措

---

① 这是《东方时报》记者刘同利对刘诗白教授的专访文章，载《东方时报》1990年10月29日，题目为《全面疏导 多方启动——谈我国当前的市场疲软》。

施不无关系。在中秋节、国庆节期间,各地的促销措施很有效,如四川成都的沙湾举办的商品交易会,把商品直接拿到街头去卖,仅仅三天,每天的销售额也达200多万元,连电视机一天也卖出100多台。

尽管我们采取了一些启动市场的措施,并逐步取得了一定成效,但总的来讲,目前市场总体上的疲软尚未得到解决。从去年最后一季度至今年6、7月份,信贷资金投入企业达1800多亿元,但工业生产仅增长2.1%,效果甚微,启动作用不大,市场总体疲软仍未改观。若仔细分析8、9两个月的市场,销售较旺的主要是些旅游产品(有的地方增长了60%,如运动产品);另外,旺销的都是些"名、优、新、特"产品,其他的产品仍处于"疲软"之中,从今年1~8月平均来看,社会产品总量是负增长。为了缓解市场的疲软,去年最后的一个季度,我们着重将资金投放给大中型企业,采取启动生产的措施。事实证明,注入资金、启动生产,由于市场疲软,使投入的资金很大的一部分变为生产企业的产成品库存。今年春天以来,我们把资金较多地注入商业企业,强化了商业的推销,并让商业企业努力购买生产厂家积压的商品。但是,由于市场疲软,最终消费品缺乏市场,对商业的启动,强化商业的资金注入,变为商业库存积压。显而易见,启动商业的措施,其效果也是十分有限的。由此可见,解决市场疲软,必须首先弄清楚市场疲软的性质,并采取相应的更有效的措施。

市场疲软,其性质是结构性的疲软,是由部分产品不适销对路产生的,近期出现的即期需求不足也是个重要因素。

市场疲软的性质是什么?是结构性的疲软,是产品供求结构的矛盾所致,是产品结构引起的销售困难。之所以有这样的认识,是因为我们不是全部产品销售都疲软,如琴岛–利勃海尔电冰箱等产品就不疲软,还有名牌彩电等各种"名、优、新、特"产品也一直畅销。上海在产品结构调整中，花了很大的气力抓产品结构调整、抓竞争能力，把结构调整作为上海经济进入新层次的关键问题，因而该市的产品销售状况改善得较快，取得了令人瞩目的效果。

产品结构不合理是个老问题。不适销、不对路产品的生产，是制约企业发展的一个根本性问题。我们企业的产品几十年一贯制，还相当程度地存在着，产品更新换代没有能够形成一种有效的机制。沿海的一些省市相对来讲好一些，如山东、天津、广东等在改善产品品质、调整产品结构、出口创汇方面都很有成效。我注意到烟台、蓬莱、威海的生产，从整体来看，山东的工业回升较快，特别是外向型企业出口创汇是很显著的。就全国来看，产品结构在许多地方调整不动。在前几年，需求过旺掩盖着产品结构上的不适应。那时，人们缺乏消费选择，对产品好的也买，差的也买，电视机，名牌的、非名牌的都去买。然而通过治理整顿，采取紧缩措施后，物价涨幅下降，人们的消费心理平稳，消费选择增强，特别是物价下降还没有达标（政府提出物价上涨幅度控制在10%以下）的情况下，人们对产品质量的要求必然是高标准的，对产品价格的要求也必然是尽量低一些的、合理的。

消费选择强、产品质量差，这是个矛盾。企业家一定要充分注意到这一点。不能否认，至今还有一些企业家在等待着如同1988年那样的产品旺销局面的出现，等待着群众对市场商品踊跃购买行为的发生。我们须提醒这些人，治理整顿还要继续下去，总量的控制也要继续下去，今后很难会发生1988年那样的需求过旺的情况。产品结构的不适，消费心理的不适，这是个客观存在，必须通过产品结构的调整来解决。企业家及其所在的企业必须通过自己的努力，加强经营管理，尽全力生产适销对路、质优价廉的产品。实践已经证明，只有这样做了，企业才会有出路。

结构调不动，是个体制问题。企业没有技术革新的动力，产品更新的动力，这是问题的症结所在。不难看出，对于已经放开的企业来说，它们是有这个动力的。然而，这些企业负盈不负亏，约束机制尚未形成。没有约束，企业只有利益的驱动，而无破产的压力。企业在产品调整中举步缓慢，这除了资金困难外，还有别的原因，如许多国营企业存在着产品价格扭曲等。

在紧缩期间，产品结构与需求不相适应的矛盾已越来越明显，这从一个侧面反映出我们的商品经济还不够发达。在一些商品经济比较发达的国家，企业是跟着市场"转"的。在第一代产品尚有生命力时，第二代产品就已经在准备之中了。所以，当它们遇到生产与需求的矛盾激烈之时，采取停产、转产、企业兼并等办法，进行产业结构调整，一紧缩就能结束产需的不适应。我们经历一年多的疲软，也反映了我们有计划商品经济的运行机制尚不健全，企业的适应能力、应变能力弱，产品调整不迅速等。譬如电视机，去年就销售不旺、大量积压，而企业压缩生产却很迟缓，这就难以解决治理整顿中出现的结构性疲软的问题了。

二、制止市场疲软要采取综合治理的方针

产品更新换代、调整产品结构，生产企业必须加强经营管理，降低成本，增强竞争能力。现在卖不掉的产品，其价格仍居高不下，这反映了我们的价格机制尚不灵活，产品有其成本线嘛！老百姓反映，彩电征收特别消费税提高了价格，使人望而却步。这不无道理。总之，产品的销售，不能忽视价格因素。

必须看到：工商企业生产经营机制弱化，待业人员增加，大面积停工停产；被基建压缩下来的1000多万人返乡后收入的减少；职工收入增长速度放缓（自去年8、9月始，实际是负增长）；农村部分地区农民收入下降（四川8000万农民收入降低了近4个亿）；去年个体经济比上年发展减慢（有的已停业），个体劳动者收入也有减少。在治理整顿中，经济运行发生的一些困难，收入增长的放慢，这其中虽然有一些是治理经济环境的目的，但不容忽视的是，上述情况使消费需求受到了影响。我们必须把解决市场疲软的问题放到消费需求不足这个背景中来考察，毋庸讳言，需求增长放慢，是市场疲软的一个因素。我们的市场是靠每年需求增长10％来维持的，而需求的紧急压缩，当然就引起了产品销售的困难。我们的需求，在近两年被推迟、购买力被分流，如强化储蓄，1988年底以来的保值储蓄使当年的储蓄额创历史最高纪录，而职工收入的增长却没有跟上去。市场的消费需求等于收入减储蓄，储蓄增长多，当然市场的消费需求（即期需求）就少了。即期消费需求下降，就是现实的消费购买总和下降。即期需求与商品供给不相适应，一方面是即期需求的缩小，一方面是大量的质次价高的商品充斥市场。前面我讲了，市场疲软的性质是结构性疲软，但即期消费需求下降，也是一个重要的原因。

基于上述认识，解决市场疲软的措施是：

第一，企业要努力革新挖潜，着力进行产品结构的调整。实践证明，企业在这方面是有很大能动性的。

第二，适当地增加即期需求。（1）应适当地鼓励消费，切不要再过度地去鼓励储蓄。不去鼓励人们去买市场上的东西，一味地去让人们把钱存入银行，这怎么能行？！正常的消费要维持，要鼓励。鼓励消费，包括减轻对一些社会集团购买力的限制，对社控商品，该放

松的就放松。（2）银行利率调整也是可行之举。银行下调利率效果是
比较显著的，四川省成都市的沙湾3天就卖掉了690多万元的产品，就
与利率的调整有关。调低利率，购物也是保值；降低保值储蓄，就增
加了购物的心理。储蓄不仅仅是稳定经济的一种手段，而且也是调节
经济的手段。过去讲储蓄越多越好，实际上这有片面性。当然，我们
鼓励消费，并不是要取消保值储蓄。（3）还要适当地增加对固定资产
的需求，发挥投资带动生产的作用。这是鼓励消费的题中应有之义。
我们在生产资料方面也发生了销售不旺的问题，煤、电、大汽车、钢
材、水泥等产品的市场也出现了疲软。我们要增加固定资产的投入，
特别是技术改造方面的资金要相应地多增加一些；用于能源、基础产
业部门、短线产业方面的资金要增大投入；同时与国民经济全局有紧
密关系的基本建设项目要加快步伐。把更多的信贷用于流动资金，挤
出一些用于固定资产更新。但是，还要控制住投资总量，不要突破基
本建设的总规模。

治理整顿中，随着各方面的启动，大家跃跃欲上新的项目，是一
种新动向。我们目前采取的措施，仅仅是经济上的适度松动，要特别
警惕新的通货膨胀和财政赤字的增长。在宏观控制总量的条件下，坚
定地继续实施治理整顿，这应当是我们"八五"期间的方针。在注意
到一种倾向的时候，一定要注意另一种倾向。经济适度松动，要注意
到通货膨胀发生的可能。否则，启动市场弄得不好，失去控制，还会
出现市场的反弹。

综合治理　启动市场①

　　今春以来，政府采取的适度松动经济、启动市场的一系列措施，业已初步取得成效。自5月份以来，市场开始回升，社会商品零售总额逐月有微小增长；8月份在全国某些地方市场，消费品销售发生了转机，特别在亚运会期间，首都四大商场和"购物中心"出现了商品的旺销，上海8月份走出了负增长，零售额比去年同期增加5.6%。但从市场总体来看，疲软的格局并没有发生根本性变化。目前除了"名、优、特、新"和适销对路的消费品销售好转而外，其他的、大范围内的消费品仍然售势清淡，而且近几个月还出现能源、钢材、原油、煤炭、天然气等许多生产资料增长放慢和销售困难的局面。市场疲软的影响，造成生产滑坡，库存增加，经济效益全面下降，三角债"前清后欠"，许多企业目前仍然处于困境，企业流动资金均为外单位占用，每月发工资都发生困难，生产难以为继。上述情况表明，市场尚未真正启动，经济困难局面还未根本改变。

　　市场疲软从根本上讲，是消费品销售困难，最终产品实现无力。

---

① 原载《财经科学》1991年第1期。

消费品的实现困难又带动了生产资料销售的不景气。这种最终产品实现的无力，是多种因素造成的：

——在紧缩时期，群众的消费选择心理强化，而大量产品不适销对路，价高质低，降低了公众的购买欲望。

——1988年抢购风波中，人们超量购买和负债购物的滞后效应尚未过去。

——物价涨幅下降过快，上半年物价上涨已落至3%，价格降得过快，反而强化了人们降价预期，滋长了买涨不买落的消费心理。

——紧缩过程中即期消费需求下降，造成最终产品实现乏力，使当前再生产机制发生紊乱。

我认为，即期需求不足是当前特别需要重视的问题。即期需求是指消费者购买的、实现了的销售，不包括被分流和转化为储蓄的需求，不包括居民的手持现金，而是扣除了潜在购买力的现实市场需求。即期需求与有效供给的均衡是再生产顺利进行的条件。在一个膨胀的经济中，会出现即期需求超过有效供给；在一个紧缩的经济中，也可能出现即期需求小于有效供给。1989年出现的消费品即期需求不足，是"双紧"及负效应造成消费需求强烈缩减效应的激化形态。其主要表现为：（1）基本建设压缩了500亿，相应减少了消费支出200亿。（2）集团购买力下降几十亿。（3）企业生产效益下滑，发放职工奖金减少。（4）待业人员增多，就业增长放慢，使每年新的消费增量减少。（5）银行对消费基金增长的控制取得一定效果，减少了奖金的发放。（6）1989年城镇居民收入增长不多，实际支出下降，一部分地区，特别是西部一些地区农民纯收入降低，消费支出减少。四川省去年农民收入人平下降9.8元，今年上半年又人平下降10元。（7）在职工收入增长放慢的条件下，储蓄却超常增长，1989年储蓄增长了1334亿元，今年上半年又增长1000亿元，导致现实的消费支出推迟和分流过度。

我国市场销售困难的发展，有一个扩大加强的过程。它经过了三个阶段：第一阶段是1989年春，由于宏观紧缩力度过大，特别是保值储蓄对购买力分流过度，弱化了市场销售，出现了部分商品销售困难；第二阶段是在市场出现疲软后，由于未及时采取措施加以缓解，而是继续抽紧银根，造成普遍的资金紧缺，与市场疲软互相激化，进一步弱化了工业企业生产经营活动和商业企业的购销活动，1989年7月出现了社会商品零售总额负增长；第三阶段是1990年春，范围更加扩大的市场疲软引发了各地区的保护措施，出现了市场分割的"诸侯"经济，各地竞相筑起了市场篱笆，使流通受阻，销售受限，造成了再生产机制的紊乱，使生产、流通、消费三个环节的对应关系遭受破坏。可见，当前持续化的市场疲软这一表层的流通现象，正是再生产机制发生混乱这一深层原因的表现形式。

如何启动疲软的市场？我主张综合治理、全面启动，不能单打一，但也要善于抓住主要矛盾。当前市场疲软的根本问题，在于产品结构不适销对路引起的消费购买欲望弱化和即期需求下降过猛引起的最终产品实现无力。针对这两大问题，应采取和进一步落实以下措施来启动市场。

——适当松动银根，继续缓解紧缩力度过大造成的普遍的资金紧缺，特别是要落实国营大中型企业的流动资金供应。

——调整利率，适当弱化储蓄倾向、激励消费需求。

——畅通流通渠道，消除市场分割，拆除市场篱笆。

——落实粮食收购，解决粮食和生猪出售困难，不打"白条"，确保农民收入稳步增长，刺激农村市场发展。

——大力调整产品结构、产业结构，增加有效供给，缓解供求矛盾。

——建议从明年1月1日起，对企业拖延贷款实行付息制度，以防止人为有意拖延债务，促进"三角债"清欠，刹住企业间边清边结的严重现象。

——加快基本建设，适当增加技改投资，扩大基础设施和基础原料工业基建规模，增加经济建设后劲，发挥生产资料生产增长对消费品需求的带动作用。适当增加投资需求，不仅可行，而且必要，对于消费品市场启动会发生显著效果。

——实行有度的松动，防止市场反弹。在我国现在不健全的经济体制和经济机制下，要防止经济出现新的一轮即期消费需求陡增，使市场反弹。目前一些地方又有大干快上之势，对此人们应当头脑清醒，实行松紧有度，防止松动中可能出现新的膨胀。一要掌握好信贷松动的度量；二要把握好信贷投放的方向，即严格按产业政策把资金投入技术改造和基础工业；三是注意松动银根仍然是"微调"而不是搞"中调"，不能用发票子来刺激市场；四应加快金融市场的培育，利用财政债务和国家信用把民间的闲置现金吸收起来，以增大对基本建设和技改的资金投入。

通货膨胀与国家管理和调控能力的薄弱有关[①]

——社会主义经济发展中的通货膨胀续论

通货膨胀的生成，一个极其重要的因素是国家的管理和宏观调控体系的不健全以及国家调控力的薄弱，以致不足以抑制新旧模式转换期存在的需求膨胀趋势。

在有计划的商品经济中，由于微观经济的广泛领域直接从属于市场调节的作用，微观经济活动与经济运行具有自发性和盲目性，为此，需要强化国家对宏观经济的调控和管理。我国是一个经济不发达、幅员辽阔、地区差别大的国家，在我国的具体条件下，在发展商品经济和利用市场调节中，为了能收到既充分调动企业积极性、搞活经济，又防止发生经济失控；既加快发展速度，又不扩大地区间差别的效果，就需要充分发挥国家组织和调控经济的职能，特别要强化中央政府的调控作用。尤其是在新旧模式转换期，在市场机制形成滞后，微观经营机制尚未健全，企业的自我约束机制薄弱的发展阶段，

① 原载《江西社会科学》1991年第1期。

为了能对企业实行扩权，对地方适当下放管理权，而又避免出现经济失控，就更需强化国家的管理和调控职能。

我国经济体制改革包括三个组成部分：（1）搞活企业，使之成为拥有责、权、利的，实行自主经营、自负盈亏、自行发展的相对独立的商品生产者；（2）发展市场关系，发挥市场调节作用；（3）建立国家的宏观调控体系。在城市经济改革过程中，我们实行以搞活企业为突破口，首先对企业实行扩权让利，此后是进一步扩大企业自主权，然后采取和普遍推行以搞活为内容的经营承包责任制。搞活企业的决定性的步骤是放开价格，由此把企业推入市场，完成市场性的微观经营主体的塑造。选择以企业为突破口来进行改革本身无疑是正确的。十年来我国生产的迅速增长，市场的繁荣兴旺，人民生活前所未有的显著的改善，是来自经济搞活，而首先是来自企业有了自主权和活力。但是把"微观搞活"，必须同时把"宏观管住"，也就是要把对企业的扩权、对市场作用的引进和建立国家宏观调控体系结合起来。

一、企业扩权与国家调控的矛盾

我国以扩权让利为核心的企业改革，使企业有了自留利润，实行工资与赢利挂钩，经营承包制更进一步将超额收入在承包期内固定给企业支配，这一切给企业引进了强劲的动力机制，使企业产生了追逐自身利益的内在冲动，这是企业表现出活力的经济基础。

企业争取赢利极大化的动机和行为，只是在一定条件下才能成为具有积极意义的合理的竞争行为。这是指国家能对企业活动发挥有效的计划指导和调控，发育成熟的市场，完善的市场组织，较完全的市场竞争能够形成，从而通过市场竞争的损益（包括企业破产）机制，对企业行为进行约束，促进企业改进经营管理，加强技术进步，降低成本，以最少投资去获得最大赢利，这种条件还指社会形成能有效地维护市场规则，保护公平竞争的法律规范和制约引导企业行为的道德规范及舆论力量，这种社会机制对企业不合理行为也将发生有效的抑制作用。但是改革和新旧模式的转换不可能一蹴而就，市场形成和市场机制发挥作用需要一个过程，而社会主义的市场规则的建立和健全以及社会主义商品经营道德规范发生作用，都需要经历一段时间，因而，一些扩权的企业，在争取自身利益的冲动下，客观地会表现出不合理的短期行为：不是在最大限度改进生产和经营管理的基础上争取赢利并将赢利积累最大化，而往往是用不正当的方法，争取赢利最大化。具体地说，在销售方面，一些企业滥用自主权，采取不正当地损害同行利益和损害消费者的经营行为，如哄抬物价、欺行霸市、垄断价格、伪造假冒、短缺斤两，等等。

在消费方面出现了企业自留利润使用中的消费倾斜偏向。1985年以来，国营企业留利用于发展生产的只有20%左右，用于非生产性基本建设，如购买小汽车、给职工发放奖金和实物的比重占80%左右，表现出强烈的消费亢进。

在生产方面，企业往往不顾产品是否适销，而盲目追求产值，为此，千方百计争取国家资金，占用银行贷款，并依靠自筹资金去扩大基本建设，表现出强烈的投资冲动。

此外，新旧模式转换期的企业还存在植根于旧的体制中的膨胀动因，这就是由于企业吃国家大锅饭而又以产值增长考评政绩而产生的投资扩张冲动。可见，以企业扩权肇始的改革，在其初始阶段，不可能不产生内生性的膨胀因素。另外，对企业实行扩权让利的改革中，出现了利益过度向企业倾斜。如一些企业利润自留部分过多，国家集中部分过少。根据对一部分企业所作的调查，1988年企业利润中国家集中部分仅为15%，85%成为企业自留部分，而企业留利中绝大部分又转化为个人收入和福利，出现了国家拿小头，企业拿中头，个人拿大头的状况。1988年国家财政收入在国民收入中的比重降到19.5%，对企业让利过度引起的利益格局的调整，减少了国家集中的财力，从而削弱了国家调控经济的物质基础。

二、对地方政府下放部分管理权与国家调控的矛盾

对地方政府下放适当的管理权限是改革中央权力过度集中的体制的必要组成部分。我国传统的经济体制中央集权过多，地方政府缺乏必要的经济管理权。在中国这样的生产社会化水平低，而又人口众多、幅员广阔、地区差别大的国家，以条条为主的高度集中的管理体制不利于在资源配置和在组织生产力中贯彻因地制宜原则，发挥地方的优势和挖掘各地区的潜力；管理权集中于距生产单位遥远的中央机关，对基层情况难以准确掌握，信息反馈难以及时，造成决策迟缓，易于产生失误，从而带来经济发展中的许多浪费。为了使政府的经济调控和管理更加科学、及时和灵活，在我国有必要把地方政府作为国家管理的一个重要层次，因此，要进行向地方下放部分管理权的管理体制的改革。

改革中将一批中央管的企业下放地方管理，赋予地方以兴办各项企事业的投资权。向地方下放管理权限的改革，方向是正确的，已收到积极效果。为了进一步调动地方的积极性，我国实行了财政包干体制。这一体制1987年肇始于广州与上海，1988年推行到多数省市。财政包干有积极作用，但也存在重大弊端。地方财政包干，一方面使

地方能从经济发展中得到追加财力，用于满足地方的需要，加速地方经济的发展。但另一方面，它又成为产生来自地方政府短期行为的需求膨胀的动因。因为，成为投资主体的地方政府，在地方利益的驱动下，财政收入往往不是用于基础产业和基础设施，而是用于赢利高的加工工业，从而带来工业的盲目发展和重复建设。在地方财政收入少，开支大，"吃饭财政""赤字财政"的压力下，盲目投资和重复建设更是变本加厉。应该看到，近年来，地方利益驱动的盲目建设成为我国产业结构不断恶化的重要原因。除了来自地方的投资冲动外，为了调动职工的积极性，加之消费的地区攀比压力，地方政府也尽可能地增加对职工的生活补贴，从而产生了地方的消费膨胀冲动。上述地方政府行为缺乏规范而产生的需求膨胀，成为新旧模式转换期需求膨胀的另一重要因素。

中央和地方在财力结构上的失衡及两级政府管理在事权上未能正确划分，还引起了流通领域的混乱。因为地方工业盲目发展，必然加剧对原料的争夺。要办小棉纺厂，就要争购棉花；办毛纺厂，就要争夺羊毛；办缫丝厂，就要争购蚕茧。近年来日益加剧的棉花、羊毛、蚕茧大战，就是在这种地方盲目投资冲动的情况下出现的。

各地区盲目建设、重复建设引起产业结构"趋同"，使市场竞争激化。企业的生产状况与各地的财政收入直接相关，即便是高能耗、低效益，甚至是亏损的企业，地方政府也必然要予以保护，不仅将本应调往其他地区的原料留在本地区，以保证地方企业之需，而且还在供电、运输上给本地办的企业以优惠，并为外地的商品在本地区销售设置障碍。这就势必造成地区封锁，市场割裂，不利于全国统一市场的形成。可见，财政包干，一方面以其所带来的地方利益的驱动，引起了盲目生产和流通领域的混乱，加剧了需求膨胀；而另一方面，它带来的中央与地方利益关系的新格局，造成中央财力的削弱。中央财政收入在财政收入中的比重，1988年已经下降为45％，由于财政收入在国民收入中的比重本来已经大大下降，中央财政在财政收入中的比重又急剧下滑，中央财力于是被大大削弱，中央政府无力对能源、原材料等基础产业部门和交通等基础设施进行投资，这不仅直接影响到国营大中型企业的发展和产业结构的调整，使我国产业结构的失衡状态长期难以改变，而且这种产业结构失衡，是我国产生通货膨胀的重要因素。中央财力的薄弱还影响到国家财税调节杠杆作用的发挥。例如，在调整价格中，由于财力缺乏，国家无力有效地对企业采用补贴、贴息，以稳定销价的措施，同时国家也无力对城市居民和职工进行必要的收入补贴，总之，中央财力的匮乏，使中央政府难以充分发挥财税的调控功能。在这种情况下，为了维持必要开支，中央只有：一增发国债，二向银行告贷透支，使银行增发货币。可见，财政体制变革中造成的国民收入分配向地方倾斜和中央财力的薄弱，成为促进通货膨胀的重要因素。

三、金融搞活与国家调控的矛盾

在社会主义有计划商品经济新体制下，建立一个合理的银行体系，有效地发挥中央银行的调控功能，是加强国家调控功能的关键。这是因为，企业成为相对独立的商品生产者和实行自主经营，包括要自主投资、自行发展。因此，在经济运行中，存在企业盲目扩大资金需求而引发信用膨胀的可能性。特别是在新旧模式转换期，由于对企业实行扩权让利，而企业内抑制和市场外抑制功能尚未健全，受自身利益驱动而缺乏责任牵制的企业所固有的短期行为必然更加强化这种盲目的投资需要，来自企业的信用膨胀趋势将会更加强烈。例如：
（1）企业由于软预算约束，缺乏谋求资金使用效益的积极性，即使拥有大量未充分利用的固定资产，企业仍然不断向国家争取新投资以扩大生产规模；（2）企业不留足流动资金，将自有资金消费化的现象十分普遍。一旦流动资金不足，就向银行要求贷款；（3）在我国经济体制改革中，实行了企业流动资金不再由财政保证而由银行供应的体制，银行面对企业日益增大的资金需求。以上情况表明，在改革过程中，随着企业的放活，由企业自发性活动牵动的银行信贷膨胀趋势，将是客观存在的。而另一方面，在现行体制下，银行依附于财政，中央银行缺乏必要的独立性，在出现赤字时财政就向银行透支，在这种缺乏内在制衡作用的财政银行体制下，中央银行不仅不可能成为货币发行的自动控制阀门，相反，在企业的内生投资、消费双膨胀冲动下，银行还将可能成为信贷膨胀的源泉，从而助长通货膨胀。

另外，在有计划的商品经济体制下，更多的社会资金将集中于银行和通过银行进行营运，为了满足自主经营的企业对资金的需要，银行将按照计划经济与市场调节相结合的原则改进资金营运方式，形成更加灵活、便利的银行信贷机制，建立和发展金融市场以满足企业对资金的需要。在金融、信贷上实行搞活，引进市场机制，必然会出现的资金营运中的自发性，特别是在企业盲目的资金冲动下，往往会产生信贷膨胀趋势。专业银行经营方式的改革和实行企业化，在未能采取落实经营责任的有效措施以前，也会在自身利益的驱动下，产生内生的信贷膨胀要素。

四、引进市场，搞活经济与计划调节的矛盾

我国按照社会主义商品经济的性质而进行的引进市场的改革，在方向上是正确的。经营的商品化，市场关系的发展，市场调节作用的引进，给我国国民经济增添了新鲜的活力，使企业表现出昂扬的生产与经营积极性，带来了我国国民经济的前所未有的新的高涨。但是在引进市场的改革中存在急于求成的问题，例如在形成和运用计划经济与市场调节相结合的运行机制时，由于对市场作用估计过高，对计划作用估计不足，因而削弱了计划的综合平衡作用，在某些领域过快过多地放弃了指令性计划，没有设计和采用相应的配套措施来加强指导性计划，对不直接做计划的经济领域缺乏有效的管理，等等。在我国近年来实际工作中，有脱离现实条件，推行市场化跨步过大的倾向，对计划经济造成一定程度的削弱，这是改革以来特别是1984年以来，经济的失控愈演愈烈的根本原因。

市场的形成和市场调节作用的发挥，就微观基础来说涉及企业组织机构与经营机制按照自主经营、自负盈亏、自行发展的原则的再造；就交换结构来说，涉及商品价格在竞争中形成的机制的构建——其决定性步骤是实行价格放开——涉及地区间和城乡间实行"通开"，形成商品流通的统一市场；还涉及各种生产要素的流动化和社会主义市场体系的形成；还需要有交通发展和各种运输工具的现代化以及信息的发展；还需要有流通组织——商品和物质——的健全和活动方式的完善，等等。因此，这本身需要有一个过程。特别是在我国这样的原先商品经济不发达，自然经济传统深厚的国家，市场的发育更需要有较长的时间，因此，引进市场关系于计划体制之中，实现一个完善的计划与市场相结合的新模式不可能一蹴而就。

市场调节，既有积极的正效应，也有消极的负效应，其正效应是：（1）赋予企业更充分的物质动力；（2）促进企业经济自行启动，自行积累和发展；（3）能对企业进行导向；（4）推动和强使企业自我抑制和自我调节。恰当和充分地运用市场的作用，将能大大增强企业，从而增强整个国民经济的活力。市场调节的负效应表现于它带来经济活动的自发性，在缺乏有效的更好的制衡与调节机制——计划机制——时，将出现经济活动的盲目性。市场调节是物质利益的调节，因而不可能对于所有的生产部门和活动领域都起作用。另外，市场调节的积极效应需要条件，在企业经营机制不健全，如软预算约束、负盈不负亏、价格体系扭曲、市场发育不完全、市场竞争不充分的条件下，市场调节会表现为扭曲形式：发生价格信号失真，出现导向失误，加剧生产活动的盲目性；强化企业的扩张冲动而不会强化企业的自我约束。因此，在改革的初始阶段，市场机制往往是积极效应与消极效应同时并存，如果还存在总需求超过总供给和产业结构的失衡，扭曲的市场调节将产生普遍的扩张动力，强化盲目发展而不是促进结构调整。新旧模式转换期的市场调节的这种性质表明：不能不顾现实的具体条件而过度地和不适当地扩大市场调节的范围；要自始至终实行计划经济与市场调节相结合。盲目的和过急的市场化，不仅会造成对计划机制的冲击，而且会成为经济失控和价格上涨的直接动因。

社会主义国家的改革中，也曾经有对市场机制的作用估计过高，对扩大市场调节范围过急的思路和做法，这就是放弃计划经济的"全面的市场化"的改革理论与实践。这一理论的宣扬者只看见市场的积极效应，而忽视了它的消极效应，他们低估计划的综合平衡作用，提倡彻底放弃指令性计划，迅速实行全面放开物价的改革。但是，这一全面市场化的实践并未获得成功。人们可以看到，在实行这种步子过急和范围过大的市场化改革的地方，往往出现了双重效应：一方面市场这一"无形的手"的确可以给微观经济带来活力，导致短时的局部领域的繁荣；但另一方面，由于国家这一"看得见的手"的功能（计划管理）的削弱也导致宏观经济失控，产业结构更加恶化，总量失衡加剧，其结果是难以抑阻的通货膨胀，最终使得国家不得不对经济进行"调整"。上述国民经济的不良发展十分突出地出现在东欧某些社会主义国家的改革中。我国十年来的改革中，首先在农村扩大集市贸易，通过联产承包，放手发展农民家庭经营，实行了扩大市场调节的改革。此后在城市的蔬菜、副食品的生产供应和国营经济、集体经济的小商品生产中实行了市场调节，国营企业的消费品生产价格逐步放开，国营企业的生产资料生产和流通的指令性计划范围也不断缩小。1985年开始对生产资料价格实行"双轨制"，即局部的不完全的市场调节。这些改革给企业带来了活力，加快了经济增长，大大改善了市场消费品供应，提高了城乡人民的消费水平，事实证明我国改革的方向和重大措施是正确的。但是1984年以来也出现了经济过热，需求过旺，产业结构失衡恶化，流通领域严重混乱，物价上涨，由一位数迅速跃上两位数的严峻形势。我国经济出现失控，与市场调节不适当的扩大和计划经济受到削弱密切相关。

五、把加强宏观调控贯穿于整个体制改革过程之中

综上所述，以构建社会主义商品经济为目标的经济体制改革要经历一个逐步开展、不断深化的发展过程，这是一个由旧经济模式向新经济模式转换的过程，是新的经济体制在克服旧体制中逐步形成和不断完善的过程。在体制改革的初始阶段，由于新的体制还不完善，僵

化性的旧体制尚未在各个方面被取代，两种体制之间的摩擦还经常干扰着经济的运行，经济机制还不健全，在这一阶段，上述经济体制和运行机制中的矛盾就会表现为内生的膨胀因素。在对地方实行分权，调动地方管理经济的积极性中，会产生地方利益驱动的盲目生产，重复建设，这不仅加剧产业结构失衡，而且扩大了投资需求和消费需求，从而产生内生于地方政府行为的需求膨胀因素。

在实行金融体制改革，搞活银行信贷，发展金融市场中，由于旧的银行体制的缺陷，再加之专业银行企业化过程中产生的利益驱动，特别是由于资金市场机制的自发性，使内生于金融机构的需求膨胀因素得以产生。

除此而外，多种经济成分的发展，多种经营方式的引进以及允许多种分配形式的存在，在商品经济的机制中，必然会产生个人收入分配差别的扩大，形成某种"分配不均"现象，这种收入分配机制也将成为刺激高消费行为和促进需求膨胀的因素。

基于上述情况，为了保证在搞活经济中，不引起经济活动自发性和需求膨胀因素大量积累的激化形态：经济失控和总量失衡，（1）改革要逐步推行，逐步深入；（2）在改革中，要把搞活经济的机制和各种互相制衡和约束机制的构建结合起来；（3）要把微观经济的搞活和宏观经济的管理结合起来，特别是要自始至终把加强国家的宏观调控体系作为体制改革的重要环节，使之与企业的搞活相配套，有效发挥对表现出很大自发性的企业行为的调控和制约作用。

第一，有必要实行逐步扩权，不是实行一次性地把包括生产决策权、购销权、定价权、扩大再生产以及收入分配权和企业产权的权力全部下放；而是分别情况，逐步扩权。对于一般企业，把日常生产和再生产所必要的经营管理权、局部的收入分配权、定价权、投资权实行下放，对那些应限产的行业（如高消费的加工工业），不能给予扩大再生产的自主权；对于具有垄断性而产品又供不应求的行业，不能给予价格的自主权；对于关系国计民生的重点行业，不能取消指令性的生产计划和物资调拨；对于定价不合理的行业，不宜实行工资与效益挂钩，等等。这种范围合理和有度的企业扩权，乃是弱化企业内生膨胀力的保证。

第二，必须正确处理纯收入在国家和企业之间的分配关系，既要扩大企业在生产成果中直接支配的部分，留足自有资金，以保证企业有进行自主生产和扩大再生产的财力，要形成企业职工的收入与企业创造的纯收入共同增长的经济条件和机制，以刺激职工的积极性，同时，又要保证作为所有者和管理者的国家占有纯收入的主要部分，实现国家拿大头，企业拿中头，职工拿小头。这不仅是弱化企业膨胀冲动的前提条件，而且也是从根本上强化国家的管理和调控能力所必要的。

第三，要把企业自我发展机制的形成和企业自我约束机制的形成结合起来。自我约束是企业的合理行为的重要内容，实行企业扩权和增强自主经营自我发展功能必须和强化自我约束功能结合起来。自我约束机制的形成既与市场机制有关，又与强化经济责任制，自负盈亏、财政约束的硬化（包括实行企业破产）以及健全法人财产制度，强化产权约束等密切相关。形成自我约束机制是完善企业经营机制的一项重要内容，在当前要大力完善的承包制——科学地确定上交基数，确定恰当的承包内容，包技术改造，包固定资产增值，包各项效益指标；真正做到既包盈（超收归己）又包亏（用自有资金补交国家）——试行税利分流和积极探索其他经营方式，使企业能对投资冲动和消费亢进实行自我约束。

归结起来，在实行企业扩权时，必须根据辩证唯物主义的观点，正确地对待搞活与管住的关系，既要赋予企业以必要的自主权，使企业成为自主经营的主体，又不能使企业"完全独立"，摆脱国家的调控；既要赋予企业以自行支配的财力，又不能削弱国家集中的财力；既要发挥企业在经营活动中的积极性，但又要注意抑制企业自主经营所固有的盲目性活动和需求膨胀冲动；既要坚持对企业下放必要的自主权力、赋予企业以利益，又要使扩权的改革与其他配套的改革，特别是制衡扩权企业的自发性和需求膨胀趋势的改革结合起来和互相配合。归根结底，企业扩权必须逐步进行而不能急于求成。

在改革政府管理体制和财政体制中，要适当调整中央与地方管理权限和利益关系，改变中央权力过度集中的状况，发挥地方政府的管理职能，明确地方的事权，如文教建设和管理，地方基础设施、交通、城市水电等设施以及必要的基础产业的建设和管理权限；也要适当划分财权，使地方拥有必要财力，去办它应办的事，这对于充分调动地方的积极性是十分必要的。但权力下放必须是不削弱中央对宏观经济进行管理和调控的权限，维护中央政府对重大基础产业和重大基础设施的投资主体地位。我国改革实践中的经验教训表明，对地方分权必须有度，对宏观经济的决策权应集中于中央，特别是要改变中央、地方在权力、财力结构中的过度向地方倾斜的不正常状况，以便既有效地调动地方的积极性而又不强化地方的膨胀冲动，这对于在改革搞活过程中防止经济失控和抑制通货膨胀是十分必要的。

在改革金融体制，搞活资金流通，发展和运用金融市场中，必须同时大力增强中央银行的调控功能，维护中央银行在执行货币政策中的独立性。加强中央银行对专业银行和其他金融机制的信贷活动的调控。建立起一个能有效地对专业银行的信贷活动进行调控的中央银行体系，坚持使用好经济手段和有效地运用行政手段来对信贷活动进行调控。在健全与改革专业银行的经营方式中，既要引进竞争机制，把信贷放活，又要避免不适当的竞争、不恰当的信贷方式——如1984年末的"四行劝贷"——所引起的信贷失控，特别是在探索建立和发展金融市场中，要注意避免资金流动的盲目性和资金使用的无政府状态。

在利用市场调节上，扩大市场关系，发挥市场功能，有必要根据不同经济领域，采取逐步推行的方式：（1）首先在局部领域内形成市场机制，发挥市场调节作用，然后向更大范围展开；（2）先在农村个体经济、城乡私营经济领域实行较完全的市场调节，然后向集体经济和国营经济展开，实行不同程度的市场调节；（3）先在国营经济的小工业品生产范围内实行较完全的市场调节，然后在国营大中型生产领域，根据条件，逐步推行一定程度的市场调节，在宏观经济稳定发展的状况下，逐步放开和强化市场调节的作用；（4）对于那些资源约束严重，短时期难以达到供求基本平衡的基本产品生产领域，主要仍应实行直接的计划调节，但要有效地利用价值规律的作用和尽可能地辅之以市场作用。

在利用市场调节上，要使国家调控与市场作用互相渗透、互相制衡，这就是要坚持计划经济与市场调节相结合。在治理整顿期间，要着眼于加强计划性，也要利用和发挥市场调节作用，在今后的改革中，我们还要扩大对市场调节的运用，但是必须以坚持用计划机制把国民经济的基本比例关系和关键环节"管住"为前提。这就是：一要把总需求控制住，改革计划、财政、金融体制，用行政手段、经济手段、法律手段，将增长速度、基本建设总规模、信贷规模、国民收入中积累与消费比例控制住；二要把产业结构调整好；三要把基本产品的生产与价格控制住；四是价格实行逐步放开，调放结合，先调后放，逐步放开。

总之，人们要根据改革初始阶段市场调节所固有的十分鲜明的双重效应，把坚持计划经济，充分发挥计划机制的主导作用和充分利用市场调节相结合，要把国家的宏观调控——通过计划机制——贯串于市场机制的作用之中，形成国家调控和市场调节作用的互相制衡，发挥市场在搞活微观经济中的积极作用，防止和减弱它所导致的对计划机制的冲击，从而使市场能发挥最大搞活经济之效，又最少地发生经济失控之弊。

在我国改革过程中的经济矛盾与内生需求膨胀因素表现为一个激化形态（改革—放活—膨胀—调整），也有主观的原因。改革的一个时期中，人们注意了微观放活，未充分重视"宏观管住"，注意了让利、放权（包括对地方下放管理权），未充分重视中央财权和经济实力的维护；重视了发挥市场调节作用，忽视了维护计划经济制度；重视了在收入分配中拉开差距，一部分人先富起来，忽视了对分配和收入的强化管理和调节，等等。主观认识上的模糊在于：没有从理论上弄清改革初始阶段的经济放活措施将要产生的内生膨胀机制。具体地说，人们未曾弄清在社会主义改革的初始阶段，在国家的宏观调控机制未能得到加强，在市场外抑制和企业自我抑制功能未能建立以前，企业扩权、对地方放权、市场放开、金融搞活等措施都要产生内生的膨胀因素，并且会和传统体制的膨胀因素相结合。因此，人们未能形成一个最佳的改革思路：把构建内外、上下抑制和制衡力量作为改革的前提，作为搞活的条件。具体地说，在对企业实行扩权时，大力构建和形成采用经济手段与有效的行政手段的有力的国家宏观调控机制，作为构建和形成强有力的市场自我抑制机制和企业内在自我抑制机制的条件和制衡力量；同时使财政、金融、计划、价格等的改革互相配套，使之互相协调又互相制衡；兼用行政方法和经济方法，使之互相结合和互相制衡。这样，才能形成一个既能管理、调控宏观经济，又能管理、调控微观活动的机制，使对企业扩权产生的微观领域中的膨胀趋势得到有效的抑制，使引进市场、经济搞活后产生的经济运行的自发性和盲目性有所控制，使之规范于宏观经济活动有计划性的范围之内。这样，改革初始阶段难以避免的需求膨胀趋势及其负效应将会是最小，而所推动的供给增长的正效应将会是最大，通货膨胀将被限制在较小的幅度上，从而不仅给社会主义经济体制改革营造良好的宏观环境，而且，为国民经济稳定、协调和持续发展创造了根本前提。

论市场消费需求的启动[①]

　　我国实行治理整顿两年来，过旺的总需求已得到抑制；迅猛上涨的物价被刹住，1990年物价涨幅已经稳定在3％；过热的经济已经降温，工业增长速度已经被控制在6％以内。与此同时，农业获得全面丰收，市场供应丰富，能源、原材料等部门的投资有所增长。这一切表明：我国总需求超过总供给的矛盾已经缓和，治理整顿的初始目标——控制总量——已经初步达到。但是，治理整顿是一个充满矛盾的发展阶段，"双紧"措施一方面带来积极的效果，但是紧缩也使经济生活出现新矛盾和新问题。具体地说，就是市场疲软，产品积压，工业生产持续负增长，经济效益滑坡，财政压力增大等。而市场销售疲软，也就是即期需求不足问题成为我国当前经济生活中各种矛盾的核心问题。因此，要启动经济，首先要启动市场，健全市场消费品和投资品的购销活动，特别是启动即期市场消费需求，健全消费品市场购销活动，紧紧抓住最终产品的实现问题，大力促使消费需求的振兴，就能逐步消除产品积压，回流资金，启动正常的经济循环，从而

---

① 原载《经济评论》1991年第1期。

为工业的适度增长和效益的提高创造条件。

一、保持即期需求与有效供给相适应

即期需求是能够在市场上得到实现的购买力，一般是指一个年度内已实现的销售中体现出来的社会有效需求。即期需求与社会一般总需求范畴不同，后者乃是可用于市场购买的货币购买力的总和，除即期现实的市场需求而外，还包括被推迟的需求，如银行储蓄、居民的手持现金、债券、股票，等等，这些是潜在的需求。在一定条件下，潜在的需求也会转化为现实的购买力，例如，在厂家开拓和生产出富有吸引力的新产品的情况下，或是出现严重通货膨胀，购物保值心理强化的情况下，人们纷纷取款购物，甚至挤兑抢购，就会出现潜在消费需求向现实需求的转化。

保持即期的有效需求与有效供给相对应，乃是实现再生产总量均衡的前提条件，在经济增长过程中，如果即期需求增长过快，超过了有效供给的增长，就会出现市场上商品供应不足的严重短缺，引起物价上涨；如果即期需求增长不足，不能充分吸收市场上的商品供给，就会出现商品价格下跌的滞销的状况。可见，保持恰当的和充分的即期需求，使之适应于社会的商品供给，乃是维持一个均衡的再生产的必要条件。

即期需求，包括对消费品的需求和对投资品，即生产资料的需求。维持一个均衡的再生产，既要保持恰当的消费需求，使之适应于消费品的供给，又要保持恰当的投资需求，使之与生产资料的供给相对应。

即期需求与供给相对应和相均衡，不仅仅适用于资本主义的商品经济，也适用于社会主义有计划的商品经济，特别是在国家的经济职能强化，国家的经济组织和经济调控对经济运行起着决定性影响的社会主义经济中，自觉地掌握和运用再生产的总量均衡（以及结构均衡）规律，实现即期需求和商品供给相对应，乃是保证社会主义国民经济稳定、协调和持续发展的先决条件。

二、即期消费需求不足是实行宏观紧缩中难以避免的现象

在资本主义商品经济的运行中，由于生产无政府状态规律的作用，需求与供给的相对应和相均衡，是不可能经常得到实现的。即期有效需求的不足，是资本主义商品经济总量不均衡的经济形式。在那里，由于规模日益增大的再生产，使投入市场的商品供给不断增加，而资本主义制度所决定的广大劳动者的收入增长不足，造成社会购买力的相对落后，这样就形成了资本主义经济中生产过剩与有效需求不足这一基本态势，并且以周期性的市场危机形式表现出来，甚至是全面的经济危机。

在社会主义计划经济中，也不可能经常做到需求与供给相对应和相均衡，反之，二者之间的不相对应和不相均衡往往会出现于再生产过程中，只不过是这种不均衡更多是以商品供给不足的物资匮乏为其表现形式，这即是社会主义经济被称为"短缺经济"的原因。特别是我国近十年来实行以搞活企业为核心的体制改革，大大调动了企业的积极性，企业在拥有生产、投资和分配的自主权的基础上，产生了投资饥饿和消费亢进。由于存在来自企业的内生的需求膨胀，再加以经济建设中的急于求成，基本建设规模过大的投资膨胀，这一切形成经济过热。1984年以来，出现了较明显的即期需求过旺，并演化为1988

年8、9月间以市场抢购形式表现出来的市场即期需求的陡升。此后，在治理整顿中，在采用紧缩经济的一系列严峻措施下，却又出现了即期需求不足的现象：先是在1989年春出现一部分耐用消费品的销售疲软，然后在1989年夏，疲软面扩大，涉及相当广泛的日用消费品，出现了社会零售商品总额的负增长。1989年10月份以后，市场销售疲软更扩展到水泥、钢材、木材、机电产品、汽车等生产资料领域。在这一次经济调整过程中，市场即期需求不足的扩大、逐步激化并持续近两年，商店中消费品堆积如山，仓库内物资充斥，而市场却十分清淡，少有人问津，这在我国是罕见的。在我国改革以来表现得十分鲜明的"短缺经济"，一下子戏剧性地转变为相对的"供给过剩"。

市场销售疲软和即期需求不足，并不是由于治理整顿搞糟了。从本质上看，它表明：为控制总量，消除经济过热的"双紧"措施所要达到的需求紧缩效应，业已显示出来，多年积累起来的社会总需求大大超过总供给的矛盾，已经在釜底抽薪式的严峻迅猛压缩下得到缓和。因而，市场疲软本身表明了治理整顿的宏观政策获得效果。

事物总是一分为二的。尽管"双紧"措施带来积极的总量控制和需求紧缩效果，但是由于国民经济中多年积累的结构失衡，以及由于控制总量具体操作上的力度过大，方法过于单一，加以不完善的体制与经济机制缺乏对紧缩的适应性与承受力，在严峻紧缩中出现经济活动的弱化与经济机制的紊乱——它有如机体对猛药发生抗逆反应，再加以宏观政策的调节不适时和某些滞后，等等，进一步弱化了机体的自我调整能力。以上种种因素，使"双紧"措施的需求紧缩除了表现为正效应而外，也出现了较大的负效应，而且激化。1989年以来大面积的和持续性的市场疲软，就是这种需求紧缩负效应的积累至激化的形态。

三、即期消费需求形成的决定因素

即期消费形成的决定因素，其经济前提是居民的可支配收入，其主观条件是人们的消费欲和购买欲，其物质条件是拥有有效用的、适销对路的消费品。即期消费需求形成的决定因素，是人们可支配的收入。因为，人们要购买商品，首先要拥有货币购买力。作为消费主体的人都有占有与享有更高消费的欲望，但现实的购买和消费行为，总是决定于人们的收入水平。例如在我国20世纪80年代获得迅速提高的城市居民收入水平下，人们把彩电、电冰箱等作为第一商品；而农村中那些仍然处于贫困经济条件下的居民，由于收入水平低，他们现实的消费欲与购买行为却表现为购买黑白电视机和自行车等，即一种相对较低层次的消费需求。

在商品经济中，作为规律的是：人们的收入即购买力的增长，自然地会导致增大的购买行为，表现为即期消费需求的增长。可以说，一般情况下（即购买对象是充分的，购买欲望是不变的）即期需求的增长和居民的货币收入以及购买力的增长成正比。

但是，在生产和消费继起的过程中，在收入和购买力不变的条件下，人们的消费倾向不是恒等不变的。就一个个消费者来说，假定他们的收入水平、家庭人口等均是相同的，但有的人购买得多，有的人储蓄得多，有的人前一年买得多，但第二年就可能买得少；就社会总消费来说，也会出现需求总量——它表现于社会零售商品总额中——变化的不平衡，例如有的年份即期消费需求增长大，有些年份增长小，在某些特殊的条件下，甚至还会出现负增长和大大落后于有效供给的增长。在我国1989年和1990年出现了居民总收入变动不大而消费需求却负增长的情况。可见，影响即期消费需求形成的，还有人们的消费欲、购买欲等主观因素。例如广大居民消费欲望十分旺盛——它或者是由于摆脱贫困生活而走向富裕的自然的欲望，或是由于突然开放往往会产生强烈的国际示范效应，或者是由于不恰当的高消费宣传，或者由于对消费缺乏引导和调节等——就会有储蓄增长慢而市场购买增长快的现象。反之亦然。如果居民的消费欲望不强，甚至不振，人们竞相储蓄或持币待购，就会出现储蓄倾向的强化和即期市场消费需求的萎靡不振。可见，即期消费需求既与人们拥有的购买力成正比，也与人们的消费欲成正比。

下面进一步分析制约即期消费需求欲望的主观因素。

人们现实的消费欲、购买动机和行为并不是纯粹的个人主观心理现象，它本身是由社会决定的：（1）现实的消费欲，如我们所指出，取决于人们的收入。一般地说，收入低的满足于低消费，收入高的追求高消费；（2）现实的消费欲取决于社会消费习惯——包括落后的风俗，例如，为了"讲面子"而大办婚事，大办葬礼，等等；（3）现实的消费欲取决于某种社会文化心理和思潮，如追求时尚、赶时髦，成为当代日益流行的消费心理和思潮。但是，人的消费心理和行为，除了受上述经济、社会风俗和文化心理的影响而外，更主要的是受到消费对象——消费品的品质的影响。这就是时新的、品种更多、品质更好的产品刺激和强化人们的消费欲，而陈旧的、不适销对路的产品则抑制和弱化人们的购买欲望。

人们看见，改革开放10年来，由于下放自主权而拥有了活力的企业，加强了产品的升级换代，改变了过去产品数十年一贯制的状况，从而开拓出一个十分兴旺的和供不应求的消费品市场。特别是近年来我国高消费工业从无到有迅速崛起，将日新月异、富有吸引力的"三大件"投入市场，从而迅速改变了城市居民的消费心理和行为，激发出市场需求热浪。但是另一方面，由于改革尚远未到位，企业仍然着眼于追求完成产值计划，而不是密切盯住市场，不断进行产品更新和开发，因而我国市场上众多产品质量次、档次低、款式旧，不适销对路，加以价格高，不足以激发出对消费品的充分的有效需求，从而造成一部分消费品长期缺乏销路。只不过这种消费品的局部疲软，在前12年的市场购销两旺中被掩盖起来。可见，消费对象的性质——质量、品类、花色、款式，直接激发人们的消费欲望。基于此，我们可以将前面阐述的消费需求规律进一步阐述为：市场上消费即期需求与居民的收入水平和消费欲望成正比，特别是和消费对象的适应主体需求的性质与程度成正比。

四、在治理整顿过程中，必须对即期需求进行适时调节

在资本主义自由的商品经济中，经济运行的盲目性和无政府性使即期消费需求与商品供给的均衡难以实现。在那里，有效需求不足与需求过旺会交替出现。当然，主要是有效需求不足。在社会主义商品经济中，也存在上述即期需求与商品供给的矛盾，但经常出现的却是即期需求过旺，甚至是需求膨胀。但也应该看到，社会主义经济运行中，也会出现有效需求不足和商品相对过剩。在社会主义有计划商品经济中，建立起计划与市场最佳结合的体制和有效地发挥计划机制的作用，人们完全有可能及时地调节和缓解上述矛盾并保持再生产过程中的需求与供给的均衡。

我国社会主义建设中，存在着隐性的市场消费需求落后于产品供给的情况，只不过在传统体制下，这种需求过旺不表现为价格的上涨，而却表现为排队、走后门和高的黑市价格。改革10年来，我国经

济运行中长期表现出市场购销两旺，推动着价格上涨，并在1984年以来演化为明显的通货膨胀。在治理整顿初始阶段，为了刹住物价迅猛的涨势，从根本上解决多年积累的总量失衡，采取了严峻的"双紧"措施，例如压缩基建投资、严格控制基本建设规模、压缩集团购买力、大力控制职工消费基金的增长、严格控制银行贷款，等等。经过近10个月的时滞，1989年夏秋经济生活中表现出显著的需求紧缩效应，市场购销活动由热转平、转疲，物价涨幅逐渐回落。但是市场降温却表现为向另一极"反弹"：出现了较大范围的消费品的滞销，不少抢手的热门商品一下子无人问津，积压如山，社会商品零售总额出现负增长，而且持续一年多，在人们所称短缺经济的运行中却表现出即期消费需求不足。

一定的即期消费需求不足，乃是严峻的宏观紧缩政策的难以避免的后果，而且，它也是调整产业结构，对一批无效益的企业实行关停并转的契机。但是，过度的和持续的市场即期需求不足及其造成的相对供给过剩，不能不影响企业产品价值的实现，由此影响资金回流，影响经济循环，并且影响企业的经济效益。现在人们看见，多年来人们不曾注意到也不曾担心的市场不景气，即即期消费需求不足，业已成为经济正常运行的现实障碍。

我国当前的经济紧缩和调整，是为了从根本上解决我国多年形成的总量失衡和结构失衡的状况，特别是要解决属于深层次的结构调整问题，使国民经济走上稳定、协调和持续发展的轨道。显然，治理整顿的任务不可能一蹴而就，而必须经历一个过程。在这一过程中，都必须坚持控制总量，从根本上改变长期形成的社会总需求超过总供给的态势。但是，基于紧缩经济中，始发的严峻紧缩会带来即期需求猛降，出现即期需求小于供给的情况，并由此造成紧缩时期经济运行的

"中梗"现象，因此，人们就必须在紧缩过程中注意观察市场供求的变化和及时采取有效措施，对失衡的总供求进行及时调节，而在业已出现即期消费需求下降过度的势态下，必须及时地启动市场。

五、即期消费需求的启动

为了使经济走出困境，当前应当启动即期需求，包括即期消费需求和投资需求，缓解市场疲软。以此来带动经济的回升和保证工业以适当速度增长。

（一）启动再生产，以启动即期消费需求

市场消费需求的陡然上升和持续下降，不是单方面的原因，例如单一产品结构失衡论、单一需求不足论等所能说明的，它本质上是再生产出现"中梗"和循环失灵的表现。

在正常再生产中，企业间的商品交换和物质变换表现为互相购买、互为市场。而在紧缩中，一部分企业停产，大部分企业因再生产机能紊乱而减产，较弱的生产活动和较弱的商业经营活动，必然表现为全社会生产资料和消费品的购销的弱化。市场疲软和即期消费需求的不足，就是在这样的背景下出现的，可以说，它是再生产"中梗"和机制紊乱的一种表现形式。因此，采取多种措施，例如：适当松动银根以满足企业在生产与经营中流动资金的需要；强化商业以促销和促进收购；清理"三角债"以促使资金回流和摆脱贷款高成本；调整储蓄利率，以适当激励消费倾向，等等。总之，要对紧缩中出现的生产、流通、分配、消费各个环节的机制紊乱加以调节，以修复再生产内在机制，这是启动市场需求的根本前提。

（二）大力搞活流通，发挥和强化商业的销售和"蓄水池"功能

基于我国不仅存在相对于社会一般总需求——包括手持现金和储蓄——的产品供给不足，而且作为国土广阔的大国，商业机构发育还不充分和商品流通覆盖面严重不足，从而存在组织、机制性的流通不畅。例如，当前一些产品在此地滞销，而在另一地紧缺，表明一部分商品出现市场疲软，是流通机制不畅，需求与供给不能对接所导致的。1990年春出现的市场分割，更进一步加剧了流通不畅。因而，进一步搞活流通，加强国营商业（供销社商业）和其他集体、个体商业，进一步发挥和强化商业的功能以搞活流通，这是缓解当前即期需求不足的有效途径。

我国农村拥有8亿人口，根据1990年第四次人口普查表明，农村人口占全国人口73.17%，在当前县以下的社会商品零售总额占全国社会商品零售总额50%以上，因而农村市场仍然是我国市场的重要组成部分，是工业市场的主体，而且1989年、1990年，尽管存在着农产品销售困难、增产不增收等不利因素，但农民的收入仍然可观，农村储备仍然是增长迅速，达到3000亿元的规模。这种情况说明：农村市场巨大，开拓农村市场、挖掘农村的市场潜力是大有可为的。

（三）稳定城乡居民的收入和保证消费需求适当增长

我国经济紧缩中，保证了广大职工的收入稳定，对停产企业的职工也采取了保证其基本工资收入的措施。1989年，我国城市职工工资收入，扣除物价是负增长，但是随着物价涨幅进一步下降，加上实行调资，1990年城市职工工资水平又有相当的增长，年增率在15%左右，大大超过劳动生产率的增长。因而总体上，我国不存在居民购买力的不足，不存在由这种居民购买力不足甚至下降引起的即期市场需

求不足。如果考虑到1989年和1990年两年城乡储蓄的超常增长和购买力大量积累，可以说，我们当前一方面存在对于高的居民消费购买力（包括银行储蓄和手持现金）来说的隐性的产品供给不足，但另一方面存在对于低的即期消费需求来说的相对产品过剩。这也是我国的市场疲软现象不同于资本主义经济中市场"萧条"之所在。但是也要看到，经济收紧中企业生产经营的弱化，使企业收益减少，甚至出现亏损，奖金要少发，甚至只发基本工资，加上近1000万基建劳动力的压缩、个体户经营收入的减少、农民增产不增收，等等，表明紧缩中也存在居民收入下降的因素，"有钱但不想买"，又有"钱少买不起"和"没钱买"。特别是在市场疲软持续发展，工业生产负增长，商业企业经营活动弱化的条件下，农村增产不增收的问题进一步尖锐化。1998年的打"白条子"和1989年、1990年两年来农业丰收下的"卖粮难""卖猪难"与价格下降，乡镇企业的停产减收，这一切造成一些地区，特别是内地一些省区农民收入下降。即使在1990年农业全面大丰收的形势下，农民的纯收入估计也仅仅和1989年持平。以四川为例，四川9000万农民1989年比1988年增加收入42.22亿元，扣除物价上涨指数，人均实际减少收入8.5元；1990年上半年比1989年同期人均收入增加1分钱，扣除物价上涨指数人均减少收入9.8元；1990年上半年加上1989年两项合计人均收入减少18.3元，全省农民合计减少收入16.47亿元。农民收入增长少甚至下降，使农村市场销售困难，造成1989年农村社会商品零售总额下降幅度大于城市。

可见，在我国一些地区、领域内，客观存在着因居民购买力不足或增长很少而引起的市场即期需求不足。当然，基于城市职工收入的增长仍然大大超过劳动生产率增长的状况，我们不能用增加和膨胀总消费收入的方法，来刺激需求增长和缓解市场疲软。在整个治理整顿过程中，要始终注意控制总量，包括控制消费基金的增长，要警惕和防止新一轮消费膨胀的出现。但是，对于广大农村来说，保证农民增产增收，稳定农民的收入水平和逐步增长，这不仅仅是解决当前农村消费需求不足的必需，而且也是从根本上调动8亿农民积极性，促进我国农业稳定发展的迫切要求。

（四）进行结构调整，改进产品品质，增强消费品的吸引力，是激励和挖掘有效需求潜力的根本之途

如上所述，消费需求的增进与居民收入的提高和消费品品质的改进成正比，假定居民收入为不变数，消费需求的增进则取决于消费品品质的改进。这是因为人的消费偏好与根本消费动机，从来是在人们所能占有的消费品的条件下形成的。人们一方面是为满足自身的消费欲望而生产出产品，另一方面已经推出的新产品，却又创造出人们新的消费欲望。在经济落后，生产水平低，产品简单的条件下，人们进行的是生存性质的简单消费，人们对消费品品类和品质的选择较少，"饥不择食""有什么，买什么"；经济发达、产品丰裕的条件下，人们在消费中就要考虑对象的品质，要进行充分的消费选择，从而，是"好的就买，孬的就不买"。改革开放以来，随着消费品的日益丰富和人民收入水平的提高，贫困型的简单的消费日益向温饱型和初步富裕型的消费转化，20世纪80年代以来我国广大居民的消费心理和行为已经发生巨大的变化。20世纪50年代以来的"有什么，就买什么"的购买和消费模式，已经逐步转变为"孬的不买，好的就买，越好的越抢着买"。只不过这种消费心理和行为的变化，在急剧发展的需求过旺与市场购销两旺的市场态势下被掩盖起来，并由此给厂家造成一种错觉：工厂生产什么，市场就需要什么。实行"双紧"，总需求的过快增长得到控制，物价逐步稳定下来，人们的购买和消费欲望就自然地更取决于消费品的品质，"人家买，我也买"的自发性和盲目性的消费，转化为有选择的、理智的消费。加之出现了储蓄超常增长，分流过度；紧缩时期的经济环境——就业困难，待业增加，收入增长放慢等，强化了人们的生活保障意识，增强了储蓄倾向，淡化了消费欲望。在这种条件下，盲目购买和消费自然会转化为选择性的消费。人们购买时不仅仅要看产品质量，而且要挑名牌，还要有"三包"，甚至还要看服务态度。人们说：顾客越来越"刁"了。

而另一方面，我国产业结构严重失衡，质次价高的产品充斥，优质适销的产品不足。而企业，特别是国营企业又缺乏对市场的自我适应与自我调整功能，即使是已经市场需求不足的情况下，仍然照常生产不误。一方面，居民的消费选择性强化，另一方面，产品结构调整缓慢，因而产品供给结构与需求结构的矛盾，在经济紧缩条件下愈加尖锐，其表现形式是大范围的产品发生滞销。可见，我国的市场疲软，主要是由产品品类和品质的不适销而引起的结构性的疲软。显然，要启动和激励消费需求，缓解市场疲软，就必须调整产品结构，提高产品品质，开拓新的商品品类，改进销售服务，用产品优化来治理市场疲软。"没有疲软的市场，只有疲软的产品"，我国先进的企业家的这一认识是十分高明的，把握住了经济学关于市场消费需求增长的规律。

（五）适当增大投资需求，发挥投资需求对消费需求的支撑和带动作用

在实行紧缩中，基本建设的速度放慢，建设的规模受到控制，由此会影响到基本建设部门的生产和一系列相关生产资料生产部门的生产，而基本建设投资的40%要转化为消费需求，基本建设的放慢，也将

成为消费需求缩减的重要原因。可见，在启动消费需求中，必须适当增加投资需求，充分发挥投资需求对消费需求的带动作用。

六、启动市场消费需求的关键在于提高质量

必须指出，实行经济紧缩会引起消费心理的变化，即使收入水平不变，人们的消费欲也有弱化趋势，这就更加有必要以产品的优品质、多品类来激励和强化人们的消费动机。由于在紧缩经济的调整时期，基于控制总量的需求，必须控制和放慢消费基金的增长；工厂减产停产，使一部分职工收入减少；就业困难，待业人员增多，对"过几年苦日子"的不当理解等，会使广大居民，特别是低收入阶层的"生活保障意识"强化，人们宁愿多积累几个钱，用来保障既有的生活水平，为子女交纳学费和作为意外事故的开支，而不愿将它花掉。特别是物价涨幅迅速下降，使人们的保值购物动机弱化。另一方面，保值储蓄又有较强的吸引力，因而，人们在决定把钱用于储蓄还是用于消费时，就要进行更加周详的盘算。可见，治理整顿时期的宏观条件，往往会形成一种对消费的社会经济抑制，使人们的正常的消费欲弱化。我国在1989、1990两年，出现了储蓄超常增长，城乡居民储蓄继续大幅度增长，而同时，社会商品零售总额却是负增长，消费萎靡不振，这种情况表明了居民消费欲的弱化。

可见，基于紧缩经济时期，居民消费心理的变化和消费欲弱化的趋势，而在治理整顿时期，必须继续控制总量，而不能实行全面松动，更不能实行膨胀消费基金来制约消费欲弱化的心理变化，人们就应该更加依靠产品性能激励消费，在消费品品质的增进和品类的增加上下功夫，不断推出适销对路、品质更优、品类更全、价格更廉的消

费对象，来启动过度下降和不足的即期消费需求，促进市场复苏。

以品质的优、品类的新，以物品对象性质的改进（以及价格的低廉）来增强消费者的购买欲，从而扩大即期市场需求，从来是市场营销学的精义之所在。当今世界成功的企业家无一不是运用了这一市场营销规律，20世纪七八十年代日本的汽车、家电产品等大量涌入我国以及占领了北美和西欧的市场，就在于依靠了这一市场营销规律。我国越来越多的企业家，尝到了依靠市场营销规律来开拓市场销售的甜头。他们面对市场疲软的困难形势，不是消极等待旺季的自然到来，不是要求上级减税让利，而是反求诸己，苦练内功。他们借助产品品质内在性能的改进和外在造型、款式的更新，来激发人们消费和享受产品的欲望；借助新品种的开发，用以满足人们"求新"心理；借助价格公道，以满足"求廉"的心理；借助改进销售服务——改进服务态度，如笑脸相迎、增加服务项目、从周到的门厅服务到送货上门、"三包"等，来创造一种商品销售和消费中的"综合效用"，以满足一种更高级的，可以说是"文化性的消费需要"。正是在市场疲软的迫使下，我国的许多先进企业，在这方面认真按照市场营销学办事，取得了使产品销售持续不衰的卓越成效。我国的先进企业家说"没有疲软的市场，只有疲软的产品"，表明了他们对产品的品质、品类对消费需求起重要决定作用的经济学规律的认识。

在生产什么、就消费什么的传统体制下，和长时期市场供不应求、产品不愁销路、"皇帝的女儿不愁嫁"的形势下，企业缺乏适应市场而不断更新产品的观念，企业也没有经历迫切的自我促销的实践，这样人们对于产品品质、品类的开发就是开拓市场的金钥匙这一条定理缺乏深切理解。因而，长期以来，即使是改革开放10年来，相当一部分工厂的生产与经营，并未表现出昂扬的产品创新的企业精神，而在当前，越来越多的企业家懂得了以品质促销售，自觉地加强经营管理，狠抓产品结构的调整，这不能不说是人们认识上的一个新的跃进。

为了进一步阐明以品质促销售的市场规律，我们在此要对所谓引起市场消费需求不振的"消费断层论"进行一些评述。

对于市场疲软的一种流行观点是：新的大件耐用消费品的缺乏，是消费市场疲软的主要原因，只有推出新的大件，例如住房商品化或小汽车等，才能重新激励市场需求。

我认为，只有大件消费品才能激励我国市场需求的观点是有片面性的。诚然，我国20世纪80年代以来，大件耐用消费品首先是彩电，然后是电冰箱、洗衣机等，曾经激发出城市居民的消费热潮，从而表现出它在激励市场消费需求中的重要作用。但是如果认为只有大件耐用消费品才能激发我国广大居民的购买欲望，才能维系市场需求于不疲，或者当前在出现市场疲软形势下，只有推出新的大件才能解除市场疲软，这种观点是值得商榷的。

我认为，对于大件耐用消费品的激励市场作用不能加以夸大，因为，在发达的经济中，人的消费欲具有多样性和不断变易性，它不仅仅需要由大件消费品来满足，而且要由其他中小件和众多的日用消费品来满足。另外，消费品大件的开发和推出于市场也是不平衡的，即使是发达的资本主义国家，市场上也不是每年都能有富有吸引力的新大件耐用消费品的出现，另一方面，大件推出后，是否能激励出现实的市场需求，还决定于居民的购买力水平及增长状况。我国是一个底子薄、人口多的发展中国家，当前多数居民还处在温饱型的生活水平，居民较低的收入决定了他们现实的消费需求主要是日用消费品和中级的耐用消费品。我国20世纪80年代，城市居民出现了竞购新三大件的热潮，彩电的普及率在城市已达到70%，在消费方式上发生了飞跃性的变化，体现了我国改革开放政策的伟大成果。但是也必须看到，这种在较低收入水平下出现的高消费，是以不少居民抑制其他生活消费，甚至靠负债来实现的，例如人们购买了电视机和电冰箱，就不得不放弃新家具的购买或房屋的装修。这种伴随其他日常生活消费的抑制的"超前消费"，决定了人们必然会在一定时期，由大件购买转向中小件和日常商品的购买，为以后较高的消费支出做准备。可见，对于我国当前的具体条件来说，城市居民对大件耐用品的购买，不可能是持续不断的，而是带有间断性的，中小件以及日常消费品，将是人们消费需求的主要对象，只要这些商品能做到品质优、品类多，仍然可以调动和激励出充分的有效需求。特别是在治理整顿时期，在群众消费的经济抑制——来自收入增长放慢，生活保障需要增多增强的条件下，由大件耐用消费品转化为小件或日用消费品的消费，乃是消费需求增长的常规。在近来市场回升中出现的小件家电，如电吹风、电熨斗、电淋浴器等，以及其他日用品、食品的名优产品的旺销，就表现出这种消费需求变动的规律。

总之，不能认为，只有新的大件耐用消费品的开拓，才能激发人们的消费需求。例如人们不能把缓解市场疲软仅仅寄托于住房的修建和商品化上，更不能寄希望于"小轿车化"，从而忽视了对当前众多的日用消费品品质的提高与品类的增进的注意力。要看到，当前的市场疲软很大程度上是由于近年来过热经济中愈演愈烈的结构失衡，质量低劣（及价高）的产品充斥，从而削弱了产品的消费激励力。在我国当前市场上，主导耐用消费品缺乏衔接的情况下，如果有多样日用消费品品质得到优化，为市场提供更多的优质、新型的饮料、食品、衣服、鞋类，以及文化用品（不仅仅是电子琴、运动服装、渔具，而且包括各种室内装饰品等），各类首饰、美容器等，总之，在我国的企业发动和持续地开展生气勃勃的产品结构调整和创新，把更多、更好、更廉价、千姿百态的、真正适销对路的消费品推向市场，那么我国的市场需求将因为获得新的、有效的消费激励而得到启动，困扰着我国经济，阻碍经济健康回升的市场疲软将从根本上得到缓解。

继续启动市场 促进经济回升①

一、启动市场与经济回升

我国实行治理整顿以来，由于采取多方面的紧缩措施，迅速地刹住了物价的上涨，稳定了市场，但是也出现了资金紧缺、生产下滑、市场疲软等负效应。市场疲软在1989年7、8月份明显表现出来后，继续发展。第四季度的扩大信贷仍未能启动市场。1990年春的经济运行就是以市场继续疲软和生产负增长为特征的。根据上述情况，国务院做出决策，在坚持总量控制前提下，适当调整紧缩力度，启动市场，促进工业适度增长。

3月份后，采取下列措施：（1）降低彩电特别消费税；（2）两次调低利率；（3）实行信贷松动；（4）适当增加投资，扩大基本建设规模和技术改造；（5）适当放松集团消费，等等。实践证明，在坚持总量控制下适当松动是正确的决策，借助于松动，特别是信贷松动，给"虚脱"中的经济"输氧"，带来了此后的经济回升。

---

① 原载《财经科学》1991年第3期。

工业生产自1989年10月起，处于持续低速增长之中，1990年3月以后迄至年底，出现了工业生产缓慢地复苏，3月份生产开始回升，4月份增长2%，5月份增长4.2%，6月份增长5.9%，7月份增长2.9%，停工待业人员减少2/3。1990年第四季度工业生产增长14.2%，全年工业生产比上年增长7.6%。与此同时，农业粮、棉、油全面增产，粮食生产超过历史最高水平的1984年。而市场物价保持平稳，1990年全年零售物价总水平比上年上涨2.1%，大大低于上年上涨17.8%的幅度。市场消费品供应丰富，群众紧张的经济心理得到根本改变，出现了经济稳定、社会稳定的局面。人们曾经担心严峻的"双紧"会带来经济滞胀，但实际上只是经过一年多经济下滑和低速运行，1990年第二季度就开始从低谷中走出和走向回升。1990年的经济状况，使人们可以理直气壮地说：国民经济已度过最困难的时期，治理整顿取得了十分显著的成效。

二、经济复苏的支柱：信贷资金的大幅度注入

启动经济是实行"适当松动""微调""开一个小口子"，以防止"开闸"重新膨胀总需求，引发新一轮物价上涨。1990年3月份以来，信贷规模不断扩大。由于信贷资金投入更多用于启动中间需求，最终需求未能启动；也由于结构调整进展缓慢，供给结构与需求结构的矛盾难以缓解，因而市场疲软局面难以改变。市场销售打不开，企业资金凝固于产成品形态不能回流，生产难以为继。这样就产生了启动经济初始阶段的资金饥渴现象：信贷资金大量注入→流动资金仍然不足→信贷资金不得不进一步注入，从而造成信贷资金投入口子开了就关不住之势。1990年人民银行信贷规模虽两度修改，但是仍然关不住。1989年第一至第三季度，信贷增加约600亿元，第四季度信贷猛

增，银行加信用社增发贷款1237亿元，其中，仅9月份就增加贷款400亿元。1990年全年信贷增加2731亿元，其中工业流动资金信贷增加1000亿元，比上年增加38.9%。1990年出现了货币超经济投放，仅9月份就投放121亿元，9月由回笼转为投放，比往年提早1个月，全年共投放货币300亿元，是中华人民共和国成立以来第三个投放高峰。1990年的新增贷款，按常规可以使工业增长10%以上。

由于信贷扩张，使信贷增长与工业产值增长的比率大大扩大，不少省市工业贷款增长大于工业产值增长均在20%以上，广东省为38%，湖北省为76%。这种情况表明：（1）信贷规模大大扩大；（2）信贷对生产启动效果小；（3）注入资金流动呆滞，据估算，各项贷款中有20%～25%为呆滞贷款，新增贷款大量沉淀于库存形态；（4）银行由于资金流动性差，风险日增，加之存贷款利息倒挂，经营出现亏损，甚至全行业亏损。

三、生产增长，积压增大，效益滑坡

市场出现缓慢回升的原因是：（1）1989年第四季度采用贷款启动，经过一段"时滞"，在1990年开始发生需求扩大效应。（2）1990年春继续松动银根，1~6月份工业流动资金贷款比上年同期增加1倍多；商业流动资金也有大幅度增加，尽管未能扩大最终需求，形成产品积压于工业仓库和商业仓库，但毕竟止住了生产下滑，扩大了开工面，撑持了城镇职工消费需求。（3）1990年全国职工工资总额2960亿元，比上年增长13%，扣除物价上涨因素，实际增长9.7%。在利息率下调情况下，产生了储蓄倾向抑制和消费倾向扩大的效应。例如8月利率第二次下调，9月城乡储蓄增加98亿元，大大低于上半年200亿元的月增长量。收入增长启动了消费需求，拉动了市场销售。（4）社会集团购买力控制从6月起放松，第四季度支出迅速增大（上半年为负增长），全年集团消费品购买增长4.3%，促进了市场销售增长。（5）基本建设投资的适当扩大，通过启动最终需求，在促进投资品和消费品需求增长，推动经济回升中起了良好的作用。1990年全年社会固定资产投资完成4451亿元，比上年增加185亿元，增长4.5%。其中，全民所有制单位投资2927亿元，增长10.5%。由于基建下半年才陆续到位，它的扩大需求效应还不能充分表现出来，这是重工业生产回升滞后的重要原因。

总之，1990年市场需求增长是实行多方面启动措施造成的。市场回升反映在社会商品零售总额的增长中，社会商品零售总额1990年1~5月较上年同期为负增长，6月份增长1.4%，开始走出低谷，第三季度增长2.3%，第四季度增长4.3%，年底市场上显示出较有力的回升势头。但1990年市场总的特征是：（1）市场回升迟，滞后于生产回升。（2）市场回升幅度小，落后于工业回升，全年社会商品零售总额比上年增长1.9%，工业总产值比上年增长7.6%。（3）城市市场回升，农村市场仍然不景气。城市消费品市场全年零售额比上年增长6%，其中第四季度增长13.4%，已初步摆脱疲软，趋向正常。县及县以下市场从10月份开始回升，但全年零售额仍下降2.4%。（4）一些大城市，如京、津、沪市场回升快，市场开始正常，但不少地方市场回升较为缓慢。

上述情况表明，市场回升是艰难的，不平衡的，还存在制约销售正常化和经济正常回升的诸多因素。市场疲软，产品积压，导致1990年6、7月的经济效益大滑坡。此后，市场回升落后于工业增长，成为产品积压、经济效益下降难以扭转的重要因素。1990年全年新增工业库存比正常年份多1000亿元，相当于上海全年产值，全社会商业库存比上年增长422亿元，增加12%，产品积压，资金短缺，利息负担增大，企业管理费用增大，这一切引起企业效益大滑坡。1990年预算内国营工业企业实现利税1271亿元，比上年下降18.5%，其中实现利润下降58%，许多省工业利税下降30%～70%，亏损额增加1倍，亏损面占50%左右。1990年国营商业和供销合作社实现利润比上年下降85%，亏损企业亏损额增长45.5%，亏损总额达100亿元，1/4的商业企业亏损，这些均是中华人民共和国成立以来首次发生的。

四、经济回升中的矛盾

尽管1990年经济迈入了回升初始阶段，但毕竟是充满矛盾的、艰难的回升。由于各种关系尚未理顺，回升的基础还是较为脆弱的。

市场回升落后于工业回升，意味着工业生产的增长相当部分变成商品积压，出现了涨库的生产增长。这种涨库的生产增长表现为：（1）注入的信贷资金绝大部分凝固于产成品资金形态，资金不能回流，生产继续增长需要新的资金注入。（2）积压增大，利息负担增长，成本增高，使经济效益下降难以扭转。（3）涨库的增产，必然是银行出钱，财政虚收，不能增大国民收入和财政收入，只是强化超经济发行和国民收入超分配。因此，这种与市场不相对应的涨库的生产如果继续下去，不仅不能消除紧缩的前一阶段的矛盾，而且会造成新的矛盾，使1990年暴露出来的问题和经济效益十分低下的问题难以解决。特别是这种不正常的工业生产复苏，以其更多的资金需求，形成对银行的压力，拉动着信贷扩张，增大潜在的通货膨胀的风险，为了防止膨胀而过严控制信贷，又会使资金更加紧缺。1990年末1991年春又出现工业高速度增长，1991年1月工业生产比上年同期增长23.9%。这种在市场销售大大落后的情况下的高库存的工业生产增长，将加剧经济运行的困难，因而特别值得注意。

总之，当前的经济回升中，市场回升和工业生产回升的不相应，表明市场消费需求和投资需求仍然在一定程度上落后于有效供给，也表明供给结构不适应于需求结构。市场问题仍然是当前经济正常运行的障碍和我们面临的严重经济困难，启动市场仍然是当务之急。

五、稳妥启动市场，促进健康回升

由于当前经济的回升是借助信贷扩张和货币超经济投放而实现的，货币新注入中发生的流失增大和沉淀增长，流通领域货币过于充裕，加之经济回升过程中物价上涨幅度的某些扩大，一部分储蓄将向市场回流，这些表明当前经济回升中潜在的通货膨胀压力也在增大。一方面市场尚未全面回升，另一方面潜在膨胀因素又开始增长，这种情况，要求人们既要继续启动市场，又要防止重新膨胀。因而，应采取妥善的措施，促进经济健康地回升。

（一）坚持在总量控制条件下适当激励有效需求

为了启动经济，1989年第四季度以来，实行了连续不断的信贷松动，在资金饥渴的拉动下，信贷规模已经过度扩大，超越了"开小口子"，通货膨胀的潜在压力已经存在。由于机制不健全，对资金需求仍然很大，我们必须清醒地认识这种情况，要在继续启动市场中，坚持总量控制，银行要顶住压力，不能再次大幅度扩大信贷。1985年、1987年两次信贷松动因失去控制而导致经济重新膨胀的教训一定要切记。要坚持适当控制消费基金的增长，严格执行1991年计划规定的固定资产增长的规模——计划投资增长11.4%。当前，集团消费迅猛增长，一些地方又有盲目上加工工业的趋势，表明了松动经济中客观存在着使需求重新膨胀的机制。这种情况更加要求人们在继续启动市场、推动经济回升中，要继续坚持控制总量的方针，继续进行治理整顿，切不可超越"限界"松动和全面开闸。

（二）主要以产品提高质量、增加品种来激励需求

消费品市场疲软的出现，在于紧缩过程中市场即期需求的猛烈缩减。具体地说是由于："双紧"的需求收缩效应，储蓄倾向超常增长带来的消费弱化效应，价格下降势态下居民消费心理的变化，产品品质差、品类少、不适销，难以激励消费需求。当前紧缩力度已经有所松动，1990年城镇居民收入已有一定增长，并在市场上表现出一定的收入—需求效应，这是一种收入—需求弱效应，与1984～1988年的高收入增长下的收入—需求强效应不同。因此，城乡居民储蓄倾向仍然强烈，收入增量大部分转化为储蓄，弱化了收入—需求正效应。上述情况表明，即期需求的不足，从根本上说不是货币购买力的不足，而在于消费倾向的弱化，后者在很大程度上是由于消费品结构、品质上的缺陷，在于缺乏适销对路的产品，以激励高、中、低各层次的市场需求。结构性的销售疲软和困难，是多年来结构失衡，供给与需求脱节所造成的，只不过它为1984年以来的需求膨胀所掩盖，在实行"双紧"中由于需求增长猛降，这一矛盾就鲜明表现出来。可见，大力进行结构调整、提高产品质量，增加品类，仍然是从根本上解决市场疲软之途。

（三）保证农民增产增收激励市场需求

农村市场占全国市场60%左右，在一些内地省区，农村市场在市场中的比重更大，在市场疲软形势下，不仅农产品价格下降，而且销售困难，加之1989、1990年两年农业丰收，出现了主要农副产品如粮食、生猪等的普遍的销售困难和价格下降，造成增产不增收、增收少的不正常情况，这是1990年农村市场萎缩的原因。据统计，1990年农民人均纯收入为630元，比上年增长4.7%，扣除商品性支出价格上涨因素，实际增长1.8%。但各地区发展不平衡，一些省区农民家庭实际收入有所下降。农民收入增长少，直接影响到农村市场，1990年1～10月份农村市场销售比上年减少4.5%。基于上述情况，必须采取多种措施来保证农民增产增收，例如加强农村商业，搞活农村流通，加强农产品的收购，解决"卖猪难""卖粮难"，落实对粮食实行的保护价，以及降低支农产品的价格，切实制止乱摊派，等等。总之，保证农民收入有增长，才能有效地促使农村市场回升，也是促进市场全面回升的重要条件。

（四）进一步搞活市场流通

市场疲软，不仅仅是消费倾向弱化和即期需求不足，而且也是由于流通的阻滞和由此引起的购销的困难，这种现象，可称之为滞流。在1989年夏开始的市场疲软中，不仅表现出市场疲软与紧缺并存。而且也表现出一些地方销售困难与另一些地方购买困难并存。例如在商业部门大力加强营销，开拓农村市场，送货下乡，使不少城市滞销的商品在农村找到了销路。人们发现：对于一般日用消费品，农民不是"没钱买"，而是：（1）供销社的产品质量次、品类少、款式差，不适合农民的消费需要、生活习惯和审美观念。（2）个体商贩的商品价高，"坑农"。（3）商业网点少，市场距离远。（4）地方保护主义和市场篱笆，等等。上述农村商品流通和商业组织上与活动上的缺陷，一方面造成"买难"，另一方面造成农副产品收购功能的薄弱，加重了农村的"卖难"。

这就要求，大力加强商业，发挥国营商业和供销合作社的主渠道作用，积极发挥个体商业和其他商业形式的作用，组建各种城乡市场，全面疏通流通渠道，特别是要坚决拆除造成地区封锁的市场篱笆。总之，大力搞活流通，发育市场，以尽可能消除滞流现象，这不仅仅是克服当前市场疲软所必需，而且也是缓解和治理商品和物资的短缺所必需。

（五）调整产业结构，才能从根本上摆脱市场疲软

市场疲软，本质上是产品供给结构与需求结构的矛盾的表现，是我国多年存在的产业结构失调在紧缩过程中的大暴露。根本解决市场销售困难之途是进行产业结构调整。1990年在市场压力下，消费品的产品结构调整开始起步，投资品生产领域，能源、基础原材料、交通的投资有所增长。但是一方面，由于基建投资未达到上年实际工作量和投资到位迟，因而投资品的需求拉力不足；另一方面，由于缺乏有效的经济机制，产业结构调不动，发展过度的加工企业的产品积压，生产能力大量闲置问题仍然如故。1990年底在消费需求增长加快的情况下，加工工业又出现快速增长之势，加工工业与能源、交通、基础原材料生产的矛盾仍然十分尖锐。当前的经济回升，如果不是有产业结构的优化，而仍然是结构扭曲的产业，原有的长线和短线矛盾将重新激化，就有可能使回升演化为新一轮的经济膨胀。可见，我们应该把产业结构的调整作为现阶段治理整顿的中心环节，要经济手段、行

政手段、法律手段多管齐下，特别是通过深化改革，完善机制，有效地推进产业结构的调整。只有产业结构的优化才能消除结构性的疲软，才能提高宏观效益，平衡财政，进一步均衡总量。因而，认真搞好结构调整，妥善实现治理整顿的要求，就是摆在我们面前的艰巨任务。

关于当前经济形势和
搞活国营大中型企业的若干问题[①]

一、两年多的治理整顿及其巨大成效

搞活国营大中型企业是当前我国经济工作的重点。国营大中型企业在我国具有十分重要的地位，是社会主义经济的骨干力量。从1989年统计数字看，全国国营大中型企业有10706个，占全民所有制企业的14.6%，拥有的固定资产占78.5%，职工人数占61.3%，工业产值占72.3%，上交税利占80.3%，是国家财政收入的主要来源。

几十年来，国营大中型企业在发展中为国家做出了重大贡献，但存在的需要解决的问题也很多，主要有以下三方面：（1）企业缺乏经营自主权；（2）企业缺乏自我发展和技术改造的能力，缺乏发展的后劲；（3）企业没有形成一个不断提高效益的内在机制。这些问题的存在使国营大中型企业潜力没有得到充分地发挥，并且在治理整顿期间

---

① 原载《四川金融》1991年第8期。

又遇到了新的困难。

治理整顿以来，国家实行了紧财政、紧信贷的"双紧"政策，宏观环境发生了变化，过热的、膨胀发展的经济变成了收紧的经济，国营企业难以适应这一变化。1979～1988年，国营企业以相当高的速度发展，1980~1990年工业总产值平均增长12.6%，国民生产总值年均增长9%。货币发行1985~1988年年均增长20%以上，其中，1984年增长了49.5%，1988年增长46%。这是经济高增长、货币高发行的时期，国营企业产值迅速增长，由于这是外延型的发展，耗费大，劳动生产率不高，经济效益趋于低下。特别是工资增长快，原材料进价不断增长，成本负担不断增加，但这些问题在经济高速发展、需求膨胀下被掩盖了。进入治理整顿时期，由于货币信贷被抽紧、财政支出从紧，国营企业多年积弊就暴露出来了。一是生产滑坡，产值增长速度放慢；二是市场疲软；三是产成品积压；四是流动资金占用增加；五是债务链产生；六是经济效益迅速下降，亏损面不断扩大。

经过两年的调整，现在我国经济稳定、社会稳定、市场繁荣，治理整顿取得了明显效果。自1990年以来，经济回升，六大困难已有两个得到了缓解：（1）生产由负增长转为正增长，今年1～4月工业增长15%；（2）销售增加，社会商品零售额增大13%～14%。但其余四个问题：产品积压、流动资金占用大、债务链及效益下降却仍未解决，甚至还在继续发展。为什么国营企业在治理整顿中会出现这些问题？为什么在两大问题——生产、市场趋于好转的情况下，其余四个问题还在发展，还更加明显和突出？这需要回顾一下1988年以来的宏观调控。

治理整顿期间的宏观调控，我们一方面要看到它的成绩，物价涨幅迅速地被刹住，在一两年内把18.5%的物价涨幅降到3%，这是世界上其他国家难以办到的，取得了稳住人心、安定社会的效果，这是应该肯定的。但另一方面也要看到宏观调控的负效应，并认真加以研究。

治理整顿期间的宏观调控已经经历了两个小阶段。第一阶段是1988年10月至1989年9月，针对1988年的物价上涨、银行挤兑、市场抢购，采取了"双紧"，更准确地说是比过去几次紧缩力度更大的严峻的"双紧"。首先是紧财政，1989年基本建设的财政支出压缩500亿元，控制集团购买力和消费基金的增长。其次是紧缩银根，实行紧缩的货币政策，1988年9、10月份采取坚决措施收回逾期贷款、压缩信贷规模，1989年1~9月贷款增长600亿元，信贷增长幅度显著下降，对乡镇企业贷款实行零增长，两度提高银行利率等。治重病、用猛药，这一系列的"双紧"措施是必要的。1988年经济那么热，前几次那样的紧缩方式已不行了。1979年农副产品调价，1980年物价上涨6%，1981年采取压缩一百多亿元基建，1982年物价涨幅就降为2%。但是在1988年严重通货膨胀情况下，如果只紧一头，或紧信贷而不紧财政、或紧财政而不紧信贷都不行，所以我们采用了"双紧"。但是今天看来，力度过大，时间过于集中。由于信贷紧缩过度，资金供应不上，出现了收购农产品打白条和企业间的"三角债"。改革以来的国营企业是自有资金发工资、流动资金找银行。企业营运资金依靠银行供应，银行一旦紧缩信贷，经济就不能正常运转，工资发不出，原材料购不进，不能互相支付，出现债务链，而且企业生产也难以为继，就只能减产或停产；再加之砍了几百亿元的基建，生产资料需要减少；几百万基建队伍回乡和1989年城镇居民实际购买力的负增长，消费品的市场需求也减少。1989年"双紧"需求缩减效应就显示出来了。当然，缩减总需求是"双紧"要达到的目的，但应有一个度，应该压缩那些没有效益的企业的生产，保有效益的企业，保基本产业，这就是：需求过旺要压住，经济过热要冷却，基本生产的运行要保住。今天来看这个"度"超过了。1989年春已出现市场疲软的迹象，1989年6月市场疲软涉及大面积的消费品，到1989年9月，又扩大到生产资料领域，出现煤炭和钢材、木材的滞销。市场疲软是紧缩期难以避免的，但从1989年6月后出现持续性的疲软，就是个问题了。市场疲软，加上资金紧，使生产下滑。1989年9月工业增长0.8％，10月增长–2.1％，直到1990年3月，有将近6个月工业是负增长，这是多年所未有的。四川1989年7月工业开始负增长，1990年8月以后才回升，早滑迟升。可以说，治理整顿第一阶段严峻的"双紧"，正效应显著，负效应也显著。正效应显著在于一下子能把物价上涨势头刹住；负效应显著就是力度大了些，影响面大了些，使市场疲软持续化，使生产下滑和负增长的时间过久，造成企业难以承担。基于这种形势，1989年第四季度开始启动经济，1990年3月以来，实行了更全面的适当松动政策，治理整顿进入第二阶段。首先是松动银根，1989年第四季度贷款增长1200亿元。最初是增加流动资金贷款，特别是给一些大型企业贷款，以启动生产，但效果不大。此后，又启动流通，多给商业贷款，发挥商业的"蓄水池"的作用，但市场也未能启动，出现库存搬家，1990年3月人代会上，李鹏总理的报告提出一系列措施，保证经济有适当速度，增加基建，增加技改资金，放松集团购买力，以工代赈，以启动生产资料和消费资料市场，主要采取启动最终产品市场需求的措施。7月中央计划工作会议后，更出台了一系列措施，各省也开始全面启动，如加快基建进度，增加技改投资，集团购买力放开，职工提高工资，银行两次调低利率，一些商品开始适当降低价格。这一系列措施后的扩大需求效应逐步表现出来，1990年下半年国营工业生产逐步增长，9、10月份社会商品零售额开始增长，1991年春经济进一步复苏。事实表明，启动经济的措施是成功的。

二、经济回升过程中的新矛盾

1990年经济中既有积极的成果，也存在新的问题。主要矛盾之一是市场疲软没有根本解决，市场需求适当增长没有完全到位。从生产资料行业看，当前生产尚未恢复正常，如机电产品积压严重，水泥、木材、钢材销路仍然不旺，煤炭大量积压，重工业企业生产能力没有充分利用。消费品市场除食品、"名、优、特、新"产品销售较好外，一般商品的生产能力与市场销售仍然存在较大差距。且不说彩电2000万台的生产能力难以发挥，就是基本产业如钢铁、煤炭、水泥，重要的机电产品如水轮机、大汽车，这些行业仍然不景气，或需求不振，表明生产资料需求的投资拉动，仍然疲弱无力。因而今年社会固定资产总投资5000亿元，应该尽早到位，兑现落实。其次，消费需求拉动，城市情况较好，甚至出现"热"起来的现象，问题在于农村购买力增长很慢。1990年全国农民实际收入人平仅增长1.8%，农副产品价格下降，农民增产不增收。总之市场疲软没有根本解决。

当前经济生活中主要矛盾之二是在信贷大量投放下资金仍然紧张。从1989年底到1990年底，信贷资金增长幅度是相当高的。1990年信贷投放由原计划1850亿元增加到2773亿元，超过计划近1000亿元，但工业增长率只有7.6%（可能还有水分），货币增长与工业增长之比是5:1，而在1983年以前是1.8:1，1989年是4:1。由此带来的问题：（1）货币大量投放而有效供给增长率却很低，流通中的货币大量沉淀使货币增长超过商品流通的需求，从而已出现潜在的通货膨胀压力。（2）1990年工业增长7.6%，社会商品零售额增长2%，意味着大量新增产品中相当大的部分并没有销售，出现了胀库型的生产增长，即是增长库存（工业库存和商业库存）。根据国家统计局的材料，1990年非正常库存是2000亿元，起码多出600亿元。大量产品积压在库内，资金流不回，企业生产又需要贷款，银行面临着经济复苏期的资金饥渴，承担着复苏期的资金压力。资金饥渴的另一个原因是"三角债"。一些企业市场打开了，有了收入也不愿拿来还债。搞"拉债"经营：有钱也不还，无钱更不还，使银行不得不连续地注入资金，包袱又落在银行身上。上述1990年复苏期中的两个矛盾，反映在银行方面就是永远满足不了的资金需求，银根已经很松动了，企业还哇哇叫。

综上所述，治理整顿取得效果以来，经济生活面临的主要问题是市场问题，目前还没有完全解决，还不能说经济已经进入良性循环。市场问题从当前看，主要是结构问题，即产品结构不合理。但我认为，从宏观来看不完全是结构问题，还有即期需求不足问题，例如农村市场需求不足。这些问题不解决，市场也活不起来。当然大力解决结构问题应该是主攻方向。第二个主要问题就是资金运行不畅。资金供求矛盾在于运行不畅，其根子在市场，市场打不开，资金就流不回；资金流不回，债务链就打不断。"三角债"我国多年就有，只是市场疲软后才成为经济生活中的一个突出矛盾，也只有在市场疲软得到解决后，"三角债"才能根治。不着眼于把市场疏通，再拿多少钱去清欠，也只能是前清后欠。另一方面，对"三角债"也不能听之任之，要采取有力措施打断拖欠惯性，必须加强清理"三角债"工作，上上下下一起清：一是从下面清；二是从中间清，城市与城市清，省与省之间清；三是从源头清，固定资产建设资金要到位。我想应该制定一个更严的章程，例如从1992年1月1日起，无理拖欠货款要动真格付息，欠债要付息，逼着欠债企业没钱也想办法拿钱来还，还不起由政府拿出一笔付息基金。这比不断拿钱清欠，前清后欠好。"拉债"经营是不符合经济规律的。

当前，在解决上述两个矛盾过程之中我们又面临一个新问题，就是执行"八五"计划，要促进经济回升，保持一定的增长速度。在1990年出现信贷过多增长的情况下，要防止出现新的一轮过热。就是说既要尽力而为，又要量力而行。现在，下面各地发展热情很高，都想多上项目，但结构又没有很好地调整，在复苏中，有效益和无效益的企业都在复苏，都在要钱，资金饥渴将更旺，这不仅增加银行的压力，而且也还有再次盲目发展的危险，因此宏观调控要把紧。从金融宏观调控来讲，一方面应该进一步采取措施，促进经济的健康复苏和中速增长，要尽最大努力，保证经济正常增长的资金需要；另一方面，总量控制不能放松，这是前十年经济几起几落的经验教训。既要支持适度经济增长，又要坚持适量控制，金融工作难度很大，必须按产业政策要求，调整信贷结构，用好增量，盘活存量，有效益的给予贷款，对无效益的要坚决顶住，发挥信贷杠杆在扶优汰劣中的作用。在资金来源上，要更多地通过社会筹集资金，包括发行财政债券、企业债券、股票等途径，尽量把社会上3000多亿元手持现金吸引出一部分，支持地方事业的发展。金融改革，看准了的要大胆进行，包括集资、发行债券、开放证券市场等方面的改革。

再谈一谈金融宏观政策这两年效果不够理想的原因。治理整顿第一阶段，即1988~1989年由于紧缩力度过大；第二阶段，即1990年以来，由于两度修改信贷计划，出现信贷扩张。责任是否都在银行呢？不可否认我们工作有缺陷：（1）由于缺乏金融调控经验，对一些问题研究不够；（2）宏观控制的杠杆运用得不够灵活，比如利率杠杆的运用，未能有效地对调整增长的储蓄加以调控，引导其扩大消费需求。这些都属于工作上的问题。但我们看问题应该再深一点，金融调控中的问题最根本的原因在于，国营企业缺乏一个自我调整机制、自我完善机制、自我恢复机制。表现在：国营企业挖掘资金潜力、加速资金周转、积极调整产品结构和加强营销的不力，缺乏内在的动力。责任不在我们的企业家，而是体制与机制的不完善。在这种不完善的体制下，企业对调整产品的结构不灵敏、不积极、不迫切。当效益下滑时，企业缺乏千方百计节支、降低成本、消化涨价因素的内在动因，缺乏自我调整、自我完善、自我恢复和发展的动因。所以，从紧银根到工业降温，时滞为9个月，甚至一年。1988年9月紧银根，工业降温是1989年8、9月份，有的企业产品已经缺乏市场还照样生产。发达资本主义国家一旦紧银根和提高利率，经济也随之紧缩，企业自动改组、调整结构。我们紧银根，地方政府由于财政包干要银行保企业，为维持安定要保企业。此外，改革没有到位，企业仍是吃大锅饭，特别是吃资金供应大锅饭，从而对市场缺乏主动适应性。在这种情况下，紧银根的紧缩需求效应发挥作用经历的时滞就较长，紧缩力度过头，也在于企业体制不灵。1989年12月份开始松动银根，启动生产，调整结构，花了八九个月才把生产启动，原因也在于企业缺乏自觉调整产品结构的内在动因。经济回升了，但产品仍是老模样，边生产边积压，造成1990年信贷口子越开越大，信贷年增长将近1000亿元。治理整顿两三年来，一紧缩又过紧，一松动又过松，这既有主观原因，但深层原因在于体制和机制，是由于企业机制、市场机制和宏观调控的不健全。我们正处在经济模式转换期间，体制改革不到位，经济机制不健全，这正是两三年治理整顿中紧缩难、复苏也难的原因之所在。要解决这些问题，只有从深化改革着手：一是要搞活国营企业；二是要发挥市场机制的作用；三是要完善宏观调控体系和加强国家的调控功能，包括强化金融调控功能，运用新的手段和方法。

当前经济生活中出现的各种困难都与国营企业缺乏活力有关。国营企业生产虽已开始回升，但还没有健康回升；市场销售正在回升，但积压仍较严重。当前的困难：（1）成品资金占用大大增加。1990年企业产成品资金占流动资金比重达到32.3%，1989年初预算内国营工业企业产成品资金只占流动资金的16.8%，现在流动资金有1/3都变成了库存积压。（2）企业效益大幅度下降，目前成为紧迫问题。效益下降亏损增大，直接关系到企业的再生产、职工收入，直接引起财政收入减少。去年财政赤字120多亿元，"八五"计划中每年的赤字也都在100亿元以上，还不包括国家负债。企业效益下降，财政收入减少，财政挤银行，银行还要发票子。今年银行的压力，不仅来自企业，还有来自财政的压力。

企业效益显著下降开始于1990年，进入1991年春更加严重。如果以工业每百元销售利税率看，1978年销售利税率为26.7%，1988年是18.9%，1991年1～3月，降为10.73%，这是近十年的最低点，每降一个百分点，财政就减少80亿的利税。1990年企业效益大幅度下降的主要原因，一是市场疲软引起的生产规模缩小，二是原材料涨价，利息支出增加和社会负担重。销售利税率降到10%，资金利税率就更少。这种比银行利息率还低的经济效益状况，从经济学来讲是一个极大的问题。据国外经济学家分析，印度和我国投资盈利率，只有10%~20%，中国大陆1980年盈利率为14.23%，而亚洲"四小龙"在起飞前后，盈利率为40%~50%，如中国台湾地区1962年经济起飞前夕盈利率为52.59%。资金效益下降，意味着我国资源大浪费、储蓄大浪费，不仅给财政带来困难，也影响我国的经济增长和社会发展。

三、采取有力措施，促进经济健康回升

要解决当前经济回升中的矛盾和困难：

第一，就宏观条件来说，要使企业有一个能够正常运转的良好外部环境，要解决好市场问题、资金问题、债务链问题以及价格方面的问题。

第二，就微观来说，要深化企业体制改革，增强国营大中型企业活力。如果说现在宏观经济条件不好，那么乡镇企业的宏观经济条件不见得又比国营企业更好。乡镇企业原料靠自己买，产品靠自己销，无"皇粮"可吃，而乡镇企业仍然发展快，不少企业很快渡过难关。其关键在于乡镇企业有充分的自主权，可扬长避短克服困难。因此：（1）企业要有自主权。国营企业缺乏自主权，生产搞不活。企业法规定十二条自主权，在治理整顿期间已基本上收了。计划权、价格权、用工权受到限制，分配权、机构设置权都要报批。企业憋死了，只能什么事都找政府，缺乏自我应变能力。十年改革开放和两年治理整顿的经验教训表明，应该下决心切实落实企业经营自主权，该放的权要大胆的放。（2）要使企业有自我发展的财力，进行自我积累。现在企业留利太少。根据国家计委统计数字，现在全国国营预算内企业总体留利只有9.2%，已退到1982年前的水平。辽宁省的企业留利只占纯收入的8%。一份四川省10家国营大中型企业的调查材料说，企业留利仅占利润的2.6%，如果这个数字是准确的，那就是我省的一个不容忽视的问题。要让企业有自我发展的财力，必须调整国家、企业之间的利益分配关系，使企业有利可留。虽然这涉及企业留利和财政收入调整，问题复杂，矛盾大，但从原则上讲，财政应该"放水养鱼"，首先把蛋糕做大。财政应该宽松，要想方设法给企业减少包袱，应该中

央、省、地市财政一起想办法，争取松动一点，不然企业自我发展的财力问题就落不到实处。企业什么钱都没有，又怎么搞得活呢？（3）要加快企业的技术改造。企业要搞活，产品要创新，结构要调整，要上品种、上质量，增强竞争能力，技术改造必须抓紧落实，这需要企业重视，国家扶持，相应增加技改资金，提高折旧比率。目前要把所有企业的技改问题都解决很难，应该排队，一个省总要解决一批骨干工厂，一个市要扶持几个品种的技术改造，搞出"几大名旦"。当前技改投资靠企业是挖不出来的，财政、银行要扶持。（4）要增补企业流动资金。目前资金占用大，使企业利息负担不断回升，成本下不来，效益上不去。现在定额流动资金还是原有的额度。因此要解决企业流动资金来源问题，新企业由国家拨够铺底流动资金，同时要采取其他措施增补现有企业的流动资金。流动资金供应银行一家背不起，要认真加以解决。（5）要改革企业的经营机制。企业要上水平、上等级，抓管理是必要的，但关键还在于经营机制的转变，使企业具有一个提高效益、降低成本、完善经营管理的机制。企业经营机制不转变，不能做到自负盈亏，都得用财政兜着，银行保着，那就没有压力，也没有动力，不能优胜劣汰，经济结构调整不了，国家财政也承受不了。企业机制要健全，说到底就要深化企业改革。当前搞活国营大中型企业不能头痛医头，脚痛医脚，不能治标不治本，而应标本皆治。当前首先要治标，解决下放自主权，适当让利，企业流动资金、技改资金等问题，特别是重点企业要落实"双保"等，这些都是治标。要由治标到治本，根本在于转变机制。前10年我们最大的教训是扩权让利较多，转换机制做得不够。治理整顿两三年出现的困难与新问题，使我们进一步认识到，如果企业机制不转变，宏观调控就调不动，治理整顿出现的难题就解决不了。所以，应把转换机制作为治本来解决。要增加企业约束机制，强化竞争机制，允许优胜劣汰，其中关键是使政企分开，使企业自主经营、自负盈亏、自我发展、自我约束，这还包括要进行股份制的试点等。当然转换机制是一个长期过程，不是在一两年就能够完成得了的，同时企业经营机制的转换涉及体制改革。对于改革我们既要有迫切感，又要有耐心，还得要稳妥，要充分认识到改革不是一朝一夕能完成的，得分步实现。但不管怎样，我们必须抓住转换企业机制这个问题不放，才能保证20世纪90年代经济的稳定协调增长，不再出现一放就活、一活就乱、一乱就管、一管就死的新的不良循环。

经济效益持续下降的原因探索[①]

　　工业生产和市场销售持续回升，而经济效益却大面积下滑，是1990年我国经济进入复苏以来经济运行的主要特征。今年第二季度以来经济效益有缓慢好转，企业亏损微弱减少，但是效益下滑趋势尚未被根本扭转。

　　一方面投资、消费、生产、销售增长，经济复苏，另一方面经济效益却猛烈、持续下滑。这一现象表明，治理整顿在矛盾中发展。尽管原先的总需求与总供给的矛盾基本缓解，但随着紧缩而出现的负效应和矛盾尚未解决，特别是体制中多年积弊造成的经济深层矛盾还十分突出，可以说，效益滑坡体现了继严峻紧缩后的复苏阶段的经济生活中多种矛盾的交织，它是经济向好的方向发展但尚未转上良性循环轨道的过渡阶段中难以避免的现象。

　　经济效益的滑坡，不仅影响企业的再生产和经济循环的正常化，而且影响到国家的财政收入；为了维持社会稳定，特别是保骨干企业，银行还得对亏损企业从信贷上加以扶持，从而增大了信贷的压

---

① 原载《经济研究》1991年第11期。

力；效益的下滑，也削弱了企业技术改造的能力，阻碍了产品结构调整和销售市场的打开。可以说，大面积亏损和低效益运行的经济将难以从根本上摆脱市场疲软和三角债。可见，切实采取措施，进一步有效地制止和克服经济效益滑坡，乃是当前治理整顿中的一项中心课题。

经济效益乃是经济活动中，劳动占用与劳动消耗量和劳动成果的比较，在商品经济中经济效益具体表现为企业的投入即成本与产出价值之差额，企业经济效益大小和企业的产品销售价格成正比，和成本成反比。我国经济效益的下降，反映了国营企业中的成本上升，利润边际缩小的趋势。引起企业生产成本变动的，既有宏观经济方面的原因，也有微观经济方面的原因，应该全面加以分析。本文拟着重分析我国国营企业的成本变动，由此来寻找当前经济效益下降的原因。

一、经济效益下降的宏观原因

治理整顿以来宏观条件的恶化，乃是造成当前经济效益普遍下降的重要原因。具体地说：

（一）需求缩小或不充分，引起企业生产和经营规模缩小，使成本上升

我国原先体制下，企业追求产值，而不是不断提高效率、增大效益；企业附属于上级行政机关，缺乏自主经营的权力和能力，也没有不断完善经营管理的内在动力。这一切造成企业设备更新缓慢，经营管理落后，各种营业外支出不断增长，浪费大，效益差，在本质上是一种高投入、高成本、低效率运行的经济。改革开放以来，企业有

了某些活力，由于缺乏自我抑制机制，表现出投资饥渴、消费亢进，其结果是：产生了成本不断增加的趋势。在物资短缺、价格双轨制条件下物质成本不断增长。改革开放10余年来，除1983年工业可比成本有下降外，其余几年均是上升的，但20世纪80年代以来的这种成本上升、利润边际日益狭窄、效益下降的趋势，被建设高速度、产值高增长和涨价（包括议价的上涨）掩盖起来。1988年9月实行紧缩，市场即期需求缩减，造成企业停产或半停产，开工率不足，生产规模缩小，而各种成本却下不来，特别是原材料等价格仍然上涨，使单位产品的固定成本上升。这样，对于实行计划价格的产品，利润边际就日益狭窄。开工不足，成本上升，效益下降，在1989年生产滑坡中明显化。尽管1990年由于实行调整紧缩力度来启动经济，销售和生产开始回升，但是对于结构调整迟缓的工业企业来说，需求仍不充分，大多数企业处在生产能力低负荷、高成本、低效益的运转状态。可见，多年来我国经济的高速度、高投入、低产出的运行方式，是造成当前效益滑坡问题的宏观症结。治理整顿和紧缩打断了我国20世纪80年代由高速度、产值高增长来支撑效益的经济运行，1989年的生产速度急剧放慢和持续至1990年第一季度的负增长，不能不表现为企业的成本增大和效益下降，不少地区出现了全行业，甚至整个工业领域的效益大滑坡。尽管1990年第二季度经济开始回升，工业生产速度增长，但全年工业生产总值增长6%，远远不足以支撑高成本经济的运行，1990年以来表现得十分显著的经济效益的下降，就是在这种用增长速度来保效益的扭曲机制被打断的背景下发生的。

（二）企业生产成本和其他费用增大，超过企业消化能力

第一，原材料、燃料等上游产品因调价价格上涨，而下游产品价格则因属指令性产品不能提价或因市场滞销难以提价。调价不到位，加之物资短缺，重要基本原材料仍然高价，其结果是不少企业单位产值中原材料成本比重上升。当前那些原材料等物质成本比重大的国营重工业企业，原材料、燃料等价格的上涨，业已成为导致效益下降的第一位因素。

第二，工资福利费用不断上升，使成本进一步增大。一些同志认为，工资上升属纯利润在企业和职工中再分配，不属于经济效益下降。我认为，商品经济中的经济效益，首先表现为企业经济效益，而企业在扣除生产开支后获得的价值盈余即利润。假定企业在生产规模和产值缩小的情况下，劳动者人数不变，工资成本也保持不变，必然是百元产值工资成本增大，从而引起利润下降。如果缺乏商品经济健康运行所必要的工资成本自我抑制机制，如果企业产值缩减，而工资支出却降不下来，显然，这就意味着因工资费用过大而引起的投入劳动效益的下降。

在我国当前经济效益的下降中，投入劳动效益下降就表现得十分明显。一方面，市场疲软，企业生产与经营不景气，产值和利润在缩减；另一方面，工资福利开支仍然继续增长，并且高出劳动生产率的增长。工资的刚性和不断上涨及其带来的百元产值中工资成本比重的上升，乃是当前经济效益下降的一项重要因素。

第三，企业管理费用和社会负担的不断增大。我国国营企业由于机构庞大，人员多，因而管理费用大。此外，企业承担着"办社会"的庞大的非生产开支的沉重负担。实行紧缩政策以来，由于开工不足，摊入单位产品中的管理费用增加；由于产品积压，仓储费用增加；由于市场疲软与三角债，使推销费用、讨债费用增加。另外，近年来各种社会负担不断增加，如离退休人员的开支增大，企业承担的各种津贴、补贴不断增长，特别是不合理的摊派，纷至沓来，没完没了的检查、评比不仅使企业难以应付，而且各种"招待费用"增加了企业的负担。这些非生产性也非管理性的支出，实际上不少被摊入了成本，从而侵蚀与降低了利润。

总之，不断增长的企业费用和迅速增大的各种社会征取，成为经济效益下降的重要因素。

（三）企业流动资金供应机制的缺陷，造成利息成本不断增大

第一，体制性的缺陷引起流动资金占用成本上升。由于1983年后流动资金由银行负担，财政不再拨付流动资金，也由于企业经营机制不健全，不愿自留流动资金，而是"自有资金发奖金，流动资金找银行"。再加之原来的定额流动资金多年不变，而企业生产规模已成倍增长，流动资金越来越不足，需要有银行贷款的供应，而流动资金主要依靠银行供应的体制，大大增加了企业的利息负担。

第二，商品积压引起流动资金占用的增大和利息成本上升。治理整顿的严峻紧缩阶段，出现了市场疲软，产品积压引起企业三项资金占用（产成品，发出商品，应收及预付货款）居高不下。由于三项费用占压流动资金，企业不得不向银行增加流动资金贷款，而新增贷款在市场疲软下，又转化为三项费用占压。为了维持再生产，企业不得不又增加新贷款。这种由于市场销路缺乏，产品不能顺利实现，循环机制障碍引起的利息成本大幅度上升，成为当前经济生活中的显著现象。

第三，企业因"拖欠经营"，资金循环不畅引起流动资金占用增大和成本上升。（1）投资体制的缺陷，基建资金不到位，出现了金额巨大的源头拖欠；（2）市场疲软，企业缺钱偿债，加以软预算约束的现有体制，使企业不讲信誉，有钱也不愿偿还，认为"还债吃亏"，这样就使商品经济顺利运行所必要的偿债规则和信用秩序趋于崩解；（3）银行结算纪律松弛和信贷监督功能弱化；（4）地方保护主义促使银行拒付。上述因素，造成三角债急剧增长，形成了缠绕着一切企业的沉重的债务链和一种不合理的"拖欠经营"。"拖欠经营"是以向银行不断地获取贷款来维持企业再生产的，而新的贷款在新的"拖欠"中又转化为增长的债务，由此又强使企业去进行新一轮的贷款，其结果就是利息负担的增长。由于流动资金供应体制、市场销售不畅，以及三角债引起的对银行流动资金的大量占用和利息成本的增长，成为治理整顿以来的显著现象。人们看见，已出现了一种企业流动资金的普遍的超负荷的占用，对于不少企业来说，利息成本的迅速增长已成为效益下降的重要因素。

（四）追求产值的涨库性生产，使效益进一步降低

在一个机制健全的有计划商品经济中，一般地说，经济效益将成为确定生产什么、生产规模和投资方向的主要杠杆。提高效益的机制促进产品、产业结构和企业组织结构的调整，促使结构效益的增长。但在我国改革的现阶段，由于企业负盈不负亏，财政上缴包干，以及以产值考评企业成绩，我国企业存在不顾效益，片面追求产值的倾向。1985年以来，由于产业结构愈加失衡，企业组织不合理，可比成本上升，效益下降趋势业已明显地表现出来，在这种情况下，企业对产值的片面追求，更进一步造成结构性（产业结构和企业组织结构不合理）的效益低下。

治理整顿的紧缩阶段，企业受到资金供应与市场销售的制约，国营企业生产规模缩小，25%的乡镇企业停产，加剧了规模性的经济效益下降。1989年第四季度开始的治理整顿第二阶段，随着紧缩力度调整，需求拉力增大，资金供应增多，尽管市场仍然疲软，成本进一步上升，效益低，但由于实行承包制，企业要完成上缴任务才能发奖金，因而，即使效益下降，甚至发生亏损，企业仍然要继续维持生产。特别是1990年以来各级政府为维持"适应增长"而进行干预，和银行离开效益原则的资金注入，维持和促进了1990年下半年以来的涨库性生产，即在市场销路缺乏条件下，产品主要转化为积压的增长。一些工厂，为了保上交、保留利和奖金，"不惜血本"，积压也要生产。这样就出现了经济回升中十分注目的边生产、边积压的现象。如果说，在紧缩阶段，由于市场销售疲软，资金缺乏，企业出现产品积压是容易理解的，但是在经济进入回升阶段，不顾市场销路，而使产品积压，仍然要扩大生产规模，自觉地进行涨库性生产，就是极不正常的。涨库性生产，必然使仓储、销售费用增长，流动资金占用规模扩大，资金周转缓慢和利息负担增大，归根到底，它进一步促使成本上升，效益下降。因而，这种涨库性的生产增长意味着在实行紧缩的不良的宏观条件下使已经向下滑的效益进一步下降。

综上所述，需求缩减，成本上升，流动资金占用和利息负担增大，涨库性生产扩大，乃是造成当前经济效益下降的主要宏观原因。

二、经济效益下降的微观原因

宏观条件的变化带来成本上升，而价格则保持稳定甚至下降，或是成本上升超过了价格上升，无疑是1990～1991年经济效益持续下滑的重要动因。但是，成本毕竟是在企业生产和营销活动中形成的，是企业经营活动与效率的综合表现。企业通过强化与发挥管理的功能，适应宏观条件的新变化和特点，根据本企业的条件与优势，制定正确的经营战略，充分调动广大职工的积极性，发挥团结一致、共渡难关的精神，搞好经营管理，大力提高生产效率，就可以大大降低成本，取得盈利，扭亏为盈。具体地说：（1）通过科技革命，大大提高劳动生产率，降低单位产品成本；（2）在原材料等成本增大的情况下，大力节约物质消耗和降低物质成本；（3）在物质成本增大的情况下，大力节约活劳动消耗，降低工资成本；（4）在生产性费用增大的情况下，大力节约和降低非生产性的管理开支；（5）加强经营和财务管理，加速资金周转，挖掘内在资金潜力，减少流动资金和利息负担；（6）通过产品结构调整，发展适销对路的名优产品，压缩低效益产品，淘汰亏损产品，从而使企业减少投入品费用，增大产出品收入，提高经济效益；（7）大力加强营销，打开市场销路，利用价格机制（如在市场疲软时适当降低价格），充分发挥生产潜力，使企业拥有规模效益，等等。可见，一个有活力的企业，拥有降低成本和提高效益的巨大潜力，关键在于优秀的企业家的经营管理能力与主观能动性。只要企业家能发挥他的聪明才智，大力搞好经营管理，通过技术进步与经营进步，调动广大职工的积极性，就能不断地挖掘企业内部降低各种耗费的潜力，扩大企业收入—费用边际，增大经济效益。在宏观条件不良、市场销售疲软的情况下，也能依靠生产与经营效率的提高，降低成本或抑制成本的增长，减少亏损，甚至扭亏为盈。

社会主义商品经济中，经营者个人品质、领导才能和决策能力，固然十分重要，但是经营者作用的发挥程度，也是立足于客观经济条件与经济规律作用之上的。具体地说，经营者能否充分发挥其功能，能否在宏观条件不良的条件下，有效地重新组织企业的经营活动，实现盈利，扭亏为盈和使企业顺利运行，关键在于企业体制和经营机制。只有拥有健全的经营机制，优秀的企业家才能充分地发挥他的聪明才智，表现出卓越的经营能力，企业也才能够表现出一种成本降低的趋势（在投入品价格稳定的场合），从而实现持续的盈利。如果企业体制不完善，机制不健全，缺乏适应宏观环境自我调整和自我完善的活力，那么，企业就会呈现出一种高成本、低效益的经济运行，在宏观条件恶化下，就会表现出营运不善和发生持续的亏损。

在我国原先高度集中的体制下，企业日常的生产和再生产活动，从属于上级下达的指令性计划，企业缺乏自主经营的权力，加以实行统负盈亏，企业缺乏自身经济利益和严格的经济责任。除了依靠考评实绩的政治驱动外，企业缺乏经济利益的动力，从而不能形成不断完善经营管理，提高生产效率，千方百计降低成本的内在动力与机制，而且还会表现出不爱惜国家财产，随意浪费物资，劳动管理松弛，窝工行为普遍等现象，其结果是生产费用高。

在产业结构失调还不严重，各种物资的计划供应与产品的计划调拨与销售还能得到保证的前提下，企业还能实现某种常规的效益，但是在建设速度过快、经济过热、结构失衡激化、物资供应短缺的条件下，投入品供应成本就会增长；加以企业机构又不断扩大，人员不断增加；物资短缺，计划任务不饱和，人浮于事，劳动成本日益增大；企业非生产性费用和负担日益增大，这些费用的相当部分也挤入成本或扣减利润。因而，原有体制下的企业经营运行，不能不带有耗费大、投入高（投资投入与劳动投入）和效益低的特征。

实行改革以来，企业有了一定的责、权、利，表现出一定的活力，但是由于企业改革尚未到位，经营机制尚未健全，特别是自我约束功能缺乏，因而国营企业缺乏自我调整和自我完善的能力。在物资短缺和投入品涨价的形势下，企业缺乏通过生产的自行调整以降低费用和维持盈利的应变能力。而且，未到位的企业改革所形成片面的利益驱动，由于缺乏有效的自我约束与之相配套的制衡，从而表现出强烈的工资攀比短期行为，造成一种刚性的工资成本增长，使企业更难以降低成本，提高效益。

企业缺乏降低成本与提高效益的自我调整动力，在治理整顿过程中表现得十分鲜明：

第一，在产品结构调整下，尽管市场疲软使产品结构矛盾日益突出，但结构调整仍然进展缓慢。产品结构中，新产品增长不多，多年甚至几十年一贯制的老产品仍占很大比重，积压亏损的压力都未能推动企业产品的更新换代。产业结构调整的迟缓和困难，在那些长期实行指令性计划的国营大中型企业更表现得突出。

第二，在降耗节支的内部管理的强化上，紧缩过程中宏观环境的严峻，盈利的下降和亏损的发生，理应促进企业去加强经营管理，挖掘内在潜力，大力节支减耗。但是，由于我国国营企业尚未形成应变性的自我调整和降耗减亏，以求得生存，求得盈利的机制与活力，健康的经营机制未形成，各种有效的应变措施无法采用。例如自主权的缺乏和为保社会安定，调整和压缩职工人数（包括临时工），以减少工资支出的措施难以推行，职工的工资开支减不下来；对纷至沓来的摊派、征取无法抵制和不敢抵制；一些企业由于管理体制与内部人事关系未能理顺，企业领导人合力形不成，信心不足，强化管理、挖掘潜力的措施不力，等等。因而，尽管企业已经处在产品无销路，销售无收入，经营无效益（或低效益）的困境，但是应变性的调整缺乏，结构转不了，质量上不去，成本降不下，市场打不开。

值得注意的是：自我约束机制的缺乏，使企业不仅不能适应留利减少而调整消费基金，而且出现了效益滑坡、奖金照发甚至奖金上升的反向运转的管理现象。上述情况表明，自我约束、自我调整、自我完善机制的缺乏和软弱无力，使国营企业在宏观环境不利的情况下消极被动，不能自行降耗减亏，甚至还继续增耗增支，这是造成国营企业效益持续下滑的深层原因。

第三，在企业组织结构的调整上，经济紧缩和市场疲软，使其效益降低甚至出现亏损，从而促进企业兼并与必要的企业破产和联合，通过各种形式的企业集团的形成，来调整产品结构，使之适应变化了的需求结构；同时，通过企业组织的优化，生产的合理化，组织批量大、效益高的产品的生产，即形成某种规模效益，这也是缓解和克服紧缩阶段效益下降的有效途径。归根到底，有活力的企业拥有自我重组和组织结构的调整的功能，使企业能不断转上集约化生产的轨道，使经济效益逐步提高，在不良的宏观条件下使企业得以渡过难关，求得生存，求得发展。在我国经济体制改革的现阶段，一方面，由于国营企业仍然处在政府的襁褓之中，财政与信贷的扶持，使效益差甚至亏损的企业也可以维持运转；另一方面，市场竞争与淘汰的机制尚未形成，加之为了保证社会安定而不惜血本维持效益差的企业，这一切，使企业缺乏进行重组的外在压力。更重要的是，由于企业仍然附属于上级行政管理机构，条块分割以及不同所有制的鸿沟，对企业发展经济联合，形成难以克服的障碍，这样就使我国国营企业缺乏自我重组和优化组织结构的功能。企业一旦投产，就在原有条块管理的框框中，在原来的基础上，数十年一贯制地运行，几乎不发生任何资产存量的调整和企业组织结构的变化。

我国国营企业平均规模较小，企业不能自我重组，规模效益难以形成，这是我国企业投入大、成本高、产出低、经济效益提不高的原因。但是，在经济高速运行和原先的计划价格体制下，这种效益下降趋势被掩盖起来，而一旦实行紧缩，在市场需求不足或是需求增长受限的情况下，在需求压力使价格维持在较低水平，计划价格难以到位的情况下，由于企业缺乏规模效益而形成的成本下不来、效益提不高的局面和机制就鲜明地表现出来。在实行紧缩和在20世纪90年代保持一种有限度的需求增长的条件下，人们必须大力健全经营机制，使企业拥有充分的自我重组和组织结构优化的功能——包括企业破产——这样才能有效刹住经济效益的下滑，并进一步真正推动和促进产品与产业结构的调整。

总之，我们应该充分重视促使经济效益下滑的微观原因。可以说，对于治理整顿过程中日益发展的经济效益下滑这一现象来说，仍然是"外因是条件，内因是根据"。经济运行宏观条件的不良，并不是注定会引起效益的下降，或注定会引起当前如此大幅度和持续下降，可以说，正是微观的管理、经营能力差，企业机制不健全和应变能力弱，使企业适应性的调整不足或软弱无力，决定了许多企业在不良的宏观条件下，不能通过内在的调整，实行降耗减支，维持和力争扩大利润边际，这才是造成1990～1991年经济效益普遍大幅度下降的深层原因。

小　结

第一，1989年、1990年经济效益大面积的下滑，是在经济紧缩中出现的市场需求缩小，资金循环发生障碍的背景下产生的。宏观条件不良使企业成本增长，这是效益下降的直接导因。此外：（1）某些政策措施不配套，例如上游产品涨价，下游产品不涨，对由此引起的企业生产成本的上升，又缺乏经济补偿；（2）管理机构与社会机构某些行为不当，例如企业税费和其他负担过重，对企业的摊派急剧增加，促使实际摊入成本的增加和造成利润的冲减；（3）承包制使企业在成本上升、效益下滑的格局业已形成之下，为保上缴、保奖金而盲目扩产，也进一步使效益下降，从而出现了经济回升、效益下滑的复苏中的反向运动。基于上述分析，为了切实扭转经济效益的下滑，促使效益回升，必须改善宏观条件。首先保持适当的市场需求，保持工业适当的增长，进一步缓解与克服市场不足带来的成本增长；其次，要清理三角债，疏通资金循环，进一步缓解与克服资金过量占有带来的利息成本增长；更重要的是要调整产业结构，缓解"瓶颈"，缓解能源、交通与紧缺生产资料的价格上涨。显然，随着整个国民经济运行宏观条件的优化，"经济效益大滑坡"这一治理整顿中出现的新的负效应就会逐步得到缓解和根治。

第二，不能认为经济效益滑坡是治理整顿造成的，经济紧缩与宏观条件的不良，只是效益下降的"诱因"，但"冰冻三尺，非一日之寒"，效益大滑坡有其深层原因，它是原先的有缺陷的经济体制和模式下，经济中多年积弊的集中暴露。这就是：（1）原先的外延型的扩大再生产模式和有缺陷的经济增长机制（例如长期不进行设备更新的低折旧率）；（2）缺乏活力的企业体制，与缺乏效率的企业组织结构；（3）增长高速度和产业结构的失衡，"瓶颈"制约的加剧；（4）改革中企业缺乏自我约束功能和内在的成本增长趋势的存在；（5）计划与市场结合的缺陷带来的普遍的原材料价格迅猛上涨，以及投入品价格与产出品价格的失衡，等等。经济体制与经济机制的缺陷，使我国经济不能不带有成本增大和效益下降的内在趋势，而一旦宏观条件不良，这一趋势就会更加明显地通过"效益大滑坡"形式表现出来。

第三，经济效益大面积和持续的滑坡现象，其深层的和关键的原因在于微观经济的缺陷。主要是强化经营管理的主观能力未能有效地和普遍地发挥，最根本的是企业体制不完善，经营机制不健全，应变能力薄弱，从而在市场不景气、投入品价格上涨的情况下，不能发挥内在的潜力，实现降耗节支，保持和扩大利润边际。

第四，基于以上分析，在当前为了进一步扭转效益下滑，在宏观经济上需要正确处理控制总量和调整结构。治理整顿的中心任务，是解决总量失衡与结构失衡，使国民经济协调、稳定、持续增长。在治理整顿的第一阶段，通过严厉的"双紧"政策，压下了过旺的需求，平衡总量任务基本实现。在治理整顿的紧缩阶段和适当调整力度阶段，由于种种原因，产业结构的调整没有进展。在当前治理整顿第三阶段，即经济复苏阶段，我们要在继续适当控制总量的前提下，集中力量调整结构，这是从根本上解决市场销售不畅问题、三角债问题和效益问题的关键。在微观经济上，需要通过深化改革解决企业经营机制的转换，使企业真正能自主经营、自负盈亏、自我积累、自行发展、自我约束，实现经营的不断完善和生产效率的不断提高。一旦企业被注入和拥有生气勃勃的活力，就将在较好的宏观环境下，实现顺利的发展和盈利的增长；而在不利的环境下，企业也能借助深入的自我调整和自我完善，降耗节支实现以收抵支，获得盈利，维持生产和取得发展。

总之，通过企业经营机制的转换，来增加国营企业的活力，是解决当前效益滑坡的根本途径，而且也是使国民经济转上低投入、高产出，经济效益稳定提高的轨道的根本途径。可见，积极而稳妥地推进以搞活企业为中心的经济体制改革，乃是我国当务之急。

国民收入分配中的V扩张[1]

改革开放以来，由于在分配领域实行以按劳分配为主体的多种分配方式和正确的分配政策，因而搞活了分配，激励了劳动，促进了生产。但与此同时，也出现了分配关系不顺，特别是近年来在国民收入分配中出现了个人收入占的比重迅速增大、企业收入增长不足、国家收入占的比重下降以及向个人倾斜的现象，可称之为国民收入分配的V扩张。国民收入分配中的V扩张，给经济生活带来许多矛盾，影响了我国经济的稳定和持续协调发展。这里拟对V扩张现象产生的原因、带来的消极作用和如何加以克服等问题进行一些理论的探索。

一、值得重视的个人收入过度增长

随着改革开放的深入发展，我国经济体制和运行机制发生了深刻变化。特别是实行了以公有制为主体的多种所有制并存，调整了中央、地方、企业的分配权限，对国营企业赋予责权利等，使企业拥有

---

[1] 原载《中国社会科学》1992年第5期。

自主支配的自留利润和工资分配权。企业有了依靠自留利润（以及全部留归企业使用的折旧基金）而自行发展的能力，也就能借助工效挂钩给职工以有高有低的效益工资。此外，企业可以自行决定工资、奖金分配形式。这种分配权限适当下放的改革，促进了企业的自主经营和自行发展，特别是它因其承认效益不同的企业职工间收入差别，在企业职工的分配中更好地贯彻按劳分配，打破了原有体制下分配领域中根深蒂固的"大锅饭"和平均主义，从而大大调动了企业和广大职工的积极性。12年来，我国国营工业企业生产迅速发展，职工收入生活水平迅速提高，一些企业表现出欣欣向荣的活力，可以说，很大程度上是来自这一分配关系的改革。

应该看到，我国分配体制的改革还远未完成，适应社会主义商品经济的、健全的、完善的分配机制尚未形成，在分配领域还存在以下三方面的问题：（1）国家、企业、个人分配关系尚未理顺，无论是国家、企业之间，或企业、职工之间的分配关系都还不完善；（2）随着经济利益主体的多元化，收入差别的扩大，出现了分配不公；（3）在经济利益格局多元化和分配权适当分散化过程中，政府对收入分配的宏观调控机制建立的滞后。

这里需要着重指出和加以分析的是第一个问题，即收入分配中国家、企业、个人关系未理顺的问题。其具体表现是：国民收入分配中，国家收入比重下降，企业收入增长不足，个人收入增长迅速。这种状况，根据国家统计局公布的材料，可用下表来表示。

单位：%

年份	居民收入	企业收入	国家收入
1978年	49.3	19.1	31.6
1984年	59.6	19.5	20.9
1985年	58.7	20.4	20.9
1989年	62.9	21.7	15.4
1990年	61.7	23.8	14.5

从表可以看出，居民收入12年提高12.4个百分点，而国家收入12年降低了17.1个百分点。上述情况鲜明地表现出国民收入分配向个人的倾斜。在有些省份，这种不合理的倾斜，表现得更为明显，例如，根据陕西省统计局的材料，该省1990年国家、企业和个人最终收入占国内生产总值比重分别为14.5%、16.9%、68.6%；与1982年相比，国家所得下降6.7个百分点，集体下降2.6个百分点，个人上升9.3个百分点，个人收入占国民生产总值三分之二以上。

国民收入分配向个人倾斜，还表现为城乡居民货币收入增长幅度大大超过国民收入增长幅度。1982～1987年我国许多城乡居民货币收入平均年增长20%，而同期国民收入平均年增长是10.7%。

国民收入分配向个人倾斜的重要内容还表现为：由于职工的工资外收入迅速增长，从而造成职工货币收入增长大大超过劳动生产率增长。根据国家统计局社会司资料，"七五"期间职工人均收入增长为26.5%，其中人均工资增长速度为13.3%，工资外收入总额增长速度达30%，而劳动生产率的增长每年只有5%左右。根据北京市财政局资料，1985年地方预算内工业企业全员劳动生产率为人均20828元，1990年达到人均25885元，5年增长24.28%，平均年递增4.97%；同期职工人数没有多大变动，而工业系统全民企业职工工资总额从1985年的10.86亿元，增至1990年的25.99亿元，5年间增长139%，平均年递增27.8%，大大超过劳动生产率的增长。

国民收入分配向个人倾斜，不仅十分明显，而且有愈演愈烈之势。人们可以看见，尽管近年来政府采取了控制消费膨胀的措施，但是个人收入的较快增长势头不减，1985～1988年间，个人货币收入仍然以近20%的速度增长。即使是在采取较严格的控制消费支出的治理整顿时期，除了1989年职工个人收入增长一度放慢而外，在1990年和1991年，职工个人货币收入仍然保持近16%的高增长速度。可见，国民收入分配向个人倾斜的确是我国经济运行中客观存在的现象。

当然，统计数字所表现出来的国民收入分配向个人倾斜，并不是意味着一切领域、一切行业、一切企事业单位都存在着个人收入增长过快的现象。事实是，在现实的经济生活中是个人收入增长过度与个人收入增长不足并存。在那些收入来源单一，缺乏"补偿收入"的单位和个人，近年来在价格上涨中，个人实际收入不是多了而是少了，例如一部分文教科技工作者和机关干部就属于收入增长不足，这种情况是众所周知的。而且，就国营企业来说，情况也不是完全一样，如一些效益差的企业，职工个人收入增长较为缓慢，而在一些效益高的先进企业，由于加强了经营管理，做到优先保证财政上缴和留足企业发展基金的前提下，职工个人收入增长快一些，当然是合理的。我们不能把任何工资增长和个人收入在国民生产总值中的比重的任何增大，均视为国民收入分配向个人倾斜。中共中央十一届三中全会以来，为了进一步提高人民的福利，适当解决人民生活中多年积累的欠账，工资和消费基金有了较快的增长，企业有了留利，国家占有纯收入的比例较过去有所下降，国民收入分配这一变化和新的利益格局，是适应于社会主义商品经济的需要的。这一分配关系的变化，总的来说，是一种积极的调整。我们所说的国民收入分配向个人倾斜，是指个人收入增长过度，从而影响企业收入，特别是影响了国家集中支配的收入的现象。

个人收入的过度增长，如果是由于工资、奖金发得过多，挤占了企业生产发展基金，则意味着企业范围内V侵蚀M（积累基金和社会消费基金）；如果它不是靠自身效益而是依靠信贷资金发工资，则实质上是占有和侵蚀了其他企业创造的剩余产品；如果是依靠减税让利保工资奖金，则更是对社会纯收入即M的侵蚀；如果是依靠不提或少提折旧，不及时将各种资产损失计入成本等虚盈实亏形式来保工资和奖金，则进一步意味着对用于恢复原有固定资产的补偿基金C的侵蚀。可见，这样的个人收入增长，我们在此用V来加以表示，归根到底在于挤占了M。具体地说，上述的增长，是$V \rightarrow V+V^1+V^2$，$V=M^1+M^2$，V是基本工资，V^1是从企业增加效益中正常获得的追加收入（奖金），V^2是超过常规发放的工资和未创造效益的企业发放的工资，M^1是企业积累的缩减部分，M^2是国家支配的积累的缩减部分。V^2区别于V和V^1，它是M^1+M^2的转化，是对本来应从国民收入中扣除和留作企业积累基金和国家集中支配的积累基金的侵蚀。这种性质的V借V^1而扩大，我们称之为V扩张。在依靠侵蚀固定资产价值来增大工资收入的场合，上述公式是：$V \rightarrow V+V^1+V^2+V^3$，$V^3=C^2$，即固定资产补偿基金的扣除部分，因而这是更加不合理的V扩张。

我国经济生活中的个人收入增长，如上所述，是和企业收入增长滞后、国家收入的比重大幅度下降同时发生的，它意味着个人收入增长是以"一挤企业、二挤国家"为代价的。具体地说：（1）工资资金过度支出。例如人们不是按照政策规定，留利中首先留足生产发展基金（包括流动资金），而却是"自有资金发奖金，流动资金找银行"，这样的职工个人收入的增长，实质是消费基金挤占了企业生产发展基金。（2）靠新增银行贷款发工资。由于工资刚性和普遍的工资攀比，即使企业经济效益下降，甚至发生亏损，也要靠银行贷款照发工资和奖金，实质上是依靠信贷扩张，通过侵蚀社会纯收入来支持个人收入增长。（3）企业为保工资，该提留的费用不提，采取挂账等形式搞虚盈实亏。（4）亏损企业通过游说，或要政府减免税利，或是压低承包基数，以保证工资奖金的发放，这一切是通过扣减上缴财政收入，甚至是依靠财政收入的"跑""冒""漏""流"来支持个人收入的增长。（5）一部分人的收入过高，特别是一些人用不合法手段获取的非劳动收入迅速增长，不仅占有了应归国家财政和归企业支配的收入，而且也加剧了社会分配不公。

基于以上分析可见，近年来我国收入分配运行机制中出现的个人收入的较快增长，是一种不合理的分配关系，它意味着个人收入增长超过了社会主义经济规律所容许的界限，成为一种过度的个人收入增长，即V扩张。实践证明，在改革初始阶段出现的国民收入分配中的V扩张，带来了一系列消极的后果：（1）V扩张意味着M的缩小，后者既表现为企业生产积累的缩减，又表现为国家积累的缩减，"吃掉积累和发展"，使企业难以进行技术改造和增强发展后劲。同时，国家也将因财力不足，难以进行重点建设，从而影响现代化进程。（2）V扩张意味着个人货币收入增长过快，它直接导致消费需求膨胀，加剧消费品供不应求，成为激化通货膨胀的重要因素。（3）V扩张意味着企业工资支出的不断增加，往往导致产品单位成本中工资比重的增长，由此使效益下降，这是当前许多企业效益下降的一个重要因素。（4）V扩张就它所包括的分配不公来说，意味着社会主义生产关系的削弱，从而不利于全体劳动者积极性的调动。可见，对于我国经济生活中存在的V扩张现象，切不可掉以轻心！更不能将它视为人们消费水平的正常提高，而应该看到：它是我国改革初始阶段在经济体制不完善，经济机制不健全条件下，分配中出现的一种负效应。因此，我们在这里提出V扩张的概念，就是基于对我国经济生活的深层机制的冷静分析，这种论述与分析，不是为了要限制个人收入的正常增长，而是旨在完善经济机制，促进生产更大发展，效益更大提高，使我国人民群众的收入能健康和持续地增长。

二、个人收入过度增长产生的微观原因

个人收入增长过快，或V扩张，首先产生于国民收入初次分配中，即产生于企业的分配机制之中。具体地说，是在下述几项因素作用下形成的：

第一，工资支出膨胀。企业在实行工效挂钩中，普遍存在下述现象：超出规定发放奖金，突破新增长效益与新增工资的比例乱提工资。"自有资金发奖金，流动资金找银行，基建和技改靠国家"，已成为相当一部分企业中流行的行为模式，这样就把应该用于生产发展的企业收入，变成了职工的个人收入。特别是不少企业为了增发工资和奖金，采取少提折旧、少摊费用等形式的虚盈实亏，这样的"效益工资（奖金）"支出，实际上是挤占了流动资金和固定资产补偿基金，吃掉了企业老本，因而成为一种不合理的工资膨胀。

第二，工资外的报酬支出膨胀。工资外的个人收入迅猛增长，是当前十分严重的现象，例如，企业超过标准大量发放个人的劳保福利费用、劳务费用以及高额集资利息和"股息"等，使工资外的收入增

长愈来愈快。据统计，"七五"期间全国职工工资外收入由1985年的173元左右，上升到1990年的714元，目前奖金已占职工收入的40%。工资外收入的急剧增长，表明企业内部绕开工资，用其他"合法"的、"半合法"的形式发给职工以劳动报酬的强烈冲动，它导致应归企业占有的资金和应上缴的财政资金转归个人所有，从而成为企业个人收入膨胀的重要因素。

第三，劳动用工扩张。尽管我国企业已经是机构重叠臃肿，人浮于事，但仍然不断增设机构，增加人员。这种就业人员的过度增大，不能不造成企业纯收入分配中的V份额不断增大。

形成国民收入初次分配中的V扩张的上述三个因素，又是怎样产生的？这是需要进一步从理论上加以分析的。

从根本说，是因为纯收入在企业与个人之间进行分配中缺乏或失去内在的约束。在国民收入分配中，保持某种内在的对消费分配[①]的约束机制，是社会再生产的特点。大体说来，任何社会的或一个生产单位的再生产，都存在着与一定阶段的社会物质生产力和社会生产关系相适应的国民总产品分为C（作为已消耗的生产资料的补偿基金）、V（作为消费基金）与M（作为积累基金）的机制。假定再生产规模从而总产品的产出规模不变，上述C、V、M的再生产，是借助消费分配的一定约束，以保持原有的消费规模V，抑制和防止消费基金发生扩张而获得实现的。总产品首先要实行补偿分配，即扣除一个足以补偿已消耗的生产资料部分C。一般说来，总产品的补偿分配是具有刚性的，因为没有足额的补偿分配，人们就不能再生产出社会的物质技术基础，

---

① 本文使用的总产品或国民收入"消费分配""补偿分配""积累分配"等概念，指总产品、国民收入分配于消费、固定资产补偿、积累。

就不能维持原有的生产水平、生活水平，甚至社会的生存条件。任何正常的社会再生产都要防止"吃老本"，因而总产品的第一次的即优先的分配，不能不是补偿分配，余下的部分才是"国民收入"，才能作为收入来分配。为了保证足额的补偿分配，社会必然要对收入分配进行约束，例如使消费增长适度，特别是出现了供给总量不足，例如在出现自然灾害的条件下，人们甚至要采取简单消费或缩减消费，以保证原有规模的补偿分配和社会起码的简单再生产的物质条件。

扣除补偿基金后的净产品价值是国民收入，被分配为V和M两个部分。V作为劳动者消费基金。M的分配，在有阶级的社会中一部分作为M^1，即剥削者的消费基金，另一部分M^2，即用于生产发展和社会发展的积累基金。对于任何一个发展中的社会来说，首先要有足额的积累分配，即形成足以实现一定规模的扩大再生产的剩余产品M，为此它就要对V和M^1实行约束，使后二者的分配保持适度，不至于侵蚀M^2，以保持适度的积累基金，这可以说是人类社会扩大再生产的共同规律，只不过它在不同社会经济形态下具有不同的实现形式。例如，在资本主义社会中，对消费的约束采取了对劳动者实行强制的饥饿约束的形式，其典型形式是资本主义商品经济中，为了保证资本增值，实现C的扩张，工人阶级的消费基金V被限制在仅仅能维持劳动力再生产的狭窄的界限之内，而对M^1即资本家用于奢侈消费的基金，却是缺乏制约的。当然，在资本主义发展初期，在竞争压力与夺取最大限度资本主义利润的动力支配下，资本家适应积累的需要，也对生活消费采取某些"节约"，但资本羽毛已丰的现代资本主义，资本则表现出它的奢侈浪费本性。马克思说："古典的资本家谴责个人浪费是违背自己职能的罪恶，是'节制'积累，而现代化的资本家却把积累看作是'放弃'自己的享受欲。"①资本主义经济，借助对V的片面和强制的经济约束机制，即劳动力作为商品的机制，产业后备军和失业与就业、工资的市场竞争机制等，在不影响资本家的消费享受不断增长的条件下，实现了足额的积累分配和扩大再生产。资本主义经济中对劳动者的消费分配实行了强制经济约束，体现了资本主义生产关系榨取剩余价值的本质。

社会主义为了维持一定的扩大再生产，应保证有足额的积累分配，也必须有总产品分配和国民收入分配中的约束机制。在原先的高度集中的经济体制下，上述分配约束，是采取行政性的强制，通过国家指令性计划分配机制来实现的，这种体制排斥了企业中的个人收入扩张。但由于企业缺乏自主支配与使用工资基金和消费基金的自主权力，干好干坏收入一个样，因而极不利于调动职工的积极性。我国经济体制改革，就国有经济领域来说，主要是从收入分配领域的改革开始的。这一改革有两个方面：（1）赋予企业以自行支配的财力。1978年实行了企业基金制度，1979年试行利润留存制度，1981年实行盈亏包干和1987年普遍实行承包经营责任制，这些改革措施使企业有了可供自行支配的收入。（2）赋予企业以工资分配权。企业实行工效挂钩，允许企业将留利按规定（4：3：3）发放奖金，扩大企业在工资收入上的自主权限，国家不再直接控制工资增长，采取经济手段（规定工资总额增长幅度和上交工资税）实行间接控制。这一分配体制改革，适应社会主义商品经济的企业自主经营的要求，使企业成为分配的主体，其方向无疑是正确的。一方面，扩权让利和实行工效挂钩，不仅使企业产生了扩大职工劳动报酬的内在动机，而且有了扩大职工

---

① 《马克思恩格斯全集》第23卷，人民出版社，1972年，第651页。

劳动报酬的条件，这样企业就形成了来自收入分配利益的自我激励机制，成为增强企业活力的直接因素。但是自主的收入分配，必须有赖经济约束机制来实行制衡，才有企业合理的收入分配行为。商品经济中企业收入分配的内在经济约束，首先是经济效益，即平均利润率的约束。企业必须把经济效益作为经营的目标，并把是否获得平均利润率，即社会平均的、中位效益作为衡量自身活动的合理性的标准。企业不仅要增收节支完善生产与经营，努力争取高的效益，而且当只能获得平均的中位以下的经济效益时，及时调整生产与经营，采取各种降低成本，包括降低工资成本的措施，以尽可能保住必要的经济效益。社会主义商品经济中的企业，不能实行铁工资，而是要实行平均效益拿正常工资，高出平均效益拿效益工资即奖金，低于平均效益则工资要适当打折扣。

我国实行工效挂钩，一方面是要实行效益激励，即高效益多发奖金，另一方面也要实行效益约束，即效益低，奖金少，效益工资要扣减。但是，由于工效挂钩不完善和缺乏监督，从而不少效益低的企业也对职工发高奖金。更主要是企业负盈不负亏，职工拿铁工资，端铁饭碗，即使效益下降和亏损，政府也会因"父爱主义"千方百计地保住职工原有的收入水平。可见，改革以来的这种负盈不负亏的收入分配体制，只是引进了自我激励的利益机制而缺乏经济效益（盈亏）的约束机制，这种体制下的企业的自主分配行为就会变成企业片面追求局部利益，变成向国家争留利并将更多的留利转化为消费基金发给职工的现实冲动。在对自主分配的有效的政府制约包括审计、监督和司法制约和宏观调控体系机制尚未建立和健全的情况下，上述的企业内在的工资膨胀趋势就会表现得更加明显。改革开放以来，国营企业中表现出来的工资刚性，工资攀比，低效益、高奖金等现象，正是企业内生的工资收入膨胀趋势的表现。

社会主义商品经济中的企业必须关心和维护自身的资产，并使之不断增值和不断壮大。社会主义生产的目的是全体社会成员不断增长的需要的最大满足，而不是资产者的私利，因而社会主义企业理所当然地要重视企业的发展后劲，重视长期的利益，即重视从长期看的经济效益，重视自身积累，关心国有资产的增值。这就是来自企业自行发展、自我积累机制的对收入分配的约束。但是，由于我国改革着眼于收入分配的改革，企业机制的转换，特别是自我约束机制的形成滞后，因此就出现了下述的失衡状况：一方面，国营企业虽然已经开始实行自主经营，对资产进行自主的支配使用，但却未建立起使用国有资产的严格的责任制和自主积累国有资产的机制；另一方面，作为国有资产产权所有者由谁代表以及如何对经营者进行有效监督和控制的问题也尚未解决，特别是未能有效地建立起企业积累机制和对资产增值关心的体制，从而也就导致了企业分配行为不合理现象的产生。

我国的企业承包制，主要是通过国家与企业之间的承包经营来形成和加强企业自主经营及自我激励。承包制由于"包盈不包亏"，甚至上缴任务减免，由国家为企业承担亏损责任，从而不能对企业形成硬的预算约束；承包制还因承包基数确定中的讨价还价，使预算约束变软；由于宏观环境，企业经营与效益状况不断发生变化，加之承包期短，因而造成企业片面追求承包期收益极大化。可见，承包制的一整套机制，难免会使企业产生追求眼前利益、迁就群众提高工资欲望的短期行为。特别是由于承包制下企业承包人也好，职工也好，并不对国有财产的长期良好的有效使用承担经济责任，因而承包制也就不能形成企业内在的经济约束机制。近年来实行承包制的企业中普遍出现的"保两头，挤中间"现象，特别是近两年来国营企业中出现的十分明显的逆向运动——效益滑坡、奖金增多——现象，表明承包企业缺乏维护资产，保证资产增值，维护企业长期利益和发展后劲的内在动因。

综上所述，我国微观经济中存在的工资膨胀、工资外收入膨胀、劳动用工膨胀等问题，其原因在于企业缺乏工资分配的内在经济约束。而政府对企业工资分配的监督制约和宏观调控作用的薄弱，以及工效挂钩制度的不完善，则使企业内生工资膨胀趋势失去控制。这就是我国现阶段国民收入分配中V扩张趋势出现的深层原因。

三、个人收入过度增长产生的宏观原因

个人收入的过度增长，并不只是国民收入初次分配中机制不合理的产物。由于商品经济中个人收入是通过国民收入再分配而形成的，具体地说，它和作为国民收入再分配工具的价格、储蓄、利息、税收的状况密切相关。因而，我们还需要考察影响和形成个人收入分配过快增长的宏观经济原因。

第一，所有制结构调整。我国现阶段实行以公有制为主体的多种所有制并存。改革开放以来，在所有制结构调整的初始阶段，个体、私营经济迅速发展，对外开放也带来一些地区特别是沿海地区"三资"企业迅速发展。在改革开放初始阶段由于国营经济尚未搞活，非社会主义的经济利用其享有的政策优惠和有利条件，获得了较好的经济效益，不少企业主实现了高收入。一些个体户和私营业主，在经济过热、物资和商品匮乏的条件下，利用市场价格机制，通过流通领域迅速积累私人财富。例如，在1991年银行近8000亿元的储蓄存款中，个体户占有份额为26%。上述情况表明，在对所有制结构进行调整的

改革初始阶段，客观上存在着强化个人收入过度增长的因素。

第二，价格机制。企业的经济效益和产品价格密切相关，对于实行指令性计划价格的领域，由于价格结构不合理，一些定价低的行业主要是基础原材料部门，效益上不去，工资和其他收入较少，而一些定价高的行业，例如加工部门却能获得较高的效益。由于承包制不能有效地将上述不合理的价格体系造成的级差收益转归国家所有，特别是不能把承包期内价格上涨带来的收益转化为国家收入，在企业机制不健全和缺乏内在收入分配约束的情况下，上述价格效益就会转化为职工较高的效益收入。人们可以看到，近年来那些实行价格放开而商品又供不应求的企业，借助价格机制获得高的经济效益并使职工享有较高的效益收入。1985年以来，国营企业实行价格双轨制，一些企业借助双轨制价格机制，通过较高的议价实现可观的效益，并由此使职工享有议价效益收入。可见，在缺乏企业内在分配约束和国家有效调控分配的条件下，价格结构的缺陷和由此产生的价格效益向个人收入转化就难以避免。这也是我国改革初始阶段国民收入分配中的个人收入过度增长的一个重要因素。

第三，金融机制。金融资产——储蓄、债券、股票等——的流通及其收入变化机制和个人收入的形成密切相关，它是商品经济中国民收入再分配的重要因素。我国实行改革以来，随着人民收入的增长和金融的搞活，居民拥有的储蓄、债券、股票等金融资产日益增多，储蓄超常地大幅度地增长，这是我国近年来经济生活中的新情况。比如，1990年城乡储蓄金额7034亿元，为1985年的3.1倍，为此国家一年要支付利息600亿元以上，高于每年的工资增量。特别是在国营企业经营不景气，利润率大幅度下降的条件下，缺乏弹性的银行利息及其支付，意味着国民收入向个人过多地再分配和转移。近年来在居民货币收入迅速增多，对金融资产需求日益增长的形势下，金融工具日益发展，各种债券大量发行并实行市场流通，也成为个人收入增长的一个途径。值得注意的是，我国已开始在一些城市开放股票市场，有股票市场，就会有股票投机，特别是在股票供应与需求不平衡，股票发行和营运机制不健全，股市管理还不完善的情况下，会出现一些人借助"炒股票"而迅速积累个人财富的现象。此外，许多企业为筹集资金向职工发行债券（有的称之为股份）并发给高额红息，此类国有资金流失和向私人转移近来越来越普遍。以上情况表明，我国改革初始阶段的不完善的金融机制以及制度上的种种漏洞，是造成国有资产向个人转移和加剧国民收入分配中V扩张的一个重要因素。

第四，税收机制。税收是国民收入再分配的重要杠杆。在企业成为自主经营的经济实体和分配主体的条件下，必须强化税收杠杆的运用，以约束企业的收入分配行为和调节收入分配关系，形成国家、企业、个人之间合理的分配格局，形成既要合理拉开收入差距，又要防止贫富悬殊的分配关系。但是，我国正处在改革过程中，总的情况是，对企业和个人收入实行间接调控的新的税收体制还未建立，税制还不健全，还存在执法不严，偷漏税、欠税严重等现象。例如1991年末，欠税额达200多亿元，比年初增加95.4亿元，使大量财政收入流失，并通过企业的收入分配机制转化为个人收入。在对个体和私营经济的管理中因税收机制不健全，偷漏税更为普遍和严重。此外，过高的个人收入也缺乏应有的税收调节。税收机制的不健全，不仅使国有资金转化为个人收入，而且也无法抑止和克服收入差距过大和分配不公，其结果是居民中一部分人个人收入的过分膨胀。

总之，个人收入过度增长现象有所有制结构调整、价格机制、金融机制、税收机制等多方面的原因，可以说它是我国向新的经济模式转换初始阶段，由于改革未到位，体制不完善和机制不健全而出现的国民收入分配的不合理的现象。它与微观经济收入分配中的V扩张相交织，进一步强化了个人收入过度增长的趋势。

四、克服个人收入过度增长的途径

消除国民收入分配中V扩张的根本途径是深化改革，这就是：进一步改革收入分配体制，完善收入分配机制，强化政府对收入分配的宏观调控。在当前特别要着眼于解决好以下三个方面的问题：

（一）形成健全的国家—企业分配机制

个人收入分配主要是通过企业、职工之间的分配来实现的，但企业与职工间的分配，是以国家与企业之间的分配为前提的。因此，首先必须处理好国家与企业之间的分配关系。国家与企业之间的收入分配，一方面要大力解决国家拿得过多、企业留利太少的分配失衡，这种状况不仅影响企业的再生产，而且也会造成个人收入分配的畸形，从而影响职工个人收入的正常增长；另一方面也要注意国家拿得过少，企业留得不多，国民收入分配向个人倾斜的现象。经济体制改革前，我国实行的是由国家"统收"和集中支配纯利润（指包括税金在内的企业纯收入）的体制，企业很少有留利。改革后，由于实行利润留成制度，把折旧基金交给企业使用和税前还贷等措施，企业的留利才有了增长。例如预算内国营企业留利率由1978年的3.7%，提高到1988年的55.6%，1981~1990年10年间国家累计向工业企业净让利3100亿元，企业预算外资金有更大幅度的增长。当前，为了增强国营大中型企业的活力，迫切需要适当增大企业自行支配的财力，使其适应于企业进行技术改造和扩大再生产的需要。为此，国家又采取了对企业所得税降低到33%和用于技改的留利免去"两金"等重要措施。但是应当看到，只是从让利入手处理二者的分配关系是不够的。当前，更重要的是从形成企业自主经营、自负盈亏、自行发展、自我约束的经营机制的目标出发，从根本上理顺国家与企业的分配关系，形成一种国家与企业之间健全的分配机制，而不是实行新一轮的和单纯的扩权让利。特别是要探索进一步完善承包制的措施，抑制和校正一些企业在承担国家义务上畸轻，而将承包利益向个人收入转化过度的现象。可见，国家与企业之间的分配关系的调整和健康的分配机制的形成，已不只是涉及财政税收体制的重大改革，如实行上缴规范化的税利分流，而且涉及价格、计划、工资、劳动用工等多方面的改革，特别是涉及企业的经营形式和财产组织形式的改革。

（二）形成企业内部自我约束的机制我国企业改革中所实行的赋予企业以分配权，实行工效挂钩，下不保底、上不封顶和其他的旨在打破铁饭碗和克服平均主义的措施，其大方向无疑是正确的。而且这一收入分配的改革，在我国20世纪80年代搞活国营企业中起了重要作用。但是，下放分配自主权必须建立在形成和强化企业内在约束机制的基础上，否则就会出现企业收入"漏走"和在各种形式下转化为个人收入的现象。在实行工效挂钩中，虽然政府采取了控制企业工资总额的措施，规定了税利增长与工资总额增长之比的上限为1:0.7，但实际工资增长却大大超过了这一界限，请看下表：

年份	税利增长：工资总额增长
1985	1：1.04
1986	1：1.02
1987	1：1.12
1988	1：1.04
1989	1：1.8

与此同时还出现了某些企业间工资差距拉开过大的现象，例如高的企业职工人均年收入约5000元，低的企业仅900元，而这种收入的过大差距并不反映企业间真正的效益的差别。1985年以来，政府曾三令五申并采取了加强银行监督和财税检查等措施来抑制这些失控现象，但效果甚微。1990年以来，国营企业的经济效益连续两年滑坡，而工资奖金的增长却出现了逆向运动的奇怪现象。因此，如果缺乏企业内在的和有效的约束机制，赋予和扩大企业分配权及增大企业财力的改革措施，将不可避免地带来收入分配的盲目性和失控。根据这些经验，在当前深化企业改革中，特别是在广泛开展起来的收入分配的改革中，我们切不可再次实行单纯的扩权让利和孤立地搞活分配，而应该在大力构建企业内在的经济约束——利益分配约束、岗位职务约束、产权约束等——的前提下，来扩大企业的收入分配自主权。

（三）形成政府的收入调控机制

在社会主义商品经济中，企业成为分配主体，由此形成的自主的收入分配机制是一种带有自发性的分配机制，其特征是不同企业之间的职工收入有多有少，职工不同年度之间的收入有高有低。为了使自主的分配能够符合国民经济有计划运行的要求和社会主义分配规律的要求，除了必须要有企业内在的有效的自我约束而外，还需要有政府对企业的收入分配实行有效的调控。政府的分配调控，除了在一些必要的领域，例如公务员的工资，通过规定统一工资标准，实行行政手段的直接控制而外，主要是借助税收手段，通过征收工资税和个人收入所得税，来调控企业分配活动和调节个人的收入。对企业征收工资税，对发放超过一定的工资总量的企业征收累进税，可以从利益上约束企业个人收入膨胀。在当前，企业的内在约束机制还未形成，内在分配约束还十分薄弱的情况下，充分发挥工资税的作用是十分必要的。对居民个人征收收入所得税，是实行多种所有制和分配来源多元化条件下，调节人们的收入差别的有效工具。通过对高收入者多征税，对低收入者少征税，对最低生活收入水平以下的人免征税或给予补贴，可以防止分配差别过大和分配不公，从而使分配在促进效率提高的前提下体现社会公平。通过实行个人收入调节税，借助税收再分配机制，既可以充分实现企业的分配自主权，把个人收入分配搞活，又可以保证国家对个人收入分配的调控，使分配活而不乱。可见，税收是国家对收入分配进行调控的重要手段。借助科学的税制和税收机制，以校正和克服国民收入初次分配或再分配中出现的个人收入过度增长。为此，必须大力构建政府对收入分配的调控体系，大力完善税制，强化税务，严肃税法，以形成健全的税收机制。

当前我国各个方面正在大力贯彻中共中央关于搞活国营大中型企业的决定，为了增强企业活力，应该进一步落实国营企业的权、责、利，使企业真正成为自主经营、自负盈亏、自行发展、自我约束的独立的商品生产者。为此，在企业内部的改革中，要把自我激励机制的健全和企业自我约束机制的形成结合起来，把搞活企业收入分配的改革与加强和完善政府的经济调控结合起来。也就是说，我们应该通过全面的配套改革，着眼于现代企业制度的构建，促使国营企业经营机制的彻底转换，既做到增强企业的活力，又做到逐步抑制和消除V扩张，从而使我国国民经济活而不乱，实现稳定、协调、持续发展。

长周小波①

　　"解决当前经济运行中出现的若干问题，根本的还是加快改革。目前加强宏观调控，实行局部紧缩是必要的，但必须解决好力度恰当的问题，不能过猛，否则经济过大波折就不可避免。"著名经济学家刘诗白教授在成都接受记者采访时说。

　　刘诗白指出，在我国当前正处于经济高速增长与新旧体制并存的关口，新体制尚未完全形成，自我调控能力不足，旧体制弊端又幽灵似的不时"借尸还魂"。在这种情况下，经济运行中出现矛盾和问题也是必然的，何况目前我们面对的是作为模式转换时期必然产物的具有周期性的通货膨胀。经济发展中的波浪式起伏是必然的，但问题在于，必须正视模式转换时期经济的不良循环。尤其是这种循环表现为大起伏、短周期，对经济发展是有害的。

　　刘诗白指出，导致我国经济发展过程周期性的根本原因是改革没有完全到位。由于在模式转换过程中存在某些促胀因素，一旦经济过热，便容易较快地出现通货膨胀。这些促胀因素有：一是企业自身的

---

① 本文是《华商时报》记者蒋少龙采访录，原载《华商时报》1993年9月28日。

投资饥饿和消费膨胀；二是企业缺乏外在约束力；三是产业结构调整未到位；四是财税、金融体制严重滞后。加上我国银行缺乏独立性，调控货币的功能软弱，而专业银行的政策性职能与经营性职能又集于一身。这不仅使各种批条子贷款、人情贷款等难以避免，同时由于房地产、股市过热，更进一步促发了银行的信贷扩张。

针对上述促膨胀因素，刘诗白强调，我国当前面对的是机制不健全促发和催化通货膨胀而产生的问题。因此，经济增长过程中出现矛盾的根本原因在于模式转换时期的双重体制并存。

刘诗白最后说，在经济发展，特别是经济模式转换过程中，波动虽然是难免的，但波动不宜过大。要搞长周期，小波幅；不要大起大落，频繁调整。在这方面，西方一些国家的经验值得借鉴，如美国、德国等，20世纪60年代以来经济周期就明显加长。所以，加强宏观调控，实行必要的紧缩要解决好力度恰当的问题，避免因紧缩过猛而负效应过大，从而付出不必要的代价。

采取有效措施　控制通货膨胀①

一、要把高通货膨胀抑制住

1992年以来我国经济发展中出现了"双高"：经济增长高速度、物价高增长。在采取加强宏观调控措施的条件下，经济过热逐步降温，但物价涨幅仍居高不下。物价关系到千家万户，特别是我国职工收入水平低，广大农民收入提高缓慢，物价过度上涨负效应大，因而要处理好经济增长、居民收入增长和物价上涨之间的关系。在大力促进经济增长中，要争取把物价涨幅控制在社会可承受的范围内，当前还应继续采取措施把物价20%的高涨幅降下来，那种只要经济高增长，不怕高物价的观点是极其轻率而有害的。

二、要争取高增长、低通货膨胀的发展

高增长并不是必然伴随高通货膨胀。西方一些发达国家80年代是

---

① 原载《群言》1994年第8期。

低增长、低通货膨胀。

"亚洲四小龙"和日本在20世纪60、70年代长期保持8％左右增长率而物价并不猛涨；中国台湾地区1990年物价上涨3.96％，1991年上涨3.5％，1992年上涨4.46％，1993年上涨5％，而该地区经济增长却一直是7％左右。我国正在向市场经济转换，但经济机制，包括国家宏观调控机制还不完善，要像一些市场经济高度成熟的国家和地区那样保持高增长下的较低的通货膨胀，也是难以做到的。

我国当前是速度效益型的经济，还需要有必要的速度拉动，从而呈现为在低通货膨胀中实现快速发展。但是，目前出现了高通货膨胀。这种高通货膨胀的关键在于改革未到位的体制承担不了高速度。要看到我国面对的高通货膨胀是模式转换期机制性的高通货膨胀，只要我们加快改革步伐，加快建立社会主义市场经济体制，完善经济体制和实行结构优、效益高的发展模式，就完全有可能实现高增长、低通货膨胀的增长，这是我们大力争取的目标。

三、要在宏观调控中充分运用经济杠杆

采取力度适当的宏观调控方法，使经济"软着陆"是恰当的。当前宏观调控很大程度使用行政手段，而经济杠杆力度不足，尽管控制投资膨胀业已取得明显效果，但是固定资产自发扩张仍令人担忧。为缓解企业运转的"资金瓶颈"，缩小亏损面，政府采取了保证必要的流动资金供应的措施，但却存在新增信贷资金流入基建渠道的千隙百孔，使基本建设规模难以压住。目前，宏观调控面临着"一松就胀"的两难局面，我认为要走出这一困境，有效之途是加强利率杠杆的应用。如果不适当调高利率，目前的高息集资膨胀固定资产的自发行为

将是难以抑制住的。流动资金供应必须松动，而固定资产自发膨胀却难以刹住，这样就只会使通货膨胀持续化，甚至还有出现物价新一轮上涨的可能。总之，采取有效措施，加强利用经济杠杆，已经是使宏观调控取得更大正效应而必须解决的迫切问题。

论经济过剩运行①

一、经济过剩运行

我国20世纪50年代中期实行计划经济体制以来，在经济运行中长期存在物资的短缺，特别是消费品短缺，范围越来越广的"票证分配"和黑市是这种经济短缺运行的突出表现。在改革开放的很长时期内，经济运行仍然保持着短缺运行的基本格局。但是20世纪90年代中期以来，经济运行势态发生根本变化，出现了所谓的买方市场，本文称之为经济过剩运行。其表现是：

第一，市场商品全面供大于求。商品的供大于求和销售困难在近年来不断发展，1996年以来，供大于求的范围急剧扩展，国家国内贸易局商业信息中心对1998年下半年610种主要商品的供求情况排队结果：供求平衡的商品403种，占排队总数的66.1％；供过于求的商品206种，占排队总数的33.8％；供不应求的商品只有棕榈油一种。可见，我国商品市场确已表现出全面的供大于求，从而显示出十分明显的过剩

---

① 原载《宏观经济研究》1999年第4期。

运行的特征。

第二，物价长期持续下滑。价格走势是市场经济运行状况的显示器和晴雨表。价格平稳是经济健康运行的表现，急剧通胀则表现出经济过热和短缺运行；物价过度低位和持续下走，则表现出经济过冷和过剩运行。1993年以来的宏观调控，取得抑制通胀的显著成绩，1996年底经济软着陆基本实现，当年物价上涨幅度已经降至6%，市场出现清淡，那时，尚有一部分商品供不应求。1997、1998两年市场进一步疲软，表现为"百千商品无俏货"。1997年物价持续下降，1998年处在低位的物价全年持续负增长，涨幅为负的2.6%，这种价格势态是1978年以来20年间所未有的。物价的低位持续下滑和通货紧缩是经济过剩的另一重要表征。

第三，大规模的产品积压。一定量的商品库存是市场经济运行中的正常现象，但超过正常界限的大量库存和积压则是过剩运行的表征。过度库存是我国近年来经济运行的特征。据统计，我国工业品每增产10%就有1%的产品积压。特别是近年来高增长与高库存并存现象日益突出，"企业为库存而生产，经济高积压运行"从另一个方面说明经济过剩运行的现实。

第四，生产能力闲置。我国是拥有12亿人口，处在发展中的大国，长期是生产能力"匮乏"，然而由于市场法则的作用，在产品供大于求的领域会出现生产能力的闲置和过剩。在我国经济高增长中，盲目投资、重复建设使相对于市场容量的过剩生产很早就已出现，商品过剩的持续和发展，必然会演化为生产能力的过剩。如纺织、电子、机械等行业生产能力过剩不断加剧，前几年还市场看好的一大批企业，一下子成为难以生存和需要淘汰的企业。例如中纺机集团在20世纪80年代末90年代初，每年有效益3亿元左右，此后随着生产与生产能力过剩不断加剧，1998年旗下20家工业企业中有11家亏损，亏损额达2.68亿元，1.6万名职工转产。1997年国家统计局公布我国28种主要工业品生产能力有四成以上闲置。近年来生产能力过剩领域不断扩大，长期处于供应匮乏状态的能源、交通也出现过剩。1998年，多年一直匮乏的电力首次出现供过于求。一些地方修建"机场热"造成机场布局不合理，珠江三角洲方圆200千米内建有机场5个，在内地也存在上述经济过剩运行现象。可见，重复建设使基础设施利用不足和能力闲置。

第五，其他生产要素市场供应过剩的现象也已出现。市场全面疲软，难于寻找好的投资项目，从而投资欲清淡，使作为基本生产要素的信贷资金在某些地方也出现供大于求。

综上所述，我国计划经济体制下经济生活中的产品短缺、资源短缺、生产能力短缺的"短缺运行"状态已发生变化，当前出现了全面性的商品供给过剩和大规模的生产能力过剩。这是一种阶段性的过剩，它的征候在1996年已初步显现出来，近两年来不断发展，而且这种过剩运行的基本势态还很有可能要持续一段时间。我认为，我国当前和今后一定时期会持续呈现出的这种特殊运行势态，可称之为经济过剩运行，过剩运行这一概念，可能比目前人们使用的"买方市场"概念，更为贴近现实。

二、过剩运行的性质

（一）过剩运行与过剩经济在概念内涵上的区别

本文使用的过剩运行概念与当前流行的过剩经济不同。过剩运行指的是宏观经济运行的一种势态，它出现在经济发展某一时期内，会随着经济的增长、体制的完善、机制的转换、政策的调整而转为正常、平稳运行。当然，也可能因各种主客观情况转换为紧缺运行。过剩经济则应是指某种经济形态长期固有的制度性的特征。资本主义经济本质上是过剩经济，这不仅仅因为资本主义国家经济运行中一部分产品的生产和供给过剩是不可避免的，更重要的在于存在制度性的有效需求不足，即马克思经济学所揭示的现有生产能力超过了群众有购买力的需求。作为过剩经济中的需求不足具有长期持续性。在经济增长时期它是隐蔽的，在危机阶段则鲜明地显示出来，表现为包括市场商品、生产要素和生产能力过剩在内的全面过剩。另外，具有如市场不景气、衰退、滞胀等多种表现形式。当代西方发达国家长期存在的增长速度缓慢和高失业率，也是过剩经济的表现。此外，过剩与大量贫穷人口的基本生活需求不足，也是过剩经济的特征。可见，过剩经济一词，用来概括和表现资本主义经济，特别是当代成熟的资本主义经济，是更恰当的。而我国当前的过剩，不是起于制度性的需求与供给的矛盾，而是体制转轨中出现的一种新的经济运行势态。更具体地说，它既与市场经济的运行机制有关，是计划经济体制向社会主义市场经济体制转换期不完善的体制和机制的产物，也与我国当前的生产力水平和增长方式有关。这种过剩运行是一个时期经济运行的特征，在推进体制转型和增长方式转换中，以及在对市场运行进行有效的宏观调控下，过剩运行将会向平稳运行转换。

（二）过剩运行的特点

1. 国内需求不足是出现过剩运行的重要原因

国内需求不足是当前经济运行中的不能回避的事实。应该看到，在市场经济运行中，市场供求的不均衡，或是供给不足，或是需求不足是经常发生的。社会主义市场经济的运行也不可能没有供求的失衡，只有在健全的市场机制的自我调整和政府有效的宏观调控下，才有可能避免上述经济运行的失衡势态。我国当前需求不足由多种因素造成：（1）投资需求增长缓慢。在紧缩需求抑制投资过热，经济实现软着陆后重新启动投资，特别是启动困难加剧、活力不足的国有企业投资，是一种复杂而艰巨的工作，因而投资出现需求疲软是难以避免的。（2）消费需求增长滞后。20世纪80年代实行改革开放的初始阶段，城乡居民收入高增幅与经济高增长并行，旺盛的消费需求是拉动经济长时期高增长的动因。但是随着90年代改革深化，作为城市消费主要群体的国有企业职工收入增长放慢；非国有经济发展不充分，成为城镇居民收入增长缓慢的另一原因；农村需求是我国市场需求，特别是消费需求的主要力量，农村进一步改革和农村经济增长难度加大，近几年来农民收入增长放慢；转型过程中的机制与制度缺陷使收入差别过度扩大，中间群体收入低、增长慢导致社会需求增长乏力；就业、医卫、教育、住房等体制改革的全面深化，会改变群众的消费预期，抑制即期消费。因此，我们当前面对的是改革深化和转型加速阶段出现的群众收入增长缓慢和有效需求不足。当前的生产过剩和经济过剩运行在根本上正是上述需求不足的表现和产物。由于不可能期望在很短时期内消除上述因素，克服我国经济转型中出现的投资需求与消费需求的制约，因而要消除过剩运行，我们只能采取正确的政策，在深化改革、加快发展和提高群众收入基础上实现社会有效需求更大幅度和更快的增长，力争尽快实现经济正常、平稳运行。可见，当前的需求不足和经济过剩运行势态具有过渡性，将在一定时期内继续存在。

2. 需求不足与供给结构失衡并存

我国当前的过剩运行，既有需求不足的原因，又有供给结构失衡的作用。我国市场上的供给结构失衡，突出地表现为产品重叠过剩，即性状与功能雷同的产品过剩。在经济搞活中，各地区、大中小企业一齐上，而同一行业的众多企业，产品开发、创新不足，新产品少，致使市场上性状雷同的产品充塞和重叠，这种不适应市场需求和消费需求变化的重叠供给就转化为过剩。在家电行业中，这种状况十分明显：80年代家电生产一哄而起，即使是在家电市场呈现出饱和状态的当前，上彩电、空调、电冰箱的势头不衰。目前全国有家电生产企业2600多家。尽管彩电生产正在向大企业集中，但全国仍有数十家企业生产彩电，造成同一类彩电充斥市场，加剧了市场饱和，大城市家庭的彩电占有率在100％以上，全国彩电闲置生产能力已达1/2。此外，VCD、DVD等的生产方兴未艾。近年来，全国各地有数十家企业生产VCD，年生产能力达5000万台，而市场需求只有2500万台。在市场产品重叠过剩条件下，一方面大企业难以进一步形成规模效益，另一方面愈演愈烈的杀价竞争，使企业"两败俱伤"，家电全行业平均利润率已降至3％～5％。高档产品重叠和供给过剩问题在城市住房建设中同样是严重的。在1991年、1992年的房地产热中，城市各种别墅和高档写字楼迅速兴建起来。这种高档住房的重叠过剩，使城市住房建设陷于困境和造成经久不散的经济泡沫。重复生产和产品重叠过剩是我国20世纪80年代各行业发展中的共同特征。形成市场供给重叠过剩的原因，除了一哄而起的重复建设外，还有"数十年一贯制"的老产品的拥塞和假冒伪劣产品的充斥，大大加剧了低水平的产品市场供给重叠和市场饱和。

西方发达国家的过剩经济是成熟经济中的供给全面相对过剩，而我国则是发展经济中的过剩，表现为商品总体供给过剩与局部领域的供给不足并存。（1）就消费品来说，尽管绝大多数产品缺乏销路，但是一部分"名、优、特、新"产品却是旺销或是不断增加市场份额，长虹、康佳、TCL彩电，海尔空调，容声冰箱近年来产量均是逐年增长的。此外，一些新开拓的产品，如家庭医疗保健产品、绿色食品在当前拥有可观的市场。（2）制造业产品市场过剩，但第三产业中的许多行业，如旅游业、服务业等却出现供给不足。（3）一般消费品过剩，但公共产品中的医疗卫生产品、教育产品，如高校和各类职业学校供给不足。高速公路、城市基础设施总体上严重缺乏。（4）建筑业中写字楼和高档住宅供给过剩，但对正在兴起的居民经济住房需求却供给匮乏和未能满足。

3. 消费品的供给过剩与居民储蓄的增长并存

西方国家的过剩经济在经济衰退中表现得十分严重，衰退中的生产过剩与群众收入水平和有支付能力的购买力的下降，是并行发展和互为因果的。我国近年来经济过剩运行中，尽管社会商品零售总额增幅有所下降，但居民储蓄却不断增长，在一部分城市居民中，有钱不买和储币待购的行为十分明显。近年来城乡居民储蓄年增数千亿元，即使在群众收入增长放慢的1998年，社会消费品零售总额增幅为6.8%，为近年来的最低增幅，储蓄仍然增加3000亿元以上，我国居民储蓄总额已近5万亿人民币，社会总储蓄率高达40%，为世界之冠。商品市场供给过剩与高储蓄同时并存，表明居民经济行为中出现了储蓄倾向的加强和即期消费的抑制。对城市中某些居民群体来说，该买的都买了，有些迫切想买的，如低价住房、低费用医卫保健和低费用学习，却买不到，人们面对的是一个品类少、低水平的重叠供给，其中还充斥着假冒伪劣产品。这种供给结构的缺陷，加强了即期消费抑制，促使人们储币待购。在诸多因素影响下即期消费抑制的强化，又进一步加剧了市场上的供给过剩。

三、机制性的重复建设与过剩生产

如果说，计划经济体制下的经济长期表现为短缺运行，那么，由计划经济体制到市场经济体制转型期，最初出现的是短缺运行明显和激化，但此后，随着经济活力增强，经过持续的经济高增长，进而出现了由短缺运行到过剩运行的转换。我国由20世纪50年代末60年代初的物资匮乏和票证经济，到实行改革的80年代经济高增长中的供给紧张和通胀，再到90年代逐步出现的经济过剩运行，最生动地表现了这种由短缺运行到过剩运行的转换。对于这一带有戏剧性的经济运行转换，经济学家不应该停留在市场已由卖方市场转变为买方市场的现象的描述，而应该追根溯源，深入研究经济过剩运行这一命题。首先要从理论上深入研究和阐明转型期由短缺运行到过剩运行的转换是怎样出现的，其发展趋势是什么。只有弄清了经济过剩运行出现的本源，才能采取标本兼治的对策来治理和消除经济过剩运行。

本文已指出，我国当前存在的不是资本主义经济中制度性的过剩经济，而是一种转型期的机制性的经济过剩运行；转型期的制度结构和经济机制，会通过微观和宏观各个层面，造成供给与需求的失衡和一定时期内经济过剩运行。鉴于我国的供给结构失衡与重复建设直接相关，因此需要进行分析。转型期重复建设概念的内涵是：超过市场需求量的建设项目不断和持续重复兴建，意味着低效益或无效益的投资和缺乏市场销路的产品重叠供给。

重复建设形成的原因在于：

第一，主体的盲目投资冲动。（1）企业软预算约束和由此产生的盲目投资冲动是重复建设产生的内在条件和微观基础。国有企业的软预算约束，表现在借钱可以不还，花钱可以不赚，产品积压还可以依靠银行信贷扶持继续生产，这是重复建设和过剩生产得以维持的深层原因。特别是传统国有企业负盈不负亏产生投资饥饿，扩大占用国有资金，亏了不需要自己偿债，赚了可从中得益，某些利益集团还可不断从中捞取私利，因而胡乱上项目、争投资就成为转型期企业的普遍行为。（2）无人为资产负责的政府投资体制。盲目投资行为的产生还在于传统的只管建设、不管经营和偿还贷款的政府投资体制。这种无投资主体为投入资金负责的体制，必然滋长盲目的投资行为，不仅使来自中央部门的不合理的投资行为难以杜绝，而且在强烈发展冲动下，各级地方政府的盲目投资和重复建设也大肆泛滥。（3）发展大一统国有经济的偏好。传统的社会主义经济理论促使人们不问是否必要，不分领域，一味地追求国有经济全方位发展。这种认识误区的长期存在，使国有经济失去正确定位。各级政府不是着力于基础设施、环保、医卫、教育等公共服务领域的投资，而是一味地在经营性行业中追逐眼前利润，为赶浪头，不顾自身条件，兴办起各种低水平的"小而全""小而散"的企业。搞大一统国有经济的思想误区，固化和强化了依靠财政和银行资金搞重复建设的行为。

第二，市场调节功能薄弱难以促进结构调整。重复建设在发达的市场经济中不断产生，又在市场竞争和企业兼并、破产机制下，不断地自我调整和得到消除。充分起作用的无情市场，不会维持重复建设及其过剩生产，而是通过自我的结构调整和产业升级，使供给结构和需求结构相适应。我国转型期的特征，是市场调节作用的薄弱。在部分产品还保持计划调拨的阶段，国有企业重复建设被掩盖，即使产品已缺乏销路，企业还一个劲地扩产。即便在价格放开后，大型国有企业仍可依靠政府获得订货和其他扶持，企业由此缺乏市场约束力和调整产品结构的紧迫感。政府特别是各级地方政府为保护地方国有企业乃至乡镇企业而设置市场藩篱，妨碍公平竞争，保护低水平的重复生产。纵然是在经济市场化和统一市场向前推进，市场价格机制初步形成的现今，企业特别是国有企业和乡镇企业仍然得到各级政府慈父般的关怀，各种政策优惠强化了激烈的竞争给企业带来的压力。足见，一方面改革带给经济主体以亢奋的投资冲动，另一方面又缺乏有效的市场机制——首先是竞争机制的强制调整功能，这是经济转型期中重复建设持续化和不断加剧的重要原因。

第三，资产重组机制的缺乏。发达的市场经济，以其破产、兼并机制，实现经常性的资产流动重组，起着消除重复建设和过剩生产的功能。传统计划经济体制下，国有资产不能流动，一旦投入，便画地为牢，不能在流动重组中得到调整和优化。实行资产流动重组，涉及国有经济产权制度的改革，这一深层次改革的滞后，使重复建设中产生的缺乏有效营运和生存条件的企业无力摆脱困境，造成过剩生产持续化，过剩生产能力的长期"积淀"。与此同时，低水平的重复建设使产品、产业结构的雷同愈加严重，生产过剩不断加剧。

综上所述，重复建设与过剩生产是主体投资积极性高涨，盲目行为泛滥，但约束机制又缺乏条件下的产物，是市场化改革未到位，市场自我调整机制尚未全面形成条件下不可避免的现象。重复建设与决策失误和官僚主义的瞎指挥有关，但是在进行经济学分析时，要求人们不应把重复建设简单地归之于某些个人行为的失误，而应首先从体制上认识这种重复建设之所以会长期顽强地表现和屡禁不止的深层根源。

四、刚性的重复建设和过剩生产的积累

在转型经济中，重复建设具有刚性和不断积累的性质。在软约束机制——企业软预算约束与软市场约束下，重复建设不断扩张。

第一，它使某一产品生产扩张，超过了现阶段现实可能的市场需求量，包括出口、国内城市、农村等需求，从而表现出生产刚性过剩和市场饱和。例如，服装、纺织品，某些轻工业和家电产品，在当前均表现出刚性生产过剩和城市市场饱和。

第二，即使A产品市场已经饱和，但生产A产品的原有企业还在继续扩大生产规模。

第三，即使A产品已经市场饱和，但还有一系列新建的企业开始生产A产品。前面两种扩张的结果是A产品生产不断扩张，由A^1……A^x，数量上不断扩大，形成市场产品重叠供给，加剧生产过剩。

第四，由于大办国有企业和随着经营性领域对多种所有制的放开，加之国外产品进入国内市场，这一切加剧了重复建设，使B、C、D……Z一系列产品领域也呈现供给重叠和市场饱和。

如此表明，重复建设发展的结果，是各个行业、各个地区产业配置的重叠和产业结构的趋同化。如果说，计划经济体制下"大而全""小而全"的地区资源配置，已形成每一个市县内，一个化肥厂、一个农机厂、几个原料加工厂的工业结构相雷同的格局，那么，经济体制改革以来的地区经济发展，经过几番大规模重复建设，在上述传统产业基础上又增加了家电、制药、日用化工等热门行业，以及汽车——大部分是零部件生产和装配厂——和近年来成为热门的高科技行业，从而使地区经济发展中呈现出新的工业结构雷同化。地区产业结构雷同的持续化已成为我国结构失衡的重要表现。尽管中央多年

来三令五申，要求不搞重复建设，但是收效甚微。正如1998年一份报告中所指出的，全国有25个省、自治区和直辖市将机械工业作为支柱产业，选择电子工业的有24个，化学工业的有23个，汽车工业的有22个，建筑和建材的有9个。地区产业结构的雷同化，意味着资源地区配置的畸化。人们不是去充分发掘和利用各地的优势资源，形成地区名牌，发展特色经济和地区分工，从而扩大交换和市场，而是把资金投向少数雷同的一时的热门产品上，从而使投资分散化，企业小型化，形不成规模效益。"千军万马走独木桥"，同种产品挤入有限市场，必然加剧市场的供给过剩。

以上几个方面的分析表明，重复建设的不止甚至不断扩张，是转型期经济制度和机制的产物，它导致过剩生产量的积累和范围的扩大，必然最终发生质的变化，转化为大面积的、严重的过剩，而一旦出现需求增长滞后，过剩运行便迅速明朗化。

五、经济过热与重复建设

既然是一种转型期制度结构决定的机制性的重复建设，那么，它便始终存在于转型期的发展中，只不过在短缺运行阶段处于隐蔽的形态，表现为经济运行中一般的物资积压。还须着重指出的是，追求过高速度和出现经济过热是加剧重复建设的重要因素。

在短缺运行中，存在着高速度—短缺—高速度—短缺的不良循环。在物资短缺，特别是能源、交通、基础原材料短缺时，人们通过加快发展速度，加大基础设施和基础原材料的投资来缓解短缺。在过热的经济中，各个工业部门在互相拉动中共同加快发展，引起某些行业，例如机器制造行业的供给过剩，针对这一情况人们又通过加快发展来缓解局部生产的过剩。这种经济高速发展中"水多加面、面多加水"的机制，形成了短缺不断加剧的不良循环。

在短缺运行向过剩运行的转换过程中，出现另一种发展势态：高速度—重复建设—高速度—重复建设的不良循环。由于软市场约束和软预算约束，人们"争着搞重复建设"：市场状况一般，盈利少，项目要上，甚至明明要亏，项目也要上；市场走俏，人们更要大干快上。追求高速增长不仅强化了各级官员的政治动因，而且支撑高速度的信贷扩张，催生经济过热和过旺的市场需求，市场旺销又强化了各类经济主体的投资欲望。由于在卖方市场下不仅名、优产品走俏，而且低档的甚至伪劣产品也有销路，这种泡沫催化的卖方市场，以其扩大了的利润区界，煽起上下左右、大小企业一齐上的热潮，其结果是重复建设的加剧。我国20世纪80年代以来，随着体制活力增强，经济发展加快，产品和行业结构失衡也日益凸显。乡镇企业的崛起，伴随着大量的重复建设，往往是一市、一乡也有产品雷同的若干家企业同时兴办起来。放权让利的改革，特别是财政包干制的实行，使重复建设在更大范围内发展。在松动银根加快发展时，重复建设也同时加剧。尽管政府一贯强调调整和优化结构，特别是在紧缩时期把结构调整作为一项主要任务，然而结构总是调不动，重复建设屡禁不止，一旦紧缩阶段结束，经济重新启动，重复建设也重新启动；经济增长速度达到极点，出现过热时，重复建设更是如火如荼，结构进一步畸化。1988年出现了高通胀，在随后的治理整顿中，调整结构是一项主要任务。但是紧缩中抑制了通胀，结构调整却收效甚微。而在1992年的大发展中，又出现了众多行业更大规模的重复建设和某些地方房地产、开发区的大量重复建设。而且，在经济过热中，那些生产能力已经过剩的行业如煤炭、纺织等的重复建设又死灰复燃，新兴产业建设项目一哄而起，特别是小企业雨后春笋似的发展。可见，过热经济引发的过度旺盛的市场需求，在转型期经济机制下，起着催化和加剧重复建设的作用，特别是一旦形成经济泡沫，便火上浇油地煽起盲目重复建设大潮。

六、从过剩运行到平稳运行

基于对经济过剩运行成因的分析，我们可以得出治理过剩运行和争取实现经济平稳运行的对策。

（一）大力扩大内需

当前我国经济运行中需求不足日益突出。近年来改革的全面深化，增长方式转变的滞后，长期紧缩的负效应，城乡收入增长的放慢，这一切集中表现为国内需求增长滞后和内需不足。我们需要正视和充分估量这种转型过程中发生的现象（转型深化阶段的内需不足是激化过剩运行的重要原因，对此将另撰文论述）。1997年东亚金融危机发生以来，国际经济的新变化与我国出口的急剧下滑，使国内需求不足更为明显和加剧。需求不足已成为我国经济运行中的主要矛盾。因此，治理过剩运行，首先要从扩大需求着手，首要的是扩大国内需求，要采取积极的财政政策和有效的货币政策，以及多种切实可行的措施，大力扩大投资需求和消费需求。特别要致力于启动经济内生的持久的需求，即企业和社会的投资需求及居民的消费需求。要发挥好政府投资的启动和杠杆作用，撬动市场主体内生的需求，这样才能形成对经济有效而持续的拉动。

（二）集中力量，调整结构

结构失衡是我国当前过剩运行的重要因素，扩大内需旨在缓解总供求失衡，但不可能治理供给结构失衡。要看到，当前重复建设和过剩生产能力的大规模积累，以及市场上庞大的供给重叠，即使是在全面放松银根，人为提高增长速度，进行新一轮大干快上之时，也未必能加以清除；甚至还不可避免地会引发通胀和重新煽起重复建设的热潮。我国经济过剩运行的性质决定了必须把调整和优化产品、产业结构，形成适销对路的有效供给，作为缓解和消除过剩运行的重要方略。要看到市场需求是迅速变化的，在对外开放不断扩大的形势下，国外新产品纷纷涌入，如果我们自身的结构调整、产品升级滞后，那么，现有生产中的一部分便又会转化为新的过剩生产和新的市场供给重叠。愈加严峻的市场形势，要求我们把调整结构作为当前的一项中心任务，在调整和优化结构，增大效益中加快发展，为此，要坚决摒弃数量扩张的发展模式，更要坚决摒弃和制止重复建设。另外，当前的过剩运行势态和市场疲软的压力，也为结构调整提供了良好的契机，政府和企业都应该顺应这一形势，切实推动结构调整，为经济稳定运行和良性循环创造供给前提。

（三）搞好重点企业的资产重组和投资

经济过剩运行带来企业投资行为不振，使经济增长减速。因此，当前应大力启动企业投资，促使经济内生投资的复苏。国有大中型企业是主要的投资力量，应该切实推进其兼并、破产、下岗、分流，搞好资产流动重组，使资产向优势企业集中，形成重量级的投资主体。要采取有效政策，激励企业的投资行为，促使其加强技改和进行新产品开发。如果一大批国有骨干企业的技术改造和有效投资得到启动，加之以非国有的各类企业的投资启动，我国经济内生的投资需求和消费需求将趋于强劲，增长势头就将增强。作为主要投资力量的骨干企业的搞活和实力的增强，需要依靠资产流动重组，它意味着原有产品和产业结构的调整。这就是说，抓好重点国有企业的资产重组和投资，既能扩大内生的需求，又能调整结构。

（四）加快转型、完善机制，形成和强化经济自我调整的功能

为了从根本上消除盲目投资和重复建设，必须着眼于深化改革和完善机制：（1）要加快国有企业的改革，使企业成为自主经营、自负盈亏、自我发展、自我约束的市场主体。市场主体的制度构建，是企业合理行为的微观基础。当前要着力于完善激励机制与自我约束机制，以构建损益和责任机制来形成企业积极、理智的投资行为，这样也才能为企业不再热衷于盲目投资和重复建设提供制度保证。（2）要深化投资体制改革，使政府公共投资有明晰的主体来组织建设和营运，并对投资的经营效果和偿还承担责任。（3）要推进经济的市场化，形成有序的市场竞争行为，强化市场机制的调节功能，在优胜劣汰中打破体制性的结构刚性，推动结构调整；拆除地方保护主义的市场藩篱，政府对企业要摒弃慈父般的扶持行为，让企业在竞争中求生存，求发展，在市场压力下，致力于结构的调整、技术的进步和管理的完善，唯此才能形成一场真正的、适应于市场竞争的切实有效的结构大调整。（4）要形成资产流动重组机制，通过产权制度改革和股份制的公司运作，采取兼并、控股、参股以及承包、租赁、托管、出售等多种形式，使国有资产跨部门、跨地区流动重组，向重点和优势企业集中，实现企业组织结构的大调整，同时推动过剩生产能

力的淘汰和重组。总之，进一步深化改革，在现代企业制度基础上实现投资行为合理化，加强市场价格机制的调节作用，强化优胜劣汰和推动经常性资产流动重组，也就是借助于新的市场体制和新的机制，有效地控制和逐步消除转型期机制性的盲目投资和重复建设。

（五）充分有效地发挥政府的调控功能

我国当前实现总供求的均衡、供给结构和消费结构的均衡，涉及经济的多方面和多层面，涉及改革、开放、发展、稳定关系的正确处理。为了治理和缓解过剩运行，迫切需要处理好影响经济运行的主要方面和环节，当前尤其要处理好增长速度与结构调整的关系，把结构优化放在首位；在扩大内需中，要处理好投资需求与消费需求的关系，把启动消费需求作为重点；在扩大消费需求中要把促进居民收入增长与刺激即期消费结合起来。总之，治理经济过剩运行是一项复杂的系统工程，需要瞻前顾后，通盘考虑，因而加强和完善政府对改革的组织、推动和引导以及对宏观经济的引导和调节是十分必要的。

我们努力的目标是：通过扩大需求，转换机制，调整结构，力争实现由经济过剩运行到平稳运行的转换，实现总供求基本协调下的正常的买方市场，改变当前的市场疲软和增长减速势态。市场经济并非万能，市场机制既能起"致衡"的作用，又会经常产生局部"失衡"，经济运行周期中会表现出一定时期的过剩运行和短缺运行的交替，即使在社会主义市场经济中，上述运行态势的出现也难以完全避免。更由于转型不可能一蹴而就，机制性重复建设和过剩生产不可能一下子消除，因而在某些重大关系未能妥当处理时，便有可能出现过剩运行的持续，甚至有重新转换为短缺运行和通胀的可能。因此，在治理经济过剩运行中，我们应高瞻远瞩，采取稳健的政策和措施，力争实现经济适度快速增长和平稳、健康运行，防止通胀和短缺运行的重现。

不是过剩经济　而是过剩运行[①]

——再论经济过剩运行

出口下降，内需不足，已经成为我国实现经济运行的突出问题。今年以来，市场疲软愈加显著，市场商品全面供大于求，物价长期持续下行，从1997年10月以来迄今一直下滑，产品积压增大，生产能力闲置越发加剧，银行存贷差（全国已超过1万亿元）增大。政府提出了扩大内需，及时实施发行国债、进行公共投资的积极财政政策。但是，1999年内需不足，投资、消费乏力和增长趋缓的势态未能改变。我的《论经济过剩运行》（载《宏观经济研究》1999年第4期）一文，就是研究上述宏观形势，试图从理论上予以阐明，并做出对策建议的一篇具有现实性的文章。

对于我国近年来宏观经济运行的上述新情况、新特点的分析，经济理论界主要有两种观点：（1）买方市场论认为，买方市场取代了卖方市场，是多年人们所期望的，市场过剩主要是供给中重复生产所造

---

① 原载《中国改革报》1999年11月17日。

成；（2）过剩经济论认为，需求不足的过剩经济也同样是社会主义市场经济所固有。此外，还有人称之为"后通胀经济"。我在《经济过剩运行》一文中提出了不同于上述见解的一种新的理论观点：我国经济处于过剩运行的势态，既不是"过剩经济"，也不是一般的买方市场，而是我国转轨期经济运行的一种新势态。我提出这一论点，仅是一家之言，欲对分析和认识我国当前宏观经济运行的特征提供参考。

我通过当前经济中"过剩"的表现，着重分析了"过剩"运行的实质，提出这是一种宏观经济运行势态。我不赞成目前十分流行的将当前经济称为"过剩经济"的论述。我认为："过剩经济"用来概括和表现资本主义经济，特别是当代资本主义经济是更为适当的；而"过剩经济运行指的是宏观经济运行的一种势态，它出现在经济发展的某一时期内，会随着经济的增长、体制的完善、机制的转轨、政策的调整而转为正常、平稳运行""我国当前的过剩运行不是起因于制度性的需求与分配的矛盾，而是体制转轨中出现的一种新的经济运行势态"。针对宏观经济运行势态并提出过剩运行概念比经济的买方市场论更为精确，更贴近于我国经济生活的现实。

"过剩"运行，既是因为国内需求不足，又是由于供给结构失衡。首先，针对那种过剩只是供给问题而否认国内需求不足的观点，认为国内需求不足是出现过剩运行的重要原因。由于实现软着陆后，投资需求增长缓慢；改革深化，职工下岗，非国有经济发展不充分，农村经济增长方式转换艰难，转型期分配不公现象，就业、医疗、住房、教育等改革的全面推进等，造成近年来群众收入增长缓慢和有效需求不足。上述体制转型和增长方式转型中出现的需求不足，不可能指望短期内消除，因而过剩运行仍在一定时期内持续存在。其次，当前经济过剩运行既有需求不足的原因，又有供给失衡的作用，体现出结构性过剩的特征。供给结构突出地表现为产品重叠过剩，即性状与功能雷同的产品过剩。由于一哄而起、重复建设，"数十年一贯制"的老产品拥塞，假冒伪劣产品充斥，造成了市场上低水平产品供给重叠和市场饱和。我国供给结构的失衡表现为商品总体供给过剩与局部领域供给不足并存。如"名、特、优、新"产品市场旺销，旅游、服务业以及公共产品中医疗卫生、教育、城市基础设施等不足或严重匮乏，居民能承受的经济适用住房更是短缺。从需求与供给两个方面来分析当前的经济过剩，特别是提出转型过程中内需不足的问题，这是一个较新颖和很值得深入研究的论题。针对"市场经济不可能没有重复建设的流行观念"，我认为："转型性重复建设概念是：超过市场需求量的建设项目不断和持续重复兴建""在转型经济中重复建设具有刚性和不断积累的性质"。这种重复建设"意味着低效益或无效益的投资和缺乏市场销路的产品重叠供给"。这就把转型期重复建设和一般市场经济中也会产生一定的能不断得到调整、消除的重复建设区别开来。

究其原因：一是主体体制不健全产生的投资冲动；二是市场调节功能薄弱难以促进结构调整；三是资产重组机制缺乏。重复建设与决策失误和官僚主义的瞎指挥有关，但是在进行经济学分析时，要求人们不应把重复建设简单地归因于某些个人行为失误，而首先应从体制上认识这种重复建设之所以会长期顽强地表现和屡禁不止的深层根源。分析重复建设的成因，把它归因为转型期的制度与机制，提出转型期"机制性重复建设"的命题，是"经济过剩运行"的理论特色。

争取实现经济平稳运行的对策：（1）扩大内需。（2）集中力量，调整结构。必须把调整和优化产品、产业结构，形成适销对路的有效供给，作为缓解和消除过剩运行的重要方法。（3）搞好重点企业的资产重组和投资。（4）加快转型，完善机制，形成和强化经济自我调整的功能。（5）充分有效地发挥政府的调控功能。治理过剩运行是一项复杂的系统工程，需要瞻前顾后，通盘考虑。在转型过程中，由于机制性的供求失衡不可能一下子消除，在某些重大关系中未能妥善处理时，有可能出现过剩运行的持续，甚至有重新转换为短缺运行和通膨的可能，政府应高瞻远瞩，采取稳健的政策。

本文针对当前内需不足这一重大现实问题，提出了转型期经济过剩运行这一新概念，分析了我国经济过剩运行的性质与成因，重点是阐述转型期机制性的供求失衡这一论题。我想，这对于分析研究宏观经济是有意义的，对当前政府部门制定宏观经济政策也是有参考价值的。

论世纪之交经济过剩运行及其治理①

一、过剩运行——我国经济运行的新势态

我国经济发展已经告别了短缺运行，当前经济运行中呈现出包括消费品、投资品在内的大范围的供给过剩。商业部门1998年的调查显示：100％商品供大于求或是供求平衡，市场上"万种商品俏货少"，库存积压增大，达到国内生产总值的40％；住房积压1997年比1996年增长25.4％，1998年积压达到7000万平方米；长期存在的交通、电力、油、气等生产资料供应紧张和短缺已不复存在，1998年电力生产也出现过剩。显然，过剩已经是我国市场上的一个普遍的和占据主要地位的现象，这是我国经济运行中出现的新情况和新问题，而且这种过剩已经成为严重制约我国经济健康发展和持续增长的关键问题。

对于经济运行中的这一新情况，需要进行深入的研究，不能停留在表面上的描述，就市场论市场，而应该从国民经济全局的状况，从

---

① 此文收入张卓元主编《21世纪中国经济问题专家谈》一书，该书1999年由河南人民出版社出版。

经济运行的总体角度，从理论的高度予以阐明。

理论界曾经有一种论点是，"需求不旺"正是一种良好的、适合我们需要的"买方市场"，另一些同志把当前需求不旺认为只是供给结构失衡所造成，上述这些观点在认识上都有就市场谈市场的不足。我认为我国当前的过剩具有下列特点：

第一，范围的广泛性。过剩表现为商品普遍供给过剩，不仅消费品市场全面疲软，生产资料也大面积滞销；而且，过剩超过了商品领域，甚至长期都是稀缺的信贷资金也出现了供应的宽裕。由于市场利润率降到极低水平，甚至低于银行利率，投资积极性大大降低，因而居民储蓄迅速增长，许多地方银行出现存差，一些地方出现部分社会生产资金回流银行。

第二，物价在低价位持续下滑。1996年物价上涨幅度已降到6%，1997年10月起出现了持续17个月的物价负增长，1998年涨幅为负2.6%，在1998年加强投资拉动后，1999年1月和2月，物价仍继续下滑，通货紧缩表现得十分明显。

第三，生产能力的过剩表现十分突出，许多行业生产能力闲置50%左右。

第四，过剩运行的持续性。自1996年年底市场疲软开始显现，1997、1998两年来市场供给过剩进一步加剧。尽管1998年采取了扩大内需的重大措施，但迄至1999年年初，市场状况尚未有明显变化，不仅价格继续负增长，而且居民储蓄急剧增长，1~2月，达到3400亿元的前所未有的增幅（1998年全年为7200亿元）。从目前市场走势来看，过剩运行的基本势态短期内还难以改变。

第五，国内生产总值增长放慢。由于市场全面疲软，促发了企业间恶性削价竞争，一些商品售价几乎降到零利润的成本价。例如钢产量1998年继续增长，每吨钢价格下降200元，利润急剧下滑。这种情况下厂家减产、停产就是不可避免的。这集中表现为1997年以来增长率逐步下滑，由9.8%、7.8%降到1999年预期的7%。

上述几个方面表明：过剩已经不只是商品市场的现象，而且涉及其他要素市场，并且演化为生产能力的过剩；市场上的供给过剩和销售困难，已经不是一般的市场运行不均衡的表现，已经出现了某种程度的通货紧缩，造成运行的障碍和带来增长放慢。可见，过剩已经不只是一个市场现象，而成为一种带有故障和严重负效应的运行势态，人们使用的"买方市场"概念已经不足以概括这一运行势态特征。基于上述理由，我认为使用"经济过剩运行"一词是更为确切的。

二、过剩运行的性质

本文中使用的"过剩运行"，指的是宏观经济运行的一种势态，其主要表现是市场商品供给和生产过剩、生产能力过剩、要素供给过剩等，其实质是现实总需求的不足，与供给的增长不相对应。

过剩运行不是指微观经济中的供求失衡，即某一个产品、某一个行业，甚至一个产业出现的供大于求。上述微观的过剩现象在市场经济中是经常发生的。在自发性的市场机制作用下，市场需求与供给不能经常相一致，就某一产品来说，有时会出现供不应求。在价格机制作用下，通过供给增大或需求缩减，它又会转变为供大于求，因而，微观的供给不足与过剩，是经常存在和交替出现的。市场具有自我调整的功能，它通过这种不断的供求失衡，可以导致某种暂时的均衡，但又会转化为新的供求失衡。上述情况在社会主义市场经济中也是同样存在的。

这里我们所要讨论和研究的，不是上面提到的那种微观的过剩。我们要研究的是我国当前面对的国民经济过剩运行，即总体的过剩。

市场经济中宏观总量均衡问题，是西方政治经济学理论中长期争论不休的问题。按照萨伊的供给创造需求的理论或新古典经济理论，市场机制和自由竞争会导致总供求的均衡。西方经济学上述主流理论，无法解释资本主义国家市场经济运行中一直存在的经常性总供求失衡、周期性的过剩和经济危机。只是在20世纪30年代资本主义经济危机大背景下，凯恩斯用他的有效需求不足的理论，承认了资本主义市场经济中有产生生产过剩的经济危机的土壤。凯恩斯的有效需求不足理论不十分完善，但是它毕竟对市场经济体制下宏观经济运行总供求失衡的机理做出了一定的、具体的分析。对于资本主义经济运行中周期性的生产过剩的危机，马克思则从资本主义所有制结构和对抗性的财富分配结构的角度，做出了深刻的理论剖析。马克思主义政治经济学阐明了资本主义私人所有制结构导致群众购买力的增长落后于生产的增长，指出了资本主义国家经常出现的主要是制度性的有效需求不足和生产的相对过剩。经济过剩既体现了需求增长不足，也与生产增长状况有关。工业革命后的机器生产，20世纪现代化大生产的发展，特别是第二次世界大战后科技革命的新发展，使劳动生产率十倍、百倍地提高，造成生产能力的跃进式提升，现实有支付能力需求与生产增长的矛盾越发尖锐。人们可以看见，当前世界绝大部分工业生产能力都超过了现实的有支付能力的需求，在某些发达国家，一些行业的生产能力已经超过了国内居民的需要，出现了产品的绝对饱和。这是值得我们注意研究的当代世界的新情况。当然，这种情况并不改变资本主义国家的过剩主要是制度性的需求不足与生产相对过剩的本质。

当代西方世界所有制的结构和贫富的两极分化，使群众有支付能力的购买力增长愈加不适应现代生产能力的增长，制度性的相对过剩问题不仅未能得到解决，而且在某些国家、某些时期表现得十分尖锐。第二次世界大战后资本主义发达国家不断出现的萧条、滞胀，以及长期的低增长、高失业，其主要的和深层的原因都在于制度性的生产相对过剩。可见，制度性的需求不足和相对生产过剩是资本主义难以医治的痼疾，从这一角度，我们把资本主义经济称为"过剩经济"。

社会主义市场经济，就其制度本质来说，它不是过剩经济。但是这不等于说社会主义市场经济就不存在过剩和过剩运行。这是由于：（1）由市场调节的、自发性的投资与消费（以及外贸），其增长不可能是均衡的，因而总供给与总需求的失衡——表现为过剩运行或者是短缺运行——是市场经济的一般现象，即使发达的社会主义市场经济的运行中也有发生的可能性。（2）我国将长期处在社会主义的初级阶段，现实的社会主义存在着多种所有制结构和多样分配方式，社会个人财富与个人收入的不均衡和不完善将长期存在，从而也可能产生一定程度的制度性的社会购买力增长落后于社会生产增长。（3）我们还处在由计划体制向市场体制转轨的历史时期，其特征是改革的不到位，市场体制的不完善，市场机制的自我调节乏力，甚至作用扭曲，后者突出地表现在盲目投资和重复建设上，并由此造成供给结构失衡；而且由于自我调整机制的缺乏，供给结构失衡不断地发展和扩张是转轨期的重要特征，它导致宏观的供求失衡和过剩运行。（4）转轨期制度的不完善和各种制度缝隙的存在，引起收入结构的畸化，其表现是收入差距大，甚至悬殊，后者会抑阻社会购买力的正常增长，从而导致社会购买力的增长落后于生产的增长。（5）现代大工业的发展，特别是新科技转化的生产力，使一些行业、部门生产能力迅猛增长，这种技术飞跃基础上造成的生产增长超过社会消费需求的增长，也成为过剩形成的一种因素。以上分析可以归结为：尽管在社会主义市场经济运行中，制度性的需求不足和相对生产过剩已不是主要问题，但还存在出现市场经济一般的宏观供求失衡的可能性，特别是在经济体制转轨期，市场机制自我调节功能薄弱和作用扭曲成为经济过剩运行出现的主要原因。这也表明，我国当前面对的过剩就其性质来说，它不是过剩经济，而是一种转型期机制性的过剩运行。

三、由短缺运行到过剩运行的转换

在上面论述了过剩运行的成因主要是转轨期的经济机制，我们要进一步指出：在经济转轨期，随着体制变迁和经济机制的转变，带来我国经济运行势态的重大变化，使20世纪50年代末以来长时期内的经济短缺运行转变为近年来的过剩运行。计划体制是以短缺运行为特征，匈牙利经济学家科尔奈称之为"短缺经济"，并对其做出了卓越的经济学分析。经济短缺运行表现在企业的物资供应存在缺口，个人消费品供应严重匮乏，尽管计划价格保持稳定，但是存在黑市高价和隐蔽的高交易费用。短缺经济依赖政府计划来平衡物资供求，用消费品的计划分配——其典型形式是凭票证供应和排长队——来平衡市场供需。总之，十分紧张的经济短缺运行是依靠行政力量的有计划分配来撑持的。

短缺运行生成的原因是：

第一，高度集中的计划体制下，企业是政府附属物，缺乏自主权、物质利益与内在的责任心。在平均主义的"大锅饭"分配体制下，干多干少、干好干坏、干与不干一个样，企业和职工缺乏积极性，使生产效率低，加剧了供给不足和劣质产品的供给。

第二，由于企业之间的产品交换采取物资调拨方式，缺乏经济利益的计划分配，挫伤了企业交易的积极性。尽管强调计划就是法律，但是社会主义经济交往中毕竟也没有"免费的午餐"。经济利益的缺乏，必然造成企业供货中的各种违约现象，如不按照合同规定的时间以及质量的要求供货。

第三，由于实行计划经济的社会主义国家为了加快工业化，实行优先发展重工业的方针，轻工业、农业被削弱，造成国民经济结构失衡和比例失调，从而加剧供求失衡。

第四，由于追求超过经济可能性的高速度，如像20世纪50年代中叶我国实行的"大跃进"、超英赶美，加剧了经济失衡，人为造成生产资料短缺和城市农副产品供应的不足。

上述种种因素，使计划不仅不能达到比例关系的"自觉的协调"；相反，正如列宁所说，完整的、完善的、真正的计划，目前对我们来说等于"官僚主义的空想"。因而，物资短缺和消费品的短缺，就成为计划体制经济运行不可避免的特征，这种运行状态已经为实行计划体制的我国和其他社会主义国家的实践所证明。

在由计划体制到市场体制的转轨期经济运行中出现了由短缺运行向过剩运行的转换。不过，这一转换不是立即发生，而是一个短缺逐步缓解的过程，也是一个短缺结构的不均衡化，其中还经历了一度物资短缺的明显化。

1979年以来实行的市场取向的改革，逐步废弃了禁锢生产力的计划体制，不断地增强了经济的活力。一马当先的农村经济体制改革，调动了我国亿万农民的积极性，直接带来了20世纪80年代初以来我国农业经济的恢复和迅速发展。我国农业产值和农副产品供给的迅速增长，20世纪50年代末以来就存在而且不断加剧的口粮、油料和副食品、蔬菜供应的短缺得到缓解。80年代中期后，我国逐步废止了粮食、副食品的凭票供应。随着城市国有企业改革的开展和企业活力的逐步增强，城市工业生产快速增长，消费品供应增加，品类增多，长期存在的居民基本生活消费品的短缺也逐步缓解，消费品的凭票供应也相继废止。

改革以来尽管短缺有缓解，但是经济短缺运行的总势态并未改变。在20世纪80年代初，农业经济的较快增长，农民收入大幅度提高，以及在城市国有企业放权让利的改革中职工收入的较大提高的背景下，群众收入的增长超过了生产的增长。因而，一方面粮油、副食品等基本消费品的短缺缓解，但是"老三件"——收音机、手表、自行车及其他生活消费品，特别是名、优、新消费品却供不应求，某些消费品，如彩电等还要实行有限制的供应。特别是随着工农业生产的加快发展，化肥、农药等农业生产资料和能源、交通以及"三材"等基础原材料长期供应紧张。乡镇企业和城市非国有企业的兴起，后者通过市场方法取得原材料，造成对国有经济中物资计划调拨的"冲击"，加剧了投资品供应紧张。在价格实行放开——农副产品逐步全面放开，工业品实行双轨制的条件下，上述物资的紧缺以及消费品供给的不足，表现为物价的上升。如：1985～1989年，全国零售物价指数（以上年为100）分别为108.8、106.0、107.3、118.5、117.8，其中，消费品物价指数分别为109.4、106.5、107.4、119.0、117.5。

20世纪80年代的物价上涨，特别是在实行宽松的信贷以加快增长速度时期，短缺更加明显，其表现是急剧的通货膨胀。我国转轨期的"短缺"运行，不同于原来计划体制下的"短缺"，也不同于一些苏东国家的"短缺"。（1）这种短缺是局部的，多数基本生活消费品和一些生产资料逐步摆脱了短缺，或短缺得到缓解。（2）这种短缺与高增长相伴随。1979～1998年，我国经济以年平均9%的高速度增长，它是发展中的"短缺"，而不是发展停顿或萧条下的"短缺"和匮乏。（3）这是体制改革过程中经济活力增强下出现的短缺。改革使企业有了自主权，可以自行扩产找米下锅，特别是引入利益机制但又缺乏约束机制的企业，产生投资饥饿，"争投资""上项目"更加成为企业的行为特征。改革采取权力下放，对地方政府实行财政承包，企业投资饥饿和地方政府的冲动体现了改革带来的体制活力，前所未有的大规模经济建设的兴起，加剧了物资短缺。（4）这是收入较快增长下出现的短缺，20世纪80年代初以来城乡居民收入有较快增长，使消费品不断增长的供应仍不能适应市场需求。

可见，20世纪80年代以来的"短缺"的成因是高增长，是改革带来的经济活力。尽管短缺使国民经济运行难以稳定，出现了4轮大起大落，但毕竟实现了经济的高增长，工业生产能力迅速提高，加快了工业化。近20年工业生产能力和国家经济实力的持续增强，为90年代中期我国经济告别"短缺运行"奠定了物质基础。

四、过剩运行的成因

我国当前经济过剩运行的出现，既是由于有效需求的不足，是一种相对的过剩，也是由于供给结构的缺陷，体现了重复建设下的产品过量供给和结构性的过剩。

需求不足已经是当前经济中不容回避的现实。我们在上面已经说明：总需求不足并不是只存在于资本主义经济运行中，它也有可能出现于社会主义市场经济的运行中。总需求表现为现实的投资需求、现实的消费需求以及出口需求，这三者在市场经济中是经常变化的，从而总需求与总供给不相对应与失衡就有出现的可能。在现代市场经济中，总需求与总供给的由失衡到大体均衡，主要是依靠市场的调节功能，也依靠政府对宏观经济的有效调控。在我国经济转型期，无论是市场功能和政府功能都未能完善，而投资、消费等需求不可能是长时期稳定的、正常的增长。此外，出口需求更是一个受国际经济直接影响的变数。可见，转型期经济运行中总需求与总供给的失衡不仅有可能出现，而且曾多次出现，近20年我国经济几度波动与过"热"、过"冷"都是总供求失衡的体现。

（一）造成当前需求不足的因素

第一，亚洲金融危机以来出口需求的锐减。我国多年来外贸持续大幅度增长，出口在20世纪90年代平均增幅高达18%，出口对我国增长的贡献约为2个百分点，1998年5月出口出现了22个月以来的首次下降，1998年出口增长幅度为0.5%。出口需求的剧烈缩减，成为制约总需求增长的重要因素。

第二，投资需求增长放慢。在实行紧缩中，需要压缩基本建设，抑制投资过热，投资率由30%下降到20%以下。在经济软着陆实现后，启动投资需要有一个过程，在市场需求制约和体制制约下，社会投资增长缓慢，不仅国有企业缺乏投资积极性，1997年、1998年两年多数国企技改投资负增长，社会投资也出现衰减势头。1999年春出现的居民储蓄超常激增，体现了一些民营企业压缩生产资金的投资衰减趋势。投资需求是总需求的重要因素，投资的正常充分增长是支撑经济持续稳定运行的重要条件，1997年以来社会投资需求增长的缓慢，在出口消费需求不足的形势下，加剧了总需求增长不足，成为复苏期经济难以启动的重要因素。

第三，消费需求增长的放慢。消费需求是总需求的重要构成部分。我国城乡居民消费在国内生产总值中的比率在1979～1991年平均为64.5%，1992年以来出现了消费增长的滞后，城乡居民消费占比下降到60%以下，1992～1996年平均为58.18%。现实消费需求增长滞后的主要原因是居民收入增长的放慢。根据一份统计材料，城镇居民人均收入的增长1995年为22.5%，1997年为6.6%；农村居民收入的增长，1995年为29.4%，1997年为8.5%；1998年城镇人均收入增长为5.8%，农村人均收入增长为4.3%。可见，尽管在我国居民收入和居民消费是不断增长的，但较之80年代中期以来的居民收入和消费的较大增长幅度，则呈现出居民收入与消费增幅的缩减，与经济持续高增长和庞大的市场供给积累形成鲜明反差。根据一份材料，目前的消费率下降到国内生产总值的45%左右。可以说，在我国出现了相对于快速增长的生产能力的消费增长的滞后和不足，消费需求增长滞后于生产的增长已经成为我国经济运行中的一个主要矛盾，当前的消费品市场的全面疲软，以及投资势头的疲软都是这一矛盾的表现。

消费需求增长的放慢和滞后，是我国改革过程中出现的值得重视的新问题，它既表明市场经济中消费需求增长和变动的不均衡；更主要的，它是转型期经济机制不健全和经济运行中各种矛盾交织的结果，也是不发达国家工业化过程中的各种矛盾与困难的表现。

（二）城乡居民收入增长不平衡是转轨期难以避免的现象

不少苏东国家由于路线政策的失误出现了转轨期长期萧条，造成生产持续负增长，国内生产总值的大幅度下滑和广大居民实际收入减少。我国在邓小平理论指引下，实行了市场导向的、逐步推进的、稳健的改革，带来了经济与群众收入持续的增长，20世纪80年代是居民收入较大幅度增长时期，但是转轨不可能实现全体居民收入持续大幅度增长。这是因为：

第一，经济市场化加快发展、国有企业改革滞后，这往往是渐进性改革中难以避免的现象，其结果会使相当一部分国有企业困难日增，效益下降，从而使职工收入增幅下降。

第二，实现体制转轨，国有经济的大调整和国有企业的大改组是不可避免的。改组和调整毕竟不可能平滑地无痛苦地进行，企业大改组与结构大调整中的职工下岗和再就业，会带来城市有关群体收入的暂时下降。

第三，由于体制的制约和增长方式的制约，农民收入增幅减少，需求不足。农村需求是我国市场需求，特别是消费需求的重要支柱。农民占我国人口的80%，农民是人口最多的消费群体，农村消费占社会总消费的40%。在实行家庭联产承包责任制的初始阶段，出现了农民收入大幅度增长。但是我国农村经济的发展，面对着体制的制约和增长方式的制约。农村改革初期表现出旺盛活力的家庭联产承包责任制，需要制度的稳定，更需要制度的完善。农村经济进一步振兴，需要大力发展为家庭生产服务的各种服务组织，实行土地使用权的转让，发展农村适度规模经营，发展农业产业化。要争取在家庭生产基础上，提高农业生产力，推进农业现代化，特别是要解决好乡镇企业的产权改革和结构调整，实现第二次创业，使乡镇企业适应于经济市场化的新形势，防止乡镇企业经济衰退；还要大力推进小城镇建设，就地转移农村剩余劳动力。总之，要在两个转换中促进农业现代化和农村经济工业化和城市化，这是我国转轨期最艰难的任务。由于种种原因，上述两个转换步子不大，造成20世纪80年代末以来农村经济发展徘徊与农民收入增幅放慢，特别是近年来，由于出现了乡镇企业生产下滑，农村剩余劳动力转移放慢，农民收入增幅进一步下降，个别地区出现农民收入和消费水平的下降，如像1998年春节某一些乡村出现杀猪数量激减和消费水平下降的情况。

第四，转轨过程中分配机制的不完善，对分配的调节手段的缺乏，特别是国有资产流失的多种多样的"制度缝隙"的存在，使收入中的差别扩大过度，中间群体收入水平低，增长慢。有材料指出，占居民20%的高收入层，拥有居民储蓄的80%。社会收入结构的不完善、存在缺陷，成为当前制约社会需求增长的另一个因素。

第五，就业、医卫、教育、住房以及政府机构等体制改革的全面推进，在国有企业面临困难和大量下岗形势下，增大了预期消费的心理压力，产生了抑制即期消费的聚合负效应，促使广大消费层消费倾向的减弱和储蓄倾向的增强。我国储蓄率长期高达40%，在世界上是最高的，近两年储蓄率进一步提高，出现了利率六次下调，存款不降反升的现象，特别是1999年1～2月两月居民储蓄猛升，这里体现出涉及个人的改革政策集中出台对消费需求增长带来的负效应。

第六，流通体制和购销方式的缺陷，也是市场难以开拓的重要因素。城市商业体制还不完善，批发、零售各个环节均有待深化改革，特别是农村供销社还未搞活，流通组织单一，购销渠道不畅，农产品难卖、难买仍然是农村普遍的现象，其结果是农村市场难以有效地开拓。市场经济是信用经济，信用消费及租赁等多种消费方式的发达是市场经济的特征。而我国却是信用消费缺乏，现金交易的陈旧购销方式与消费方式和当前消费升级的阶段严重不相适应，成为住房、轿车等固定消费品市场难以开拓和消费热点难以形成的原因之一。

第七，消费观念和行为尚跟不上形势。应该看到当前市场全面疲软中的观念和心理制约的作用。旧中国长期存在的自然农耕经济和20世纪50年代中期以来的计划经济，形成过度节俭的消费观念和消极的消费行为。而市场经济则要求消费需求作为推动力，特别是现代市场经济因其强大的技术基础和生产能力的跃升，供给的激烈增长，要求扩大产品市场，首先是最终产品的消费品市场，这种产生于现代经济的内在需要，带来消费观念的转变，产生了西方资本主义国家普遍的崇尚奢侈享乐的消费主义。我们不提倡奢靡消费，但也不能固守传统的过度节约的消费方式和提倡消费抑制，而应该随着生产力水平的提升和供给的逐步丰裕，树立起新的积极的消费观念和健康的消费行为，这是促使消费持续旺盛增长必须具有的条件。在我国，当前一部分消费群体——特别是高收入层——中存在的奢靡消费趋势，一部分消费群体中又存在消费方式陈旧——习惯于供给式消费，对信贷消费的不适应，一部分群体还存在消费的过度自我抑制。消费率近年来进一步降低，1999年储蓄的超常增长，住房消费信贷的难以推广，这些情况与市场经济"买涨不买落"的"惜买"心理有关，又与消费群体的消费观念和行为方式有关。

第八，有效供给增长的不足。我国当前消费增长放慢，主要是由于收入增长放慢，但也与消费品质量不高、品类少，特别是热点消费品开拓不足有关。我国消费品市场上的突出现象是产品品类少、质量差，假冒伪劣现象较为普遍，这是一种转轨期的市场低质产品供给重叠，它表明供给不适销对路和有效供给缺乏，这种供给的性质，不可能刺激消费需求的增长。

以上8个方面的分析表明：我国当前的需求不足和生产过剩，是转轨期多种矛盾交织的产物，主要是转轨时期的体制、机制的不完善以及增长方式的陈旧造成的。这种相对需求不足和生产过剩，并不是来源于基本制度，从而与资本主义国家的需求不足有质的差别。

五、重复生产与过剩运行

我们在上面已指出，当前经济中出现的过剩，既是由于需求增长滞后导致的相对过剩，又是由于供给结构失衡导致的结构性过剩，结构性的过剩在我国当前表现得十分鲜明。

当前市场的突出现象是：产品品种少；性状与功能雷同的产品多和大量过剩。产品供给结构单调，品种少，是我国当前市场和生产的特征。在发达国家产品约有150万种，而我国少于50万种，一些著名的国有大百货商场商品也不过3万种。市场供给的商品品种少，特别是"名、优、特、新"产品少，意味着缺乏满足多种多样需要的对象。除此而外，还存在正在成为热点的旅游业、服务业的供给不足，以及基础设施，某些基础、关键原材料，以及教育、文化、医卫、环保等方面的公共产品或准公共产品的供给不足。上述情况表明供给的结构存在失衡，有效供给不足，是一个突出现象。性状与功能雷同的产品拥塞，特别是质量低的产品的拥塞，是当前市场供给中的突出问题。

供给结构的雷同与过剩是一个十分普遍地存在于众多行业的现象。我国服装——不包括针织服装——1997年产量已达96亿件，较1978年增长13倍，市场上供给量大，但是大路货多，质量好的名牌市场开拓不足。产品重叠过剩不仅仅是众多行业的现象，而且是越来越突出。例如彩电市场品类近似的模拟式彩电充斥，城市市场饱和，彩电生产能力闲置已达1/2。在彩电产品重叠供给日益加剧之时，近几年又出现VCD、DVD等的重复生产、盲目扩张和产品的重叠供给。产品重叠过剩不仅仅表现在消费品市场上，而且表现在生产资料市场上。还需要指出，产品重叠过剩还表现在低水平的供给重叠过剩，质量不高、科技含量少是当前市场上多数产品的共同特征。这种低水平的产品重叠过剩，在消费需求与生产发生变化的形势下，使市场销售更加难以打开。

可见，一方面产品重叠过剩，一方面适销对路的新产品匮乏，也就是供给结构失衡和有效供给不足。这种结构失衡、有效供给不足与需求不足并存，成为我国当前过剩的具体内容与特点。

我国供给结构的失衡与产品重叠过剩，其根本原因是盲目生产和重复建设。20世纪80年代以来，随着经济逐步搞活，出现了各地区、大中小企业一齐上，而同一行业的众多企业，则普遍地存在着产品开发、创新不足，新产品品类少，人们热衷于重复生产，你上我也上，造成市场上性状雷同的产品充塞和重叠，特别是一旦市场需求发生变化，重叠供给就转化为过剩。

这里需要指出，重复建设在市场经济中总会在不同程度上存在，但是发达的市场经济中市场调节功能又不断地消除盲目的重复建设，使供给结构和需求结构相适应。而我国面对的则是一种具有刚性的、持续的，甚至不断加剧的重复建设，这是在经济机制不完善下产生的盲目生产现象，是一种机制性重复建设。

（一）经济机制与重复建设

重复建设形成的机制性的原因是：

第一，企业内生的盲目扩张机制。国有企业改革的初始阶段，对企业实行扩权让利，未着眼于制度创新软预算约束和政企不分的企业，必然会产生投资饥饿，在自身利益驱动下，自然会热衷于盲目扩张。

第二，改革要向地方放权，在地方利益驱动下，产生了地方行政力驱使的重复建设。实行分税制的财税制度改革后，并未能彻底解决建设中的地方利益驱动。近年来市场已饱和的家电、VCD等在各地继续膨胀以及不少地方的"机场热"表明，政府主导的重复建设热在当前仍未能刹住。

第三，市场经济的自我调整机制的缺乏。我国市场发育不足，条块分割难以打破，统一市场未能真正形成，竞争机制软弱，在"诸侯经济"和市场藩篱制约下，严格的市场秩序尚未建立，以及在依靠人情、给回扣及其他各种不公正的促销手段下，劣质产品也能销售出去。市场价格机制不健全，使低水平重复下的过剩生产也获得"有销路的生产"的假象。

市场作用难以对生产进行调整，还在于资本市场重组机制的缺乏。由于资本市场的发育不足，股份制企业机制的不完善，企业间联合、兼并的再组织机制形成滞后和作用薄弱，企业重组难以有效推进，从而使过剩生产凝固化和持续化。

第四，政府的"父爱主义"。由于企业政企不分，企业依赖政府，促使政府提供财政、信贷的政策优惠，政府又实行"父爱主义"，使企业有所恃而不恐。这是企业结构难以调整，过剩生产凝固化和持续化的重要原因。

第五，无人负责的政府投资体制。盲目的投资行为的产生还在于传统的只管建设、不管经营和偿还贷款的政府投资体制。这种计划体制下的投资体制，再加之长期存在的发展大一统国有经济的偏好，不仅造成地方盲目投资和重复建设的泛滥，而且也使来自中央投资中的不合理行为难以杜绝。

第六，金融改革的滞后。传统的金融体制下，企业资金唯一来源是银行，而专业银行实行政策性贷款和资金供给制，由此加剧企业的投资饥饿，再加之缺乏责任制的首长意志的信贷难以抑制，以及缺乏约束机制的银行信贷体制，造成经常性的信贷扩张，后者成为重复建设的孵化器。

以上我们分析了我国转型期机制性重复建设的六个方面的原因，应该看到，最主要的是主体盲目的投资扩张，市场价格机制作用的薄弱，资产重组机制的缺乏。具体地说，重复建设与过剩生产是主体投资积极性高涨、盲目行为泛滥，但约束机制又缺乏条件下的产物，是市场化改革未到位、市场自我调整机制尚未全面形成条件下不可避免的现象。重复建设与决策失误和官僚主义的瞎指挥有关，但是在进行经济学的分析时，要求人们不应把重复建设简单地归之于某些人的行为失误，而应该首先从体制和机制上认识这种重复建设长期顽固地表现和屡禁不止的深层原因。

（二）增长方式与重复建设

我们还需要指出，重复建设的加剧还与数量扩张型的增长方式密切相关。数量扩张型的增长方式，是我国经济发展初始阶段所不可避免的。由于改革启动了群众在计划体制下长期受到压抑的需求，刺激了消费品和投资品的生产；由于我国工业基础较为薄弱，科技水平和群众文化教育、管理水平低，加之缺乏资金积累，因而在全国兴起的工业建设热，特别是乡镇企业建设热，主要表现为规模小、技术不高的劳动密集型粗放型生产的大发展。人们看到20世纪80年代以来，生产质量不高、技术含量低的消费品以及投资品的小加工厂在各地铺天盖地兴建起来。可见，数量扩张型的增长方式，以其所具有的企业规模小、资金少的特点，成为重复建设在全国范围扩展的物质基础。

在我国大力推进增长方式转变的20世纪90年代，由于传统的数量扩张型增长方式的严重惯性，小（规模小）、散（投资分散）、差（质量差）、产品重复的小企业仍然在各地不断上马，不仅加剧市场上低水平产品的重叠过剩，而且抑制具有良好前景的企业的发展。

可见，机制性的缺陷引起的重复生产，又因增长方式的落后而加剧，成为我国转轨期刚性重复建设和过剩生产持续化的重要原因。

（三）经济过热与重复建设

我国转型期经济持续以9％的幅度高增长，但是发展具有不均衡性质，20年发展中既有小起小落，也存在较大的起落。在经济高速增长时期，对资本品的需求增长，"三材"、运力紧张，工资与消费需求也快速增长，因而使低水平过剩的生产能力被掩盖起来。低水平重复建设的投资拉动经济，使经济表现为景气运行，重复建设的加剧和被掩盖，在经济过热的时期最为明显。在一时的过度扩张的市场需求下，出现了"大中小一齐上"，主要是小企业猛上。在20世纪80年代中期彩电热中一下子引进彩电生产线130余条，在西服热中引进西服生产线有百余条。过度扩张的市场，使这种盲目的重复生产难以为人们认识。而一旦随着需求增长放慢，例如，在实行经济紧缩的阶段，由于资本投入增长减缓，使资本品生产中的过剩表现出来，首先是"三材"的过剩和相继出现的其他投资品的生产和供给的过剩。由于收入与社会品零售总额增长放慢，消费品市场疲软，消费品生产中的重复建设与过剩也表现出来。

"总之，在我国转轨期，在短缺运行向过剩运行的转换过程中，出现另一种发展势态：追求过高速度—重复建设—追求过高速度—重复建设的恶性循环。由于机制性的重复建设是软市场约束和软预算约束的主体的投资行为，出现了人们争着搞重复。市场状况一般，盈利少，项目要上；甚至明明要亏，项目也要上；在市场走俏下，人们更要大干快上。追求过高速度不仅强化了各级官员求发展的政治功因，而且支撑高速发展的信贷扩张，哺育出经济过热和过度旺盛的市场需求，市场旺销又强化了各类主体的投资欲。由于在卖方市场下，不仅名、优产品走俏，而且低档的，甚至伪劣产品也可以获得销路，这种泡沫催化的卖方市场，以其扩大了的利润区界，煽起上下左右，大的、小的企业一齐上的发展热潮，其结果是重复建设的加剧。"[①]

以上论述旨在说明：不适当的过高速度与经济过热，是催生重复建设的又一温床。

综上所述，我国转型期存在着一种机制性的重复建设趋势，它带来供给结构的失衡，重复建设及其重叠供给的积累，最终会造成相对社会购买力增长的产品供给过剩。在信贷扩张、经济过热，从而社会需求过度增长的情况下，上述重复建设和供给失衡被掩盖，而一旦由于种种原因出现需求增幅放慢，供给失衡和产品过剩就会显示出来。

六、力争实现经济由过剩运行到平稳运行的良性转换

基于本文中对经济过剩运行的性质和成因的分析，我们可以得出治理过剩和实现经济稳定运行的对策。

（一）正视需求不足，大力扩大内需

国内需求增长滞后和内需不足，已经成为当前我国经济运行中的

---

① 刘诗白：《论经济过剩运行》，《宏观经济研究》1999年第4期。

突出现象和主要矛盾。治理过剩运行要从扩大需求着手，首要的是扩大国内需求，为此，要采用积极的财政政策和有效的货币政策，搞好投资和消费双轮拉动，以启动经济。在投资拉动中，要以扩大政府公共投资为起点，着力于刺激社会投资，形成内生的投资需求；启动经济要以启动消费为重点，要通过标本兼治多管齐下，大力刺激消费需求。针对当前消费倾向下降、储蓄倾向超常跃升的情况，更要采取有效的对策，如像增加群众收入、健全居民消费心理等。要搞好扩大内需，首先要加强理论认识，要积极面对和承认当前需求不足的现实。在一段时期，人们讳言需求不足，其实需求增长落后于供给的增长的总量失衡，是市场经济中难以避免的现象，更是转轨期经济机制的缺陷和各种矛盾的产物。我们要加深对转轨期经济规律的认识，保持清醒的头脑，及早采取有效对策，防止和缓解转轨期收入增长放慢趋势，维护有效需求的正常增长。

（二）集中力量、调整结构

我国当前的过剩既是因为需求不足，又是由于重复生产造成的供给结构失衡。结构性的过剩是我国过剩运行的突出特征。我国众多行业中，特别是轻工业、家电、纺织等行业及一些生产资料行业中的生产能力过剩已近50%，而且这种过剩且低水平的重复建设还在发展。这种供给畸形扩张造成的过剩，是不可能靠需求增长得到根本解决的。显然地，一些消费品的市场饱和，也不可能指望在近期内能通过城市市场进一步开拓和农村需求跃升来解决。扩大需求不可能是一把解决严重的结构失衡和结构性过剩的金钥匙；恰恰相反，如果只是采取需求管理的政策，实行货币发行与信贷"开闸"和扩张，或许能暂时缓解某些产品的过剩，但是更有可能导致过热和通胀，不能解决我国的结构失衡，而只能使其隐蔽化和更加严重。而解决过剩运行的重要之途，只能是调整结构，在科技革命和世界性的结构调整，特别是东南亚金融危机后各国加强结构调整和产业升级的新形势下，在参加世界贸易组织已经不远的情况下，我国的结构调整更是分外迫切。因此，当前的主攻方向是，调整和优化产品、产业和地区结构，形成适销对路的有效供给，特别要刹住使结构失衡和过剩持续化的重复建设风。当前的过剩，也是促使政府和企业进行结构调整的大好时机。

（三）深化改革，完善市场机制，形成和强化经济自我调整功能

我们已指出，不应把盲目生产和重复建设，只看成个别人非理性行为所造成，而是在于转型期的经济机制的缺陷。因而，要从根本上解决机制性的盲目生产和重复建设，必须着眼于加快改革，完善经济体制。要推进市场化的全面改革，包括国有企业、银行体制、资本市场等方面的改革：（1）形成自我约束、自我调整的理性的企业行为；（2）形成促使结构调整和产品创新的完善的市场价格机制；（3）形成促进企业优胜劣汰、进行组织结构调整和存量资产流动重组的机制。显然，对于转轨期机制性的重复建设的治理，只能是深化改革，加快社会主义市场经济体制的构建，除此之外别无他途。

（四）充分有效地发挥政府的调控功能

社会主义市场经济中政府有着强大的经济功能，在转型期，政府要发挥推动、规划体制创新的功能、推动增长方式转换的功能，以及调控宏观经济，保持国民经济稳定、健康运行的功能。在当前过剩运行压力下，企业行为愈加不规范，如企业热衷于不合理的削价竞争，加剧了市场秩序混乱，造成两败俱伤。我国当前出现的经济过剩运行，进一步表明搞好政府的宏观调控的必要性和迫切性。

我们认为过剩作为市场经济运行的一种态势，是总量失衡和结构失衡在运行中的表现。针对这种失衡，需要有政府的宏观调控，要通过财政、金融等杠杆调节投资、消费等变量，维持宏观经济的稳定发展，防止萧条、通胀和经济的大起大落。凯恩斯主义以来的西方经济学已经对政府的经济调控进行了论述。社会主义市场经济同样是在不均衡和波动中运行。总结我国近年来进行宏观调控的宝贵经验，有效地发挥政府的宏观调控功能，对于争取实现我国经济的良性循环是十分重要的。

我国当前的过剩，表明在转型期需求变动与增长的不稳定性，供给结构失衡的刚性，经济增长中过热或过冷交替出现的经常性，以及受到国际经济变动的外贸和引进外资等参数变动的不确定性。因而，为了保证国民经济的稳定、健康运行，需要加强政府对宏观经济的调节。在当前，政府要处理好影响运行的主要方面和环节，尤其要处理好增长速度与结构调整的关系，把结构优化放在首位；在扩大内需中，要处理好投资需求与消费需求的关系，把消费需求的启动作为重点；在扩大消费需求中要把促进居民收入增长和刺激即期消费相结合。要大力增加出口，把扩大内需与扩大出口需求相结合。在当前，加强对宏观经济的研究，采取有效的政策措施，通过扩大需求，调整结构，转换机制，经过一段时间的艰苦努力，我们完全能实现由经济过剩运行到平稳运行的转换，实现总供求基本协调下的正常的买方市场，改变当前的市场疲软和增长减速态势。

经济转轨与有效需求不足的治理[①]

　　20世纪90年代是改革开放深入发展的时期，尽管经济发展中出现过热和经历紧缩、减速，但仍是经济持续年均9%左右的高增长时期，是国家综合经济实力迅速增强的时期。然而相对于国内生产总值和生产能力快速增长，基本消费群体收入增长滞后，已经给经济生活带来了十分严重的负效应，需求不足和经济过剩成为当前制约经济健康运行的主要矛盾，这是我国经济运行和发展中面对的一种新的态势。对此，社会各方面颇为关注，看法不一。

　　我以为，应该用辩证唯物主义和历史唯物主义的观点来分析社会主义改革的进程，对我国改革开放历史进程及转轨期的矛盾须进行冷静的经济学分析和总结。基于这种认识，本文提出转轨经济中需求不足，特别是消费需求不足的命题。我在《论经济过剩运行》（《宏观经济研究》1999年第4期）一文中业已指出："我国消费需求增长的放慢和滞后，是我国改革过程中出现的值得重视的新问题，它既表明了市场经济中消费需求增长和变动的不均衡，更主要的，它是转型期经

---

① 原载《宏观经济研究》2000年第2期，《人民日报》2001年11月27日摘要刊登。

济机制不健全和经济运行中的各种矛盾交织的结果，也是不发达国家工业化过程中的各种矛盾与困难的表现。"

由计划体制到市场体制的转轨，是经济的全面改组，是一场深刻的革命，不可能一帆风顺、不付出代价、不经历痛苦。不少苏东国家，由于"私有化"的休克疗法路线、政策的错误，在矛盾激化和多种矛盾交织下，出现了"转轨期的经济危机和长期萧条"。其表现是：生产持续负增长，国内生产总值大幅度下滑，国家经济实力逆退，广大居民实际收入减少，少数人借掠夺国有资产而暴富，并由此造成政治与社会动荡不安，使改革走入死胡同。我国的经济体制改革，在邓小平理论指引下，坚持社会主义方向，实行市场取向的稳健的渐进改革，在转轨过程中避免了改革力度过大的冲击，保持了稳定，有利于发展。但这种渐进式的改革也使各种矛盾积累，在改革的深化时期，我们面对着众多的、深层矛盾的交织，新旧体制的摩擦十分尖锐，因此只能恰当地和逐步地解决这些矛盾，不可能一蹴而就。可见，转轨过程中会出现一个多种矛盾交织的时期，20世纪90年代中期出现的需求不足，就是这种转轨经济的多种矛盾在经济运行中的体现。因而，可以说，20世纪90年代出现的需求不足现象是我国改革深化阶段的"体制综合征"。

一、转轨经济的内在矛盾与消费需求不足

（一）有效需求的含义

提高消费品的有效需求，是当前需要解决的重要问题。这里需要在理论上进一步明确的是：现实的消费品需求，其最大界限是主体的可支配收入的总和（不考虑个人信贷等因素），但在市场经济条件

下，主体可支配收入的总和并不统统转化为现实购买力、形成现实的消费品需求。因为，人们并不是将收入统统用于购买消费品，而是要将一部分储蓄起来，准备以后购买固定消费品，如买车、买房；用于维持子女入学；用于个人生活保障，如防备失业风险、养老、医疗等；实现延迟了的消费，如等待和准备将来购买价格更低、质量更好的消费品，等等。由于不同消费者的消费心理和行为有着很大差异，且收入水平不一，上述因素加强储蓄倾向的作用对不同个人和不同消费群体是不一样的，但在一个国家的某一时期来说，则存在某种较为稳定的消费倾向，或储蓄倾向。因而，社会的现实消费品需求，就是可支配收入与储蓄部分的差额。上述现实的、即期的消费构成社会对消费品的有效需求。有效需求是一个年度有支付能力的需求中的实现部分，显然，它通常小于有支付能力的购买力。我国目前处在经济还不发达、群众收入水平还较低的阶段。在市场经济体制下，人们的即期消费要受到以上因素的制约，这就决定了重视储蓄、节制消费是多数居民的心态，因而40％左右的高储蓄率便成为我国经济运行的特征。

储蓄偏好和消费抑制，在消费品生产不足和供给匮乏阶段并不会带来消费品有效需求的不足。在计划经济体制下，政府通过银行信贷安排，直接使储蓄转化为投资，因而也不存在投资需求不足的问题。但市场经济必须以需求为动力，要以消费需求的增长拉动投资增长，从而实现总量均衡和结构均衡。因而，保证消费品的有效需求的不断增长，就成为20世纪90年代中期以来我国社会主义市场经济体制下经济过剩运行态势的客观要求。所谓消费品有效需求增长，是指借助居民可支配收入的稳定增长和居民消费倾向的提高，实现居民可支配收入更多转化为即期消费。但是20世纪90年代中期，由于城乡居民收入增幅减缓，削弱了有支付能力的购买力的增长；就业、住房、福利、社会保障、教育等改革的全面推进，增大了个人预期支出；宏观经济由短缺运行转变为过剩运行，物价持续下降，加强了"买涨不买落"心理。特别是在基本消费群体收入水平较低（当前我国人均国内生产总值只770美元）的情况下，个人承担的住房、社会保障、教育支出增加的压力，加强了中低收入层即期消费的自我抑制，出现了居民收入向储蓄倾斜和向消费转化的不足。1997年以来我国出现了"储蓄热"和"消费冷"的反差。1998年居民储蓄已达5.9万亿元，而消费率却降到45%，与同等收入国家相比消费率低28个多百分点。最令人瞩目的是1999年1～5月，居民储蓄急剧大幅增长5600亿元（1998年全年增长7200亿元），而与此同时是物价20多个月的持续下降和低位运行。上述情况表明，20世纪90年代中期我国出现了群众可支配收入和即期消费需求的反向运动，尽管可支配收入和购买力仍在增长中，但有效需求却增长缓慢和总体不足。可见，我国消费有效需求的不足，既有群众可支配收入增幅减缓的原因，又有消费倾向下降的因素，而且是二者相互作用的结果。

对投资品来说，同样也存在可支配资本向投资转化的不足，从而出现投资品市场有效需求不足的问题。例如在出现经济紧缩，投资预期收益下降时，会造成社会投资不振，银行信贷资金难以向外投放，出现信贷资本过剩。在出现国际资本大量回流的条件下，也会抑制国内投资规模的扩大，从而出现国内投资品的有效需求不足。由于在再生产过程中，消费是最终需求，它拉动投资，消费品有效需求的不足也会最终使其拉动力弱化，造成投资品有效需求不足，从而在社会呈现出全面的有效需求不足，即这一年度实现的总消费小于居民有支付能力的购买力，实现的总投资小于国内可提供的资本。

（二）消费需求不足出现的主要原因

这里，我们要进一步分析造成20世纪90年代中期以来消费需求不足的主要原因。

1. 相当一部分国有企业还不适应市场经济要求，投资需求和职工消费需求增长缓慢

需求来自产出，在市场经济体制下，企业是需求的始发创造者，有活力的企业会适应市场状况，创造有效产出，取得效益，由此引发新的投资需求，同时职工收入增加，从而扩大消费需求。

国有企业是我国国民经济的主要支柱，是社会投资最主要的载体，是城市消费的主要支撑者，不断深化国有企业改革，增大企业活力，是保证始发需求不断增长的根本前提。我国国有企业在20世纪80年代城市改革初经历了一个活力增强、效益增大、职工收入较快增长的时期。但是此后在经济市场化程度加深，机制更活的非国有单位参与市场竞争的条件下，国有企业却因改革相对滞后和机制不活，缺乏适应市场变化而进行灵活自我调整的能力。产品结构陈旧，不适应市场需要；资金不足，包袱重，冗员多，成本下不来。上述问题，使已经下了市场之海的国有企业多数缺乏竞争力，困难日增，效益下降。1997年以来的经济过剩运行态势，对国有企业来说，情势更为严峻。资金税后利润率1997年为0.8%，1998年出现负值，不少企业陷入困境，营运收入减少，甚至收不抵支，维持再生产已不容易，更难有能力扩大投资和增加职工报酬。除此而外，国有企业投资、消费需求增长的缓慢，还与下述情况的变化有关：（1）尽管国企改革未到位，但预算约束毕竟逐步加强，自负盈亏、自担风险和实行下岗分流、破产等改革，使扩权让利改革时期企业的投资饥饿和消费亢进受到抑制。（2）专业银行的商业化，减少银行不良债务和加强金融监管等改革，

改变了银行对国有企业实行资金供给制，这使国有企业不可能再依靠银行信贷扩张来扩大投资及工资、奖金的支出，即不可能再借助"外在"力量而"虚胀"。要维持再生产、实行扩产和发展、增加消费基金，就只能立足于企业经营状况的改善。可见，国有企业的上述状况意味着需求创造源流的消减，我国近年来需求增长不足的最根本原因就在于此。

占工业产值近1/3的乡镇企业尽管机制较活，但也存在着产权不明晰、政企不分、技术落后、产品质量上不去的问题。在20世纪90年代的新形势下，也遇到与国有企业类似的困难，表现出增长放慢。这是造成当前市场需求弱化的另一重要原因。

2. 转轨期的失业，导致部分职工收入增长放慢

20世纪90年代中期国有企业改革进入攻坚阶段，国有经济需要适应市场经济体制的需要进行布局的调整，按照有进有退、有所为有所不为的原则，一部分国有资本要从竞争性行业中适度向外转移，这是从整体上搞活国有经济的客观需要，但也使下岗和再就业的规模增大。而发展非国有特别是非公有制经济来扩大就业空间，需要有制度、政策的调整和观念的转变，难以做到及时和顺畅。我国不少地方，客观上存在着非公有制经济发展的滞后，限制了转业与就业的空间，从而加剧了国有经济大调整期的失业。上述情况，在一些重工业高度集中的城市和地区表现得十分明显。此外，90年代中期出现经济过剩运行和增长速度放慢的宏观态势，也影响就业空间的扩大，使失业问题更为严峻。

综上所述，国有企业和国有经济的战略性大调整，会出现转轨期的失业，导致部分职工收入增长放慢，这是城市消费需求不足的一个重要成因。

3. 农村制度创新和农业生产方式现代化推进的困难，使农民收入增幅趋缓

农民占我国人口的80%，农村消费占社会总消费的40%，农村需求是我国市场需求的重要组成部分。20世纪80年代初，农村改革一马当先，农民收入在农业和农村经济兴旺发展基础上持续增长，成为国民经济高增长的重要推动力。但是，90年代中期以来农民收入增幅下降，1997年农民人均纯收入增幅较1996年下降4.4个百分点，1998年农民人均纯收入2160元，增幅仍低，1999年1~6月，农民收入增幅进一步放慢。

农民收入增长滞后是在我国农村"两个转换"进程中矛盾积累的背景下出现的。当20世纪80年代初家庭承包责任制、市场化所催化的农业生产方式的进步等因素带来的解放农业生产力、提高农业劳动生产率的能量释放出来后，细小的家庭农场与农业现代化的矛盾便突出起来。这是家庭联产承包后我国农村的首要矛盾。我国农业经济的主体占地少，户均数亩到10余亩的小家庭农场企业，决定了规模不经济、农民家庭收入少积累小、技术进步缓慢，难以改变落后的传统农业劳动方式，难以保证农业劳动生产率的持续稳定增长。

我国农村约有2.3亿农户，分布在广袤的土地上，许多农村交通不便，信息闭塞，联结生产与市场的流通体系不健全和发育不足，分散的家庭小生产与不断变化的大市场的矛盾是我国农村经济的又一重要矛盾。随着向小康经济的发展，城镇居民对农产品的需求不断发生新的变化，农村分散的家庭生产的盲目性及产品品质、数量不适应市场需求，"卖难""谷贱""果贱"等问题，越来越成为制约农民收入增长的突出问题。

此外，人口多、占地少、剩余劳动力的长期存在和农业现代化

经营的矛盾，也是我国农村经济的一大重要矛盾。农村大量劳动力剩余，不仅意味着隐性失业，导致农民人均收入增长减缓，而且存在着耕地细分，使家庭农户经济削弱的危险性。随着人口的增长，特别是农业劳动生产率的提高，剩余劳动力越是增大，上述矛盾越是凸显。

以上分析表明，这种转轨经济中机制和结构缺陷造成的阶段性的农村经济活力的衰减，是农民收入增长滞后（含农民负担过重的因素），农村有效需求增长缓慢的根本原因。

4. 转轨期的收入差距扩大，制约着有效需求的增长

转轨期的收入差距扩大，在当前表现得十分明显。5.9万亿元的居民储蓄中，有80%属于仅占居民20%的高收入层。这种收入结构不利于有效需求的增长。因为，对高收入层来说，能买到的商品已经有了而"不想买"，对于低收入层来说，想要买的商品不少却"买不起"。就城乡和地区来说，一些发达城市和发达地区，居民拥有数量可观的闲置购买力但基本生活消费品已呈现市场饱和，而广大农村和贫穷地区却又因收入低下，造成消费品市场狭窄。足见，收入结构的不完善和收入差距过度扩大，特别是占居民多数的基本消费群体收入水平低，缺乏购买力，成为当前制约社会有效需求增长的另一重要因素。

5. 消费倾向的下降，强化了消费品有效需求不足

消费倾向表现在消费者可支配收入中用于消费品购买的比例，它取决于：居民收入水平、收入结构、生活和消费方式、供给结构、购销体制（包括商业流通、消费信用）、消费文化、社会保障等因素。我国20世纪90年代中期出现了消费倾向急剧弱化现象，其原因在于城乡居民收入增长的放慢和居民预期支出的增长。更具体地说：（1）由于我国还处在经济不发达阶段，居民收入水平低，收入变化直接影响

消费倾向的变化。在收入增长放慢，特别是改革深化，由"铁饭碗"转向自身承担就业风险，收入对个人来说成为不稳定的条件下，即期消费的减少是很自然的。（2）居民预期支出的过度增长，是造成即期消费抑制的重要原因。由于包括就业、住房、社会保障、教育等多项体制改革的全面推进，使居民账户上预期支出急剧增大，而工资分配制度改革却相对滞后，现阶段只能实行低水平的社会保障，这使居民收入中自我保障支出的份额增大，因而必然减少即期消费。（3）有关个人就业、购房、社会保障制度尚未完备和明确，各种改革带来个人负担和预期支出的不明晰，还会引起即期消费过度抑制的负效应。在基本消费群体收入水平低的条件下，上述预期支出过度增长带来的即期消费抑制的效应会更为强烈。（4）持续的经济过剩和市场疲软，也强化"买涨不买落"的心理。在价格持续下行的宏观形势下，会加剧市场秩序混乱，厂商价格大战，假冒伪劣产品大肆泛滥，等等，这些均会进一步降低消费者的购买欲望。（5）城市居民生活进入小康，消费需求发生变化，但消费品结构创新和升级缓慢，适应小康的热点消费品缺乏，促使居民形成推迟消费的心态，成为抑制即期消费的又一因素。可见，我国当前面对着转轨期多种矛盾积累和互相交织而导致的消费行为和消费心态的急剧变化，其结果是基本消费群体即期消费自我抑制过度和消费倾向急剧缩减，许多人"有钱也不花""有钱不敢花"，这种情况大大强化了消费品有效需求不足。

综上所述，我国现阶段体制和机制上存在的矛盾，导致20世纪90年代群众收入增幅放慢和消费需求不足问题，而有效需求不足，更使消费需求不足问题愈加突出。由于作为最终需求的消费需求不足，投资需求也因此乏力，于是导致全面的内需不足。

二、需求不足的治理和加快体制转轨

诚如上述，20世纪90年代中期经济运行中出现的需求不足是体制转轨深入发展期众多矛盾的积累和交织的表现。基于这种认识，我们能确立起治理需求不足的清晰思路和更完备的方法。

（一）把扩大内需放到发展战略高度，同时千方百计扩大"外需"

既然我国的需求不足主要成因是内因，因而要根本解决需求不足，就要扩大内需。我国是拥有12亿人口的大国，经济的主要拉动力无疑是国内需求。我国50年代以来兴建起来的，特别是近20年来经济高增长中迅速扩大的城市工业生产能力的启动和充分有效的利用，以及我国当前在深化国有企业改革，加快资产重组与科技创新中正在形成的新生产能力的充分利用，其前提是12亿人消费的增长和国内大市场的开拓。我国国内生产总值约1万亿美元，人均国内生产总值只有755美元，目前处在向小康社会发展的阶段。12亿人口不断增长的物质与文化生活的需要，形成内涵广、层次多的"中国大市场"，是我国各类产业全方位发展和国民经济持续健康增长的不竭源泉。我国当前出现的市场全面疲软和生产能力的过剩，表明内需不足的严重危害和扩大内需的迫切性。另外，1997年东亚金融危机以来，国际经济动荡和我国出口的缩减也表明，在迈向21世纪的经济全球化的新时期，强化国内需求对经济拉动力的重要性。我国有必要实行一项重振内需的长期战略。只要我们能做到有效启动，不断保持国内需求的旺盛和持续充分增长，我国将会进入新一轮工业、农业和各行各业稳定持续增长的时期，我国民族经济因有国内需求为支柱将会得到更好的发展和振兴。与此同时，还必须千方百计扩大外需。在走向21世纪的新时期，我国经济要保持适度高速增长和在科技进步、产业升级基础上提高经济增长质量，必须进一步加强对外开放，使进出口不断增长，特别是保持旺盛的外需拉动力。

（二）实行扩充需求总量的宏观政策措施

在经济走出低谷，但国内有效需求不足，经济缺乏拉动力，增长减速、下滑时期，需要实行扩张性的宏观政策，刺激投资和消费需求，使经济在政府"打气"中走向复苏。凯恩斯阐明和提出的上述反周期的政策措施，是经过实践检验和具有成效的。政府公共投资的根本目的是刺激和撬动社会投资，是用来启动经济复苏的"催化器"。我国1998年开始实行扩张性的财政政策，增发1000亿国债，用于基础设施建设，依靠政府公共投资的拉动，1998年经济得以在下半年止跌回升。但由于我国转轨期体制和机制障碍，公共投资对社会投资的启动力薄弱，1998年尽管公共投资大量增加，但社会投资处于停滞状态，国有企业除电信部门外技改投资是零增长，而除开外商投资部分的非国有经济的固定资产投资也接近负增长。1999年春，政府公共投资出现"断层"，全社会固定资产投资增长放慢，工业生产也呈现下滑趋势。

由于政府及时加大扩张性财政政策的力度并配合以积极的货币政策及其他政策（如税收、价格、社会保障）措施，全方位地刺激投资和消费，1999年8月以来社会消费和市场销售已开始活跃，但是社会投资尚未启动。实践证明，当前的宏观政策应当着力把握以下几点：（1）应继续实行积极的财政政策并加大其力度。（2）应该把扩张性的财政政策的着力点放在撬动、刺激社会投资上，特别是要刺激、调动各类企业和居民投资的积极性，以振兴和加强来自企业的需求。尽管政府公共投资拉动还需要持续一段时间，但是主要依靠政府财力的公共投资不可能长期持续，我国经济的健康复苏和走向高涨必须依靠社会投资（企业、单位、居民和外商）和社会消费的增长。可见，把握好着力点，采取促进、激励社会投资的有效措施，是搞好扩张性财政政策的重要内容。（3）要把刺激消费作为扩张性财政政策的一项重要内容。我国当前内需不足与经济难以启动的症结，在于消费需求不振。可见，启动社会投资的前提是振兴消费。1998年以来加大的公共投资未能拉动社会投资，就在于消费需求的继续不振。因而，有效地扩张总需求的宏观政策就应把刺激投资和刺激消费相结合，要借助财政力量提高职工和低收入层的收入，并采取多种鼓励消费的政策措施。要着力培育和推动住房、教育等新的消费热点，特别是要在改革深化中尽可能减弱基本消费群体预期消费支出增大的压力。由于消费需求不可能长期依靠财政资金的注入，也不能用制造经济"泡沫"来求得"虚增"，而只能在群众收入提高的基础上实实在在地增长，这就注定了短期内无法实现。因此，从实际出发，在当前一段时间内为弥补消费需求不足，应该适当扩大投资规模。为此，可以实行一项发展高新技术和加强固定资本更新、振兴民族工业的战略，把持续的公共投资与大力刺激、扩大社会投资相结合，以增加对投资品的需求，支撑和维持较为充分和稳定的总需求，保持经济的适度高增长。但是扩大投资只应该是"支撑"需求的短期和中期战略，而长期战略应该是提高群众收入，强化消费拉动，走消费拉动投资的协调稳定、持续高增长之路。（4）要把扩张性的财政政策和适度扩张的货币政策相结合，即"适度双松"。基于当前出现通货紧缩的态势，货币政策应争取有大的作为，要采取多种措施，适度增大基础货币供给量和扩大信贷，并使货币政策与财政政策密切配合，有效发挥刺激投资和消费的效应。（5）实行扩张性的宏观政策，既要着眼于当前扩大内需的迫切需要，又要着眼于中长期经济稳定增长的要求。需求不足是宏观经济运行中的严峻问题。不花大力气治理当前的通货紧缩，经济难以保持较高速度，甚至还有可能较长期地低速运行。但单靠加大松动和刺激力度，甚至饥不择食，采取超过现实经济承受能力的松动方法，或采取银行"开闸式"扩大信贷，即不问企业效益自由供应信贷资金和听任低素质企业自由上市筹资，这样有可能快速起搏市场，但也有可能由此引发又一轮重复建设和通胀，从而使我国20年来"一放就胀""一管就死""再放又胀"的不良循环继续延续下去。

（三）大力搞好国有企业的改革，在搞活"源头"上振兴有效需求

如前所述，当前的需求不足是由转轨期体制和机制性矛盾所导致，而不是货币供应不足所造成。因而需求不足的根本治理在于改革体制，完善机制。在当前特别要着力搞好国有企业改革，转换企业经营机制。公有制经济是社会主义市场经济的主体，我国国有企业是国民经济的主导，国有经济是我国国内社会投资增长和消费增长的中坚力量和重要泉源。既然改革过程中矛盾的积累和相当一部分国有企业效益差，是国内社会投资需求和消费需求不振的重要原因，因此治理现阶段经济运行中的需求不足问题，就应该着眼于根本，深化国有企业改革，从总体上搞活国有经济，强化"需求之本"，从源头上解决有效需求不足问题。我们应该贯彻落实好十五届四中全会精神，要在搞好国有企业基础上，进行国有经济布局的战略性调整；要大力发展股份制和产权主体多元化，进行规范化的公司制改造，搞好法人治理结构，健全企业产权制度，优化企业的组织结构，组建大企业，放开搞活中小企业，解除企业历史上形成的负担；要依靠科技进步，调整产品结构，实行产业升级。总之，要按照有进有退、有所为有所不为的原则，着眼于提高企业的素质、竞争力从而增强控制力，从整体上搞活国有经济。要把国企改革和所有制结构的调整、实行多种经济成分共同发展相结合，大力发展混合所有制，以股份制为载体，通过国有控股、参股，以及租赁、承包、托管等多种形式，实现国有资本向非国有经济的"外延""渗透"与"联结"，从而形成和发展一种新型的公有主导的社会资本。也就是说，要在国有企业的重组中实现国有经济整体实力的增强。国有企业的搞活，涉及体制的方方面面，是一个系统工程，它要求改革全面推进，实行配套，发挥综合改革的积极作用，避免改革的脱节引起的相互掣肘。要加快社会保障体系的改革，进行工资制度改革，使其与就业、医疗、住房、教育等改革相匹配，特别是与国有企业大改组、职工下岗分流和失业扩大的形势相适应，避免和减缓改革深化阶段消费倾向下降的负效应。

（四）加快体制转轨，依靠市场调节机制和政府宏观调控，大力调整结构，争取实现长期的总量、结构均衡

千方百计扩大内需，启动经济是当前的迫切任务。继续采取适当的扩张性的宏观政策，大力和有效地刺激投资与消费，我国有效需求不足问题将会得到缓解，我国经济将能在2000年后实现健康复苏，走向新一轮高涨。但是，我国的需求不足主要成因是制度转换和增长方式转换中的问题和矛盾所导致，转型期的体制和机制的缺陷。它既使经济盲目扩张，催化"过热"，导致需求扩张和通胀，使经济呈现"短缺运行"，又在一定条件下造成基本消费群体收入增长滞后和有效需求不足，使经济呈现"过剩运行"。我国20年改革进程中一度表现出了上述经济运行态势的转换，在20世纪90年代中由过去的短缺运行转变为过剩运行。当前实行的反周期政策，在调整总量、扩大有效需求、市场逐步活跃后，经济过剩运行将逐步得到治理。但目前看来，实现充分和旺盛的有效需求，使经济有适度高增长的能力，不只是三五年的事。由于我们当前面对的既有总量失衡，又有供给结构失衡的问题，因此宏观政策既要以扩大内需为着力点，又要大力调整和优化结构——产品结构、行业结构、地区结构，增大有效供给。在经济回升期，特别要注意结构优化、产业升级。在即将进入世界贸易组织的形势下，搞好结构调整，更是极为紧迫。即使是经过一定的阶段，有效需求不足问题基本解决后，能否保持国民经济持续稳定健康增长，特别是能否防止经济过热和通胀的再起，争取实现一种高增长、低通胀的运行态势，仍然在于能否搞好结构调整。为此，需要借助市场经济的调节机制，充分发挥市场机制的自动调节、协调、制衡的功能，并有效地发挥政府宏观调控的功能。走向21世纪的中国经济，在市场经济体制下实现持续的低通胀、适度高增长运行的根本途径，在于加快推进以国有企业改革为中心环节的全面的体制改革，加快向社会主义市场经济体制的转轨，尽早地在我国形成健全的市场调节与有效的政府调控共同作用下的新的经济运行机制。

增大有效供给[①]

　　作为经济学范畴的有效供给，首先是指一个具有使用价值之物。劣质产品，缺乏满足购买者需要的品质和性能，不具有真正的使用价值，不能形成有效供给。其次，形成有效供给的使用价值，不是指一般的使用价值，而是指社会的使用价值，即对于现实的购买者来说的使用价值。例如，适应于城市居民需要的产品，对于生活条件不同的农村居民，不具有使用价值。其三，有效供给是一个经济范畴，它不仅要求产品在品质上适应市场需求，而且要求产品在价格上与购买者的支付能力和现实购买欲望相适应。生产品质量再好，档次再高，但价格昂贵，超过了消费者的购买力，也不能形成现实的交易，从而不能成为有效的、能转化为需求的供给。因此，有效供给是一个宏观经济范畴，它是指有效的总供给，即由各个微观主体生产和提供的能最大限度地适应各类购买者需求的总供给和供给结构。保持总量均衡和供求结构协调，是社会再生产顺利进行和经济稳定运行的前提条件。因此，增加有效供给具有重要意义：（1）有效供给是市场经济条件下

① 原载《经济学家》2000年第1期，《学报文摘》2000年第2期转载。

国民经济稳定运行的基本前提。（2）有效供给的形成，也意味着资源的合理配置和经济效率的提高。但是，有效供给不足是中国转型经济中的突出问题。因为中国当前经济问题的症结既是有效需求不足，又是供给结构失衡。解决市场全面疲软和经济过剩，不能只是诉诸需求的扩大和货币的注入。单一地扩大需求，并不能解决结构失衡下产品重叠过剩与某些产品供给缺乏共存的问题。在体制改革和机制转换未能跟上的情况下，全面的需求扩张还会驱动重复建设的再起，甚至引发通胀。治理经济过剩运行，应该把扩大需求与调整结构相结合。刺激有效供给的供给管理政策，就是要把促进优势企业的投资与企业加快技术创新和结构调整相结合。政府对于企业实行的政策资源的支持，应使政策资源用于支持精选出的重点，真正实现有效供给的增长。

经济转轨与增加有效供给①

一、有效供给不足是加剧内需不足的重要因素

千方百计扩大内需是当前经济工作的重中之重。因为当前十分明显的需求不足的宏观态势如果不能加以缓解和改变，市场全面疲软、价格持续下走的局面就难以改观；活力不足的国有企业将面临更多的困难，经济运行就难以稳定，增长将会放慢。1999年以来政府实行积极的财政政策，当前又出台了一系列扩大内需的新措施，并大力开拓出口。这一系列启动需求特别是国内需求的政策措施，正在带来积极的效果。但是基于我国经济过剩运行的性质和特点，要能卓有成效地治理经济过剩，除了大力扩大有效需求外，还需要切实增进有效供给。

有效供给的不足，使有效需求难以增长。社会投资不振，消费需求增长放慢，固然是当前经济过剩的重要因素，但是还应该看见国内产品的市场疲软，以及市场空间难以开拓的原因不只在于需求方面，

---

① 原载《学术月刊》2000年第4期。

供给方面的缺陷即有效供给不足，也是加剧内需不足的重要因素。

在这里使用的有效供给的含义是：适销对路，能刺激、调动和实现有效需求的产品，包括投资品和消费品。有效需求不是指一般的有购买力的需求，而是指能实现购买行为的现实的需求，它既是主体有购买力的需求，又是有购买（消费）欲的需求。有购买（消费）欲，但是缺乏购买能力，就不可能形成现实的需求，这是一种情况；有购买能力，但因产品品质、性能不符合主体需要或价格不合算，不能激发人们的购买（消费）欲，这又是一种情况。可见，有效需求的形成，既需要主体拥有购买力，又需要：（1）产品品质优，适销对路；（2）价格适当，能给购买者带来使用价值、价格体现的比较利益——生产使用利益和消费使用利益。例如一件机器设备，价格高但生产效率也高，或是效率低一些，但价格很低，使用效果、价格比给购买者带来生产使用利益，就能刺激生产者的投资意愿，这种投资品就是有效供给。就消费品来说，产品是适销对路的，价格又是购买者能承受的，而且是与产品的质量相匹配的。能给购买者带来消费使用利益，能刺激人们的购买意愿，这种消费品的供给就是有效供给。

消费需求不振是当前经济运行中十分突出的问题。消费需求不振，既有居民收入增长滞后和预期支出增大造成的有效需求的不足，也存在着有效供给不足引起的被动的"消费延迟""储币待购"，即人们说的："想要买的买不着。"

改革开放以来在居民收入不断提高基础上，我国消费需求长期持续旺盛，20世纪80年代市场的主要问题是供应不足和通胀。90年代以来，消费品由匮乏转变为过剩，90年代中期，特别是1997年、1998年以来出现了前所未有的消费品全面过剩，市场全面疲软，价格持续下走。

消费需求不振和消费品全面过剩，是多种原因造成的。主要是：
（1）居民收入水平低和收入增长滞后；（2）预期支出增大，消费倾
向降低。近年来居民收入增量有所下降，在预期支出大大增加的条件
下，用于即期消费比例又下降，出现了消费品总需求落后于总供给。
据统计，"八五"期间城镇居民家庭人均可支配收入年均增长23.2%，
扣除价格因素，实际增长7.9%。1995年以来城镇居民人均实际收入增
长由1993年的9.5%下降到1997年的3.4%；农民人均纯收入增长从1996
年高峰时的9%回落到1997年的4.6%，1998年以来居民收入增长进一
步放慢。解决消费需求不振的根本之途是提高居民收入，采取多种措
施，刺激即期消费。但是我认为，还需要致力于提高消费品的有效供
给。理由是，尽管近年来出现了宏观上的收入增长滞后，但是还应该
看到城乡居民收入仍然是持续增长的，而且居民储蓄数量巨大，达到
近6万亿元。我国广大居民仍然有提高消费的现实欲望，而且也具有一
定的现实购买力。人们可以看见，市场上"名、优、特、新"产品的
销售状况持续良好，因而，我国存在着大的消费需求空间，问题是能
用以开拓这一空间的有效供给不足。

为了扩大消费需求，提高居民收入是前提条件，但不是充分的条
件。因为，消费主体的消费欲望取决于消费对象的使用价值，即它具
有的满足主体需求的能力和品质。消费品品质的提高，特别是新产品
的开拓，又培育和形成消费主体的新的消费欲和新的消费行为，从而
促进消费需求的扩大。

如果说20世纪80年代初，在基本消费群体还处在满足低水平的温
饱消费的阶段，缺乏消费选择，消费需求的增长取决于收入和购买
力，那么，随着经济的发展，人民生活水平的提高，城市消费群体进
入小康消费阶段，人们"购买看对象，消费讲质量"，主体的消费偏

好和选择，成为现实消费需求的重要因素。改革开放的20年，国内消费品生产的快速发展和升级换代，国外产品的大量涌入市场，使城市居民消费心理和行为日益现代化，进行合乎个人消费偏好，有比较、有选择的理性消费已成为城市消费群体的行为特征。

在人们的消费欲望和意愿不断变化的条件下，昨天的抢手畅销货，今天可能已经陈旧和成为无人问津的滞销品。企业必须适应市场变化不断进行产品更新，调整产品结构，使适销对路的消费品不断地推出。也就是说，要着眼增大有效供给，后者是促使消费需求稳定扩大的前提条件。如果社会经济机制呆滞，企业缺乏活力，技术进步和产品结构调整缓慢，仍然按"多年一贯制"方式向市场提供老一套、低水平重复的、难以激发居民购买欲的产品，或者是居民想买但价格远远超过他们现实承受力的产品，这样，即使供给快速增加，但并不等于有效供给的增加，而是存在着许多不可能得到消费者认可的无效供给的"水分"，或过剩部分。

以上分析，归结到一点就是：我国现阶段消费品市场的开拓，既要有消费主体的购买力的提高，又需要有效供给的增长。因此，应该花大力气进行产品结构的调整和创新，不断推出质量高、技术含量高、价格又合理的适销对路的新产品，淘汰陈旧的产品。

但是我国消费品生产中存在着一种低水平重复生产、数量盲目扩张现象，它引起一般大路货的供给重叠和过剩，而有效供给却不充分。有效供给不充分的表现是：

第一，产品品类少。当前我国大百货商场商品品种约3万种，而国外大商场产品达30万种。供给不仅单调，而且产品雷同重叠，消费者选择空间狭窄。尽管近年来大商场激增，但是商品供给缺乏特色，专业店缺乏，呈现出"千家百店一个样"。

第二，质量不高，技术含量低，特别是假冒伪劣产品充斥，形成商店货源充分，表面上商品琳琅满目，但良莠难分，不少是名不副实，造成消费者"畏购"心理。

第三，服务产品稀缺。服务业产值在国内生产总值产值中只占33%，发达国家为70%左右。城市社区的各种生活家庭服务业，如快递、接送、托管（老幼）、代购、清洗、住房整修等行业处在萌芽状态，体育、健身等文化消费和旅游服务近年发展迅速，但硬软件质量低。能吸引人们花钱的教育产业还在初建之中。

上述情况表明我国消费品结构不完善，有效供给不充分，特别是总体上消费品结构调整缓慢，市场上"老面孔多""大路货多"，劣质品多，名、优、特、新少，供给结构远远落后于不断变化的消费需求结构。

第四，一部分商品价格不适当，低质甚至劣质而价高，不仅使消费者感觉"不合算"，甚至引起"畏购心理"；另一种情况是价格昂贵，超过消费者购买力。例如小轿车低档价位10万以内，中高档达数十万，大大超过国外市场价格；经济适用住房价位高，北京100平方米住房平均价60万元，相当于职工数十年工资收入。城市住房大量积压，全国约积压6000万平方米。

有效供给不足制约着市场需求的增长，在投资品领域中也表现得十分明显。长期以来，国产机器设备和原材料结构失衡，质量不高的一般设备与原材料生产过剩，但是不少生产急需的技术含量高、性能好的关键设备、零部件和原材料却又匮乏。钢铁工业中一般钢材大量过剩而各类特殊板材则长期供应不足，每年进口动辄上千万吨。我国纺织品一般面料严重过剩，而高级面料不足。我国轿车、家电、计算机重要零部件主要依靠进口，VCD、DVD的关键部件芯片依赖国外提供，使这一高速发展的行业成为进口设备、零部件的组装工业，不能拉动和扩大国内投资品市场需求。我国一些大型机器设备由于质量差，品质、价格比不合算，建设单位使用进口设备，如三峡发电站使用的70万千瓦发电能力的电机主要依靠进口，国产发电设备生产企业却因质量上不去，而难以销售，造成大量生产能力闲置。在经济过剩、市场竞争日益激烈的条件下，一些有意愿和有能力从事结构调整和生产扩张的企业，越是要依靠质量、效率高的进口设备，在这种条件下，品质差、价格不低的国产设备，日益丧失竞争力，市场问题越发严重。可见，有效供给增进的障碍，成为当前投资品有效需求不足的重要因素。

可见，我国无论在消费品生产或是投资品生产中，都存在着有效供给问题，充分认识我国有效供给不足的负效应十分重要，在内需不足的当前采取有效措施加以治理，更是十分迫切。

二、盲目生产、重复投资与有效供给不足

影响和加剧我国有效供给不足的一个重要因素是经济生活中长期存在的盲目生产、重复建设趋势，后者在本质上是转型期经济机制的产物。有关转型期盲目生产扩张机制的分析，我已专文论述，在此不再重复。

需要指出的是，低水平的重复建设刹不住，是转轨经济发展中的"痼疾"。例如，纺织业中的重复建设，20世纪80年代以来十分突出，各大中小棉纺厂不断上马，1997年底我国拥有棉纺纱锭达4245万锭，其中76%是80年代后新增的。在经济周期的上行即扩张阶段，盲目生产、重复建设呈现出一哄而起，全国各地出现了建设和生产雷同的热门产品

的浪潮，引发和加剧经济过热，造成产品和生产能力的过剩。

高增长迅速转变为生产过剩，在家电领域特别突出。20世纪80年代中期以来彩电生产能力迅速扩大，目前已达3500万台，市场销售能力只有1600万台。洗衣机年生产能力已达2500万台，电冰箱年生产能力达2580万台，空调器达3300万台，电风扇1.3亿台，过剩生产能力约占50%。特别是近年来VCD发展迅猛，生产能力在4000万台以上，据政府统计年产量达到1600万台，①短短几年时间我国成为世界上VCD生产第一大国。且不说，数量迅速扩张主要是依靠进口"121"核心技术和部件，缺乏自身的技术支撑和持续高增长的物质基础，更使生产厂家烦恼的是性能相差无几的产品一起涌入容量有限的市场，加剧了市场争夺战和造成持续的生产能力过剩。

其他行业生产能力过剩均在1/3～1/2。就总体来看，国民生产总值1/3左右成为库存积压。值得人们重视的是在经济周期下行，即实行紧缩的阶段，盲目生产、重复建设仍然未能刹住。1995年以来，在经济过剩运行的压力下，产品结构调整有所加快，近年来中央不上新的加工产业项目，大的重复建设受到抑制，但是不受市场制约的低水平盲目扩张和重复建设的趋势，仍然刹不住。不少地方仍然在继续兴办批量小、资金少、技术低的小家电、小轻纺、小化工、小造纸、小煤窑等。特别是在一些经济实力较强的地方，表现出以"小而散"为特征的重复建设"井喷"似的发展。

重复建设的"刹而不止"，导致宏观政策收"紧"而过剩生产"不缩"，其结果必然是供给结构继续失衡，有效供给问题越发加剧。

① 另一估计VCD年产量达3000万台。

三、经济过剩运行下重复建设的严重危害

我国当前经济过剩运行势态，[①]不可能很快就得到改变，而是会持续一段时期。因而，我认为，要从经济过剩运行阶段有效需求不足与有效供给不足并存这一现实情况，来充分认识低水平重复建设的负面效应。特别是在当前市场疲软、价格下行、平均利润率下降形势下，企业若不是及时和大力进行产量和结构调整，大力从事产品创新，用新产品来开拓市场，而是仍然在原有技术条件下进行原有产品的扩张，其负效应更为严重。

第一，使企业加剧"涨库"，增大三项费用，造成成本上升，资金周转缓慢，企业更缺乏竞争力。

第二，造成对狭窄的市场空间非理性的争夺，人们纷纷采取加大"回扣"，各种各样的以邻为壑的"促销"手段，实行削价到成本以下的价格大战，等等。1997年、1998年以来VCD价格大战，1999年春的彩电价格大战，以及空调大战等固然是竞争的必然结果，是经济市场化的表现，起着调整结构的积极作用，但是"不正当的"竞争加剧已经是十分明显和不争的事实。人们可以看见，一些行业中企业为争夺市场份额采用将价格降到成本以下的极其非理性的竞争行为，相互发动"自伤性"的价格竞争，在数强鼎立的情况下造成"两败俱伤"，而另一些企业则通过运动政府官员，实行自身市场保护。可见，重复建设和过剩加剧了市场秩序的混乱。

第三，增大了经营风险。人们不是用产品创新去开拓新的市场，

---

① 当前的"买方市场"势态，我称之为"经济过剩运行"。参见《宏观经济研究》1999年第4期《论经济过剩运行》一文。

而在低水平上从事数量扩张，"复制"低效、无效供给，进行这样的简单重复扩产似乎较之开发新产品少花钱，实则是在市场饱和的项目上增加资金投入，只能增大投资风险。

第四，造成企业资金、设备和人才的浪费。企业的生产资源和宝贵的资金不是用于新产品的开发，而是继续创造过剩供给，其结果是有效供给增长缓慢，难以形成新的消费热点，使消费出现断层，消费需求难以重振。

第五，引起生产不稳。市场毕竟是无情的，产品过剩的市场必然是更加无情的竞争——包括不正当竞争，使所有的生产者——包括经营业绩好的企业——面临困境。在市场产品重叠过剩，"库存"加大的压力下，企业不得不进行减产甚至大幅度减产以"消库"，引起生产下滑，一些曾经效益好的企业也陷入困境，许多中小企业则纷纷关门、"倒闭"。特别值得注意的是目前已出现一些发展快、产值大的重点企业和地区，在长期生产猛增后生产和产值陡然下滑，并影响到地区经济运行的大波动和不稳定。

可见，在市场疲软形势下，在经济过剩运行条件下，不受市场制约的企业盲目扩张行为，使供给结构失衡和有效供给不足加剧，从而进一步加剧宏观经济过剩，增加企业生产经营的困难。

四、市场机制作用的薄弱——有效供给不足的主要原因

有效供给形成，一是科技进步和劳动生产率的提高，这是增进有效供给的物质基础；二是市场机制的作用，这是增进有效供给的制度基础。有效供给是随着生产进步和劳动生产率的提高而增长的，特别是科技进步，促进产品创新，使过时产品迅速被淘汰，品质优、技术

含量高的新产品不断推出，这种不断更新和优化的产品结构不仅能适应发达的、成熟的经济中不断变化的需求，而且它本身又刺激和创造出新的需求，并使变化了的需求与变化了的供给相适应。

我国是一个发展中国家，科技水平不高，企业的物质技术基础不强，多数企业进行劳动密集型生产，产业结构升级缓慢，特别是科技进步和创新缓慢，因而，科技力量的薄弱，是经济运行中有效供给不断增大的重要限制因素。

在市场经济中有效供给的不断增大，不只是一个技术和生产力的问题，更重要的是：它需要有一个能调节产品结构、数量使之适应市场需求状况的经济机制——市场机制，其核心是市场价格机制的调节作用。更具体地说：（1）竞争性的市场价格调节生产什么和生产多少，对那些生产质劣、成本高的产品的企业，及时进行产品和技术结构的调整，使不适销对路的生产，转变为适销对路的有效供给。（2）市场机制以其固有的优胜劣汰的功能，使那些不能及时地进行有成效的自我调整的企业，或过时的技术与生产能力被淘汰，而使技术先进、管理先进的优势企业占领市场，从而使供给结构优化，使总供给成为有效供给。（3）在银行、资本市场高度发达，产权高度流动化基础上形成的企业破产、兼并和发达的资产重组的机制，十分有效地促进企业的重组和产品、产业结构的调整和技术的升级。由此大大地促进供给结构的调整和优化。可见，高度发达的现代市场经济，以其发达的市场机制，通过竞争和优胜劣汰的功能，发挥着强有力的对生产与经济自我调整作用，使产品和供给结构适应市场需求。市场作用的充分发挥不断把供给中的与需求不适应的部分——过剩——出清，使供给结构优化和适销化，从而实现供给有效化。当然，市场作用是自发性的，它也不断地引起供给的失衡——过剩或不足，在每一时点上，会有经常的供求不均衡，甚至会有总供求矛盾激化的周期阶段，它只是通过调整日常的、不断的不均衡，走向长期的大体的均衡。在人们建立起完善的宏观调控体系和进行有效的宏观调控的场合，更有可能力争实现供求总量和供求结构由不均衡转化为均衡。[①]就供给来说，人们能力争实现供给有效化。

我国改革初始阶段的企业行为特征是在市场价格放开、利益驱动引入的条件下，热衷于进行生产与投资扩张。制度上缺乏自我约束，使企业表现出一种盲目扩张的刚性行为，并表现为普遍的"争贷款""上项目"热。我国经济转轨是渐进的，1979年迄今20年来，尽管经济市场化有很大发展，但是在我国发达的市场机制尚未形成。（1）由于企业实行现代企业制度的改革未能到位，市场微观主体尚未真正形成，企业还不具有适应市场而采取灵活的、合理反应的行为；（2）由于市场发育不足，公平竞争还受到诸如政府保护等的限制，价格在市场中形成的机制还不完善，价格机制对企业行为的引导和约束还不强；（3）由于专业银行商业化的改革还处在初始阶段，资本市场也尚未健全，企业行为还缺乏来自市场化金融体系的支撑和约束；（4）由于国有资产流动重组的机制尚未形成，企业破产、兼并和重组还处在很不发达的阶段；（5）由于政企不分、政资不分尚未解决好，企业软预算约束尚未彻底解决，企业还存在获得政府的优惠和其他行政保护，以及银行的信贷扶持的空间。上述转型期制度条件，决定了我国缺乏适应市场及时、灵活、自觉地进行自我调整的企业行为。人们可以看见，当前一些转制步子大、活力强的国有企业，如像海尔、

---

① 完善的社会基本制度（即社会主义制度）+完善的市场机制=完善的宏观调控，人们完全能做到利用市场机制的活力，并在市场固有的不均衡中实现供求总量和供求结构的均衡化。

春兰等在适应市场、调整产品结构上，取得显著业绩。对这一部分国有企业领域来说，已经显示出市场价格状况→结构调整→有效供给增大的市场调整机制作用。但是多数国有企业，特别是对一些"转制"步子小，甚至流于形式，同时又有政府多方扶持的国有大中型企业，普遍地表现出对于市场价格机制的"不敏感"或"反应迟钝"。即使是在价格下跌、利润率下降的形势下，企业仍然不积极进行结构调整，用新产品开拓市场空间和进行企业组织结构的调整，而是"等待""观望"，期待有朝一日买方市场的宏观形势改变和回到"旧时的好时光"。这些企业消极被动，在结构调整和技术创新上缺乏建树，甚至是无所作为，从而在市场急剧变化中长时期呈现出在低效益中继续复制无效供给。这类国有企业领域，表现出市场价格→结构调整→有效供给增大的市场机制的失灵或力量薄弱。

当然在国有企业领域，还存在：（1）历史遗留下来的债务包袱沉重，资金不足；（2）传统的劳动体制和社会造成的机构庞大，冗员众多，由此形成生产成本高、边际利润小，等等。这些因素使背负着沉重负担的国有企业缺乏进行结构调整、技术创新的实力，造成企业家"不进行技改等死，进行技改找死"的惶惑心态。这些企业正常营运条件的缺乏和不合理的负担，是企业在原有的基础上继续传统生产复制无效供给的又一原因。但是微观的企业体制改革和宏观的市场体制改革和创新的不到位，发达的市场体系和灵活的市场机制未形成，从而导致了市场的结构调整功能的软弱无力。一句话，转型期的体制和机制缺陷，应该是国有企业结构调整和技术创新难以深入开展的最重要的原因。因而我们的分析，归结到一点：只有加快体制转轨，建立起完善的市场体制功能，才能为顺利地进行结构调整和形成有效供给创造制度前提。在我国转型期上述体制尚在构建之中，转轨期不完善的体制和机制，会产生结构刚性和结构调整的阻滞，不利于有效供给的形成。

五、推进两个根本性转换，努力增加有效供给

（一）依赖科技进步，大力推进增长方式的转变，加强有效供给的物质基础

20世纪的经济发展，是以产品质量提高、产业升级、增长方式转换为红线。走向21世纪的世界，更处在一场生产和增长方式大变革之中，依赖科技进步，实行产品结构调整，产业升级，用科技含量高、质优价廉的新产品来开拓市场，已经是当今世界的大潮流，是缓解世界性的生产过剩的主要途径。人们更加以创新来增大有效供给，以最大限度的有效供给来争夺因生产能力猛增而日益饱和的市场。

对于我国来说，我们已经经历了以产品简单的数量扩张来增大有效供给的时期，目前进入了以产品质的提高、新产品的开拓来扩大有效供给的时期。特别是在当前，新产品"井喷式"涌出，国际市场和国内市场竞争空前激化，从而在企业的投资和居民消费竞相"喜新厌旧"的新形势下，我国国内产品更新换代和升级缓慢，愈加不适应于现实的投资需求和消费需求。

我国内需的有效而持续的启动，不可能依靠新一轮数量扩张，而只能立足于新的有效供给创造，借助简单刺激的需求，特别是简单增大货币供应，也可能暂时给衰弱的投资和消费打一剂强心针，为现有低质量的供给求得一定的市场，但它不可能出清市场和消除经济过剩，而且数量扩张型的增长，以及低水平重复建设，只会进一步加剧经济过剩。可见，基于我国供给结构的缺陷制约着内需这一情况，我

们应该以有效供给来开拓有效需求。在当前，应该在争取适度高增长基础上，把重点放在调整结构上来。要依靠科技进步，大力推进增长方式的转变，在产业升级基础上加快产品的升级换代和优质低耗的新产品的创新，来切实增大有效供给，这是保证总供给与总需求相适应，实现内需持续扩大的根本之途。

（二）加快制度创新，有效发挥市场机制的调节作用

1. 大力构建能适应市场、灵活地调整产品结构的微观主体

当前，不少国有企业产品升级换代缓慢，供给结构调整和创新滞后，供给中的重叠愈演愈烈，有效供给日益减少，无效成分不断增长，并且最终表现为过剩。上述情况出现的微观原因是：企业生产和投资的盲目性。其制度根源在于：国有企业的改革和体制转换滞后，企业尚未真正成为市场经济的微观主体，适应市场、自我调整的机制尚未形成，加之企业的资本金缺乏，各种历史形成的负担重。在上述条件下，企业无意也无力创新，难以实现供给有效化。因而，加快以现代企业制度为目标的改革，构建起能灵活地适应市场、不断创新、不断自我调整和自我完善的微观主体就是当务之急。

2. 大力构建统一的大市场

发育市场体系，全面形成市场机制，发挥市场的调节功能，才能促进产品的淘汰和更新，增加有效供给。为此，必须做到：进一步扩大市场准入和放开价格，彻底实行政企分开，消除行政权力对市场的分割，尽快建立市场秩序，改进政府对价格的管理方式。

3. 推动生产要素，特别是产权的流动化，形成资产流动重组的机制

当代市场经济日益显示的创新经济的特征，正是由于形成了完

善的资产流动重组机制，实现了企业不断地优胜劣汰，资产的不断整合，新产品的不断开发，产品结构的不断调整，从而在市场状况不断变化中，保证供给的有效性。

在我国转型期，企业产权流动重组机制尚未形成，借助市场力量的企业资产重组和优化配置的功能还十分薄弱。因而在经济日益市场化中，企业仍然被束缚于僵化的体制中，结构刚性远远未打破，企业产品结构调整缺乏进展。

因此，我国产品、产业、地区结构的调整和有效供给的形成，有赖于资产市场流动重组机制的进一步形成，在有效的优胜劣汰中，实现国有企业的战略性调整和产品结构的调整和创新。在当前，加快要素市场的发育，特别是搞好资本市场和产权市场的发展和健全运作，乃当务之急。

就我国来说，转型期的经济体制和机制的特征，决定了政府在经济结构调整中的特殊作用：（1）在形成实现结构自我调整的新体制和制度（包括交易、竞争、破产、兼并、产权等行为规则）中起决定作用。（2）产品与产业结构的优化，需要有国有资产布局的调整，使国有资金集中于关键产业和部门，国有企业与其他非国有企业领域的定位，要由政府依法科学界定。（3）在国内生产总值中比例不会很大的纯粹国有和国家控股的领域，是产品开发和技术创新的策源地，在结构调整中企业资本金的充实和资本的加速积累，需要有政府的财力支持。（4）对多种经济成分实行放开，由市场调节和配置资源的广大领域，结构的调整应该从属于市场力量，而不再由政府干预，但是政府仍应进行有效引导和调控。在当前要大力引导和促进企业进行科技进步和创新，加快产业升级和高新科技产业的发展。发挥政府在结构调整与技术进步中的引导、调节作用，不是要国家为企业制定项目，审批计划，下拨资金，而是要创造有利于结构调整和技术创新的制度环境，体现公平竞争的交易制度和税收制度，有效地筹集营运资本的银行信贷体系和资本市场，特别是需要鼓励科技进步的财税制度，如税收减免和贴息制度。（5）在当前的经济过剩运行和社会投资不振的阶段，需要发挥政府的财政、金融杠杆扭转周期的功能。为了促进结构调整和技术进步，增大有效供给，迫切需要实行阶段性促进有效供给的宏观政策。其核心是：对企业实行减税，减轻各种税费负担，使企业降低营运成本，扩大盈利边际，提高投资积极性。

鉴于当前我国过剩生产能力的大量存在和重复建设的惯性，供给管理的宏观政策应该着眼于促进有效供给，即对于那些产品有市场、技术含量高、后劲强的企业的投资，予以税费优惠和财政贴息支持。为了活跃资本市场，当前政府已实施降低证券交易的印花税税率；为了促进房地产发展，已提出在住房建设和交易中减少税费的措施；对高新技术企业设备投资，实行高的（40%）投资抵免所得税，还将取消投资方向调节税。减轻税费，不仅是改革财政制度所必要，更是止住并扭转下行周期应采取的有效的宏观政策。对经济拉动力强的重点行业和重点企业，更应实行加大力度的税费优惠和减少进入资本市场的程序。

总之，实行一项科学的供给管理政策，将能增大对企业的投资激励，促进有效投资和有效供给的增加。

没有疲软的市场　只有疲软的产品①

　　为了抓住中央实施西部大开发的历史性机遇，当前一个重要的问题，就是要努力深化国有企业改革，切实搞好搞活企业，使之成为拉动国民经济发展的重要力量。

　　近来我省工业企业面临着产值、效益下滑的严重局面。其原因是全国范围内的有效需求不足、买方市场形成所带来的销售困难。但应当指出，市场并非没有可加以开拓的空间。当前市场疲软中结构性的需求不足表现得十分明显，人们可以看到适销对路的产品仍然有市场，名特优新的产品还供不应求。在结构性需求不足的情况下，市场仍有俏货，企业仍有明星，市场空间仍然存在。关键是企业能不能以优质而低价的产品来抓住和拓展市场空间，为自己的生存和发展找到出路。

　　绵阳新华内燃机公司就是一个例证。在全国市场需求不足的情况下，它仍然做到产品销路连年不断扩大，盈利不断增加。1998年与华晨公司合资组建新晨公司，当年就盈利5000万元；1999年又销售内燃

---

① 原载《四川日报》2000年3月4日。

机4.6万台，占全国同行业第二，实现利税1.5亿元，实现了高速发展。新晨公司的例子告诉我们，对当前的企业市场环境要有个正确的认识，不要把一切问题都说成是市场疲软，把各种困难都归结于需求制约。"没有疲软的市场，只有疲软的产品"，这应该是我国企业和企业家用来认清形势，在困难中开拓市场时不可忘却的经济学基本理念。

企业要开拓市场，首先要拿得出有竞争力的产品来。为什么许多消费者喜欢买广东货、上海货？为什么我省的省际贸易逆差高达200亿元以上？这都说明了市场是要用好产品去开拓的，谁有技术含量高、性能先进、质优价廉的产品，谁就能拥有市场。这两年新华公司下功夫搞了产品结构调整，通过联合、协作、合资等方式，引进了沿海企业的先进技术、资金和管理经验，生产出了在市场上有竞争力的汽油发动机，由此在同类产品过剩的形势下开拓了市场、增大了效益。

企业要开拓市场，要有过硬的营销战略。好产品一开始并不是自然地被消费者所接受的。市场情况越不好，企业越要强化销售力度，形成灵活的营销机制，建立营销队伍，注重企业信誉，改善服务方式，以"刺刀见红"的精神打好产品销售这一仗。

企业要开拓市场，还应当强化企业管理。要下功夫建立严格的规章制度，落实岗位责任制。思想教育当然需要，但有效的激励机制一定要建立，对职工和经营者的经济利益一定要落实。这样，提高质量，降低成本，开拓市场，增加效益就有了保证。

需要强调的是，搞好国有企业，关键是机制要转。要通过深化改革，建立起经营、分配、用工等方面的新机制，真正按照现代企业制度的要求运作，使企业成为真正的市场主体。当然，并不是所有转制企业都搞好了。这里还有个经营者的素质问题。在同样的条件下，经营者的思想素质、业务素质和精神状态如何，往往会产生不同的效果。什么叫企业家？企业家的本质就是敢于创新、敢于探索、敢于冒险，善于从容应对各种复杂恶劣的环境。越是困难，企业经营者的精神状态越是重要，越要有雄心壮志，坚持事在人为，知难而上，勇于开拓，这样，企业发展的主动权才能牢牢掌握在自己手里。

当前中国的就业形势及对策[①]

一、当前中国的就业形势

我国企业就业人口的规模庞大与近年来日益突出的就业问题，从根本上看，是长期实行计划经济体制和采取粗放型增长方式造成的。近几年来，随着我国经济体制改革的深化，特别是由于对国有经济进行战略性大改组和结构大调整，必然要引起大量人员下岗转产。增长方式由粗放型向集约型的转换，也要增大再就业人口。可见，当前我国再就业和就业压力的增大这一新情况，是经济体制转换的必然结果。

中国尽管1999年的劳动年龄人口净增加数比1998年减少188万人，但1999年的机关事业单位分流人员要比1998年多300万人。据国家计委的统计，1999年全国下岗未就业人口为600万人，登记失业人口为620万人，企业新下岗300万人，城镇新增劳动力274万人，机构改革中预计分流300万人，农转非估计有300万人，绝对数总计达到2394万人，

---

① 此文收入王裕国、陈复民主编《中国劳动力市场与就业问题》一书，该书2000年由西南财经大学出版社出版。

比1998年多出460万人，也就是说1999年全国城镇的就业压力比1998年增加了23.7%。

就远期来看，我国城镇的就业供给总量取决于三个方面的因素：一是人口的自然增长形成的新增劳动力，这部分人口估计未来10年内平均每年约有1500万人。二是农村剩余劳动力向城镇的转移，这部分人口估计每年约有230万～270万人。三是企业深化改革，资产重组和结构调整以及经济增长方式的转变，这种改革导致的失业人口，按照劳动与社会保障部1998年底的最新数据约有892.1万人，其中国有企业下岗职工有610万人，据估计，今后10年内每年都将保持这一水平。上述3种劳动力供给量加总，则预示着从目前到21世纪初期的10年内，我国平均每年需要至少创造2500万个就业岗位，才能实现充分就业。1998年我国城镇新增就业机会746万个，1999年，即使经济增长达到8%的水平，也只能新增就业机会810万个。可见，我国城镇劳动力的供需矛盾很大，城镇失业问题较为严重。

尽管中国面对着转型期的失业压力，但是基于中国就业的具体情况和社会保障的加强，可以认为，当前失业还处在社会可承受的范围内。从下岗职工占全部国有企业职工的比例来看，据劳动与社会保障部和成都市的典型调查，约为8%～10%，1998年全国登记的失业率为3.3%，就四川来看，按职工总数计算的下岗职工比例约为7%，按国有企业职工计算约有15%左右。尽管中国的再就业与就业压力较大，但还是处在社会可承载范围内，我们不必为之"谈虎色变"，特别是体制转轨性的失业，在本质上是改革过程中的一种阵痛，我们既要控制失业总量，防止它的恶性膨胀，但是仍然要坚持下岗分流、精简职工这一市场化的改革，通过改革与搞活经济，来从根本上解决转型期失业增多问题。

二、当前中国解决再就业与就业问题的主要措施

保障劳动者的劳动就业权利，力争实现充分就业，是社会主义市场经济体制的重大要求。中国政府十分重视改革以来所出现的就业与再就业问题，并采取多种措施，力图通过自身的发展，逐步加以解决。综观近几年来的各种再就业对策大体包括以下几个方面：

（一）坚持发展是硬道理

邓小平同志说发展才是硬道理，经济发展是一个总体概念，它既包括经济增长，也包括经济结构的优化和经济质量的提高，坚持发展，首先要力争经济适度高速增长，这是增加就业岗位，创造新的就业机会的基本途径和手段。中国在体制转轨中，没有出现某些苏东国家中的大规模失业和社会动荡不安，在于近20年中国经济保持了年平均9%的高增长。鉴于1997年以来形势的变化和国内需求不足，1998年和近期的增长幅度会有所放慢，但是中国仍有可能实现适度高速增长，就今年1～5月情况来看，有可能实现8%的增长，我们可以在经济稳定增长中开拓就业门路，使再就业工作有序进行。

（二）稳妥调整产业结构

我国的劳动就业面对着国有企业大改组，产业结构升级带来的职工大量下岗的压力，以及农村剩余劳动力转移的长期压力，同时又面临城镇新增劳动力人口的就业压力。为此我们在进行产业结构的调整时，一方面要有利于实现城市大中型企业的结构调整，产业升级和效率的提高，同时又要从我国就业的现实出发，实现高效率、高技术型就业模式与劳动密集型就业模式的共存，在优化结构的过程中，注重

发展具有竞争优势的劳动密集型产业，从而使我国产业结构的调整，能够做到充分吸纳和有效利用我国的劳动资源，实现充分就业。

（三）大力发展中小企业，使其成为就业和再就业的主要场所

发展中小企业，增加就业岗位，已成为世界各国的一条重要经验，例如，日本的小企业雇用了全国工业总劳动力的74%；法国有35万家中小型企业其就业人数占全国职工总人数的50%；意大利有中小企业90万家，占工业企业总数的90%，就业人数更为可观；美国有2/3的新就业机会来自中小企业，欧盟的中小企业就业人数占其就业人数的66%。我国大中型企业有2万多个，仅占全国工业企业总数的2‰，其中大型企业仅占万分之五，我国的中小企业数量众多，中小企业的就业潜力十分巨大。目前我国中小企业只占国有资产的7%，却吸纳了74%的就业人口。在"抓大"同时，大力发展中小企业是我国经济发展的重要战略方针。大力发展中小企业，充分发挥中小企业在促进就业和再就业中的作用，让中小企业成为吸收就业人口的主要场所，这已经成为人们的共识。四川省的中小企业所容纳的就业人数，目前已占到现有就业人数的80%以上，成都市1998年国有企业下岗人员中80%以上是在中小企业中再就业的。在当前要采取有效措施，促进中小企业的发展。还要大力发展非公有制经济，做好这方面的工作就能够大大增加就业容量。

（四）加快乡镇企业的发展步伐，充分利用乡镇企业的第二次创业机会，增强其吸收乡村劳动力就业的能力

在20世纪80年代，中国的乡镇企业异军突起，成为农村经济发展中的一支生力军，成为吸收农村剩余劳动力的重要场所和基地。在转轨期，乡镇企业面临着制度创新和结构调整的重要任务，近几年，由于受经济大环境的影响，全国的乡镇企业产值以20%的速度下降，这种局面一定要改变，也一定会改变，乡镇企业由于其成本低、规模小、经营机制灵活、转产快等特点，具有强大的生命力。当前乡镇企业的发展面临一次新的创业机会，我们更应该从政策上、税收上鼓励其发展，为它的第二次振兴创新条件，并由此使乡镇企业在新的一轮农村经济起飞和启动农村市场、扩大内需中扮演新的角色，使乡镇企业在吸纳农村剩余劳动力中更有效地发挥作用。

（五）加快城市第三产业的发展，扩大城市吸收劳动力的规模

城市第三产业的发展有着巨大的潜力，能提供众多的就业门路。据统计，1990～1995年我国第三产业的就业弹性值达到0.737。我国第三产业从业人员比重为26.8%，发达国家占80%以上，发展中国家平均水平为40%，有专家估计1996年以来我国第三产业每增长1个百分点可以增加700万个就业岗位。成都第三产业的产值已经与第二产业相近，近年来，在再就业的推动下，饮食服务业、社区生活服务、城市绿化、家庭服务等发展迅速。绵阳市在创建国家级卫生城市的活动中，打破为创卫而创卫的做法，把生态城市建设作为城市建设的一个重要组成部分和重要目标，为了保持良好生活环境，全市招聘了数千名城市保洁员，他们是城市"美容师"。这既维持了城市环境的整洁，又解决了数千下岗职工的再就业问题。目前四川省的第三产业比重约为30%，据测算，如果达到40%的水平，将新增就业岗位82.1万个，单此项就基本能够消化全省3年内的下岗职工或者说可以满足"九五"后3年内的全省城镇新增劳动人口的就业需求。

（六）搞好劳动力市场建设，疏通就业渠道，提供就业信息

劳动力市场的培育是市场经济条件下，深化劳动用工制度和就业制度改革，增强市场经济活力的重要途径。在我国市场经济发展较早的温州市，出现了"只谈转业不谈再就业，只谈转岗不谈下岗"的就业局面，据统计，最近几年温州市的国有、集体经济净减少就业岗位2.9万个。而个体、私营、股份合作和外商投资经营单位新增就业岗位达到了20万个，在温州人眼里，形成了"哪里有市场，哪里就有岗，哪里能挣钱，哪里就是岗"的全新观念。在温州，出现了100万人从农村转移到二、三产业，100万人在温州打工，100万温州人在外地经商这种充满活力的就业格局。

四川省的绵阳市，也在建立城乡统一的劳动力市场方面进行了有益的探索，他们在企业经营机制转换过程中，通过新型的就业机制，一视同仁地解决就业和再就业问题，通过全面建立就业、用工、工资分配、失业、再就业的市场化劳动就业机制，形成了城乡劳动力平等竞争，打破了劳动力市场的城乡界限。据调查，通过劳动力统一市场的建立，绵阳市到1999年2月底，已经对69%的下岗人员进行了分流安置，预计到今年底全市再就业率将达到80%以上，而且还同时使全市就业的农村劳动力达到13万之多。绵阳劳动力市场出现了城镇职工下岗和农民工进城并举，本地劳动力输出和外来民工输入并存的局面。

（七）大力搞好社会保障，加快社会保障体系的建立，减少失业冲击，为社会稳定和经济发展提供一个保护墙

社会保障的主要功能，就是一个社会稳定器，它的基本要求是增加职工的社会保障感，让下岗职工能够依靠社会保障的作用进入一种相对稳定的生活境地。社会保障的内容，直接与下岗职工和失业人

口的基本生存条件相关，如果不能保障下岗职工能够得到基本的失业保险救助、基本的医疗条件保险和起码的老年保障，则会加重社会负担，造成严重的社会问题，因为社会稳定是经济发展的基本前提，也是劳动力市场配置机制能否建立和发挥作用的重要条件。只有提供了基本的生活保障，才能增强广大群众对改革的信心。

（八）加快城市化的步伐，通过积极发展小城镇增加就业门路，拓宽就业渠道

中国城市化中有80%的农业人口转化为非农业人口，如果我们通过积极发展小城镇，加快乡镇企业的第二次创业步伐，使农村的过剩人口从80%下降到50%左右，也将为城市下岗职工和城市新增劳动力提供大量就业机会。近几年我国的城市化总体水平滞后，因此需要积极推进和加速城市化的进程。我国在加快城市化的过程中，应该积极地发展小城镇，通过小城镇功能的发挥，一方面可以大大缓解城市下岗职工就业和再就业的压力，另一方面又可以阻滞农村劳动力盲目地进入大中城市挤占有限的就业岗位。推进小城镇建设，要和大力发展乡镇企业相结合，做到二者共同进步，这样就可以收到增加就业岗位的成效。此外，我国现有的14亿亩耕地中，有7亿亩左右的低产田需要改造，9亿多亩宜林荒山荒坡尚待开发，14亿亩的水土流失面积尚待治理，等等，这都说明农业内部具有吸纳劳动力的广阔空间和领域。乡镇企业面向农村，发展对农副产品深加工，从而促进农业的发展，留住农村劳动力，从而缓解近期内的城镇就业压力。

总之，世纪之交，中国经济正处于一种体制大转轨，资产大改组，结构大调整的新时期，这是劳动力大流动、重新配置的时期，是就业再就业高峰期，在这一时期统筹兼顾，全面规划，协调各个方面的改革，解决好就业再就业问题是十分重要的，是保持社会稳定，促进改革、开放和发展的重要条件。

解决好就业再就业问题，必须大力搞好劳动力市场，形成充分有效的劳动力就业再就业的市场机制，这是缓解当前失业压力的必经之途。

解决就业再就业问题，关键在于深化国有企业改革（以及乡镇企业改革），增强企业活力，通过生气勃勃的市场主体的构建，使国有大型企业和中小企业形成良好的和强劲的发展势头，以企业的自我发展，创造新的就业岗位，拓展就业渠道。另外，基于当前中国内需不足的新情况，经济工作的中心任务应该是加大投资和消费拉动力度，启动市场，特别是要一手抓好扩大社会投资，一手抓好刺激消费，通过市场消费，推动经济增长，促进经济复苏，形成良好的增长势头，如果我们能够保持经济多增长一个百分点，就将在城镇联动解决约80万人的就业问题。可见，转型期就业问题的解决，有赖于标本兼治，既要搞好当前的改革，又要搞好远期的深层改革，要致力于加快体制的转换。只要我们能尽早形成要素市场配置——包括劳动力市场配置——的机制，实现国民经济的稳定、适度高速增长，我国的就业、再就业形势就将大改观。

如何启动有效需求①

　　首先，我祝贺全国第四次消费经济理论与实践研讨会顺利召开。在这里，我要感谢尹世杰教授倡导的全国消费经济学会（筹）若干年来取得的卓有成效的工作，在我国消费经济研究中起了很好的作用，改变了我们过去只注重生产，不注重消费的传统观点。高度重视消费需求对我国经济发展的推动作用在当前已成为越来越迫切的要求。下面，我想谈一谈"如何启动有效需求"的问题。

　　为了开创21世纪中国发展的新前景，江泽民主席多次强调要搞好理论创新、制度创新和技术创新。理论创新对于经济学而言，应该对改革开放中经济生活出现的新情况、新问题进行创造性的研究，解决实践中的新问题。改革开放20多年，我们已积累了许多经验，现在冷静地对改革中的若干重大问题进行一些理论思考，时机已经成熟。

　　多年来，特别是近20年来，我国经济运行"一快就热，一热就胀，一胀就控，一控就死"，难以摆脱非良性循环。如何认识我国经济转型期运行的规律，对其进行理论性的阐述，不是一件容易的事。

---

① 原载《消费经济》2001年第3期。

1993年实行新的宏观调控，是为了治理1991年和1992年经济超高速发展（经济增长率达到14%）中出现的高通胀。1996年底，通货膨胀得到了基本治理，但出现了市场疲软，增长乏力。1997年以后，金融开始松动，促进复苏，但成效不大。直到2000年经济才开始出现"拐点"或转折，但并不意味着经济进入稳定增长。2000年经济增长速度是8%，而前年降到若干年来的最低谷7%，由高峰值14%下跌7个百分点。发展是硬道理。中国是一个有巨大增长潜力的发展中国家，进入21世纪的中国经济应该有较快的发展，因此，"十五"规划把发展作为主题。

近两年国内生产总值7%、8%的增长是积极财政政策的结果。启动国家的财政资金搞基本经济建设，由国家创造需求拉动经济增长，在当前是必要的。但经济的内生力量未能充分启动，企业投资的积极性不高。去年外贸出口增长百分之三十几，而今年外贸出口的拉动将大大减弱，加之美国出现了严重的萧条现象，今年的经济面临着更严重的需求拉动不足，当然也有有效供给的不足。消费需求很重要，它是启动经济的重要动力。目前经济运行中缺乏这种来自社会投资和消费的内生动力，在一段时间内还不得不依靠国家、依靠财政、依靠政府来推动投资，支撑市场需求。我国经济到底处于什么样的运行态势？经济学家不能满足于一般表象的分析，而应予以具有说服力的理论的阐明。我认为中国的转型期到了一个深入发展的时期，有效需求不足正是这个体制转轨新时期的特点。社会主义国家也会出现有效需求不足吗？众所周知，有效需求不足是凯恩斯用于论述资本主义30年代大危机以后美国和西欧经济的，这个命题的提出在西方经济学中被称为"凯恩斯革命"。但是资本主义经济有制度性的抑制群众需求的根本障碍，后者是有效需求不足的主要原因。这种有效需求不足社会主义国家也存在吗？我国从1995年以来居民收入每年都在增长。社会商品零售总额也以百分之十几的速度增长，1992年是17%，去年也达10%，国内生产总值"九五"期间平均增长8.3%，我国增长并不慢，居民储蓄存款达6万亿。提出我国有效需求不足这一论题，在最初理论界的认同者不多，人们喜欢称之为"买方市场"。中国经济运行自1995年来出现的新情况、新形态，如何在理论上予以说明，这方面的研究很缺乏。但是事实上的确出现了有效需求不足，不是没有"票子"（有6万亿居民储蓄存款），只是难以变成市场需求。不只是消费需求不足，投资需求也不足。当前经济存在着促拉而动得不够，社会投资老是疲软，关键在于有效需求不足。有效需求不足是一个阶段性现象，今后的走势如何？积极的财政政策还能维持多久？都急需深入研究。我认为单纯用买方市场论不足以充分说明这一现实，我们应探讨更深的原因——转型期阶段性有效需求不足。我们应力争顺利解决面对的诸多矛盾，缩短这个阶段，争取国民经济稳定增长，既不能重蹈高速度、高膨胀（14%的增长，百分之几十的通胀）的老路，又不能停滞于低增长中，低增长不适应我国新时期的任务，不适应人民生活水平提高的需要，也不适应国际尖锐复杂的政治斗争的需要。

我国当前的有效需求不足可以称为"转型期的综合征"，这是中国转型过程中改革深化阶段难以避免的，但也是阶段性的，只要政策对头、措施得当是可以加以缓解的。我国转型期有效需求不足根本不同于资本主义那种制度性的有效需求不足，而是改革没到位及经济机制不完善引起的问题，是一个前进中的问题，不是制度问题。我认为，说中国是过剩经济，这不是科学的命题，应该说这是"经济运行中的过剩阶段"代替了过去的"短缺运行阶段"，或称之为"经济过剩运行"。当前的过剩运行是改革深化多种矛盾交织的表现，也将随改革的逐步到位而消失。为什么称为转型期有效需求不足，是由哪些原因引起的呢？大体可以归纳为以下几点：

第一，国有制深入改革中出现的消费需求不足及投资需求不足。随着市场经济体制的建立，投资主体由政府逐渐转为国企，而近年来国企投资积极性又不高。国企普遍效益低，积累少，不可能进行大投资。重点国有大型企业的技改投资靠国家，自主的投资软弱无力。20世纪90年代中期国有资金已不投向一般的项目。从消费需求来说，国企职工是不少中小城市消费的主体，而90年代中期，随着国企改革的深化，每年几百万人下岗。在这种形势下，过去城市主体消费力遭到削弱，许多过去购买力兴旺的重工业城市，随着国企的减产、停产出现购买力萎缩。这种现象可以说是城市国企改革必经的阶段，是企业改革经历的"阵痛"。可见，国企转型的痛苦调整，大量的下岗和一部分工人收入的下降是难以避免的。

第二，经济市场化与经济结构的矛盾。20世纪90年代，经济不断市场化，对企业实行价格放开，自主竞争，自负盈亏，硬预算约束，产品结构已由市场来选择。原有的经济结构、产业结构、产品结构显得越来越不适应。不少国有大厂因产品过时，大量积压而发生亏损，由此陷于困境。臃肿的、过于庞大的国有经济结构不适应经济市场化的要求，是企业活力缺乏、投资疲软的重要原因。

第三，体制转轨期的居民消费自我抑制。随着改革的深化，出现转轨时期的储蓄偏好增大和消费的自我抑制。20世纪80年代初，工厂吃"大锅饭"，职工收入低，但收入比较稳定，且医疗、保险、教育等都是公费，人们消费没有顾虑。工厂一发工资，人们就蜂拥购买老三大件：手表、收音机、脚踏车；20世纪90年代中期陆续进行了医疗、就业、教育、住房等制度的改革，福利国家的消费开始转变为个人支付的消费，这种情形下自然会出现消费抑制。这种消费倾向下降，不是短时期的现象。当前全面推行的医疗制度改革和住房制度改革，对消费需求起着制约作用。

第四，转型期供给结构僵化，消费新热点难以形成。消费需求的顺利增长，应遵循消费热点转换的规律，由一个热点到另一个新热点，形成消费平稳上升的势态，这样才能持续拉动消费需求，而不是消费拉力时弱时强。20世纪80年代以来，我国消费热点经过了老三大件与新三大件（电视机、录像机、洗衣机）两次浪潮后，第三次浪潮起来较慢，到90年代末，政府采取了刺激消费的政策，住房、小轿车的需求有增长，但目前尚未形成一个新的群众性的消费热点。有效需求不足与供给结构的僵化有关。发达国家厂商为适应消费购买力与消费心理不断创新，不断开发新产品，而我国缺乏活力的国有体制，使企业不能灵敏地适应市场。产品创新、技术创新难以启动，技改多年进展缓慢，低水平重复的经济难以创造有效供给和消费热点，这也是我国转型期的一个特点。近年来我国供给增长中重复建设多，一方面，电视机、VCD等生产线一拥而上，低水平重复产品严重过剩；另一方面，服务业，如旅游、教育等产业发展却滞后。有效供给不足也是消费需求难以充分增长的原因。

第五，收入分配结构不合理。我国有效需求不足不完全是因为没有"票子"，居民储蓄存款虽有6万亿，但是，据说6万亿存款中80%属于20%的人，也就是说80%的人只有1.2万亿购买力，有钱的人该买的都买了，没钱的人想买又没有足够的钱。要承认这一现实。对于转型期收入差距拉大不必大惊小怪，但也不能忽视。特别是近年来一些城市的一些区域出现"新贫困"现象，原来兴旺发达的市景变得冷冷清清，而另一些区域却成了发达的商业区、富人区，这种情况的出现超过人们的想象，它不仅影响有效需求的提高，还将带来更严重的社会问题，影响社会的安定和凝聚力。

第六，转轨中的几个难点。首先是国有企业经济体制的转换，这是最大的难点。要把社会主义国有制企业变成市场经济的主体是一场革命。既不能冒进，搞"休克疗法"，不顾条件与可能乱改会影响社会的稳定，但又不能只求稳而不改，不改就不能适应市场化，矛盾积累起来更难办。新中国几十年建立了一大批国有工业支柱企业，只能在改革中求发展，而不能靠国家保，何况国家想保住也没有钱。第二大难点是金融体制的转轨，这方面我们既取得了一定的成效也存在许多问题。国有专业银行需要通过改革成为市场经济中的有资信的银行，要在开放型的经济中生存下去，银行就不能有超限的烂账。为解决银行过多的不良贷款，20世纪90年代中期以来政府采取了许多有效的措施，加强治理金融秩序，但也出现了银行活力不足和惜贷，有钱不贷。金融紧缩中实行信贷保重点的做法，180多家大企业要保，一部分企业三五年也出不了效益。非重点企业中许多有效益的新增长点受金融抑制而难以发展。有活力的小企业贷不到款，80%的信贷集中于国有大型企业。最突出的表现是农村信用社，烂账多，亏损多。加上农村合作基金，一个省的缺口有几百亿。在农村金融改革中又出现信用社的信贷集中在县市，我国农村信贷薄弱，农村科技进步，品种改良，扩大经营，加强销售难以筹措资金。农村信用社已经不是真正的信用社，也不存在真正的合作金融。我们不能简单地说农村增产不增收，而应深入分析和研究农村信贷的现实状况。农民增收必须有信贷的充分地增加，没有信贷的有效供应就没有顺利的增收。农村经济20世纪90年代以来增长缓慢，信贷的原因不可小视。中小企业的信贷也是急需解决的问题，个体私营企业无法找到宽松的贷款环境，台资外资也得不到。四大专业银行无法给中小企业充分的贷款，即使再成立一个中小企业经营部也不能解决中小企业信贷问题。金融如何改革，使其有活力以促进经济的发展，在我国进入世界贸易组织后是个更加紧迫的问题。

第七，农村市场开拓问题。农村经济近年来稳定发展，农民收入稳步增长，"八五"期间农民平均实际收入增长4%，但是农民实际收入增长放慢。2000年农民收入增长2%，20世纪80年代实行家庭联产承包责任制初期增长率是10%左右。20世纪90年代以来，农村经济体制改革迫切需要深化，要在个体家庭承包基础之上形成有竞争力的农业市场主体。一家一户，几个劳动力，几亩地的细小家庭农场难以提高农业生产力。联产承包责任制不能改变，但又要形成有竞争力的农业市场主体，所以说要探索新的生产、经营形式。农业增长方式需要转变：由传统的农业技术向现代农业技术的转变。上述两个问题都很难解决。比如说，近年农民外出打工者甚多，农田荒废又不能转让使用权。要进行深化改革而又要防止土地私有，农民打工回来没了土地将成为不安定因素。农村改革已经进入了相当艰难的阶段，这是改革中最为困难的领域。另外，农村还需要进行政府管理方式的创新。农村经济要上去，要解决好税费太多的问题，每年都向农村征收1200亿的政府税费收入，贫穷地区积累就成了问题。这是上层建筑管理方式对经济发展的阻碍。

当前治理转型期有效需求应该认真研究的问题：（1）如何搞好既实行积极的财政政策支撑市场需求，又着力于依靠以市场内生力量来推动需求？（2）如何搞好以财政力量增加工资，主要争取和形成以企业效益来增加工资收入？（3）在大力增强投资拉动中，如何形成更积极的消费？（4）如何在搞好外贸出口（去年外贸出口增长百分之三十几）中充分启动和依靠内需？

认真研究和切实解决好我国阶段性有效需求不足的问题，就能够促进我国新时期国民经济稳定持续的增长。

切实启动有效需求促进经济健康复苏[①]

一、积极的财政政策取得成效，内生的经济增长力量仍然软弱

改革开放以来，我国经济运行中表现出"一管就死、一放就活、一活就胀"的情况。在20世纪80年代短缺经济的大背景下，政府治理经济过热，抑制通胀的紧缩措施取得成效后，一旦采取适度扩张的宏观政策，经济就迅速地启动和走向快速增长。1988年10月实行严峻的急刹车式的紧缩，1989年出现生产负增长，1990年生产进入低谷，在及时采取调整紧缩力度措施后，1991年出现快速复苏，1992年至1993年经济进入超高速增长，两年GDP增长率接近14%。这种"一放就活"的运行，表现出宏观短缺态势下，政策松动启动经济的有效性。

20世纪90年代经济运行周期发生变化，出现了一轮经济扩张—长期紧缩—长期复苏的新的运行势态。1993年6月，为了治理1992～1993年的经济过热，实行适度从紧的政策措施，又为避免急刹车式紧缩的

① 原载《经济学动态》2001年第9期。

负效应，采取逐步加强紧缩力度的措施，使经济逐渐降温。GDP年增长率从1992年的14.2%，逐年回落到1997年的7.8%，零售物价涨幅从1994年的21.7%下降为1997年的0.8%，我国经济成功地实现了"软着陆"。但是这是一次长达54个月的长紧缩，较之1988年10月至1990年底的紧缩期多32个月。

1997年我国已开始实行适度松动，在规范银行行为和金融秩序中争取发展，在控制重复建设、调整结构中争取稳定增长。但是却出现了经济启动艰难、增长下滑的势态，增长率继续走低，由1997年的8.5%下降为1998年的7.8%和1999年的7.1%，由于物价出现持续负增长，1998为负的2.6%，1999年为负的3.0%，在我国出现了罕见的通货紧缩。

1998年开始实行积极的财政政策，并不断加大力度，迄至2001年上半年发行长期国债3600亿元，带动配套资金7500亿元，主要依靠政府投资拉动经济取得积极效果。2000年经济出现了"转机"，增长速度加快达到8%，通货紧缩有所缓解，达到0.4个百分点的增幅；非国有的投资有了增长，集体经济、个体经济达到9%左右的增长。

但是，我国企业和民间投资仍然疲软，骨干国有企业活力仍然不足，企业技改资金增长缓慢，特别是出现了农民实际收入的连年下降，市场商品过剩和有效需求"瓶颈"对经济的制约仍未解除。上述情况表明，已实行4年的积极财政政策，尽管取得很大效果，但国民经济依靠自身力量的内生的增长力量仍然软弱，它表现为企业与社会投资不足，增长不稳，即使在2000年出口增幅39%的情况下，GDP增长在第四季度下降到7.5%，2001年初也呈下降趋势。

我国经济在2000年出现的"转折"还未取得应有的良性发展，尚未实现健康复苏。1997年以来的已历时4年多的经济启动和复苏的困难，是我国改革以来经济运行中的一种新情况，我们应该深入地研究这一经济运行的新情况，从经济学理论的高度来弄清它的性质、原因，这样我们才能找到最有效的因应之策，解决我国再生产的深层矛盾，促使新时期国民经济保持必要的速度，持续、健康地发展。

二、经济启动的困难——有效需求不足

经济复苏乏力和转换到稳定增长遇到困难，最主要的原因是我国经济处在过剩运行的大背景下面对内需不足的制约。

中华人民共和国成立以来，我国经济长期处在短缺运行势态下，其特征是投资物品与消费物品供给大范围的和长期的紧缺。在计划经济时代，短缺运行表现为凭票证供应、排队和黑市。在改革初始阶段，短缺运行则表现为一快（热）就胀。短缺实质是总供给与总需求的失衡，其根子是经济快速增长及旺盛的需求，受到供给不足的制约。发展中国家高速增长时期，经济出现短缺运行是不可避免的。短缺经济中增长空间窄，高增长势必引起高通胀。在短缺运行情况下，紧缩阶段一旦结束和实行松动，走在供给前面的需求就自动地拉动着经济内生的自然增长，从而使经济快速进入高涨。

20世纪90年代国民经济运行势态发生了根本性的变化，一方面由于改革开放以来经济以9%以上的增幅持续增长，供给能力大大增强；另一方面，全面的体制创新，特别是国有企业预算约束的硬化和行为的变化，使90年代中叶以来国民经济由过去的短缺运行逐步转变为过剩运行。1997年底我国宏观经济实现软着陆后，人们面对着的不再是短缺经济，而是商品供给过剩，库存不断增大，生产能力过剩，价格过度走低，平均利润率畸低。短缺的实质是有效需求的不足，后者成

为内生增长的主要障碍，并使政府采取的启动和刺激经济增长的手段难以取得满意效果。

社会主义国家也会出现有效需求不足吗？众所周知，有效需求不足是凯恩斯用于论述30年代大危机以后美国和西欧经济的，这个命题及其一整套政府调节经济的宏观政策的提出，在西方经济学中被称为"凯恩斯革命"。资本主义经济存在抑制群众需求的制度性因素，这是资本主义国家有效需求不足的主要原因。这样的有效需求不足在社会主义国家也存在吗，何况我国从1993年以来居民收入每年都在增长？社会商品零售总额以15%以上的速度增长，近年来增长也在10%左右，居民储蓄存款年增数千亿，目前达6.9万亿。提出我国有效需求不足这一论题，最初在理论界的认同者不多，人们喜欢称之为"买方市场"，这一用语难以对我国90年代中期以来经济运行出现的新情况、新质态，在理论高度上予以说明。但是事实上的确出现了有效需求不足，出现居民储蓄存款超常增大但难以转化为投资和消费。近4年来采取多种政策、措施促进投资和消费大力拉而动得不够，社会投资疲软，消费仍然不旺，现实经济生活表明有效需求不足还是现实的存在，而且还是一个阶段性现象。

我国当前的有效需求不足可以称为"转型期的综合征"，这是中国转型过程中改革深化阶段难以避免的，但也是阶段性的，只要政策对头、措施得当是可以加以缓解的。我国转型期有效需求不足本质上不同于资本主义国家的制度性的有效需求不足，主要是改革没到位及经济机制不完善引起的问题，是一个前进中的问题，不是制度问题。我认为，说中国是过剩经济，这是不科学的，应该说这是"经济运行中的过剩阶段"或称之为"经济过剩运行"。当前的过剩运行是改革中多种矛盾交织的表现，也将随改革的深入而消失。

（一）投资需求不振是引起当前有效需求不足的重要因素

20世纪90年代中期以来，全社会明显表现出投资需求不振的局面。1993年全社会固定资产投资增长率达到61.8%，为整个90年代的最高峰，此后，逐年下滑，到1997年仅为8.8%，1998年在采取加大政府投资下有所上升，为13.9%，但1999年又下滑为5.1%。其中国有经济单位固定资产投资增长率从1992年的48.1%一路下滑到1997年的9.0%，1998年反弹到17.4%，1999年又回落到3.8%。这期间，非国有经济单位的固定资产投资普遍增长缓慢，其增长率1993年为99.4%，到1997年则降落为8.6%。

1997年以来在我国仍然存在的企业减产和投资增长放慢现象，不是经济运行中自我调整性的投资收缩，而是体制性的投资不振。具体地说：（1）国有企业改革的滞后。在市场化全面推进中，改革滞后的国有企业因竞争力弱而日益陷于困境，甚至出现经营和效益危机，从而企业缺乏进行技改和扩大投资的能力。（2）国有经济结构的缺陷。由于传统的国有经济大一统模式未能得到改变，造成国有资本在行业布局上无所不包，而且使企业资本稀薄，自有资本金不足，从而缺乏投资能力。另外，国有企业低水平重复配置十分严重，产品雷同、"小"而"散"的企业林立，不正当和致命的竞争又使企业互相削弱，企业扩大投资的能力也就不断趋弱。（3）金融体制改革的滞后。由于国有商业银行改革滞后，金融体制内在摩擦多，在加强监管中出现了银行和信用社的"惜贷"现象。由于资本市场尚处在发育过程中，上市股票总量小，债券特别是国债发行不足，还缺乏能充分动员居民和社会资金进行投资的工具；另外，企业直接融资还缺乏充分的空间，资金资源配置效率低，许多真正具有竞争力的优势企业的投资需求得不到满足。中央银行由于进行货币总量调控的工具缺乏和功能软弱以及传导机制的障碍，还难以有效发挥调节货币供应，以及调控信贷和投资的功能。这些表明，现代市场经济中金融体系的居民收入→储蓄→投资的转化功能在我国十分薄弱，是我国当前机制性的投资不振的重要原因。

（二）消费需求萎靡是引起当前有效需求不足的另一重要原因

在我国，20世纪90年代，一方面，GDP的基数不断增大，另一方面，1992年以来的高增长中却未能使消费率有所提高，相反地在显著下降。1978~1991年间，我国消费率均保持在60%以上，从1992年起，下降到60%以下，1994年、1995年分别为57.3%、57.5%，这是继1959年消费率下降为57.1%的最低点后的又一历史最低点，1992~1998年平均为58.4%。再从城乡居民边际消费倾向来看，1996年以来也是偏低的，1997年、1998年分别为0.58、0.55，为1986年以来的最低点。城乡居民平均消费倾向，90年代以来也是不断下降，1997、1998两年已经下降到最低点，分别为0.79和0.77。这表明，90年代中期以来，我国消费需求萎靡。

消费需求增长滞后是转型期经济一定发展阶段的产物，主要是由于改革深入发展时期的体制摩擦，也由于增长方式转换的困难。具体说来，有以下几个方面：（1）城镇居民家庭人均可支配收入增长趋于下降。随着经济市场化的发展，竞争的加剧，以及国有企业、国有经济大改组时代的到来，出现了失业高峰，1997年以来每年近800万~1000万职工下岗，加之国有企业预算约束的硬化和"超分配"受到抑制，职工收入增长缓慢，1996~1999年年均增长为8.15%，远远低于1986~1995年期间年均增长19.43%的水平；（2）农村居民家庭人均纯收入增长放慢，消费倾向下降。由于农村制度创新和农业生产方式现代化推进的困难，80年代后期以来出现了农村经济的徘徊和农民收入增长的放慢。1998年、1999年，农民人均纯收入增长幅度仅为3.4%和2.2%，2000年更进一步下降。从而使消费需求的重要支撑力日益减弱。相应地，农村居民平均消费倾向和边际消费倾向从1995年来持续下降，1997、1998这两年已降到最低点。1997年，农村居民的边际消费倾向仅为0.05，到了1998年则为负值，为-0.12；（3）转轨期收入分配结构的不完善，收入差别过大，两极化的趋势明显，作为社会消费支柱的中间群众收入水平低、增长慢，这种收入结构畸形化造成收入增长的消费需求弹性下降；（4）体制转轨期的居民消费自我抑制。20世纪90年代中期陆续进行了就业、医疗、教育、住房等制度的改革，福利国家的消费开始转变为个人支付的消费，在进行上述制度改革过程中，由于社会保障的严重滞后，居民预期支出的增加和即期消费的自我抑制往往是难以避免的，从而造成居民消费倾向的降低；（5）商业流通体制的缺陷，造成销售渠道不畅，买难卖难制约着市场的开拓。银行消费信贷和租赁交易等销售形式发展的滞后，也成为消费品市场难以开拓的重要因素；（6）转型期供给结构僵化，低水平重复的经济难以创造有效供给和消费热点，消费新热点难以形成。有效供给不足也是消费需求难以充分增长的原因。[①]

总之，根据上述分析，我国20世纪90年代中期以来出现了转轨深化阶段的有效需求不足，具体表现为投资需求不振和消费需求萎靡，从而形成了经济过剩运行。我们要从理论上厘清：（1）这是一种机制性的有效需求不足。体现了转型中的体制矛盾交织，可以说是一种"转轨期的综合征"；（2）这种有效需求不足是阶段性的，只要政策

---

① 参见刘诗白：《论增大有效供给》，《经济学家》1999年第5期。

对头、措施得当，是可以加以缓解的。

三、切实启动有效需求，促进经济健康复苏

20世纪90年代中期经济运行中出现的有效需求不足是转轨深入发展时期的产物，基于这样的认识，当前在治理转型期有效需求不足中，我认为应着重研究和解决以下问题。

（一）既要千方百计扩大外需，更要着眼于扩大内需

扩大出口，保持旺盛的外需拉动力，对于促使我国经济保持适度高速增长十分必要。我国近年来出口保持强劲势头，由于2000年出现世界经济增长放慢，2001年出口有所下降，但是北京申奥成功和我国加入WTO，正在带来新的商机。因此，在新时期，加大对外开放力度，保持强劲的外需是我国必须始终坚持的方针。

但必须看到，像我国这样拥有12亿人口、处在快速发展中的大国，拉动经济快速增长主要应依靠国内需求。1997年东亚金融危机以来，国际经济的动荡和当前美国经济下滑，2001年我国出口的不稳定，进一步表明将增长立足于内需增长的重要意义。

20世纪90年代中叶以来我国国内需求增长的放慢，总需求落后于总供给，是体制转换和增长方式转换一定阶段的现象，只要解放思想，深化改革，加快增长方式转换，采取有效的启动经济的政策措施和大的动作力度，我国内生的投资需求和消费需求完全有可能转旺，发挥主要拉动力的作用。因此，在21世纪的新时期，我国有必要千方百计重振内需，并将它作为一项长期战略。

（二）大力促进主要由政府力量拉动经济向市场内在力量拉动经济的转换

针对内需不足，我国实行积极财政政策已是第四年，取得积极效果，抑制了一度出现的生产下滑，近两年经济保持良好增长。目前，政府投资的基建规模已达到1.4万亿元，增加长期国债达3600亿元，我国经济呈现以政府投资为主导的增长。市场经济运行中在经济降到谷底后的启动期，实行阶段性的以政府投资为主导的增长是必要的，但是不可长期依赖财政资金和政府投资支撑经济运行，否则会对全面的体制创新起抑制作用，不利于加快体制转轨。

而且，财政赤字也在增长中，尽管还处在可承受范围内，1999年占GDP2.14%，但是财政赤字逐年增长潜伏的危险，是不能忽视的；另外，也要看到依靠财政资金进行的基本建设缺乏微观效果，从而社会资金使用是负效应。

目前的发展势态表明，2000年开始出现的"转折"十分吃力，经济运行尚未进入健康增长，内需不足和市场商品过剩仍然严重制约经济的发展。根据国家经贸委的调查，当前一方面603种工农业产品中有500个是供大于求，而另一方面截至7月末城乡居民储蓄仍高于去年同期，7月份比去年同期多增50亿元，居民"惜购"心理还很明显，市场销售还未见明显转旺。就投资而言，尽管2001年非国有投资出现增长，但是民间投资总体上仍处于疲软状态，处在制度创新和结构调整中的国有骨干企业，仍然缺乏投资积极性，国有商业银行大量储蓄处于沉凝状态，来自市场主体的投资动力薄弱。当前出口增长放慢更给经济带来困难。基于上述现实状况，当前仍需继续实施积极的财政政策。

无疑，财政政策面临着两难，继续扩张，会面对赤字风险；过早"下马"，会使增长"熄火"。可取之策只能是实施再一度的，能更加有效启动社会投资和刺激消费的扩张性财政政策。它包括以下方面：

第一，在实施政府投资的大规模基础设施中，要将争取宏观效益和讲求微观效益相结合，千方百计节约建设资金。

第二，在基础设施建设、生态建设中进一步实行政府投资与社会投资相结合。如在交通与城市基础设施建设中，划定适当的领域，放手引进民间投资。又如更大胆地尝试引入BOT（即建设—经营—转让）和TOT（即转让—经营—转让）的经营方式，鼓励、支持社会资金参与政府项目的投资、建设与经营。进行生态建设，一些地方的实践表明，引入民间资金，效果显著，而且持续。

第三，大大加强对改制、改组和结构调整中国有骨干企业的财政支持，促进企业进行技改，在开拓新产品中走入良性循环，这是培育和形成依靠内生经济力量增长的重要环节。利用发行债券，建立基金，支持企业技术改造，特别是为高科技项目进行贴息。

第四，把对企业投资的支持与国有企业的深化改革，实行公司化、集团化和跨国经营相结合。

第五，采取多种方式，积极扶持中小企业。如对中小企业进行融资担保的金融公司的兴建，以及为中小企业进行的有效技改提供财政支持。

第六，对为农村和农民提供信息服务、科技服务，以及职业教育服务的机构，提供财政支持。

总之，政府在用财力启动经济时，除了发挥好政府创造投资需求的拉动功能，更要千方百计发挥好政府投资撬动社会投资作用，以及带动企业提高效益，培育和加强市场主体的经济实力、投资能力，真正实现政府投资投下去、社会投资撬动起来，争取在一个不长时期以财政扩张，实现经济以内生力量为基础的增长。

（三）继续启动消费

当前企业和民间投资力量软弱的症结，在于消费需求不旺，市场空间狭窄。因此启动社会投资，必须进一步启动消费。

尽管近年来消费率一直高于GDP增幅，社会商品零售总额2001年保持10%的增长，城镇消费呈稳定增长势态，但是居民储蓄仍然保持每年5000亿元以上的高增长，消费不足仍然是制约企业扩产和进行投资的主要障碍。当前，发挥好财政政策在扩大总需求中的作用，还应继续把刺激投资和刺激消费相结合，要借助财政力量提高职工和低收入层的收入，采取多种鼓励消费的政策措施。

2001年继续实行提高公务员、事业单位职工、离退休人员工资的政策是有必要的。鉴于我国处在国企深化改革的阶段，下岗工人增多，一部分城镇居民消费水平增长缓慢和新贫困现象的出现，提高城市居民最低生活收入线、下岗工人生活补助费和低收入阶层的工资，从而提高作为社会消费支柱的中间群体的收入水平，是我国目前及今后较长一段时期内财政支出的一项重要内容。

另外，加大对教育的投入以及加大对科技创新人才的奖励，逐步提高他们的生活条件与收入水平，为科技院所和大学创造出"留得住人"的制度环境，也应该是实施积极财政政策的一个重要着眼点。

我国当前消费倾向的下降，相当多的居民"只储不买""多储少买"，主要症结在于就业、医卫、教育、住房等领域的改革齐头并进和社会保障体系建设滞后。因此，当前加大财政对社会保障体系建设的投入，不仅是对数量还在增长中的失业、老、病等人员解困的需要，而且，以国家财力为社会保障体系奠基，强化社会主义社会保障功能，将成为促使居民消费倾向提高，形成更积极的消费，强化消费拉动的关键。

（四）充分发挥税收杠杆启动经济的作用

实行积极的财政政策需要深化税收制度改革，加强税收征管，保障政府、特别是中央政府的财力。但是政府财力与企业经济实力是一对矛盾，必须正确处理。从理论上说，在启动经济，培育与强化市场主体投资实力的时期，应该对企业实行"轻徭薄赋"，即减低税负。

由于我国中央财政投入占GDP比重过低，近两年来又出现中央财政收入增长低于地方财政收入的增长，中央财力不充裕直接影响到积极财政政策的实施，因而，目前实行大面积减税不现实。但是还可以强化税收杠杆的利用，例如可以对增长快速、拉动力强和关键性的产业领域实行适当减税。我国即将加入WTO，全力促使我国自身的产业，特别是制造业——汽车、各类机械设备等，深化改革，加快技术创新，实现快速发展，形成能对应日后更激烈的市场竞争的强势企业，是当务之急。我们要抢时间，用好税收杠杆，促进关键性产业的企业改革、改组，以及技改和发展。我国农村经济的振兴，也需要采取一项加大资金注入减少资金外流的大政策，而进行农村税费改革，切实减少农民税负，更是当务之急。

总之，为了提升积极的财政政策的效果，更有效地实现启动以内生力量为基础的经济增长，当前进一步发挥好税收杠杆刺激有效供给的作用，使其与政府进行基本建设投资，创造和扩大有效需求的功能相结合，就更加重要。

大力启动社会投资促进经济持续发展[①]

有效需求不足，制约着我国经济的增长，对这一宏观形势，我们应该有充分的估计。我国经济运行的主要问题是改革深化阶段的内需不足，由计划体制到市场体制转型期的国家都曾出现过这一问题，只不过在苏东国家表现为转型期经济危机。我们的内需不足1997年以来明显化，其表现为生产过剩，价格持续下行，增长放慢，即通货紧缩。1998年实行积极财政政策以来，2000年经济出现"拐点"，由1999年增长7%到2000年增长8%。但2001年美国经济衰退和世界性增长放慢，我国出口受到影响，2001年较去年增幅下降20多个百分点，这种情况下，内需不足更加突出。2001年上半年603种主要商品，供求平衡103种占17.1%，供大于求500种占82.9%，供小于求为0。

当前，我国经济发展受内需不足的严重制约。今年我省经济发展情况很好，明年仍可保持今年增长势头，但由于省外企业会采取出口转内销，争夺国内市场，特别是西部市场，加入WTO以后，国外产品大量进入市场，我省面对严峻的市场形势。对我国当前的有效需求

---

① 原载《四川日报》2002年7月22日。

不足制约经济增长的势态，我们应有充分估计，要采取有力的因应措施，加强结构调整，产品创新，以物美价廉的产品，来争取和进一步扩大市场份额，以促进我省经济的增长。

为了有效扩大内需，既要利用好政府投资，更要把主要力量用于搞活经济，启动和推动社会投资。1998年以来实行的积极的财政政策，成绩巨大，保持、促进了我国经济的持续高增长，但是依靠政府投资拉动经济增长，毕竟是阶段性应对措施，这样的短期政策不可能长期化，何况实行积极财政政策明年是第五年，政府投入搞的基本建设规模已达2万多亿，财政赤字已达2.9%，持续空间不大。因此，在当前实行积极财政政策，更要重视撬动社会投资，重视搞活经济，重视增强企业的力量，要争取使我国经济由政府投资拉动经济增长向依靠企业投资和社会消费拉动经济增长转换。今后几年是我国实行这一增长拉动方式转换的关键时期，能否顺利实现这一转换关键在于搞活企业和社会投资的振兴。为了争取实现增长拉动方式的转换，就我省来说，除了要大力多争取中央投资项目，加强政府投资拉动而外，我们应致力于深化体制改革，搞活经济，振兴社会投资，其关键是搞活国有企业，促进企业的技术改造，放手发展民营经济。

启动社会投资，是明后年和此后四川经济持续高增长的前提，也是一个艰难任务，需要采取多种措施：（1）鼓励社会资本进入竞争性行业和承担一部分基础设施建设；（2）大力发展民营经济，特别是支持民办高科技企业，要促使有竞争力的民营企业快速发展和做大；（3）大力发展中小企业；（4）鼓励民间资本投入农业领域；（5）解决好民营企业的金融支撑，贷款担保问题。

专著

我国转轨期经济过剩运行研究

此书2000年由西南财经大学出版社出版。

第一章

现代市场经济的生产扩张与总量均衡问题

一、现代扩大再生产与科技生产力倍数作用

（一）扩大再生产与生产要素的组合方式

1. 再生产是以生产要素的组合为基础

再生产是在社会生产要素的组合下实现的。社会的主要生产要素，一般地说，包括：（1）物质设备；（2）劳动力；（3）技术，即使用于生产的科学知识和设备能力，例如手工技术、机器技术、信息技术等。在市场经济条件下，上述生产要素还需要有业主的投资，即货币资本支出来使其结合起来，货币资本是上述生产要素的黏合剂。有了货币资本，人们才能建厂，购买设备和原材料，雇用职工，才能使物质要素与劳动力相结合，实现现实的生产。生产的结果，即产出表现为产品和服务，并被人们计量和体现于一定的总产值，即国内生产总值之中。

需要指出，技术主要决定于使用于生产中的物质设备的能力或能量，如像技术含量高的物质设备能改变生产加工的性质，提高生产能

力。机器不同于铁匠的锤、木匠的斧，拥有大马力的动力机，高度复杂和精确的工作机，技术含量高的物质设备，能极大地提高劳动生产率，成为国内生产总值大幅度增长的关键因素。

2. 扩大再生产——现代社会再生产的特征

再生产起点是上年度的原有的生产，它表现为上期国内生产总值，是新的年度，即期的或现期的（current）再生产的基础和起点，在上期生产基础上进行扩大再生产是现代生产的特征。扩大的再生产表现为生产要素投入的增大，从而生产规模扩大，其主要标志是生产出的产品和服务量的增大，亦即国内生产总值的增大，即产值正增长。市场经济条件下再生产具有十分鲜明的波动性，有时也会出现简单再生产形式，即产值增长持平，或零增长；甚至也会有萎缩的再生产形式，即产值缩减或负增长，再生产中的经济收缩阶段，特别是在资本主义国家频繁出现的萧条和危机阶段就会有这样的产值负增长。产值负增长意味着扩大再生产过程被打断，它体现了资本主义市场经济再生产的矛盾和运行障碍。

3. 外延的扩大再生产的局限性

扩大的再生产或产值正增长，是以生产要素的扩大使用为前提，借助物质设备、劳动力的量的扩大而实现的生产扩大，称为外延的扩大再生产，或数量扩张型的增长；借助物质设备技术含量和水平的提高以及劳动力的技术与熟练水平的提高，从而劳动生产率提高而实现的生产的扩大，称为内涵的扩大再生产，或是质量提高型的增长。外延的扩大再生产的规模是依靠生产要素投入的增加，从而受限于原有物质设备的剩余，即生产出的投资物品减除投资物品消耗或折旧的余额 Z。我们用 $I（c+v+m）$ 来表示物质设备的生产，$Ic+IIc$ 表示社会生产两大部类物质设备的消耗，那么，$I（c+v+m）-（Ic+IIc）=Z$。在技术进步缓慢的发展中国家，上述Z即国内物质设备剩余数量小。例如农业经济中农产品增幅小，意味着可用以作为追加投入的种子、耕畜数量少；工业经济在增长速度慢的时期，投资物品可使用于扩产的剩余量小。可见，扩大再生产受到物质设备剩余量小的限制。此外，外延的扩大再生产还受限于现有的劳动力数量。例如在许多发达的、经济成熟的西方国家，人口停滞使国内可用劳动力[①]增量很小，在那里，扩大再生产中会遇到劳动力供给价格提高的障碍。可见，外延的扩大再生产，要受到原有生产要素的供给的限制。特别是外延的扩大再生产是技术水平不变的、数量扩张型的扩大再生产，在出现资源匮乏，要素供给（包括货币资本的供给）减少，从而要素成本上升的场合，增长往往伴随着通货膨胀。此外，实行数量扩张型的扩大再生产，企业的竞争力会因产品技术含量和产品素质难以提高而遭到削弱。可见，在高度工业化的现代经济中，外延的扩大再生产必然会也必须向内涵的扩大再生产转换。

4. 内涵的扩大再生产是现代扩大再生产的主要形式

内涵的扩大再生产是以科技要素的引入和物质设备、劳动力的质的提高为基础。技术含量增大了的物质设备以及生产技术和劳动熟练程度得到提高的劳动力，使劳动生产方式得以现代化，促使产业升级，引起劳动生产率的大提高，使国内生产总值大幅度增长。另外，这种质量提高型的扩大再生产，一方面节约物质资源、人力资源以及货币资本资源，从而降低成本；另一方面，它创造优质产品，促进产品结构的调整和优化，增大有效供给，从而，提高企业的竞争力。内

---

① "可用劳动力"，指资本主义国家劳动力市场价格水平下的就业量。发达资本主义国家存在一种工资提高也难以增大就业量的现象，从而使增长受到可用劳动力增量不足的制约。

涵扩大再生产的实质是依靠科技来提高劳动生产力和加快经济增长。以信息技术和高科技为基础的扩大再生产是当代内涵的扩大再生产的最新形式,这种高科技型的扩大再生产,借助最先进、最强大的物质生产力,使用和发挥高智力的作用,使劳动生产率大大提高,创造更大的设备剩余;同时,又大大节约物质资本(包括社会原有的物质资源)。这种依托高科技生产力的高级的内涵的扩大再生产形式,解除了经济增长的人力、自然资源(矿产、能源、农地以及生态)的制约,为世界上那些"少土寡民"地区经济的高增长提供了可能,特别是为不发达国家加快发展速度,实行超赶式发展创造了技术和经济前提。

5. 现代扩大再生产与科技生产力倍数作用

基于以上对再生产的要素及其组合方式的分析,我们可以用以下的简单公式来表述再生产的规模:

国内生产总值的规模:$(M+L) \times t$

M是物质生产要素使用量,L是劳动力使用量,t是科技生产力,上述M、L均表现为价值量,t是一个倍数。

以上公式表明:

第一,一国国内生产总值的规模取决于$M+L$,即物质生产要素——其决定因素是物质、技术设备——和劳动力的使用量。

第二,生产要素的生产力有高有低。以价值计的一定的物质生产要素量,或物质资本量,它体现的物质生产力会有高有低,这取决于物质资本的科技含量或更确切地说,取决于其科学技术生产力,后者表现为倍数。例如甲乙两国已使用物质资本价值同样为1万亿元,但是乙国的科技生产力倍数为甲国的两倍,则它的物质资本的生产力将是甲国的两倍。

第三，科技是要素中的决定因素。使用于生产的科技的性质、水平，可以是先进的，也可以是陈旧的。先进的科技要素使劳动生产率成十倍、百倍的提高，这是一种技术创新推动型的扩大再生产，它可以用较少的物质资本价值增量实现大幅度的价值增量。

第四，科技生产力倍数作用，是指科技创新带来的国民生产总值的增量。这个增量可用倍数t来表述，例如t为1倍、1.5倍……假设乙国科学技术生产力倍数值为5，而上年国内生产总值为1万亿元，国内生产总值增量=上期国内生产总值×5，即1万亿×5=5万亿元。

科技生产力的提高决定于：（1）科技的创新性质，是一般的技术创新，还是重大技术创新；（2）创新使用于生产的程度，是小范围的使用，还是大面积的使用；（3）由（1）和（2）决定的社会科技水平的提高。

用公式加以表述是$t=f(Q, S)$。

Q表示科技创新的质，S表示科技创新使用于生产的范围，f是关于Q、S带来的生产力增长的函数。

以上科技生产力倍数作用的公式表明：（1）科技创新的质十分重要。人们如果实现了影响生产的关键性的科技的重大突破，会大大提高Q值。例如蒸汽机技术到电力技术，到当前的核能和信息科技，代表工业中科技创新的质的飞跃；农业中一般的劳动工具的改进，农业机器和化肥的使用、良种选育，到当前的运用基因工程的农业生物技术，体现了农业中科技创新的质的飞跃。这种创新的质的飞跃，即Q值的倍增，成为生产力跃升的泉源。（2）科技创新使用于生产的范围十分重要。如果有重大创新，并使Q值倍增，又有有效的经济机制使科技创新得以在生产中大面积使用，使S值倍增。这样，意味着科技创新成果成为马克思说的"社会一般生产力"，它带来社会科技水平的提高，从而表现为生产力倍数作用的增大。

第五，科技创新的决定要素是知识，最主要是科学和技术的新理论，其次是各种应用知识、工艺、生产技巧、诀窍等。科学的基础理论是科技创新的根本泉源，人们可以看到每一次重大的科学理论的突破都带来一场技术创新高潮：牛顿力学在物理学领域实现的理论创新带来18世纪末的蒸汽机革命；当代的量子力学、电子信息、分子生物科学等众多领域的新理论突破，带来了一场一百多年以来未曾有的技术革命的新高峰。实用层次上的知识——应用技术、经济管理、经营方法——的进步和各种信息的被掌握、处理和成为可应用的智力工具，更是促使了科技理论向实用知识和技术，从而现实生产力的转化。因此，20世纪末科技进步与生产力发展的直接的和关键的要素，表现为知识及生产知识的智力，知识和智力的经济作用与地位大大提升，已经成为发展生产力的决定性的要素，或第一生产要素。这种以知识为基础，以智力劳动为关键的现代高科技型的生产，人们称之为信息经济或知识经济，这种高、新科技型的生产方式已经在某些发达国家中开始出现。

6. 高科技型生产方式的生产要素

我们业已把生产方式的简单要素归结为：物质设备、劳动力和技术，如果针对当代的高科技型的生产方式，那么生产的主要要素应该是：智力、物质设备、科技、一般劳动力。

如果我们把市场经济中的生产要素投入定义为资本，即能不断实现价值增值的价值，那么资本在其实际内容和具体形式上表现为：（1）物质资本（实物生产要素）；（2）人力资本（劳动力）；（3）作为无形要素的科技（第一生产力）。在进入21世纪的当代，知识和智力已经成为一种新的资本要素，人们可以看到在当代高科技产业中，企业的生产业绩不仅仅取决于物质资本、一般劳动力形式的人力资本，以及企业的科技水平，而且，更重要的是取决于企业拥有的专利、新开发的科技成果，进行科技开发和创新的智力和进行经营管理和创新的智力。上述科学知识和两种智力成为现代高技术产业的智力资本。微软在短短的十余年间的崛起，企业达到近千亿美元的资本市值，超过几十年发展壮大起来的福特汽车公司，成为一匹令全世界大企业家惊叹的"黑马"，就在于其资本结构中智力资本占有最为突出的地位。可见，把高科技型的资本结构归纳为智力资本、物质资本和一般人力资本是恰当的。

（二）高科技为基础的扩大再生产的特征

现代的内涵扩大再生产是以技术进步、物质设备的科技含量和科技生产力的提高，来实现生产规模的扩大。这种生产规模的扩大，尽管投入资本会增大，但借助于技术生产力倍数，生产规模增加量更大，这是一种以科技生产力为依托的质量提高型的经济增长。以科技进步为依托的质量提高型的经济增长，鲜明地体现在20世纪现代工业经济的发展中。

我们进一步分析技术进步的状况和性质，可以归纳出两种技术进步主导型扩大再生产形式，或两种质量提高型增长模式。

第一种扩大再生产模式：一般技术进步条件下的扩大再生产。我们把工业革命以来，迄至20世纪中期的科技革命的发展阶段，称为一般技术进步时期。这是蒸汽机、电力、内燃机等动力手段的革新，推动企业技术密集和机器大工业向纵深发展的时期。机器体系的技术进步，表现为动力机+现代工作机（包括当代流水线）组成的物质设备的复杂化和日益庞大，导致企业物质技术密集性的增强和资本技术结构的提高。自18世纪末蒸汽机使用以来的近两个世纪的经济增长，都是以企业物质设备的比重不断增大为特征。我们把企业中的物质设备或固定资产以W表示，劳动力以L表示，资本的物质技术结构，可以由L/W来表示。工业经济时代，技术密集型的生产中单位资本（价值）使用的物质设备越来越多，L/W的比例越来越小，即资本的物质技术构成高度化，它表明生产的技术水平越来越高。

由于物质技术密集，使用现代技术的物质资本价值高，加之为取得规模效益而实行大批量生产，其典型形式是20世纪初期福特汽车的流水线式的大生产，因而，技术密集也就表现为资本-技术密集。这也表明，这种一般技术进步条件下的扩大再生产，既需要增大物质技术，又需要增大资本投入。

第二种扩大再生产模式：高科技条件下的扩大再生产。20世纪末期，随着世界科技革命的新发展，信息技术和一系列高科技引入和使用于生产之中，生产物质基础和生产方法的高科技化已经成为时代的大趋势。在发达国家，基于生产高科技化的具体状况，以高科技为基础的现代生产具有以下几种模式：

第一，技术-智力密集型生产。传统的机器制造，如像20年代的福特汽车生产，是技术密集型生产，它以品种单一（主要是T型车）、生产大批量为特征。当前的福特、通用等大公司的汽车制造，仍然保持着物质技术密集性质，但是科技进步成为扩大再生产的主要因素，企业着眼于不断的技术更新，实现不断的产品创新，不仅仅是追求产品"样式"新变化，而且是性能的改进，新的功能的增加。如汽车制造厂着眼于提高汽车的速度、平稳性、抗震性及内饰件质量，引入电话、电视、计算机、网络等设施；此外人们不再从事单一型汽车制造，而是实行产品系列化。实行不断的技术进步，也是当代机器制造、化工、钢铁等传统工业的特征，它表明了知识资本要素的比重提高。如企业占有的专利权、品牌等知识产权，成为资本价值的重要因素；另外知识生产的投入、研究与发展费用越来越大，一般占销售收入的8%～10%。可见，技术进步的加速度引入，使传统技术密集型生产成为技术、知识密集型生产。

第二，知识密集型生产。它可以分为两类：（1）知识密集主导型。如信息产业中的电子计算机制造，通信设备——光纤、传感设备、手机，以及使用生物技术的医药业、航天技术、海洋技术。它既是以科技知识、技能、诀窍为其主要生产要素，但是又需要有使用高科技的现代物质技术体系。（2）典型的知识密集型生产。如软件、网络等的开发与制造以及基因工程研发（生物制药业），是典型的纯知识密集型生产。它的生产要素主要是从事软件开发的高智力人才，如像微软的操作系统以及浏览器的生产，其最大的投入是用于引入和使用高智力生产者，形成新产品、新工艺、新经营方式，智力的密集成为产品创新和高附加值的直接泉源。开发与使用生物工程的医药业，借助使用高智力生产者，进行遗传密码的研究和基因工程技术的开发，形成新的设计、工艺、生产流程，智力成为企业产出品的高附加值的主要泉源。

无论是技术-知识密集型生产，还是知识密集主导型生产以及典型的、高度知识密集型生产，均是技术创新型的生产。人们可以看到，高科技时代不断的技术进步和创新，成为扩大再生产和企业资本飞速增值的关键要素。我们指出了工业经济时代经济增长中技术生产力倍数作用日益显著，那么，当前世界已进入高科技时代，促使经济增长中技术生产力倍数作用分外加强，特别是信息技术的使用，使技术生产力增长倍数作用大大提高。

二、现代市场经济与总量均衡

（一）扩大再生产与总量均衡

保持社会的投资需求和消费需求，即总需求与投资物品的供给和消费品的供给，即总供给相适应，是社会再生产顺利进行的基本前提，我们称之为宏观经济学的总量均衡原理。用公式表示是：$Y=DI+DC$。Y是社会总产量或总供给，DI是投资需求，DC是消费需求。在（封闭的）扩大再生产条件下，保持增大的总需求与增大的总供给相适应更是十分重要，这是防止出现通胀、经济过热或是出现通缩、经济下滑，使国民经济能稳定、持续运行的前提条件。当然，除了总量均衡外，还需要有供求结构的均衡，即：（1）投资需求与投资物品——投资设备及其他原材料——的供给相适应；（2）消费需求与消费品的供给相适应。用公式来表示是：$Y=Y_a+Y_b$，$Y_a=DI$，$Y_b=DC$。在市场经济中，上述总量均衡和结构均衡是借助市场机制的作用和政府的宏观调控功能，通过经济运行中的一般波动来实现的。

在近代工业经济形态的扩大再生产中，实现总供求的均衡，要求有与工业技术进步带来的总供给一般增大相适应的总需求的增长，即$Y_1=DI_1+DC_1$。由于在每一个年度，供给增量还不是很大，还属于代数级数的，若能做到需求总量代数级的增大，将能实现经济运行总量均衡。

在现代工业经济中，出现了科技进步和技术生产力倍数的提高，它意味着生产的不断扩张，生产总值即总供给更大规模的增长。在高科技迅速发展和普遍使用于生产，经济信息化和网络化向前推进的条件下，技术生产力倍数更是强化了生产的扩张，使总供给几何级数增大，这样的总供给扩张，需要有总需求的大增长，即要求有对投资物品和消费品的充分的有效需求。

当代资本主义国家再生产的主要矛盾和难题是：在科技生产力倍数作用下的总供给扩张——即由 Y 增加为 Y_K——能否创造出与总供给增量相适应的投资需求和消费需求，即 DI_K+DC_K。人们可以看到，在微观层次上，当代资本主义国家出现的每一项重大的科技进步都会遇到市场不足的问题。20年代福特汽车公司使用流水线和科学管理，实现了大规模T型轿车生产，但立即面临着市场销路不足的问题。当代发达的资本主义国家的经济运行愈加不稳定，有效需求不足问题越发加剧，成为阻碍再生产的一个根本问题。1929～1933年的世界性经济大危机，是有效需求不足的最鲜明的表现。有效需求不足的成因有以下几个方面：（1）制度性障碍，即马克思经济学再生产理论所阐述的资本主义经济制度的基本矛盾：群众收入增长落后于生产能力的扩张，这是有效需求不足的主要成因。（2）运行性障碍，即市场机制作用下难以避免的宏观经济运行的障碍及其所导致的需求不足。凯恩斯经济学曾经对市场经济运行障碍和由此产生的需求不足予以充分的阐述，他提出了市场经济中存在的引发投资和消费需求增长不足的各种经济的、心理的因素，强调在自由放任理论下政府的宏观调控功能的缺陷是加深有效需求不足的重要因素。（3）现代生产力造成的供给扩张趋势。20世纪经济发展中科技取得长足进步的新情况表明：现代经济增长中存在着科技生产力倍数的效应，它加强供给增长，从而会催化和加剧有效需求不足。特别是20世纪末奇迹式的科技进步，带来更明显的生产力倍数的作用，造成生产和供给能力猛烈增长，大大加剧相对的供给过剩。使用信息技术和其他高科技，是20世纪末的生产的特征。人们可以看见，当代高科技以其技术生产力的高倍数，引起供给能力跳跃式的增长。信息技术不仅创造了一系列新的热门产品——计算机、多媒体、网络、软件等——而且，生产信息产品的新技术以其日益提高的劳动生产率，造成众多产品供给的饱和。在美国，上网计算机1999年已达5620万台，上网人数已超过1亿人。手机在芬兰等国家，几乎成为人人拥有之物。另外，生物技术应用于农业，大大增大了优质高产的农产品的供给，它使玉米产量增加，加剧了农产品的生产和供给过剩。使用生物技术的新医药业，具有产品/投资高比值，它使少数几家大企业的生产能力足以囊括一国全部市场份额而有余。在汽车生产等传统工业领域，也都出现了十分严重的供给过剩的现象。当前发达国家的过剩资本积聚和资本全球性流动——每日达1.5万亿美元——反映了这种高科技—技术生产力倍数增大—供给快速增长的经济机制。科技生产力倍数带来的供给增长超过需求增长效应，也出现在新兴市场经济国家和地区，亚洲新兴国家的劳动密集型企业在实行技术进步和数量扩张的基础上，生产能力也不断提高，许多产品目前也面临供给过剩的严峻形势。

可见，资本主义国家经济运行中供给扩张和有效需求不足的矛盾长期持续和日益激化，其根子是制度缺陷，即资本主义制度决定的社会基本消费群体收入增长的滞后。此外，也同经济运行的障碍有关，例如，利息的波动、股市不振引起投资徘徊和消费不振。政府调控作用的不足和缺陷，也使需求不足和供给过剩的势态拖延持久。另外，还应该看到，现代经济运行中需求不足问题在当代科技进步、科技生产力倍数提高、供给快速增长的背景下变得更加严峻和更难以解决。本书中，我们的分析指出：现代科技进步与科技生产力倍数增大，会形成一种供给扩张，从而会进一步扩大供给与需求之间的反差，催化与加剧需求不足。

综上所述，现代市场经济条件下，特别是科技进步加快的大背景下，经济运行中有效需求不足的出现往往是难以避免的，而任何一个国家能否解决好优化制度，完善经济机制，加强宏观调控，形成旺盛而充分的有效需求，使其与总供给相适应这一时代课题，就成为其国民经济能否保持顺利运行的前提条件。

（二）科技进步下实现总量均衡的机制

科技进步、科技生产力倍数提高，导致供给迅速增长，由此出现和加剧供给过剩。但是科技进步并不必然带来供给过剩，科技进步一方面带来劳动生产率提高和总供给增大，另一方面也创造出追加投资物品的需求。

1. 固定资本使用周期缩短和更新的加快

当前高科技时代的特征是：科学理论与技术知识的不断创新，某一领域的新理论引出一系列新理论；学科的互相交叉，科学知识的互相促进，促进了新理论的发展；各个领域的新技术、新发明也是互相促进，如信息技术促进了宇航技术、海洋技术和生物工程的研发，宇航技术如卫星制导技术发展的需要又促进了高效计算技术的发展，等等。可见，当代高科技发展呈现出各种理论、技术互相促进的连锁作用，关键性的新理论、新技术像导火线一样，引发更新的理论和更新的技术，从而呈现出科技不断创新。

科技是关键性的生产要素和生产手段，科技的不断创新，使原来的技术和物质设备很快就过时，竞争中的厂商争相用新的技术和设备来取代陈旧设备，因而，企业物质设备的不断更新，成为以高科技为基础的现代生产和物质资本运作的特点。如果说，在蒸汽机时代，工作机和机器体系的进步是十分缓慢的，由蒸汽动力机到内燃机的使用花了近一百年，20世纪内燃机的技术进步也是逐步推进的，那么，在信息技术时代，作为关键生产手段的计算机技术进步则表现出不断加速度的性质。由50年代的物质结构极其庞大——每台设备需要上百平方米的房间——和低运算能力的计算机，到80年代以来的小型化、快速化和功能不断更新的PC机——如由286到586和更新的型号——以及每秒运算能力达数十亿次的大功能计算机，这一进程鲜明地表现出高科技为基础的现代物质技术的不停顿的、加速度的创新的性质。

市场经济机制使上述技术创新表现为企业加速的物质资本更新。在市场竞争机制下，企业敏锐地寻找、捕捉科技创新成果，用以革新其生产技术。如果说，传统工业经济时代创新是逐步的、节奏较缓慢的，在逐年再生产中投资物品往往是在原有技术基础上进行重置替换，那么，在当前的高科技发展和向知识经济转变的时期，扩大再生产过程中的物质替换则表现为以技术创新和升级为主要内容。为了提高竞争力，企业不断地更新和使用技术含量更高、功能更强大的生产设备，出现了一场以质量提高、技术升级为特征的大规模的固定资产的更新，特别重要的是企业实行加速折旧和缩短固定资本使用和更替周期。电脑目不暇接地快速更新，就是固定资产更新周期缩短的例证。这种普遍的加速固定资本更新，意味着对投资物品需求的扩大。

2. 高科技的使用带来纵向的生产扩张

后者指同一行业中企业的不断壮大、技术不断地进步和创新、新的投资物品的不断出现，引起这一行业的发展和扩大。例如以计算机和网络为核心的信息产业，随着信息技术使用的普遍化，创造了对信息产品的巨大需求，特别是随着新型计算机的不断开发，此后是多媒体、软件技术、网络技术的发展，进一步扩大了包括众多行业的信息产业。纵向的生产扩张使信息产业成为当代发展最快的新兴产业，据美高胜公司统计，1998年信息处理和相关行业生产值较1991年增长250%，而传统工业生产总值增长仅为125%。信息产业的产值在一些发达国家已占国内生产总值的8%~10%。信息技术还衍生出为其服务的相关行业，如计算机调试、设备修复、技术培训等行业。新兴高科技产业的纵向生产扩张，首先创造出对投资物品的追加需求。

3. 高科技的使用带来横向的生产扩张

后者指现代高科技产业间的互相促进，例如信息产业促进了生物工程技术、航天技术、热核技术以及医疗技术等的发展，从而促使上述一系列新产业的出现。信息技术引入商业、金融业，促使电子商务、网络银行以及电子咨询等新行业的出现；热核、宇航产业的发展，又促使有关新的医疗、保健行业的兴起；生物工程技术促进了新的医药、农业企业的出现。可见，当代高科技加强了相关产业间相互拉动和新的产业链的形成。如果说，手工业缺乏行业依存从而缺乏产业链，机器大工业生产是以分工、企业协作和产业链为特征，那么以信息技术和现代高科技为基础的生产方式，则是以分工、协作的更加发达，相关产业、行业链条的拉长和延伸为特征。这种产业链延伸效应，产生出对投资物品的新的需求。

以IT产业为核心横向的生产扩张，造成对高科技投资物品新一轮的需求，如果我们把I_A作为传统工业经济时代的投资物品，高科技的投资物品是I_B、I_C……那么，信息技术的出现，引起了一个对新的高科技投资物品的追加需求，即投资需求$DI=I_A+I_B+I_C+\cdots+I_N$。这种新的投资物品的需求，已成为信息时代投资的主要增长点。

4. 高科技引入传统工业生产领域，其生产扩大效应增大了对技术革新的投资物品的需求

这是高科技引发横向的生产扩张的另一形式。由于高科技渗透传统工业生产领域，改造与提高传统工业技术，因而高科技使用也促成革新了的传统产业的新发展，例如信息化促使汽车、机械、化工等

产业的技术革新、产品革新和生产的新发展，从而促进了对这些产业的投资物品的需求的扩大。也就是说：（$I_B+I_C\cdots$）的需求，促进了对I_{A2}，即革新了的传统投资物品的需求。

由于信息化时代的传统工业技术是与信息、网络和其他高科技相结合的，因此这种条件下的I_{A2}，即传统工业部门的投资物品，是兼容了信息和其他高科技的革新了的投资物品。它表明了高科技产业—传统产业—高科技产业之间的相互促进作用，它促使设备更新规模的不断扩大。在美国，20世纪90年代信息技术促进了各个产业的设备更新，设备投资年增长率1991～1998年为9.7%，为前8年的2倍，其中计算机与软件投资年增长率为15%，计算机与软件占全部设备投资（7万亿美元）的45.3%。

由于上述前三项的力量，在美国，20世纪90年代出现了一个高科技发展带来的投资需求强劲增长时期，投资需求的增长和拉动力成为这一时期美国经济前所未有的高增长（1994～1999年增长率近4%）的决定因素。

通过以上几个方面的分析，我们看见，在投资物品领域，现代高科技尽管使产品总供给快速增长，但是另一方面，通过固定资本加速更新，纵向的和横向的生产扩张和产业链延伸效应。以及对革新的传统投资物品的需求的增长，现代高科技又会促进对投资物品需求的扩大。也就是说，在投资物品领域，技术进步带来的新供给不断地创造出新需求，即人们创造出规模更大的投资物品增量I_K，会引致相当于DI_K的新需求的产生。因而，科技生产力倍数不是必然导致过剩，带来运行危机；恰恰相反，企业的科技创新还会引致对投资物品需求的增大，由此实现投资带动的经济增长。

但是科技进步引致的充分的投资需求不是自然形成的，它必须以形成一种投资增长和生产扩张机制为前提。这就需要有：（1）顺利的固定资本加速更新机制；（2）纵向的生产扩张机制；（3）横向的生产扩张机制。上述作用的结果，用公式来表示：本年度投资物品增量 $I_K=I_C$（原有企业固定资本投资增量）$+I_Q$（纵向生产扩张中对投资物品的需求）$+I_m$（横向的生产扩张中对投资物品的需求）。

以公式来表示再生产的供求均衡：当年再生产 $Y=DI_1+DC_1$。Y 是当年国民总产值，DI_1 是当年投资物品的总需求，DC_1 是当年消费品总需求。如果我们从产品性质来分析国民总产值结构，Y_1 是投资物品价值量，Y_2 是消费品价值量。那么，上述公式可以进一步具体表述为：$Y_1+Y_2=DI_1+DC_1$。

在引入科技生产力倍数后，第二年的再生产的产值结构是：$Y_n=I_2+C_2$。Y_n 即增大了的国民生产总值，假定科技生产力倍数为20%，$Y_n=Y+$（$Y\times20\%$），总量均衡要求 $Y_n=$（DI_1+DI_K）$+$（DC_1+DC_K）。DI_K 是第二年投资增量，DC_K 是第二年消费增量。DI_1+DI_K 是第二年扩大了的投资需求，它和投资物品总供给相适应；DC_1+DC_K 是第二年扩大了的消费需求，它和消费品总供给相适应。在市场经济中上述投资需求增长，需要有发达、健全的市场机制，特别是要有充分的投资激励即必要的预期利润率，后者又以投资物品市场销售及其前景良好为前提。

投资物品毕竟是用来生产作为最终产品的消费品的，投资物品的市场需求的增长，最终决定于消费品的市场销售状况和消费需求的拉动。可见，投资需求增长必须要以充分的消费需求为前提。即使是在技术快速进步时期，可以借助投资物品需求的超常增长来吸引、消化涌现于市场的投资物品，维持总需求的饱满，弥补消费需求增量的不足。例如，在 Y_n 增长20%时，DI_1+DI_2 增长40%，DC_1+DC_2 则按常规增长20%。这是一种投资扩张型的总量均衡。20世纪90年代美国经济的长时期的稳定增长，就在于依靠这种投资扩张型的总量均衡。但是这种投资扩张型的总量均衡存在着内在的矛盾，因为市场经济不可能有脱离消费需求的投资增长，依靠单方面的投资扩张来拉动总需求毕竟是不可能持久的。如果消费需求增长长期滞后，那么，超常投资增长带动的扩大再生产或迟或早终将达到极限而"崩盘"，从而片面地依靠投资扩张来支撑的经济增长也会陷于停顿，这也意味着总量不均衡的运行危机的出现。

（三）消费需求与现代市场经济

以上分析指出了以科技进步为基础的现代再生产，需要有与投资物品的快速增长相适应的充分的投资需求，以及与消费品的快速增长相适应的充分的消费需求。在现代发达的市场经济中消费需求的重要性大大提高。这是由于：

第一，消费从来是生产的目的，任何社会的生产都要受到消费的拉动，特别是市场经济的运行中，消费需求是始发的和最终的需求。投资物品的需求也是建立在居民对消费品的购买，即最终需求的前提下。

第二，现代生产中形成了投资物品生产和消费品生产两大部类，投资物品发展成许多互为市场的行业，呈现出作为中间产品的投资物品行业间的互相拉动。例如机械工业的发展，带动原材料、交通、能源等产业的发展，后者的发展又带动机械工业的发展。但是中间产品的互为市场和互相拉动，毕竟是立足于消费品部类的增长的基础之上，即它是以增大的消费需求即 DC_1+DC_K 为前提。在上述 $Y_n=(DI_1+DI_K)+(DC_1+DC_k)$ 公式中，存在着 $(DC_1+DC_k)=f(DI_1+DI_k)$，即第二年的增大投资量和第二年增大消费量之间的某种比例关系，公式中用系数 f 来表示，我们将 f 称为投资需求对消费需求的牵动力。在 f 值适当的场合，现实的消费需求将等于 DC_1+DC_k，在 f 值下降时，现实的消费需求会小于 DC_1+DC_k，从而会出现投资增长中消费增长的不足和失衡，由此导致总需求的不足。在现代市场经济中必须保持投资对消费的充分牵动力，使消费需求的增长，与增大的投资需求相适应，从而才有可能保持投资品部类的持续增长。

第三，在现代市场经济条件下，消费在再生产总量均衡中的作用增大了。在工业化——无论是资本主义国家还是社会主义国家——的初始阶段，由于总供给水平低，存在着为积累资本、扩张物质资本而抑制消费的倾向；但是在生产现代化发展和市场经济成熟阶段，适应劳动生产率提高，消费品供给的增大，强化消费成为经济运行内在的要求，首先是消费品部类经济顺利运行的内在需要。在20世纪20年代福特T型车以年数十万辆计生产出来和投放市场时，亨利·福特也必须实行一项提高工资、增大消费需求的计划。当然，这纯然是出于资本家开拓汽车市场的目的，而不会是一种人道主义的善行。在当代科技生产力倍数效应下，汽车、电视机、家庭计算机、手机及其他现代消费品大规模涌入市场，它要求社会消费需求不断增长。事实上，在经济水平提高过程中，居民收入水平也有相应提高，消费率也逐步提高，在当前发达国家消费率已占国内生产总值的6/7。消费需求的增大，也发挥着保证和拉动投资品部类增长的重要功能。

第四，现代市场经济的运行中，应保持投资需求与投资品供给相适应、消费需求与消费品的供给相适应。市场经济中投资需求增长的不稳定性和波动性十分明显，需要发挥消费支撑总需求的作用。现代市场经济中科技进步呈加速势态，导致设备投资的增大，在当代，投资的增长对经济增长和经济周期越来越起着主导作用。在设备投资增长加快时，经济进入扩张阶段；而设备投资增长缓慢或萎缩引起经济增长放慢，或导致萧条和国内生产总值负增长。市场经济中既会出现投资过热，又会出现投资不足。后者或是机制性的，例如缺乏固定资本更新引诱，或是物质技术性的，例如技术进步缓慢。在投资需求增长乏力、新投资量不足的条件下，投资增长不足部分就应该由消费的一个追加增量来加以弥补。假设第二年的投资是$DI_1+DI_2+DI_3$，DI_1是维持简单再生产的投资量，DI_2是维持第二年一般的经济增长所必要的正常的投资需求增量，DI_3是在科技生产力倍数效应下国内生产总值增幅扩大需要的追加投资部分。在投资增长不足，即$DI_3=0$的场合，就应该有$DC_1+DC_2+DC_3$的增长。DC_1是简单再生产下的消费，DC_2是维持一般的经济增长所必要的消费增量，$DC_3=DI_3$，是用以弥补投资增量不足的消费增量。在上述场合，消费需求的扩大弥补了投资需求不足，维持了总供求均衡。可见，投资需求增长的不稳定性和波动性是当代市场经济的特征。这不仅是由于自发性市场机制下投资预期的变化，而且是由于技术进步的时快时慢，即使是当前的信息技术和其他高科技的迅猛发展也只能看作是技术进步的"高潮期"，我们不能期望技术进步永远是"高峰运行"。投资需求增长的不稳定，意味着DI_3的不足，它要求DC_3来弥补。可见，现代市场经济的顺利运行要求消费需求稳定而充分的增长。

综上所述，消费在现代市场经济中的地位和作用大大提高，即使不时会出现投资扩张，也不能取代消费在再生产中的基础作用。为了保持国民经济的快速增长和稳定运行，需要保证社会消费充分增长，使消费与投资和总供给的增长相适应。

（四）现代市场经济与有效需求不足

现代市场经济——我们用这个词指以现代化生产为基础的和发

达的市场经济——运行的根本问题，是能否保证 $Y_K = DI_K + DC_K$，即在总供给加快增长的条件下，能否保证有与之相适应的投资需求与消费需求。

不断的和全方位的技术创新，特别是高科技的发展，是现代生产的鲜明特征。在走向21世纪的新时期，出现了一场以信息技术为标志的世界性的企业物质技术基础的大改组和产业升级。在技术创新发展迅速的发达国家，呈现出投资需求的加快增长。1990～1999年，美国高科技领域的投资大幅度和持续增长，在再生产中大体实现了 DI_1（上年度企业固定资本投资增量）和 DI_K（纵向生产扩张中对投资物品的需求增量+横向生产扩张中对投资物品的需求增量）大体适应科技生产力倍数效应下增大的国民生产总值 Y_n。投资需求的增长也创造了新的就业、拉动了消费的增长。

实践表明，即使是在资本主义经济中，投资需求的增长也不是封闭式的，即只是投资物品生产企业间的互相拉动，而是投资需求增长牵动着消费需求增长，二者存在着某种内在的联系：（1）投资需求的增大会引起投资物品生产部类就业的增加；（2）投资需求的增大、投资物品生产部类就业的增大，会导致工资水平的某些提高；（3）投资品部类产值的增大，意味着企业盈利和投资者以及经营者收入的增长。以上三方面引起"收入多、花费多"，导致消费需求的增长，这种投资需求对消费需求的带动作用，可用下述投资引致消费增量公式来表述：

消费需求增量 $DC_{K1} = f \cdot DI_{K1}$

公式中 f 是一个系数，f 的值是变动的，它在经济增长的不同阶段会有所不同。在传统工业生产方式下：（1）在投资需求的一般增长，由于生产技术构成提高，会对就业增大起抵消作用。（2）在技术进步渐进时期，投资物品技术创新带有平衡性，往往是在局部范围内进行，从而部类内部的企业间互相拉动和生产扩张在规模上是有限的，其就业扩大和工资增高的拉动力也往往是有限的。因而，f 值较小，它意味着投资增量的扩大就业和刺激消费效应较低。（3）在20世纪末发达资本主义国家的新一轮技术进步条件下，出现了下列新情况，即全面和加速的技术创新引起了新的投资物品的生产企业的涌现和投资物品部类企业之间的互相拉动，如计算机生产拉动其他高科技生产，硬件生产拉动软件生产，以及不同生产企业间的互相拉动，使这一场新技术革命启动了一轮投资需求增长的高潮。

这种投资大幅度增长，抵消了企业生产技术构成提高的就业抑制作用。例如，美国1991~1998年的高设备投资率——主要用于信息技术，即硬件和软件，年增长率高达15%——成为扩大就业的主要因素。而且，以高科技为基础的投资需求是以生产的纵向和横向扩张为特征，它本身就创造了新的就业岗位。1991~1998年美国的新增就业人口达1800万人，1/3乃来自IT产业的就业。

全面技术创新催化的纵向和横向的生产扩大，带来就业增大效应。例如美国失业率由6%降到近4%，就业增大使个人收入提高，维系了中间收入群体的购买力。

高科技发展中的收入分配机制，形成了一个由技术专家和经营者组成的智力高收入层，它加强了中间阶层的经济实力和购买力。上述情况意味着 f 值的增大和投资增量对消费需求的牵动力的提高。在美国，20世纪90年代消费一直稳中见旺，1998年个人消费支出——占经济活动总量2/3——比1997年同期增长4.9%，为近14年最高水平，这种情况体现了投资对消费的牵动作用。

可见，投资需求的增长，客观上存在着对消费需求的牵动力，特别是以信息技术为核心的高科技的使用，这样的投资需求具有开拓和扩展消费需求的潜力。人们可以看见，信息化、网络化的进程带来了一轮需求的增大。信息技术和其他高科技提高社会有效需求的显著效应，是信息知识经济时代出现的新情况，值得我们深入加以研究和用以充实经济学有关再生产总量均衡的理论。但是在西方媒体上对"美国新经济"的一片喝彩和大肆渲染中，我们应该看到现代市场经济中的有效需求不足问题仍然存在，特别是当前世界许多国家出现的通货紧缩、经济萧条和投资不振表明，DI_K+DC_K 的增长滞后和有效需求不足，仍然是现代资本主义再生产的一个难以解决的问题。

资本主义国家经济运行中有效需求不足的根本原因是制度性的，资本主义国家是少数人的财产垄断制度，其收入分配制度带来居民消费需求增长滞后，由此导致投资动力不足，从而造成 $Y_K>DI_K+DC_K$，出现了需求不足下的相对经济过剩。总需求和总供给的失衡是资本主义国家经济运行过程中频频出现的危机和萧条的根源。发源于发达国家的当代高科技发展，以其技术生产力倍数加剧了总供给扩大趋势，尽管科技进步推动了投资增长、生产扩张、就业扩大、中产阶级收入的增长、增大了消费需求，但是在资本主义所有制和收入分配的制度框架下，消费需求的增大，即 DC_K 是大大滞后于总供给，即 Y_K 的增长的。应该看到，在美国式的投资扩张型的经济增长中，实际的消费增量 RDC_K 是落后于能与投资增量相协调的 DC_K，即存在着 $DC_K-RDC_K=Z$，Z 体现了不足消费部分。消费需求增量的不足，与增大的总供给的矛盾是投资扩张型经济增长中的深层矛盾，只是依靠加速技术创新和进一步的投资扩张，即 $DI_1+DI_2+DI_3+DI_4$，即投资需求的不断扩大才得以保持着这种带有畸化性的经济运行中总量的动态均衡。另外，高科技带来的生产扩张也未能做到真正地消灭失业人口与贫困，即使是美国20

世纪90年代以来达到的罕见的4％的低失业率，也很难将它说成是完全的"自愿的"结构性的失业。可见，信息技术和现代高科技的使用，并未能解决和消除资本主义再生产中的总量均衡问题，经济增长中制度性的有效需求不足问题仍然客观存在，甚至可以说难以解决。因而，西方经济学家宣称的高科技带来了"充分就业"、无通胀、无危机的"新经济"，只不过是一个神话。美国经济学家克鲁格曼在其近著《萧条经济学的复归》中不同意关于需求不足不再存在的"美国新经济"的论调。他说："现在，很多经济学家还认为衰退微不足道，对衰退的研究也是一个逐步消失的神话"，但他认为"短期中的现实世界正经历一次又一次的危机，所有问题都一针见血地涉及需求不足……如何增加需求，以便充分利用经济的生产能力，已经是一个至关重要的问题了。萧条经济学又回来了"①。

资本主义再生产过程中消费需求增长的滞后和有效需求不足，马克思的再生产理论对此早已加以阐述。20世纪30年代以前，西方经济学中流行的古典理论认为：生产制造充分需求，市场自行调节供求总量均衡和结构均衡。萨伊认为：不论生产量保持在什么水平，总产量的需求价格恒等于其总供给价格。西方经济学无视资本主义制度固有的矛盾及其造成的运行障碍，从萨伊、马歇尔到庇古，都否认资本主义经济运行中会产生有效需求不足。他们把市场力量奉为万能的，从而把自由市场经济制度推崇为治理市场经济运行失调的"万应"药方。但是这种供给自行创造充分需求的理论，却不能解释1825年以来资本主义经济运行中的周期性危机。1929～1933年发生的世界经济大危机，使上述供给创造需求的古典理论归于破产。凯恩斯重新评价与

---

① ［美］保罗·克鲁格曼：《萧条经济学的回归》，中国人民大学出版社，1999年，第215页。

批评了古典供求均衡理论，提出了他的有效需求不足新理论。凯恩斯的理论从经济运行——投资需求和消费需求变动——的角度，承认了市场经济不是万能的。他承认市场力量对供求总量和供求结构实行自我调整功能存在"失灵"，提出了要由政府的宏观调控来刺激投资和消费，来解决有效需求不足与过剩。

凯恩斯提出了一个公式：有效需求D=社会可以预期的——即可以实现的——消费量DC+社会可以预期的——即可以实现的——投资量DI。[①]他认为当社会经济发展，就业会增加，总供给会增大，在总需求价格D=能实现资源充分使用、劳动充分就业的总供给价格Y时，这将是没有需求不足的经济。但是凯恩斯认为，资本主义经济中现实的总需求小于总供给，即$RD<Y$，这是因为在总供给Y增大到Y_n时，现实消费量的增长少于总供给的增长，即$DC=DC_1+DC_2$，DC_2是新年度的消费增量，它是一个不足增量，如果消费增量中的不足部分DC_3，能为投资量的增大所弥补，即$DI=DI_1+DI_2+DI_3$，$DI_3=DC_3$，那么就会实现充分的有效需求。凯恩斯认为，资本主义经济中不可能形成这样的能弥补消费量增长不足的投资量，因为，投资的增长取决于人们对投资报偿的预期，而后者又取决于消费的状况，即使出现足以弥补消费不足的投资的增长也只"是一个偶合"。引起DC即消费量增长不足的原因，凯恩斯认为是使消费倾向降低的心理法则[②]，即消费会随着所得的增长而下降。凯恩斯看到和承认了资本主义市场经济运行中的有效需求不足问题，看到了需求不足的根源是社会消费增长的滞后和不足，他的

---

① ［英］凯恩斯：《就业、利息和货币通论》，商务印书馆，1983年，第28页。

② 凯恩斯认为有一个永久心理倾向："一般而论，当所得增加时，人们将增加其消费，但消费之增加不若所得增加之甚。"［英］凯恩斯：《就业、利息和货币通论》，商务印书馆，1983年，第85页。

理论超越了西方国家多年奉为经典的古典经济理论。凯恩斯从宏观经济的总量均衡出发，重视消费的作用，强调"消费乃是一切经济活动的唯一目的，唯一对象"①，并指出"富裕社会消费倾向较弱"这一现象；但是他的再生产理论回避了对资本主义经济的基本制度的分析，因而他未能对资本主义市场经济运行中的需求不足予以科学的阐释。

　　资本主义再生产中有效需求不足的主要原因，按照凯恩斯的理论系由于人的消费心理和消费倾向降低，这种理论分析是不科学的。因为，资本主义市场经济运行中消费增长不足和滞后于生产能力的扩张的根本原因，是资本主义的财产占有制度与分配制度，因为，社会消费需求的增长取决于：（1）基本消费群体收入的增长；和消费倾向的提高。资本主义市场经济中存在着制度性的社会收入分配的贫富两极分化，占人口总数的少数富人，"该有的什么都有了"。一方面，富裕者的高收入中消费的比例是下降的，而富人在全社会收入中是有较高比重的群体，其消费倾向是下降的；另一方面，低收入者和穷人，他们占消费群体的比重越大，社会消费倾向就越难以提高。资本主义国家，即使是最发达的国家，迄今也未能解决好社会分配不公和财富两极分化的问题，经济发达的富裕国家低收入群体和贫穷阶层长期存在。这些低收入层，由于社会保障的不足，还要被强迫将低微收入用于储蓄，以备未来家庭开支和为他们经常面对的失业、医疗以及养老开支而实行自我保障，因而，对他们来说，消费倾向是难以提高的。社会消费倾向的提高，受到社会心理、习惯、文化等因素的影响，但是更为重要的，显然是基本消费群体收入水平的状况，是失业、医疗、养老等社会保障的改善，归根到底是社会的财产占有和分配制度

---

① ［英］凯恩斯：《就业、利息和货币通论》，商务印书馆，1983年，第86页。

的状况。问题的症结主要是"富裕社会"中的贫困和分配"不公"，而不是"社会富裕"后的消费心理。如果借助制度的根本创新，人们做到社会富裕化和分配公正化并行发展，做到提高当前的收入和增大社会保障并举，制度性的消费中自我抑制就将减弱，人们就能"有钱敢花"，形成合理的消费行为和保持适当的消费倾向。可见DC_2的增长不足，其根本原因是制度性的居民收入增长滞后和消费自我抑制，即"强迫储蓄""强迫节俭"，而根本不是什么消费增加低于收入增长的"人类的心理法则"。

尽管凯恩斯的有效需求不足理论有种种重大理论缺陷，但是，（1）他突破了传统的古典经济理论，找出了资本主义市场经济运行中的主要矛盾——有效需求不足；（2）他建立起市场经济中的总供求均衡的宏观分析方法，从而为研究市场经济的宏观运行势态，为政府制定和实行有效的宏观调控政策提供了一个重要的分析工具；（3）他提出市场"失灵"和市场经济的运行障碍需要政府发挥宏观调控功能，他设计了一个市场作用+政府调控的新的市场体制模式，这一理论创新启动了资本主义国家的体制变革；（4）他有关消费行为、心理对现实消费的影响的分析尽管缺乏制度分析深度，但也包含有可供汲取的积极因素；（5）尽管他对现代科技进步和科技生产力倍数效应下的总供给扩张及总量矛盾未曾加以阐述，但是他有关消费需求不足导致的"投资引诱甚弱"[①]的论述，抓住了资本主义经济运行中投资动力不足这一重大的难解问题，[②]揭示了市场经济投资需求与消费需求的内在联系；（6）他提出了在消费需求不足条件下扩大有效需求的方法，这就

---

① ［英］凯恩斯：《就业、利息和货币通论》，商务印书馆，1983年，第30页。

② 凯恩斯说："由于资本积聚量已较大，故除非利率可以迅速下降，否则继续投资之吸引性也较小。"［英］凯恩斯：《就业、利息和货币通论》，商务印书馆，1983年，第80页。

是：在出现消费需求增长不足，即DC_1+DC_2仍然是不充分，小于充分的消费需求量$DC_1+DC_2+DC_3$的情况下，通过增大政府投资来带动和刺激社会投资，发挥投资乘数作用，形成充分的投资需求$DI_1+DI_2+DI_3$，从而支撑和维持充分的需求和就业。

总之，凯恩斯建立了一个有效需求不足的经济学新理论体系，在西方经济学体系框架下是一次"革命"。当然，作为西方经济学代表人物，他受到传统经济理论的局限，他对有效需求的分析未深入和把握住深层的制度根源，但是，他建立的有关再生产总量均衡的理论和政府实行宏观调控的方法仍有积极的科学价值。我们在研究分析社会主义市场体制下的宏观经济运行，探索和构建马克思主义的社会主义宏观运行理论时，在批判和扬弃其西方经济学的理论局限的前提下，充分汲取凯恩斯理论的积极要素是十分必要的。

（五）社会主义市场经济与有效需求不足

我在本书中提出了转轨期的有效需求不足和经济过剩运行的命题。按照我的分析，我国自1997年以来，一方面因经济持续高增长，出现总供给即$Y_1\cdots_N$的不断增大；另一方面由于企业和社会投资不振，加之消费萎靡，出现投资需求和消费需求落后于投资物品和消费品的增长，特别是落后于经济存量的生产能力的增长，造成总需求落后于总供给，即$DI+DC=Y$，这种有效需求不足发生于转型期的经济体制和机制的转换过程之中。当然，它也与供给结构缺陷和有效供给不足有关，后者也是体制转轨过程中的产物。因而，这是一种转轨经济中机制性的有效需求不足。

转轨经济中有效需求不足的命题，建立在市场经济运行中存在有效需求不足的可能性的原理之上。我们已经指出：总量由均衡转变为不均衡，再回到均衡，这是市场经济再生产的一般规律。如果说资本主义再生产的总量变动势态表现为总供求的均衡是短暂的，有效需求不足，即供大于求却是经常的和周期性的，并以危机、萧条、滞胀等形式表现出来，从而是一种经常性、病态的经济过剩运行态势，其实质是社会投资和消费的需求小于投资物品和消费品的供给；那么，在20世纪社会主义国家相当长的再生产过程中仍然存在的总量不均衡，则是呈现出另一种形式：总供给小于总需求，即物资短缺，匈牙利经济学家科尔奈称之为"短缺经济"。社会主义国家长期实行的计划经济中，短缺表现为凭票证供应、排队和黑市的高价格，而在进行改革后向市场体制的转轨期的初始阶段，它表现为短缺与周期出现的通胀。短缺是社会主义国家长期经济发展中难以摆脱的痼疾，其实质是社会现实的投资和消费需求超过了投资物品和消费品的供给。我国自从20世纪50年代进行大规模社会主义建设以来的经济运行，表现为不断加剧的和持续的短缺，而在1979年至20世纪90年代中期的改革初期阶段，经济运行表现为"一快就胀"，短缺仍然是经济生活中的突出矛盾。

但是自20世纪90年代中期以来，经济情况却发生戏剧性的变化，出现了日益加剧的商品供大于求、市场疲软、物价持续下降和低位运行，经济由过热转变为过冷，由1992～1994年的高通胀转变为1997年以来的日益明显的通货紧缩现象，出现了持续性的经济过剩运行这一新势态，其实质是有效需求不足。

传统社会主义经济理论的一个重要原理是：社会主义经济运行"有计划""按比例"。这一原理否认社会主义国民经济运行中有总量（总需求与总供给）与结构（需求结构与供给结构）失衡问题，更否认有运行的周期性和危机。基于上述理论，社会主义经济不可能出现需求不足和过剩。由于上述否认社会主义经济会有需求不足和总量失衡的传统社会主义经济理论的影响，人们一时间对我国20世纪90年代这种经济运行新势态感到困惑，难以理解。经济理论界对这一经济生活中的新情况也是众说纷纭，一些人称之为"买方市场"，一些人说它是"后通胀经济"，一些人则称之为"过剩经济"。由于对于我国20世纪90年代中期出现经济过剩的性质、成因认识的不同，对于过剩运行势态发展的趋势的估计也就不同，在采取什么对策来治理过剩的认识上也就存在差异。例如，存在一定的、必要的存货和合理限度内的供大于求的"买方市场"是成熟的市场经济的正常运行的形态，那么把当前的经济运行势态定义为"买方市场"，岂不是把现阶段不健康的，甚至是"病态的"运行说成是一种正常的运行势态？这种定义不可能明确揭示和把握当前我国经济运行中存在的总量失衡和有效需求不足这一根本问题和主要矛盾。又例如，把当前市场疲软仅仅归因于1993年宏观调控中"紧缩过度"，1997年的"松动不足"，试图用简单的货币、信用扩张，如发行500元大钞来治理当前的通货紧缩，则是一种把需求不足归结于货币不足。显然，这一论点未能把握到我国当前有效需求不足出现的社会经济的体制、机制的根源和本质。

在当前全国集中力量贯彻扩大内需的宏观政策时，我们特别需要在理论上弄清当前我国面对的内需不足和经济过剩运行势态这一新情况的性质、成因及其发展趋势，才能做到头脑清醒、高瞻远瞩、对症下药、标本兼治，防止头痛医头，不从根本上治理，也防止病急乱投医，带来新的后遗症。

为了从理论上阐明和弄清我国近年来的经济过剩运行这一新情况，我们需要构建一种有关社会主义市场经济运行中有关总量均衡的新的马克思主义的理论。首先，需求不足并不是资本主义经济运行的特有现象，也不是资本主义经济的范畴。基于本书中的分析，需求不足是市场经济运行中难以避免的现象。需求是以主体收入为基础的用于购买商品（投资物品、消费品）的货币支出，总需求是社会全部主体的收入中用于商品购买的货币支出，它包括居民个人、企业以及社会团体和政府用于购买商品的支出。设定对投资物品的需求为DI，对消费品的需求为DC，国内总需求就表现为$DI+DC$。在投资需求和消费需求小于由投资物品和消费品组成的总供给时，即$DI+DC<Y$，就出现了需求不足。

当前市场经济国家经济运行中存在两种不同性质的需求不足。

第一种是运行性的需求不足。

市场经济是主体自主决策、自发运行的经济，形成需求的主体购买行为具有自发性。在现代金融体制下人们可以卖而少买，也可以卖而不买，卖得的货币一部分不再支出，从而在经济运行中会有相对于供给的需求不足。另一种情况，在现代金融体制下人们可以实行用增发货币和扩大信贷等方法扩大对消费品和投资物品的购买量，从而造成相对于供给的需求膨胀。在市场经济运行长过程中无论是就单一产品来说，或是从总产品来说，都会有需求不足或需求过度的出现，因而，出现总供求的不相一致和失衡是运行的常规。

以上是需求方面的情况。从供给方面来说，市场经济条件下形成供给主体的生产具有自发性和不稳定性。如农业生产受自然气候变化的影响，工业生产受资源状况的影响，特别是科技创新和科技转化为生产力的状况是不平衡的，因而，再生产过程中有时会有生产和供给超过现实需求的过度增长，从而产生相对于供给的需求不足，如在农业经济中，丰年会加剧过剩。如果已经出现了需求不足的运行势态，又有生产和供给的过度增长，这种过度供给就会进一步强化生产过剩和需求不足。

市场机制是供求的调节器，在总需求超过总供给时，即出现生产不足的运行势态下，在价格上涨和最大利润驱动机制下，总供给会增加；在总供给超过总需求时，即生产过剩势态下，价格和盈利机制会使总供给降下来。假定我们建立起一个各种主体处在同一起点的、发达的、充分竞争的市场经济，借助市场机制的自我调节作用，总供给与总需求能够在经济长期运行中趋于均衡，但是自发性的市场力量又会使总需求或总供给发生变化，从而使总量均衡转化为不均衡。市场经济中由于内生变量——物质资本、劳动力、技术及用于生产的知识等——具有变易性，有时还会有自然灾害、战争等外生变量的出现，从而会带来生产和供给的非常规变动；另外，需求也会随着经济周期的不同阶段居民收入增量、消费倾向、投资回报的预期等经济参数的变化而发生非常规变动。可见，自发性市场作用下的供求总是会出现总量失衡，在经济运行的长过程中，总会有供大于求或供不应求的出现。

以上分析表明，市场的自发力量决定了市场经济运行中经常会呈现出需求不足或需求过度现象，这是暂时的运行性的总量失衡，在市场作用下它又会向均衡回归。由于市场作用不是万能的，特别是由于不受市场调节的各种外生变量的存在，因而，在某些情况下，表现出市场调节供求效应薄弱，即"市场失灵"，从而会呈现出总量不均衡向均衡复归的困难，这种情况下就需要政府发挥宏观调控的功能。在出现需求不足时，政府通过实行扩张性宏观政策，创造出新的需求，通过注入财政资金或扩大货币发行，扩大总需求，使其与总供给相协调。在出现需求过旺和生产过热的情况下，政府实行紧缩性的宏观政策，抑制投资和消费，促使总需求与总供给相适应。可见，在市场经济条件下，依靠发达的市场体制、高效的市场机制和政府有效率的宏观调控，可以缓解现代市场经济运行中供求的失衡，使需求变动与供给变动相协调，实现一种大体的总量均衡和较小的经济波动。

第二种是制度性的需求不足。

从历史和现实来看，市场经济存在于不同的社会制度框架下，因而，市场经济运行不能不受到社会经济制度的影响，其运行机制也要打下社会经济制度的烙印。

市场经济中，形成市场购买力的主体收入受到社会基本财产制度的制约。资本主义制度下存在的财产私人垄断和分配不公，导致广大群众的收入增长落后于生产能力的增长。在社会基本消费群体的收入水平提高慢和社会保障不充分的情况下，消费倾向减弱，由此造成相对于供给增长的有支付能力的需求不足，引起最终产品——消费品的销售困难和生产过剩，并由此使投资疲软和投资物品生产过剩，最终引发生产过剩的经济危机。正如恩格斯指出："市场的扩张赶不上生产的扩张。冲突成为不可避免的了，而且，因为它在把资本主义生产方式本身炸毁以前不能使矛盾得到解决，所以它就成为周期性的了。"[①]

消费品的需求不足一定时期可以借投资需求的扩大来加以弥补，即总消费需求出现增长不足时，增长不足部分可以借投资的相应增大，即 $DI=DI_1+DI_2+DI_3$ 而得到弥补。DI_1 是上年的投资量，DI_2 是进行一般扩大再生产本年度新增投资量，DI_3 是科技进步引起加强的内涵扩大再生产下的投资增量。

在资本主义经济发展中，特别是在20世纪的发展进程中，每一次重大技术进步——例如20世纪初内燃机的使用范围的扩大，20年代福特汽车生产流水线的推广，世纪末信息技术的快速发展——都引

---

① 《马克思恩格斯选集》第3卷，人民出版社，1972年，第315页。

发了固定资本更新和激励了DI_3较大的增长。这样，由于DI_3的增大，$DI_1+DI_2+DI_3$即扩大了的投资需求及其拉动的消费需求$DC_1+DC_2+DC_3$，支撑着社会总需求，保持着总供给扩大条件下的总量均衡和维持经济的增长。20世纪末美国经济的快速信息化和网络化带来了一轮旺盛的投资需求，拉动了消费需求的增长，使美国经济1991年以来至今，保持了一百多个月的稳定、持续增长。

但是投资物品的扩大毕竟要受到消费品市场的制约，即使投资需求出现了来自投资物品部类内需互相拉动造成的短时的扩张，并由此支撑着社会总需求的增长，但迟早会遇到因消费需求增长缓慢和投资回报预期下降而引起的投资行为不振，由此出现投资扩张的中断，甚至下滑。既然消费需求增长不足，而投资增长和扩张又难以持续，那么，有效需求即$DI+DC$的不足，迟早会以生产过剩的经济危机的形式爆发出来。

资本主义经济运行中有效需求不足的显现，表面上往往是投资需求下降所造成，但根本原因是消费需求的不足。这是一种基本制度造成的需求不足，简称制度性需求不足。1825年以来主要资本主义国家周期性出现的生产过剩的经济危机就是制度性需求不足的鲜明表现。特别是1929～1933年的世界经济大恐慌及其灾难后果，生动地表明了有效需求不足是资本主义国家经济运行难以超越的障碍。20世纪30年代以来，世界主要资本主义国家实行了凯恩斯主义的有调控的资本主义体制，这一体制创新的要点在于依靠政府的宏观调控，主要是政府的直接投资支出和货币信贷的扩张来刺激、拉动和扩大投资需求和刺激消费需求，以支持市场需求。由于财政赤字形成的投资扩张在规模上是有限度的，在时间上是难以持续的，充分的投资增量需求必须是内生的即依靠社会投资——企业、个人投资，即使是政府的财政支出和扩大需求的措施能够拉起社会投资和新一轮经济增长，因消费需求增长的制度性限制始终存在，在经济发展的长过程中，$DI+DC$即总需求又将成为不足的，$DI+DC<Y$的势态又会出现，因此，20世纪30年代以来的自由资本主义向有调控的资本主义的体制变迁，也未能做到根本治理和消除制度性的需求不足。二战以来主要资本主义国家现代化的进一步发展，特别是当代的科技进步，大大加快了生产的增长，促使需求增长和供给增长进一步相互脱节，使有效需求不足的运行障碍更加严重。二战以来和目前许多发达资本主义国家经济增长放慢，日本20世纪90年代经济长期衰退，以及最近一轮金融危机后东亚国家艰难的经济复苏，都表明资本主义国家制度性的需求不足在经济运行中带来的严重负效应。

资本主义国家的经济运行中，如何保证$Y=DI+DC$，即保证有充分的投资需求与消费需求，更具体地说，如何保证有旺盛的最终需求问题还悬而未决。那么，实行社会主义市场体制的国家是否也存在有效需求不足问题呢？

基于我们对运行性和制度性这两类需求不足的分析，那么我们的第一个结论是：在建立起以公有制为基础的社会主义市场经济，形成了共同富裕的分配结构以及完善的社会保障体系的前提下，消费需求的增长将不再有来自制度的约束，完善的社会主义制度应该保证群众收入适应总供给增长而相应增长，再加之完善的社会保障体系，这种制度构架下，$Y=DI+DC$公式中的DC将成为一个随机变动值，DC_K将与Y_K保持适应，成为充分的消费需求。上述的DC_K将通过活跃而旺盛的市场，形成良好的预期投资回报率，而支撑和拉动投资需求的增长，使扩大的投资需求与增大的总供给相适应，即使DI_K与Y_K保持相适应。这是一种无制度制约的充分的消费需求增长和充分的投资需求增长，它满足扩大再生产中$Y_K=DI_K+DC_K$的要求，从而使经济系统能保持总量均衡和持续、顺利地运行。可见，马克思主义经济学阐述的无危机的社会主义即使是在实行市场体制下也能够得到实现。

我们的第二个结论是：由于市场经济运行的自发性和市场存在"失灵"，社会主义经济也会存在着运行性的需求不足（或是需求过旺），特别是现代科技创新造成生产能力巨大提升，它越来越将形成一种强化的内涵的扩大再生产。它使总供给增量有较大幅度的增加，甚至会由此引起阶段性的市场供给饱和和有效需求不足。但是在社会主义条件下，不仅消费需求具有充分的增长弹性，而且投资需求也具有充分的增长弹性，政府的宏观调控功能具有强化投资弹性的功能。在出现总供给的大幅增长和有效需求不足时，借助政府有效的宏观调控，特别是借助加强政府的公共投资支出——在建设更加完善的基础设施、加强植树造林、治山治水、改善生态环境中，以及在兴办有关社会文化、科技发展和增进社会福利的公共产品的机构中，政府的直接投资不仅是不可缺少的，而且是十分重要的——人们能形成弥补消费需求不足的投资增量，从而形成增大的DI_K，使$DI_K+DC_K=Y_K$，$DI_K=DI_1+DI_2$。这里DI_1是社会投资，DI_2是政府直接投资。由此，使运行性的需求不足得到治理和重新实现总量均衡和经济的稳定运行势态。当然，这种总量均衡不是绝对的，社会主义市场经济运行长过程中总会出现暂时性的供求失衡，或是需求过旺、经济过热，或是需求疲软、增长乏力。但这均是社会主义市场经济发展中正常的波动，在政府有效的宏观调控下，上述增长波幅可以控制在合理的、不影响总体经济稳定运行的范围内。

可见，在社会主义市场体制条件下，会有需求不足以及通胀出现的可能性，但是借助发达的市场机制以及有效的政府调控，这种供求失衡有可能得到缓解和治理，使总量不均衡成为暂时的和过渡性的，就经济运行来看会呈现出小的波幅，但不至于出现大起大落。社会主义市场经济发展进程中也可能有过剩运行势态的出现，但不会出现资本主义过剩经济中那样十分激烈和难以治理的过剩和运行危机。

（六）经济转轨期的矛盾与有效需求不足

1. 转轨初始阶段的经济短缺运行

如果我们把分析聚焦于社会主义体制转轨期，即由社会主义计划体制向社会主义市场体制的转轨期，那么我们会发现：转轨期经济发展中存在总量不均衡趋势。在改革和转轨的初始阶段，总量不均衡趋势表现为经常性的短缺运行和"一快就胀"，而在改革深化阶段的总量不均衡，却又会出现阶段性的过剩运行和有效需求不足。上述经济运行中两种形式的总量不均衡主要根源均在于转轨期的经济体制和经济机制的缺陷，包括：微观体制和机制的缺陷，综合体制和机制的缺陷，政府调控功能的缺陷。

经济短缺运行是改革初始阶段的特征，无论是苏东型的经济转轨或我国的经济转轨，在其初始阶段的经济运行中都不能摆脱持续的"短缺"的困扰。这种"短缺"，体现了总量失衡，从需求方面来说是由于需求膨胀，超过总供给，从而出现通胀，从供给方面说是由于基本投资物品和基本消费品的供应增长缓慢和总供给不足，特别是适销品的供给不足，结构性的通胀十分鲜明。

转轨初始阶段的经济运行，仍然是传统社会主义短缺经济的继续。短缺的形成是体制型的，是传统计划体制的产物。（1）计划体制下的微观单位——企业，是政府机构的附庸，企业活动从属于上级行政主管机构的意志，实行计划生产，物资调拨，分配上实行平均主义的大锅饭，就业上实行"铁饭碗"，企业由国家统负盈亏。这样的干多干少、干好干坏、干与不干"一个样"的计划体制，违反了物质利益的经济学原则，扼杀了企业和广大职工的积极性。其必然结果是经济活动低效率、劳动生产率提高缓慢。（2）传统体制经济活动实行按计划生产和物资统一分配调拨，市场竞争机制的缺乏，扼杀了企业的创意和群众的创新精神，造成在产品上老一套，"十年一贯制"，技术上墨守成规，产业升级缓慢。其结果是产品质量低、有效供给不足。（3）传统体制下投资和生产规模的扩大取决于政府意志，加之计划体制造成的落后的物质生产与群众需要的矛盾，催化政府盲目追求高速度，经济发展中不时人为掀起超过国力的大跃进、大赶超，导致物资匮乏。在计划机制下，"水多加面""面多加水"，进一步使物资匮乏加剧。传统体制重生产、轻消费，为加快重工业发展而放慢轻工业的发展，造成持续的和愈益严重的消费品匮乏，使"排队经济"成为传统社会主义的鲜明特征。

可见，传统高度集中的、僵化性的计划体制，使经济缺乏活力，有效供给不足，而政府又往往追求超国力的高速度，从而导致总需求超过总供给，表现为物资短缺，这是一种体制和机制性的短缺经济和总量失衡。

中华人民共和国成立以来再生产发展进程中，总量失衡多次发生。20世纪50年代中期以来的工业化建设中，由于实行高度集中的计划体制，也由于追求超出国力的高速度，产生总需求盲目扩张的趋势；另一方面，市场机制的生产导向、经济激励、结构调节功能的缺乏，加剧了经济生活中的供求失衡。1957年以来出现了粮油副食品等供应的不足。此后"大跃进"、工业"超英赶美"的过热经济，演化为全面的供应短缺和群众极低收入水平基础上的需求不足。这种体制、机制性和政策失误造成的总量失衡，发展到供求矛盾难以协调，再生产难以为继时，1961年即实行紧急行政性的大调整，即大下马来加以解决。

1979年以来，在我国实行的渐进性经济转轨中，由于旧的计划体制不会一下子退出，新的市场体制不可能一下子诞生，在很长的发展阶段中，经济生活中存在着双轨制的矛盾和摩擦，它造成了体制和机制性的缺陷，在其初始阶段表现为经济快速增长中的需求膨胀机制。

第一，改革初始阶段的国有企业，一方面，通过扩权让利等措施，引进了利益驱动；另一方面，企业仍然实行统负盈亏，软预算约束造成企业盲目的投资饥饿和消费亢进。这是20世纪80年代经济运行中出现的总需求扩张趋势的微观基础。

第二，传统的银行体制有向国有企业实行资金供给的功能，在四大专业银行分设后，[①]银行的这种政策性信贷功能并未发生变化。而且，在利益机制引入专业银行后，强化了银行对企业贷款的积极性，加之银行的信贷行为屈从于热衷大发展的地方政府的意志，造成信贷的失控。而专业银行在存贷不平衡时向中央银行的倒逼，又使中央银行增发货币，其最终结果是通货膨胀。

第三，传统体制下，银行附庸于财政，财政收支出现赤字即向银行透支，中央银行承担着弥补财政赤字的功能，"政府上项目、财政出赤字、银行发票子"成为常规。因此，每一轮大干快上都会直接引发信贷和货币扩张。在实行财权下放地方后，地方利益驱动下的盲目投资和重复建设，更成为信贷扩张的重要因素。

第四，初始阶段的改革，着眼于国家—企业—职工利益的调整，

---

① 1979年3月中国银行从中国人民银行中分离，同时恢复成立中国农业银行，1984年成立中国工商银行。

改革停留在表层，还未深入到企业产权制度、人事与就业制度、社会保障制度，还未触及传统的"铁饭碗""大锅饭"的制度结构。在传统的就业、住房、医卫、养老、子女就学等国家大包揽的体制结构下，人们"无后顾之忧"，从而缺乏消费的自我抑制，人们的消费欲望强烈，从而在改革增强企业活力，活力带来收益增长，企业收入向职工倾斜的转轨初始阶段，出现了一个消费快速增长的浪漫主义的时期。缺乏抑制的消费行为和消费需求的旺盛，在消费品供给还不丰裕的条件下，也是促进需求膨胀的重要因素。

就供给方面来说，（1）尽管初步的改革使企业的活力有所增强，国有企业生产增长有所加快，但是表层性的改革并不能从根本上搞活国有企业，国有企业效率不高，劳动生产率增长缓慢，特别是产品陈旧、品种单调、质量低、货不对路等问题未获解决。（2）价格的放开和市场体系的形成是逐步推进的。市场机制作用的薄弱，其生产导向、经济激励、结构调整功能缺乏，这种情况下的加快发展就表现为盲目投资和一哄而起的低水平重复生产，造成有效供给不足。（3）市场化改革是在计划体制外的农业、乡镇企业、集体企业、个体私营企业等领域先行，而提供投资物品和主要日用消费品的国有经济体系改革却是滞后的。这种情况下，实行放开的经济领域的积极的扩产和投资活动，进一步加剧了投资物品——基础原材料、基础设施——的供给不足。上述情况表明，改革初始阶段，尽管增长在加快，但是旧体制的僵化造成投资物品和消费品大范围的有效供给不足。20世纪80年代初"三转一响"——手表、自行车、缝纫机、收音机——的低消费时期，一方面这"老三件"销售兴旺，另一方面不少日用品——阴丹布、洗面盆——却因其质量低劣和"十年一贯制"的样式、色调而难以销售，在仓库中堆积如山。这种有效供给不足的情景，老一辈人还记忆犹新。

综上所述，改革初始阶段的体制结构及其内在的摩擦，一方面产生需求膨胀趋势，另一方面又造成不适销对路的生产持续化，使有效供给不足明显化。如果出现发展速度超过国力的政策偏差，就会出现过度投资和经济过热，使需求膨胀暴露出来，即 $DI+DC>Y$。就经济运行来说，它就表现为短缺运行。我国1979年至1993年以来的经济高增长，一直受到难以有效加以消除的短缺的困扰，"三材"长期短缺，电力、运力严重供应不足；虽然日用消费品凭票证供应逐步减少了，但是在群众消费水平提升中，基本消费品仍然长期短缺，以至于抓"菜篮子"工程成为地方政府首要的任务。短缺经济表现为经常性的通胀，20世纪80年代通胀率平均为7.3%，特别是出现了1988年、1992～1993年两次双位数的通胀。上述情况表明，如果把1979～1993年作为一个阶段，可以将其称之为转轨期的经济短缺运行阶段。这一时期内的不完善的市场起着片面的激励和驱动作用而缺乏需求抑制和结构调整功能，传统的统负盈亏的国有企业体制，以其投资饥饿和消费亢进的经营机制，以及传统银行的资金供给机制，不断引发投资膨胀和消费需求过旺，加剧经济短缺，导致一次又一次的高通胀。

2. 改革深化阶段与有效需求不足的出现

1993～1996年实行紧缩取得成功后，在1997年开始的新一轮经济发展中，出现了有效需求不足和经济过剩这一新的运行势态。按照本书中的分析，我国近几年的经济过剩，是转轨期随着经济短缺运行的结束而出现的新的运行势态，其实质是有效需求的不足。这种需求不足的产生，是由于改革与发展中的深层次矛盾的积累，其性质是转轨期体制、结构性的需求不足。具体地说，主要是由于体制与机制性障碍造成 $DI+DC<Y$。

第一，消费需求不足。消费需求不足，自1997年以来日益明显，它表现在消费品的市场疲软，"万千商品缺俏货"上。尽管居民收入还是逐年增长，居民储蓄数量可观，1999年近6万亿元，但是社会消费品零售额由20世纪80年代12%以上的年增幅，降至1997年、1998年两年来6%~8%的低速增长，个别月份甚至低于6%。价格持续走低和低位运行是消费需求不足的集中表现。物价涨幅1996年已下降到6%，1997年10月迄至1999年12月物价持续负增长。即使是1998年采取扩张性的财政政策和1999年进一步实行加大力度刺激投资和消费——包括提高职工收入——的宏观政策，也未能在启动消费上取得明显的效果。1997年以来我们面对着的是一次近20年来没有的消费不振，即消费需求不足。

按照消费需求决定于消费主体可支配的收入和消费倾向的经济学原理，当前的消费需求不足的成因，是一段时期内群众收入增长的滞后，也是由于改革全面深化中缺乏配套导致的消费倾向下降，此外，也与涉及消费的体制不完善有关。

20世纪80年代初的农村改革，带来了数亿农民收入持续数年的迅速增长，继起的城市经济体制改革在赋予国有企业自主经营权，企业活力增大、效益提高的基础上，职工收入不断提高。尽管扩权让利的国企改革中存在着"收入向企业和职工倾斜"[①]的现象，但是这毕竟是改革带来城乡生产和人民群众收入均快速增长的时期。加之孤立地进行以国家—企业分配关系为中心的改革，未触动有关企业制度以及就业、住房、教育、社会保障等体制，人们因改革而增加收入，又享受着传统体制下的国家保障——铁饭碗、公费医疗、免费教育，因而，

---

① 在扩权让利的国企改革中，由于在引入利益驱动中缺乏自我约束机制，不可避免地会出现企业有盈利、职工高奖励，企业有亏损、奖金照样发的分配机制，我称之为"国民收入分配中的V扩张"（参见《中国社会科学》1992年第5期，《论国民收入分配中的V扩张》一文）。

对职工来说，自然会有无拘束的消费心理和行为，而不存在市场体制下经营、劳动收入赚取者固有的自我消费抑制①和消费倾向的降低。正是由于上述情况，20世纪80年代以来我国呈现由计划体制向市场体制转轨的艰难，渐进性改革进程中的体制摩擦与矛盾，这决定了80年代的生产、收入并行快速增长的势态难以长期持续，在发展中出现了经济高增长中收入增长的滞后。

城市居民的收入增长放慢。由于作为城市经济支柱的国有企业长期"改而不活"，在越来越激烈的竞争中，企业效益日益下降从而制约职工收入的增长；企业改革的深化，预算约束硬化，使改革初期国有企业的投资饥饿和消费亢进受到抑制；特别是国有经济布局和国有企业的大改组，引起大规模的转型期失业，后者成为城市居民收入增长放慢的重要因素；国企效益下降和财政体制难以理顺，引起转型期的中央财力薄弱，也限制了政府与事业单位职工工资的合理调整和正常提高。以上情况造成20世纪90年代中期以来城市居民收入增长放慢。

农村居民的收入增幅下降。由于家庭联产承包制确立后，适应经济市场化需要的农村后续改革——包括粮棉油生产商品化、农产品结构调整、发展乡镇企业、城市化——以及农业生产方式现代化推进的迟缓，导致20世纪80年代末期农村经济增长放慢，"增产不增收"，人们称之为"农村经济发展徘徊"，造成农民收入的增幅较之80年代初大大降低。

可见，我国"摸着石头过河"的城乡体制改革推进中，都遇到了

---

① 中国20世纪80年代也保持30%以上的高储蓄率，这主要是"攒钱买大件"，而不是主要出于生活自我保障。另外，高储蓄倾向也与文化传统崇节俭、轻消费的国民心理和生活方式有关。

一系列"难点"和棘手问题，这些问题不可能轻而易举得到解决。各种新旧矛盾的积累，集中于一定阶段表现出来的国有经济竞争力的衰减和农村经济发展的徘徊上，其结果就是城乡居民收入增长的放慢和落后于国内生产总值的增长。1986～1998年，城乡居民收入增长幅度比国内生产总值低4个百分点，比同期人均国内生产总值增幅低2.6个百分点。

体制转型在一定阶段还会出现居民消费倾向的下降。这主要是由于：一方面，包括就业、公费医疗、福利住房、公费就学等的职工生活国家"大统包"体制逐步破除；另一方面，社会保障体系的构建又未能及时跟上，很长时期职工社会保障仍将是低水平的。这就表明，全面改革引起广大职工生活模式的大转变，由"依靠政府"到自谋（职业）、自力（住房、子女入学）、自保（医卫等的自我保障），它引起个人及家庭在传统体制下不存在的即期的追加生活支出和预期的支出，从而导致即期消费自我抑制心理和行为，其结果是居民消费倾向的下降。"有钱也不花""增工资就储蓄"，成为多数居民共同的心态和行为特征。其最鲜明的表现是1999年春的居民储蓄疯涨，该年1～5月居民储蓄增量为5600亿元，而1998年全年为7200亿元。

消费倾向的下降也与收入结构的不合理有关。转轨过程中体制与机制的缺陷加强了经济发展的不平衡和收入分配的畸化，城乡间，不同产业、行业、企业间，地区间的职工收入差距过度扩大，居民储蓄的80%集中于20%的家庭，不少地方贫困层的出现令人瞩目。这种金字塔式的收入差别制约着社会消费倾向的提高，它也表明造成有效需求不足制度性制约一定程度上仍然存在。

除了城乡居民收入增长滞后和消费倾向下降这两项主要原因以外，消费需求不足还与下列因素有关：（1）有效供给不足。我国转型期需求不足带有结构性的特点，它表现在总的市场供给过剩，大量产品因质次、重复而无人问津，一些产品高度过剩和市场饱和（例如多年来城市住房、写字楼大量积压，已达7000万平方米）。消费品结构升级缓慢，少数适销对路、名优特新廉商品却销势不衰，热点消费品形成缓慢。一些成为居民生活新需要和消费者舍得花钱的产品——如经济适用住房、生活服务、教育、旅游等——则十分稀缺。（2）市场上假冒伪劣产品的屡禁不止，"花钱买歪货"，强化了群众"惧购"心理。（3）竞争性的市场价格体制未完全形成，一些部门、行业的价格尚未放开，如电力实行计划上网，竞争性电价尚未形成，电信业的垄断价格更大大抑制了电信业务扩张和电信事业的发展。（4）对市场的地区保护，造成本地的次品难销，而外地优质品难买。（5）农产品中的粮食、棉花等的市场价格机制尚未理顺。（6）市场化的购销体制尚未形成，如信用消费、租赁消费等的发展不足，缩小了市场销售的空间。（7）一些正在成为热点的产品，如住房、轿车，因多种税费，使价格降不下来。

综上所述，在我国改革与发展进程中，出现了群众收入增长滞后，消费倾向下降，有效供给不足以及由此导致的消费需求不足，基于我们的分析，这主要是转型过程中体制与机制性的消费需求不足。

第二，投资需求不足。转型期投资需求不足，更是与新的市场体制和投资机制未能形成直接相关。具体地说：（1）转型过程中，投资主体由国家逐步转换为企业，改革初始阶段的企业投资饥饿行为在预算约束硬化中受到抑制，而作为投资主体的国有企业尚未构建起权、责、利最佳结合的新的体制和经营机制，企业还缺乏充分的扩大投资的内在动力和应有的充分的权力；（2）在市场化全面推进中，改革滞后的国有企业因竞争力弱而日益陷于困境，甚至出现经营和效益危机，从而企业缺乏进行技改和扩大投资的能力；（3）商业银行体系的不发达，专业银行商业化改革未到位，多种原因造成银行普遍的"惜贷"心态，银行信贷功能的缺陷，制约了储蓄向投资的转化，造成一部分有效投资需求得不到满足；（4）货币市场发育不充分，特别是利息浮动与资金市场化的机制尚未形成，从而缺乏社会资金供应与社会资金需求相均衡和消除专业银行不合理存差的杠杆；（5）资本市场的发育不足，上市股票总量小，债券，特别是国债发行不足，还缺乏能充分动员居民和社会资金进行投资的工具；（6）中央银行进行货币总量调控的工具缺乏和功能软弱，以及传导机制的障碍，使货币增量转化为信贷增量的作用薄弱，从而中央银行还难以有效发挥调节货币供应以调控信贷和投资的功能，1998年、1999年货币政策在治理通货紧缩中就缺乏明显效果。以上几个方面表明，企业体制改革不到位，企业投资积极性不高，特别是金融制度与投资机制的缺陷，造成储蓄转化为信贷和投资的不充分，出现了机制性的银行过度存差。例如1999年7月银行和金融体系的存差达1万亿元，在一些省区出现了多年未有的高存差。一方面，一些企业苦于得不到贷款；另一方面，商业银行却又"有钱难以贷出"。这表明，现代市场经济中金融体系的居民收入—储蓄—投资的转化功能在我国十分薄弱，是我国当前机制性的投资不振的重要原因。

综上所述，在国有企业改革深化、企业投融资机制的转换过程中，由于多种关系未能理顺，体制性摩擦加剧，从而出现了国有企业投资需求的不振；乡镇、集体企业中也存在这种投资疲软现象；加之在改革深化阶段，公有制企业竞争力的衰减与发展放慢未能充分有效地让非公有制经济的充分发展来加以弥补，这都是1997年以来企业和社会居民投资需求增长缓慢的深层原因。投资需求不足是一个动态的、互为因果的过程，机制性的投资不振以及消费萎靡导致需求不足和经济过剩势态，而经济过剩势态更加剧了企业投资的不振，从而使投资需求不足问题更为突出。

可见，如果说在我国改革初始阶段，存在着机制性的投资和消费需求快速增长，并且时常出现总需求的增长超过总供给，即 $DI+DC>Y$；那么改革深化阶段，却又呈现出投资和消费需求增长的不足和落后于总供给，即 $DI+DC<Y$，有效需求不足就成为当前经济运行中的主要矛盾。本书的主要论题是：要正视转轨期经济运行的规律性，特别要看到转轨过程中往往难以避免有效需求不足和经济过剩运行，要从理论上认清和把握住——这是一种机制性的有效需求不足。（1）它体现了转型中的体制矛盾与缺陷。（2）它是转轨过程的产物，是多种矛盾交织的集中表现，可以说是一种"转轨期综合征"，即转轨阵痛。既然是改革中产生的问题，人们只能通过改革来加以解决，人们可以通过力度更大、更加有序的改革来缓解转轨阵痛，但是人们如果设想一个不经历阵痛的转轨，那么这是理想主义的。（3）既然有效需求不足是转轨过程的产物，那么，显然，随着改革的深化，体制矛盾的理顺，运行机制的完善，上述机制性有效需求不足将会得到治理。因而，这种表现十分明显的需求不足和经济过剩运行是一种阶段性的现象，而不会持续地周期性地出现。（4）我们努力的目标是构建社会主义市场经济体制。即：完善的社会主义经济制度+发达的市场经济体制＋有效的政府宏观调控。这样的体制构架下，不存在西方资本主义国家制度性的有效需求不足，也不会有目前这种转轨期机制性的有效需求不足，但是市场经济总量失衡问题还将存在，这种国民经济运行的周期波动可以在政府有效的宏观调控下得到及时治理和熨平，从而有可能实现一种长周期、小波幅的经济运行势态。

　　归结起来，实行社会主义市场体制，人们要高度重视经济运行中的总量均衡问题，既要防止出现需求膨胀和经济过热，又要防止有效需求不足和经济过剩；人们既要掌握和积累治理通胀的方法，也要学习和掌握治理经济过剩运行，缓解有效需求不足的方法。在当前探讨和形成有关转轨经济中有效需求变动及对其进行调控的理论，就是中国经济学的一项重要课题。

第二章

我国经济转轨与有效需求不足

一、经济过剩运行的出现及其治理

（一）过剩运行——我国经济运行的新势态

我国自20世纪50年代中期实行计划经济体制以来，在经济运行中长期存在物资的短缺，特别是消费品短缺，范围越来越广的"票证分配"和黑市是这种经济短缺运行的突出表现。在实行改革开放的很长时期内，经济运行仍然保持着短缺运行的基本格局。但是90年代中期以来，经济运行势态发生了根本变化，我国经济告别了短缺运行，当前经济运行中呈现出包括消费品、投资物品在内的大范围的供给过剩。商业部门1998年的调查显示，几乎100%的商品供大于求或是供求平衡，市场上"万种商品俏货少"，库存积压增大，达到国内生产总值的40%，住房积压1997年比1996年增长25.4%，1998年积压面积达到7000万平方米。长期存在的"三材"和交通、电力、油、气等生产资料供应紧张和短缺已不复存在，1998年电力生产也出现过剩。广泛的供给过剩造成1997年10月迄至1999年底长达27个月的价格持续负增长，经济生活中显示出明显的通货紧缩征象。显然，过剩已经是我国当前市场上的一个普遍的和主要的现象，这是我国经济运行中出现的新情况和新问题，而且这种过剩已经成为严重制约我国经济健康发展和持续增长的关键问题。

对于经济运行中的这一新情况，需要进行深入的研究，不能停留在表象上描述，就市场论市场。理论界曾经有一种论点，认为这正是一种良好的、适合我们需要的"买方市场"；另一些同志则把当前需求不足看成只是供给结构失衡所造成。上述这些观点在认识上都有就市场谈市场的不足。我认为应该从国民经济全局的状况，从经济运行的总体角度，从理论的高度予以阐明。

我国当前的过剩具有下列特点：

第一，范围的广泛性。过剩首先表现为商品普遍供给过剩，不仅消费品全面市场疲软，生产资料也大面积滞销。商品的供大于求和销售困难在近年来不断发展，1996年以来，供大于求的范围急剧扩展，国家国内贸易局商业信息中心对1998年下半年610种主要商品的供求情况进行了排队，结果是，供求平衡的商品403种，占排队总数的66.1%，供过于求的商品206种，占排队总数的33.8%，供不应求的商品只有棕榈油一种。可见，我国商品市场确已表现出全面的供大于求，从而显示出十分明显的过剩运行的特征。而且，过剩还超出了商品领域，甚至长期稀缺的信贷资金也出现了供应的宽裕。由于市场利润率降到极低水平，甚至低于银行利率，投资积极性大大降低，因而居民储蓄迅速增长，许多地方银行出现超常存差，一些地方部分社会生产资金回流到银行。

第二，物价在低价位持续下滑。价格走势是市场经济运行状况的晴雨表。价格平稳是经济健康运行的表现；急剧通胀表现出经济过热和短缺运行；物价过度低位和持续下走，则表现为经济过冷和过剩运行。1993年以来的宏观调控，取得抑制通胀的显著成绩，1996年底经济软着陆基本实现，当年物价上涨幅度已经降至6%，市场出现清淡，那时，尚有一部分商品供不应求。1997年、1998年两年市场进一步疲软，表现出"万千商品无俏货"。1997年物价持续下降，从10月起，迄至1999年底物价持续27个月负增长，1998年涨幅为-2.6%，这种价格势态是1978年以来20年间所没有的。物价的低位持续下滑和通货紧缩是经济过剩的另一重要表征。

第三，生产能力的过剩表现十分突出，许多行业生产能力闲置50%左右。我国是拥有12亿人口、处在发展中的大国，长期是生产能力"匮乏"，然而由于市场法则的作用，在产品供大于求的领域出现生产能力的闲置和过剩。在我国经济高增长中，盲目投资、重复建设使相对于市场容量的过剩生产很早就已出现，商品过剩的持续和发展必然会演化为生产能力的过剩。如纺织、电子、机械等行业生产能力过剩不断加剧，前几年还被市场看好的一大批企业，一下子面临生存和被淘汰的危险。例如中纺机集团在20世纪80年代末90年代初，每年有效益3亿元左右，此后随着生产与生产能力过剩不断加剧，1998年20家工业企业中有11家亏损，亏损额2.68亿元，1.6万名职工转产。1997年国家统计局公布我国28种主要工业品生产能力有四成以上闲置。近年来生产能力过剩领域不断扩大，长期处于匮乏状态的能源、交通也出现过剩。1998年，多年一直匮乏的电力首次出现供过于求。一些地方修建"机场热"造成机场布局不合理，珠江三角洲方圆200公里内建有机场5个，在内地也存在上述现象。可见，重复建设使基础设施利用不足和能力闲置。

第四，过剩运行的持续性。自1996年底市场疲软开始明显化，

1997年、1998年两年来市场供给过剩进一步加剧。尽管1998年采取了扩大内需的重大措施，但迄至1999年，市场状况尚未有明显变化，不仅价格继续负增长，而且居民储蓄急剧增长，仅1～2月就达到3400亿元（1998年全年为7200亿元）。从目前市场走势来看，过剩运行的基本势态短期内还难以改变。

第五，国内生产总值增长放慢。由于市场全面疲软，促发了企业间恶性削价竞争，一些商品售价几乎降到零利润的成本价。例如钢产量1998年继续增长，每吨钢价格下降200元，利润急剧下滑。上述情况下厂家减产、停产就是不可避免的，这集中表现为1997年以来国内生产总值增长率逐步下滑，由1997年的9.8%、1998年的7.8%降到1999年的7.1%。

上述几个方面表明：过剩已经不只是消费品市场的现象，而且涉及其他要素市场，并且演化为生产能力的过剩；市场上的供给过剩和销售困难，已经不是市场运行中一般的供求失衡的表现，而是出现了某种程度的通货紧缩，造成运行的障碍和增长放慢。可见，过剩已经不只是一个市场现象，而成为一种带有故障和严重负效应的运行势态，人们使用的"买方市场"概念已经不足以概括这一运行势态特征。基于上述理由，我认为使用"经济过剩运行"一词是更为确切的。

（二）过剩运行的性质和特点

1.过剩运行的性质

本书中使用的"过剩运行"，指的是宏观经济运行的一种势态，其主要表现是市场商品供给和生产过剩、生产能力过剩、要素供给过剩等，其实质是现实总需求的不足，与供给的增长不相适应。

过剩运行不是指微观经济中的供求失衡，即某一个产品、某一个行业，甚至一个产业出现的供大于求。上述微观的过剩现象在市场经济中是经常发生的。在自发性的市场机制作用下，市场需求与供给不能经常相一致，就某一产品来说，有时会出现供不应求，在价格机制作用下，通过供给增大或需求缩减，它又会转变为供大于求，因而微观的供给不足与过剩是经常存在和交替出现的。市场具有自我调整的功能，通过这种不断的供求失衡可以导致某种暂时的均衡，但又会转化为新的供求失衡。上述情况在社会主义市场经济中也是同样存在的。

这里我们所要讨论和研究的，不是上面提到的那种微观的过剩。我们要研究的是我国当前面对的国民经济过剩运行，即总体的过剩。

市场经济中宏观总量均衡问题，是西方政治经济学家长期争论不休的问题。按照萨伊的供给创造需求的理论或新古典经济理论，市场机制和自由竞争会导致总供求的均衡。上述西方经济学主流理论，无法解释资本主义国家市场经济运行中一直存在的经常性总供求失衡、周期性的过剩和经济危机。只是在20世纪30年代资本主义经济大危机背景下，凯恩斯用他的有效需求不足的理论，承认了资本主义市场经济体制下有着产生生产过剩的经济危机的土壤。凯恩斯的有效需求不足理论有其重大缺陷，但是他毕竟对市场经济体制下宏观经济运行中总供求失衡的机理做出了一定的、具体的分析。对于资本主义经济运行中周期性的生产过剩的危机，马克思则从资本主义所有制结构和对抗性的财富分配结构的角度，做了深刻的理论剖析。马克思主义政治经济学阐明了资本主义私人所有制结构导致群众购买力的增长落后于生产的增长，指出了资本主义国家经常出现的主要是制度性的需求不足和相对过剩。经济过剩既体现了需求增长不足，也与生产增长状况有关。工业革命后的机器生产，20世纪现代化大生产的发展，特别是二战后科技革命的新发展，使劳动生产率十倍、百倍地提高，造成生产能力的跃进式提升，现实有支付能力的需求与生产增长的矛盾越发尖锐。人们可以看到，当前世界绝大部分工业生产能力都超过了现实的有支付能力的需求，在某些发达国家，一些行业少数大企业的生产能力已经超过了国内居民的需要，出现了产品的绝对饱和。这是值得我们注意研究的当代世界的新情况。当然，这种情况并不改变资本主义国家的过剩主要是制度性的需求不足与相对过剩的本质。

当代西方世界所有制的结构和贫富的两极分化，使群众有支付能力的购买力增长愈加不适应现代生产能力的增长，制度性的相对过剩问题不仅未能得到解决，而且在某些国家、某些时期表现得十分尖锐。二战后世界资本主义发达国家不断出现的萧条、滞胀，以及长期的低增长、高失业，其主要的和深层的原因都在于制度性的相对过剩。可见，制度性的需求不足和相对过剩是资本主义难以医治的痼疾，从这一角度，我们把资本主义经济称为"过剩经济"。

社会主义市场经济，就其本质来说，它不是过剩经济。但是这不等于说社会主义市场经济就不存在过剩和过剩运行。这是由于：（1）由市场调节的、自发性的投资与消费（以及外贸），其增长不可能是均衡的，因而总供给与总需求的失衡——表现为过剩运行或者是短缺运行——是市场经济的一般现象，即使发达的社会主义市场经济运行中也有可能出现。（2）我国将长期处在社会主义的初级阶段，现实的社会主义存在着多种所有制结构和多样分配方式，个人财富与个人收入结构的不均衡和不完善将长期存在，从而也就有可能产生一定程度的制度性的社会购买力增长落后于社会生产增长的情况。（3）我们还处在由计划体制向市场体制转轨的历史时期，其特征是改革的不到位、市场体制的不完善、市场机制的自我调节乏力，甚至作用扭曲，后者突出地表现在盲目投资和重复建设上，并由此造成供给结构失衡；而且由于自我调整机制的缺乏，供给结构失衡不断地发展和扩张是转轨期的重要特征，它导致宏观的供求失衡和过剩运行。（4）转轨期制度的不完善和各种制度缝隙的存在，引起收入结构的畸化，其表现是收入差距大，甚至悬殊，后者会抑制社会购买力的正常增长，从而出现社会购买力的增长落后于生产增长的情况。（5）现代大工业的发展，特别是新科技转化为生产力，使一些行业、部门生产能力迅速增长，这种技术飞跃基础上造成的生产增长超过社会消费需求的增长，也成为过剩形成的一种因素。以上的分析可以归结为：尽管在社会主义市场经济运行中，制度性的需求不足和相对过剩已不是主要问题，但还存在出现市场经济一般的宏观供求失衡的可能性，特别是在转轨期，市场机制自我调节功能薄弱和作用扭曲成为经济过剩运行出现的主要原因。这也表明，我国当前面对的过剩，就其性质来说，它不是过剩经济，而是一种转型期机制性的过剩运行。

本书中使用的过剩运行概念与当前流行的过剩经济不同。过剩运行指的是宏观经济运行的一种势态，它出现在经济发展某一时期内，会随着经济的增长、体制的完善、机制的转换、政策的调整而转为正常、平稳运行。当然，也可能因各种主客观情况转换为紧缺运行。过剩经济则应是指某种经济形态长期固有的制度性的特征。资本主义经济本质上是过剩经济，这不仅仅因为资本主义国家经济运行中一部分产品的生产和供给过剩是不可避免的，更重要的在于存在制度性的有效需求不足，即马克思经济学所揭示的生产能力的增长超过了群众有购买力的需求的增长。作为过剩经济中的需求不足具有长期性，在经济增长时期它是隐蔽的，在危机阶段则鲜明地显示出来，表现为包括市场商品、生产要素和生产能力过剩在内的全面过剩。还具有市场不景气、衰退、滞胀等多种表现形式。当代西方发达国家长期存在的增长速度缓慢和高失业率，也是过剩经济的表现。此外，过剩与贫穷人口的基本生活需求不足，也是过剩经济的另一特征。可见，过剩经济一词，用来概括和表现资本主义经济是更恰当的。而我国当前的过剩，不是起因于制度性的需求与供给的矛盾，而是体制转轨中出现的一种新的经济运行势态。更具体地说，它既与市场经济的运行机制有关，尤其是计划经济体制向社会主义市场经济体制转换期不完善的体制和机制的产物，也与我国当前的生产力水平和增长方式有关。这种过剩运行是一个时期经济运行的特征，在推进体制转型和增长方式转换中，以及在对市场运行进行有效的宏观调控下，过剩运行将会向平稳运行转换。

2. 过剩运行的特点

第一，国内需求不足是出现过剩运行的重要原因。国内需求不足是当前经济运行中不容回避的事实。应该看到，在市场经济运行中，市场供求的不均衡，或是供给不足，或是需求不足是经常发生的。社会主义市场经济的运行也不可能没有供求的失衡，只有在健全的市场机制的自我调整和政府有效的宏观调控下，才有可能避免上述经济运行的失衡势态。我国当前需求不足由多种因素造成：（1）投资需求增长缓慢。在紧缩需求抑制投资过热，经济实现软着陆后重新启动投资，特别是启动困难加剧、活力不足的国有企业投资，是一种复杂而艰巨的工作，因而不可避免投资需求疲软。（2）消费需求增长滞后。20世纪80年代实行改革开放的初始阶段，城乡居民收入高增幅与经济高增长并行，旺盛的消费需求是拉动经济长时期高增长的动因。但是随着90年代改革深化，作为城市消费主要群体的国有企业职工收入增长放慢；非国有经济发展不充分，成为城镇居民收入增长缓慢的另一原因；农村需求是我国市场需求，特别是消费需求的主要力量，农村进一步改革和农村经济增长难度加大，近几年来农民收入增长放慢；转型过程中的机制与制度缺陷使收入差别过度扩大，中间群体收入低、增长慢也成为社会需求增长乏力的一个因素；就业、医卫、教育、住房等体制改革的全面深化，改变了群众的消费预期，抑制了即期消费。因此，我们当前面对的是改革深化和转型加速阶段出现的群众收入增长缓慢和有效需求不足。当前的生产过剩和经济过剩运行在根本上正是上述需求不足的表现和产物。由于不可能期望在很短时期内消除上述因素，克服我国转型中出现的投资需求与消费需求的制约，因而要消除过剩运行，我们必须采取正确的政策，在深化改革、加快发展和提高群众收入基础上实现社会有效需求更大幅度和更快地增长，力争尽快实现经济正常、平稳运行。可见，当前的需求不足和经济过剩运行势态具有过渡性，将在一定时期内继续存在。

第二，需求不足与供给结构失衡并存。我国当前的过剩运行，既有需求不足的原因，又有供给结构失衡的作用。我国市场上的供给结构失衡，突出地表现为产品重叠过剩，即性状与功能雷同的产品过剩。在搞活经济中，各地区、大中小企业一齐上，而同一行业的众多企业，产品开发、创新不足，新产品少，致使市场上性状雷同的产品充塞和重叠，这种不适应市场需求和消费需求变化的重叠供给就转化为过剩。在家电行业中，这种状况十分明显。20世纪80年代家电生产一哄而起，即使是在家电市场呈现出饱和状态的当前，上彩电、空调、电冰箱生产线的势头仍旧不衰。目前全国有家电生产企业2600多家。尽管彩电生产正在向大企业集中，但全国生产彩电的企业仍有数十家，造成品类近似的彩电充斥市场，加剧了市场饱和，大城市家庭的彩电拥有率在100%以上，全国彩电闲置生产能力已达1/2。此外，VCD、DVD等的重复生产方兴未艾，近年来，全国各地有数十家企业生产VCD，年生产能力达5000万台，而市场需求只有2500万台。在市场产品重叠过剩条件下，一方面大企业难以进一步形成规模效益，另一方面愈演愈烈的杀价竞争使企业"两败俱伤"，家电全行业平均利润率已降至3%～5%。高档产品重叠和供给过剩问题在城市住房建设中同样是严重的。在1991年、1992年的房地产热中，城市各种别墅和高档写字楼迅速兴建起来。这种高档住房的重叠过剩，使城市住房建设陷于困境和造成经久不散的经济泡沫。重复生产和产品重叠过剩是我国20世纪80年代各行业发展中的共同特征。形成市场供给重叠过剩的原因，除了一哄而起的重复建设外，还有"数十年一贯制"的老产品的拥塞和假冒伪劣产品充斥，这种情况大大加剧了低水平的产品市场供给重叠和市场饱和。

西方发达国家的过剩经济是成熟经济中的供给全面过剩，而我国则是发展经济中的过剩，它表现为商品总体供给过剩与局部领域的供给不足并存。（1）就消费品来说，尽管绝大多数产品缺乏销路，但是一部分"名、优、特、新"产品却是旺销或不断增加市场份额，长虹、康佳、TCL彩电，海尔空调，容声冰箱近年来产量均是逐年增长的。此外，一些新开拓的产品，如家庭医疗保健产品、绿色食品在当前拥有可观的市场。（2）制造业产品市场过剩，但第三产业中的许多行业，如旅游业、服务业等却出现供给不足。（3）一般消费品过剩，但公共产品中的医疗卫生产品、教育产品，如高校和各类职业学校供给不足。高速公路、都市基础设施总体上严重匮乏。（4）建筑业中写字楼和高档住宅供给过剩，但对正在兴起的居民经济住房需求却供给匮乏和不能满足。

第三，消费品的供给过剩与居民储蓄的增长并存。西方国家的过剩经济在经济衰退中表现得十分尖锐，衰退中的生产过剩与群众收入水平和有支付能力的购买力的下降，是并行发展和互为因果的。我国近年来经济过剩运行中，尽管社会商品零售总额增幅有所下降，但居民储蓄却不断增长，在一部分城市居民中，有钱不买和储币待购的行为十分明显。近年来城乡居民储蓄年增数千亿元，即使在群众收入增长放慢的1998年，社会消费品零售总额增幅为6.8%，为近年来的最低位，储蓄仍然增加3000亿元以上，我国居民储蓄总额已达6万亿人民币，社会总储蓄率高达40%，为世界之冠。商品市场供给过剩与高储蓄同时并存，表明居民经济行为中出现了储蓄倾向的加强和即期消费的抑制。对城市中某些居民群体来说，该买的都买了，有些迫切想买的，如经济适用住房、价格适中的轿车却买不到，人们面对着的是一个品类少、低水平的重叠供给，其中还充斥着假冒伪劣产品。这种供给结构的缺陷，加强了即期消费抑制，促使人们储币待购。在诸多因素影响下即期消费抑制的强化，又进一步加剧了市场上的供给过剩。

（三）由短缺运行到过剩运行的转换

以上论述了过剩运行的成因主要是转轨期的经济机制。我们要进一步指出：在经济转轨期，随着体制变迁和经济机制的转变，使20世纪50年代末以来长时期内的经济短缺运行转变为近年来的过剩运行。计划体制是以短缺运行为特征，匈牙利经济学家科尔奈称之为"短缺经济"，并对其做出了卓越的经济学分析。经济短缺运行表现为企业的物资供应存在缺口，个人消费品供应严重匮乏，尽管计划价格保持稳定，但是存在黑市高价和隐蔽的高交易费用。短缺经济依赖政府计划来平衡物资供求，用消费品的计划分配——其典型形式是凭票证供应和排队——来平衡市场供需。总之，十分紧张的经济短缺运行是依靠行政力量的有计划分配来撑持的。

短缺运行生成的原因是：（1）高度集中的计划体制下，企业是政府附属物，缺乏自主权、物质利益与内在的责任心。在平均主义的"大锅饭"分配体制下，干多干少、干好干坏、干与不干一个样，企业和职工缺乏积极性，使生产效率低，加剧了供给不足和劣质产品的供给。（2）由于企业之间的产品交换采取物资调拨方式，缺乏经济利益的计划分配，挫伤了企业交易的积极性。尽管强调计划就是法律，但是社会主义经济交往中毕竟也没有"免费的午餐"，经济利益的缺乏，必然造成企业供货中的各种违约现象：如不按照合同规定的时间以及质量的要求供货，就会使企业生产成为不确定。（3）由于实行计划经济的社会主义国家为了加快工业化，实行优先发展重工业的方针，轻工业、农业被削弱，造成国民经济结构失衡和比例失调，从而加剧供求失衡。（4）由于追求超过经济可能性的高速度，如像20世纪50年代中期我国实行的"大跃进"、超英赶美，加剧了经济失衡，人为造成生产资料短缺和城市农副产品供应的不足。

上述种种因素，使计划不仅不能达到有比例的"自觉的协调"；恰恰相反，正如列宁所说：完整的、完善的、真正的计划，目前对我们来说等于"官僚主义的空想"。因而，物资短缺和消费品的短缺，就成为计划体制经济运行不可避免的特征。这种运行状态已经为实行计划体制的我国和其他社会主义国家的实践所证明。

由计划体制到市场体制的转轨期，经济运行中出现了由短缺运行向过剩运行的转换。不过，这一转换不是立即发生，而是一个短缺逐步缓解的过程，也是一个短缺结构的不均衡化，其中还经历了一度物资短缺的明显化。

1979年以来我国实行的市场取向的改革，逐步取消了禁锢生产力的计划体制，增强了经济的活力。一马当先的农村改革调动了我国亿万农民的积极性，直接带来了20世纪80年代初以来我国农业经济的恢复和迅速发展，我国农业产值和农副产品供给的迅速增长，缓解了50年代末以来就存在而且不断加剧的口粮、油料和副食品、蔬菜供应的短缺。20世纪80年代中期后，我国逐步取消了粮食、副食品的凭票供应。随着城市国有企业改革的开展和企业活力的逐步增强，城市工业生产快速增长，消费品供应增加，品类增多，长期存在的居民基本生活消费品的短缺也逐步缓解，消费品的凭票供应也相继取消。

改革以来尽管上述短缺有所缓解，但是经济短缺运行的总势态并未改变。在20世纪80年代初，农业经济的较快增长，农民收入大幅度提高，以及在城市国有企业放权让利的改革中职工收入有较大提高的背景下，群众收入的增长超过了生产的增长。因而，一方面粮油、副食品等基本消费品的短缺缓解，但是"老三件"——收音机、手表、自行车——及其他生活消费品，特别是"名、优、新"消费品却供不应求，某些消费品，如彩电等还要实行有限制的供应。随着工农业生产的加快发展，化肥、农药、塑料薄膜等农业生产资料和能源、交通以及"三材"等基础原材料长期供应紧张。随着乡镇企业和城市非国有企业的兴起，后者通过市场方法取得原材料，造成对国有经济物资计划调拨的"冲击"，加剧了投资品供应紧张。在价格实行放开——农副产品逐步全面放开、工业品实行双轨制的条件下，上述物资的紧缺以及消费品供给的不足表现为物价的上升。如1985～1989年，全国零售物价指数（以上年为100）分别为108.8、106.0、107.3、118.5和117.8，其中，消费品物价指数分别为109.4、106.5、107.4、119.0和117.5。

20世纪80年代的物价上升，特别是在实行宽松的信贷政策以加快增长速度时期，短缺更加明显，其表现是急剧的通货膨胀。我国转轨期的"短缺"运行，不同于原来计划体制下的"短缺"，也不同于一些苏东国家的"短缺"。因为：（1）这种短缺是局部的。多数基本生活消费品和一些生产资料逐步摆脱了短缺，或短缺得到缓解。（2）这种短缺与高增长相伴随。1979年迄至1998年，我国经济以年平均9％的高速度增长，它是快速发展中的"短缺"，而不是发展停顿或萧条下的"短缺"和匮乏。（3）这是体制改革过程中经济活力增强下出现的短缺。改革使企业有了自主权，可以自行扩产，找米下锅，特别是引入利益机制但又缺乏约束机制的企业产生投资饥饿，"争投资""上项目"更加成为企业的行为特征。经济体制改革采取权力下放，对地方政府实行财政包干，出现了发展的地方利益驱动，企业投资饥饿和地方政府的建设冲动体现了改革带来的体制活力，前所未有的大规模经济建设热潮的兴起，这就不能不加剧物资短缺。（4）这是收入较快增长下出现的短缺。20世纪80年代初以来，城乡居民收入有较快增长，使消费品不断增长的供应仍不能适应市场需求。

可见，20世纪80年代以来的"短缺"，出现在改革以来体制活力增强、经济高速增长和收入高增幅的新形势下，尽管短缺造成国民经济紧运行并带来通胀，使经济运行难以稳定，出现了四轮波动和大起大落，但经济毕竟实现了快速发展，工业生产能力迅速提高，工业化进程得以加快。近20年持续的工业生产能力和国家经济实力的增强，为90年代中期我国经济告别"短缺运行"奠定了物质基础。

（四）过剩运行的成因

我国当前经济出现过剩运行，既是由于有效需求的不足，是一种相对的过剩，也是由于供给结构的缺陷，体现为重复建设下的产品过量供给和结构性的过剩。

1.需求不足已经是当前经济中不容回避的现实

我们在上面已经说明：总需求不足并不是只存在于资本主义经济运行中，它也有可能出现于社会主义市场经济的运行中。总需求表现为现实的投资需求、现实的消费需求以及出口需求，这三者在市场经济中是经常变化的，从而总需求与总供给的不相对应与失衡就有出现的可能。在现代市场经济中，总需求与总供给由失衡到大体均衡，主要是依靠市场的调节功能，也要依靠政府对宏观经济的有效调控。在我国经济转型期，无论是市场功能和政府功能都未能完善，而投资、消费等需求不可能长期稳定、正常地增长。此外，出口需求更是一个受国际经济直接影响的变数。可见，转型期经济运行中总需求与总供给的失衡不仅出现了，而且曾多次出现，近20年我国几度经济波动和过"热"、过"冷"都是总供求失衡的体现。

我国当前的需求不足是多种因素造成的：

第一，东亚金融危机以来出口需求的剧减。我国多年来外贸持续大幅度增长，出口在20世纪90年代平均增幅高达18%，出口对我国增长的贡献约为2个百分点，1998年5月出口出现了22个月以来首次下降，1998年出口增长幅度为0.5%。出口需求的剧烈缩减，成为制约总需求增长的重要因素。

第二，投资需求增长放慢。在实行紧缩中，需要压缩基本建设，抑制投资过热，投资率由30%以上下降到20%以下。在经济软着陆实现后，启动投资需要有一个过程，在市场需求制约和体制性制约下，出现了社会投资增长缓慢。不仅国有企业缺乏投资积极性，1997年、1998年两年多数国企技改投资负增长，社会投资也出现势头衰减。1999年春出现的居民储蓄超常激增，体现了一些民营企业压缩生产资金的投资衰减趋势。投资需求是总需求的重要因素，投资的正常充分增长是支撑经济持续稳定运行的重要条件，1997年以来社会投资需求增长缓慢，在出口和消费需求不足的形势下加剧了总需求增长不足，成为复苏期经济难以启动的重要因素。

第三，消费需求增长的放慢。消费需求是总需求的重要因素和支柱。我国城乡居民消费在国内生产总值中的比率在1979～1991年平均为64.5％，1992年以来出现了消费增长滞后，城乡居民消费率下降到60％以下，1992~1996年平均为58.18％。现实的消费需求增长滞后的主要原因是居民收入增长放慢。根据一份统计材料，城镇居民人均收入的增长1995年为22.5％，1997年为6.6％；农村居民收入的增长1995年为29.4％，1997年为8.5％；1998年城镇人均收入增长为5.8％，农村人均收入增长为4.3％。可见，尽管在我国居民收入和居民消费是不断增长的，但较之20世纪80年代中期以来的居民收入和消费的较大增长幅度，90年代以来则呈现居民收入与消费增幅的缩减，与经济持续高增长和庞大的市场供给积累形成鲜明反差。根据一份材料，目前的消费率下降到国内生产总值的45％左右。完全可以说，在我国出现了相对于快速增长的生产能力消费增长的滞后和不足，消费需求增长滞后于生产的增长已经成为我国经济运行中的一个主要矛盾。当前消费品市场的全面疲软，以及企业投资势头的疲软都是这一矛盾的表现。

我国消费需求增长放慢，是改革过程中出现的值得重视的新问题，它既表明了市场经济中消费需求增长和变动的不均衡，更主要的，它是转型期经济机制不健全和经济运行中的各种矛盾交织的结果，也是不发达国家工业化过程中的各种矛盾与困难的表现。

2. 城乡居民收入增长的不平衡，是转轨期难以避免的现象

不少苏东国家由于改革路线、政策的失误出现了转轨期长期萧条，造成生产持续负增长，国内生产总值的大幅度下滑和广大居民实

际收入减少。在邓小平理论指引下，我国实行了市场导向的、逐步推进的、稳健的改革，带来了经济与群众收入持续的增长，80年代是居民收入较大幅度增长时期，但是转轨不可能实现全体居民收入持续大幅度增长，因为：

第一，经济市场化加快发展中国有企业改革的滞后，往往是渐进性改革中难以避免的现象，相当一部分国有企业困难日增，效益下降，从而使职工收入增幅下降。

第二，实现体制转轨，国有经济的大调整和国有企业的大改组是不可避免的。改组和调整毕竟不可能平滑而无痛苦地进行，企业大改组与结构大调整中的职工下岗和再就业，会带来城市有关群体收入的暂时下降。

第三，农村需求是我国市场需求，特别是消费需求的重要组成部分。农民占我国人口80％，是人口最多的消费群体，农村消费占社会总消费40％。在实行家庭联产承包的农村改革初始阶段，出现了农民收入大幅度增长。但是我国农村经济的发展，仍面对着体制的制约和增长方式的制约，农村改革初期表现出旺盛活力的家庭承包制需要保持政策的稳定，更需要制度的完善与创新。农村经济进一步振兴，需要大力发展为家庭生产服务的各种服务组织，实行土地使用权的转让，发展农村适度规模经营，推进农业产业化。要争取在家庭生产基础上，提高农业生产力，推进农业现代化，特别是要解决好乡镇企业的产权改革和结构调整，实现第二次创业，使乡镇企业适应于经济市场化的新形势，防止乡镇企业经济衰退；还要大力推进小城镇建设，就地转移农村剩余劳动力。总之，要在两个转换中促进农业现代化、农村经济工业化和城市化，这是我国转轨期最艰难的任务。由于种种原因，上述两个转换步子不大，造成80年代末以来农村经济发展徘徊与农民收入增幅放慢，特别是近年来，由于出现了乡镇企业生产下滑和农村剩余劳动力转移放慢，农民收入增幅进一步下降，个别地区出现农民收入和消费水平的下降，如1998年春节某些乡村出现杀猪数量激减和消费水平下降的情况。

第四，转轨过程中分配机制的不完善。分配的调节手段缺乏，特别是国有资产流失的多种多样的"制度缝隙"的存在，使收入的差别扩大过度，中间群体收入水平低，增长慢。一些材料指出，占居民20%的高收入层拥有居民储蓄的80%，社会收入结构的不完善和缺陷成为当前制约社会需求增长的另一个因素。

第五，就业、医卫、教育、住房和政府机构等体制改革的全面推进，以及在国有企业面对着困难和有大量职工下岗的形势下，人们受到预期消费支出会增加的心理压力，产生了抑制即期消费的聚合负效应，促使广大消费者消费倾向的减弱和储蓄倾向的增强。我国储蓄率长期高达40%，在世界上是最高的，近年储蓄率进一步提高，出现了利率7次下调，存款不降反升的现象，特别是1999年1～2月两月居民储蓄猛升，均反映涉及个人生活的改革政策集中出台对消费需求增长产生的负效应。

第六，流通体制和购销方式存在缺陷，也是市场难以开拓的重要因素。城市商业体制还不完善，批发、零售各个环节均有待于深化改革，特别是农村供销社还未搞活，流通组织单一，购销渠道不畅，农产品难卖、适用工业品难买，仍然是农村普遍的现象，其结果是农村市场难以有效开拓。市场经济是信用经济，信用消费及租赁等多种消费方式的发达是市场经济的特征，而我国却是信用消费缺乏，陈旧的现金交易购销方式与消费方式和当前消费升级的阶段严重不相适应，成为住房、轿车等固定消费品市场难以开拓和消费热点难以形成的原因之一。

第七，消费观念和行为的改变跟不上形势。应该看到，当前市场全面疲软中的观念和心理制约的作用。旧中国长期存在的自然农耕经济和20世纪50年代以来的计划经济，产生过度节俭的消费观念和消极的消费行为。而市场经济则要求消费需求作为推动力，特别是现代市场经济以其强大的技术基础和生产能力的跃升，供给的激烈增长，要求扩大产品市场，首先是最终产品的消费品市场。这种产生于现代经济的内在需要，带来消费观念的转变，西方的制度和文化背景，产生了资本主义国家普遍的崇尚奢侈享乐的消费主义。我们不提倡奢靡消费，但也不能固守传统的过度节约的消费方式和提倡消费抑制，而应该随着生产力水平的提升和供给的逐步丰裕，树立起新的积极的消费观念和健康的消费行为，这是促使消费持续旺盛的增长必须具有的心理条件。而在当前，我国首先在一部分消费群体——特别是高收入层——中存在的奢靡消费趋势，一部分消费群体中又存在消费方式陈旧——如习惯于供给式消费，不适应信贷消费，一部分群体还存在消费的过度自我抑制。消费率近年来进一步降低，1999年储蓄的超常增长、住房消费信贷的难以推广，这些情况与市场经济"买涨不买落"的"惜买"心理有关，又与消费群体的消费观念和行为方式有关。

第八，有效供给增长的不足。我国当前消费增长放慢，主要是由于收入增长的放慢，但也与消费品质量提高、品类增加，特别是热点消费品开拓不足有关。我国消费品市场上的突出现象是产品品类少、质量差，假冒伪劣现象较为普遍，这是一种转轨期的市场低质产品供给重叠。它表明供给的不适销对路和有效供给的缺乏，这种供给的性质，不可能刺激消费需求的增长。

以上8个方面的分析表明：我国当前的需求不足和过剩，是转轨期多种矛盾交织的产物，主要是由转轨时期的体制、机制的不完善以及传统的生产和增长方式造成的。这种相对需求不足和过剩，并不是来源于基本制度，从而与资本主义国家的需求不足与过剩有质的差别。

（五）重复生产与过剩运行

我们在上面已指出，当前经济过剩的出现，既是由于需求增长滞后导致的相对过剩，又是由于供给结构失衡，结构性的过剩在我国当前表现得十分鲜明。

当前市场的突出现象是：产品品种少；质量低；技术含量低，性状与功能雷同的产品多和大量过剩。产品供给结构单调，品种少，是我国当前市场和生产的特征。在发达国家产品约有150万种，我国少于50万种，一些著名的国内大百货商场商品也不过3万种。市场供给的商品品种少，质量差，特别是适销对路的名优特新产品少，意味着缺乏满足人们多种多样需要的对象。除此以外，正在成为热点的旅游业、服务业的供给不足；基础设施，某些关键原材料，以及教育、文化、医卫、环保等方面的公共产品或准公共产品的供给不足。上述情况表明供给结构失衡、有效供给不足成为一个突出现象。性状与功能雷同的产品拥塞，特别是质量低的产品的拥塞，是当前市场供给中的突出问题。

供给结构的雷同与过剩是一个十分普遍地存在于众多行业的现象。譬如我国服装——不包括针织服装——1997年已达96亿件，较1978年增长13倍，市场上供给量大，但是大路货多，优质面料缺乏，依靠进口，质量好的名牌开拓不足。产品重叠过剩不仅是众多行业的现象，而且越来越突出，例如彩电市场品类近似的彩电充斥，城市市场饱和，彩电占有率已达100%以上，彩电生产能力闲置已达1/2；在彩电产品重叠供给日益加剧之时，近几年又出现VCD、DVD等生产的盲目扩张，产品的重叠供给十分严重。产品重叠过剩不仅仅表现在消费品市场上，而且表现在生产资料市场上。还需要指出，产品重叠过剩还表现为低水平的供给重叠过剩，质量不高、科技含量少是当前市场上多数产品的共同特征，这种低水平的产品重叠过剩，在消费需求与生产发生变化的形势下，使市场销售更难以打开。

可见，一方面质量低的产品重叠过剩，一方面适销对路的新产品匮乏，也就是供给结构失衡和有效供给不足。这种结构失衡、有效供给不足与需求不足并存，成为我国当前过剩的具体内容与特点。

我国供给结构的失衡与产品重叠过剩，其根本原因是盲目生产和重复建设。20世纪80年代以来，随着经济逐步搞活，出现了各地区、大中小企业一齐上，而同一行业的众多企业，则普遍存在着产品开发、创新不足，新产品品类少的问题。人们热衷于重复生产，你上我也上，造成市场上性状雷同的产品充塞和重叠，特别是一旦市场需求发生变化，重叠供给就转化为过剩。

这里需要指出，市场经济是企业自主生产的经济，市场看好的热门产品总会有重复建设，重复建设是开展竞争和促进发展的条件。重复建设在市场经济中总会在不同程度上存在，但是发达的市场经济中市场调节功能又不断地消除盲目的重复建设，使供给结构和需求结构相适应。而我国面对的则是一种具有刚性的、持续的，甚至不断加剧的重复建设，即产品已过剩，但生产和产品结构调不动，结果是为库存而生产。这是一种经济机制不完善下产生的盲目生产现象，是一种机制性的盲目的重复建设。

在转型经济中，重复建设具有刚性和不断积累的性质。在软约束——企业软预算约束与软市场约束下，重复建设不断扩张。（1）它使某一产品生产扩张，超过了现阶段现实可能的市场需求量——包括出口、国内城市、农村等需求，从而表现出生产刚性过剩和市场饱和。例如，服装、纺织品，某些轻工业和家电产品，在当前均表现出刚性生产过剩和城市市场饱和。（2）即使A产品已经饱和，但生产A产品的原有企业还在继续扩大生产规模。（3）即使A产品已经市场饱和，但还有一系列新建的企业开始生产A产品。（2）（3）的结果是A产品生产不断扩张，数量上不断扩大，形成市场产品重叠供给，加剧生产过剩。（4）由于大办国有企业和随着经营性领域对多种所有制的放开，加之国外产品进入国内市场，加剧了重复建设，使B、C、D……Z一系列产品领域也呈现出供给重叠和市场饱和。如此表明，重复建设发展的结果是各个行业、各个地区产业配置的重叠和产业结构的趋同化。

如果说，计划经济体制下"大而全""小而全"的地区资源配置，已形成每一个市县内，一个化肥厂、一个农机厂、几个原料加工厂的工业结构相同的格局，那么，改革以来的地区经济发展，经过几番大规模重复建设，在上述传统产业基础上又增加了家电、制药、日用化工等热门行业，以及汽车——大部分是零部件生产和装配厂——和近年来成为热门的"高科技"行业，从而使地区经济发展中呈现出新的工业结构雷同化。地区产业结构雷同的持续化已成为我国结构失衡的重要表现。尽管中央多年来三令五申，要求不搞重复建设，但是收效甚微。正如1998年一份报告中所指出的，全国有25个省、自治区和直辖市将机械工业作为支柱产业，选择电子业的有23个，汽车工业的有22个，建筑和建材的有9个。地区产业结构的雷同化，意味着资源地区配置的畸化。人们不是去充分发掘和利用各地优势资源，形成地区名牌，发展特色经济和地区分工，从而扩大交换和市场，而是把资金投向少数雷同的一时热门的产品上，从而使投资分散化，企业小型化，形不成规模效益。"千军万马走独木桥"，同种产品挤入有限市场，必然加剧市场的供给过剩。

以上分析表明，重复建设及其不断扩张，是转型期经济制度和机制的产物，它导致过剩生产量的积累和范围的扩大，必然最终发生质的变化，转化为大面积的、严重的过剩，而一旦再出现需求增长滞后，过剩运行便迅速明朗化。

1. 经济机制与重复建设

重复建设形成的机制性原因是：

第一，企业内生的盲目扩张机制。国有企业改革的初始阶段，对企业实行扩权让利，未着眼于制度创新，软预算约束和政企不分的企业必然会产生投资饥饿，在自身利益驱动下自然会热衷于盲目扩张。企业软预算约束和由此产生的盲目投资冲动是重复建设产生的内在条件和微观基础。国有企业的软预算约束，表现在借钱可以不还，花钱可以不赚，即使产品积压还可以依靠银行信贷扶持继续生产，这是重复建设和过剩生产得以维持的深层原因。特别是传统国有企业负盈不负亏产生投资饥饿，扩大国有资金占有，亏了不需自己偿债，赚了可从中得益，某些利益集团还可不断从中捞取私利，因而胡乱上项目、争投资就成为转型期企业的普遍行为。

第二，改革要向地方放权，在地方利益驱动下产生了地方行政力驱使的重复建设。实行分税制的财税制度改革，并未能彻底解决建设中的地方利益驱动，近年来业已市场饱和的家电、VCD等的生产在各地继续膨胀以及不少地方的"机场热"表明，政府主导的重复建设热在当前仍未能刹住。

第三，市场经济自我调整机制的缺乏。充分起作用的市场，不会维持重复建设及其过剩生产，而是通过自我的结构调整和产业升级，实现供给结构和需求结构的相适应。我国转型期的特征，是市场调节作用的薄弱。在部分产品还保持计划调拨的阶段，国有企业重复建设被掩盖，即使产品已缺乏销路，企业还一个劲地扩产。即使在价格放开后，大型国有企业仍可依靠政府的偏爱获得订货和其他扶持，企业由此缺乏市场约束力和调整产品结构的紧迫感。中央政府特别是各级地方政府为保护国有企业乃至乡镇企业而设置市场藩篱，妨碍公平竞争，保护着低水平的重复生产。纵然是在经济市场化和统一市场向前推进，市场价格机制初步形成的现今，企业特别是国有企业和乡镇企业仍然得到各级政府慈父般的关怀，各种政策优惠弱化了强烈的竞争给企业带来的压力。由上足见，一方面改革带给经济主体以亢奋的投资冲动，另一方面又缺乏有效的市场机制——首先是竞争机制的强制调整功能，这是经济转型中重复建设持续化和不断加剧的重要原因。

我国市场发育不足，条块分割难以打破，统一市场未能真正形成，竞争机制软弱，在存在"诸侯经济"和市场藩篱情况下，严格的市场秩序尚未建立，以及在依靠人情、给回扣和其他各种不公正的促销手段下，劣质产品也能销售出去。市场价格机制不健全，使低水平重复的过剩生产也获得"有销路的生产"的假象。

市场作用难以对生产进行调整的原因，还在于资本市场重组机制的缺乏。发达的市场经济，以其破产、兼并机制，实现经常性的资产流动重组，起着消除重复建设和过剩生产的功能。传统计划经济体制下国有资产不能流动，一旦投下，便画地为牢，不能在流动重组中得到调整和优化。实行资产流动重组，涉及国有经济产权制度的改革，这一深层次改革的滞后，使重复建设中产生的缺乏有效营运前景和生存条件的企业无力摆脱困境，造成过剩生产持续化，过剩生产能力的长期"积淀"。与此同时，低水平的重复建设仍在继续。其结果是重复建设的范围不断扩大，产品、产业结构的雷同愈加严重，生产过剩不断加剧。总之，由于资本市场的发育不足，股份制企业机制的不完善，企业间联合、兼并的重组机制形成滞后和作用薄弱，企业重组难以有效推进，从而使过剩生产凝固化和持续化。

第四，政府的"父爱主义"。由于企业政企不分，"企业运动政府"，促使政府提供财政、信贷的政策优惠，政府又实行"父爱主义"，使企业，特别是国有重点企业有所恃而无恐，这是企业结构难以调整，过剩生产凝固化和持续化的重要原因。

第五，无人负责的政府投资体制。盲目的投资行为的产生还在于传统的只管建设、不管经营和偿还贷款的政府投资体制。这种计划投资体制，再加长期存在的发展大一统国有经济的偏好，不仅造成地方盲目投资和重复建设的泛滥，而且也使来自中央的投资中的不合理行为难以杜绝。

第六，金融改革的滞后。传统的金融体制下，企业资金唯一来源是银行，而专业银行实行政策性贷款和资金供给制，由此加剧企业的投资饥饿，再加缺乏责任制的"首长意志信贷"，以及缺乏约束机制的银行信贷体制，造成经常性的信贷扩张，后者成为重复建设的孵化器。

以上我们分析了我国转型期机制性重复建设的六个方面的原因，应该看到，最主要的是主体盲目的投资扩张，市场价格机制作用的薄弱，优胜劣汰和资产重组机制的缺乏。具体地说，重复建设与过剩生产是主体投资积极性高涨、盲目行为泛滥，但又缺乏约束机制条件下的产物，是市场化改革未到位、市场自我调整机制尚未全面形成条件下不可避免的现象。重复建设与决策失误和官僚主义的瞎指挥有关，但是在进行经济学的分析时，人们不应把重复建设简单地归之于某些人的行为失误，而应该首先从体制上和机制上认识这种重复建设长期存在和屡禁不止的深层原因。

2. 增长方式与重复建设

我们还需要指出，重复建设的加剧还与数量扩张型的增长方式密切相关。数量扩张型的增长方式是我国工业化初始阶段不可避免的。改革启动了群众在计划体制下长期受到压抑的需求，刺激了消费品和投资物品的生产。由于我国工业基础较为薄弱，科技水平和群众文化教育、管理水平低，加之缺乏资金积累，因而在全国兴起的工业建设热，特别是乡镇企业建设热，主要表现为规模小、技术水平不高的劳动密集型的粗放型生产的大发展。人们看到20世纪80年代以来，生产质量不高、技术含量低的消费品，以及投资物品的小加工厂在各地铺天盖地兴建起来。可见，数量扩张型的增长方式以其所具有的企业规模小、资金少的特点，成为重复建设在全国范围扩展的物质基础。在我国大力推进增长方式转变的90年代，由于传统的数量扩张型增长方式的严重惯性，小（规模小）、散（投资分散）、差（质量差）、产品重复的小企业仍然在各地不断上马，因此不仅加剧市场上的低水平产品的重叠过剩，而且在行政保护下人为地占领局部市场，遏制了具有良好前景的企业的发展。

可见，机制性缺陷引起的重复生产，又因增长方式的落后而加剧，从而成为我国转轨期刚性重复建设和过剩生产持续化的重要原因。

3. 经济过热与重复建设

我国转型期经济持续以9%的高增幅发展，但是发展具有不均衡性质，20年发展中既有小起小落，也存在较大的起落。在经济高速时期，引起对资本物品大量需求，"三材"、运力紧张，工资与消费需求也快速增长，因而使低水平过剩的生产能力被掩盖起来。低水平重复建设的投资拉动经济，使经济表现为景气运行，重复建设加剧在经济过热的时期最为明显。在一时的过度扩张的市场需求下，出现了"大中小一齐上"，主要是小企业猛上。在20世纪80年代中期彩电热中一下子引进彩电生产线130余条，在西服热中引进西服生产线也达百余条。过度扩张的市场使这种盲目的重复生产难以为人们认识，而一旦随着需求增长放慢，例如，在实行经济紧缩的阶段，由于资本投入增长减缓，资本物品生产中的过剩表现出来。首先是"三材"的过剩，相继出现其他投资物品的生产和供给的过剩；由于收入与社会商品零售总额增长放慢，消费品市场疲软，因此消费品生产中的重复建设与过剩也表现出来。

"总之，在我国转轨期，在短缺运行向过剩运行的转换过程中，出现另一种发展势态：追求过高速度—重复建设—追求过高速度—重复建设的恶性循环。出现软市场约束和软预算约束的企业纷纷争着搞重复建设。市场状况一般，盈利少，项目要上；甚至明明要亏，项目也要上；在市场走俏下，人们更要大干快上。追求过高速度，不仅强化了各级官员求发展的政治动因，而且用来支撑高速发展的信贷扩张，哺育出经济过热和过度旺盛的市场需求，市场旺销又强化了各类主体的投资欲。由于在卖方市场下，不仅名、优产品走俏，而且低档的，甚至伪劣产品也可以获得销路，这种泡沫催化的卖方市场，以其扩大了的利润区界，煽起上下左右，大的、小的企业一齐上的发展热潮，其结果是重复建设的加剧。"[1]

以上论述旨在说明：不适当的过高速度与经济过热，是哺育重复建设的又一温床。

---

[1] 刘诗白：《论经济过剩运行》，《宏观经济研究》，1999年第4期。

综上所述，我国转型期存在着一种机制性的重复建设趋势，它带来供给结构的失衡、重复建设及其重叠供给的积累，最终会造成相对于社会购买力增长的产品供给过剩。在信贷扩张、经济过热，从而社会需求过度增长的情况下，上述重复建设和供给失衡被掩盖，而一旦由于种种原因出现需求增幅放慢，供给失衡和产品过剩就显现出来。

（六）力争实现经济由过剩运行到平稳运行的良性转换

基于本书中对经济过剩运行的性质和成因的分析，我们也就可以得出治理过剩和实现经济稳定运行的对策。

1. 正视需求不足，大力扩大内需

国内需求增长滞后和内需不足，已经成为当前我国经济运行中的突出现象和主要矛盾。治理过剩运行要从扩大需求着手，首要的是扩大国内需求。为此，要采用积极的财政政策和有效的货币政策，搞好投资和消费双轮拉动，以启动经济。在投资拉动中，要以扩大政府公共投资为起点，着力于刺激社会投资，形成内生的投资需求。经济的健康回升要以启动消费为重点，要通过标本兼治多管齐下，大力刺激消费需求。针对当前消费倾向下降，储蓄倾向超常跃升的情况，更要采取有效的对策，如像增加群众收入、健全居民消费心理等。要搞好扩大内需，首先要加强理论认识，要积极面对和承认当前需求不足的现实。在一段时期，人们讳言需求不足，一些人也将需求不足简单归之于政策或工作失误，其实需求增长落后于供给增长的总量失衡是市场经济中难以避免的现象，更是转轨期经济机制的缺陷和各种矛盾的产物。我们要加深对转轨期经济规律的认识，保持清醒的头脑，及早采取有效对策，防止和缓解转轨期收入增长放慢趋势，维护有效需求的正常增长。

2. 集中力量、调整结构

我国当前的过剩既体现需求不足，又是由于重复生产造成了供给结构失衡。结构性的过剩是我国过剩运行的突出特征。我国众多行业中，特别是轻工业、家电、纺织等行业及一些生产资料行业中的生产能力过剩已近50%，而且加剧过剩的一浪接一浪的低水平的重复建设还在发展。这种供给畸形扩张造成的过剩，是不可能靠需求增长得到根本解决的。显然，一些消费品的市场饱和，也不可能指望在近期内通过城市市场进一步开拓和农村需求跃升来解决。扩大需求不可能是一把解决严重的结构失衡和结构性过剩的金钥匙。恰恰相反，如果只是采取需求管理的政策，实行货币发行与信贷"开闸"和扩张，它或许能暂时缓解某些产品的过剩，但是更有可能导致过热和通胀，不能解决我国的结构失衡，而只能使其隐蔽化甚至加重。而解决过剩运行的重要之途，只能是调整结构。在科技革命和世界性的结构调整，特别是东亚金融危机后各国加强结构调整和产业升级的新形势下，在参加世界贸易组织已经为时不远的情况下，我国的结构调整更是分外迫切。因此，当前的主攻方向是：调整和优化产品、产业和地区结构，形成适销对路的有效供给，特别要刹住使结构失衡和过剩持续化的重复建设风。当前的过剩，也是促使政府和企业进行结构调整的大好时机。

3. 深化改革，完善市场机制，形成和强化经济自我调整功能

我们业已指出，不应把盲目生产和重复建设，只看成个别人非理性行为所造成，而是在于转型期的经济机制的缺陷。因而，要从根本上解决机制性的盲目生产和重复建设，必须着眼于加快改革，完善经济体制。要推进市场化的全面改革，包括国有企业、银行体制、资本市场等方面的改革。通过改革的深化，（1）形成自我约束、自我调整的理性的企业行为；（2）形成促使结构调整和产品创新的完善的市场

价格机制；（3）形成促进企业优胜劣汰，进行组织结构调整和存量资产流动重组的机制。显然，对于转轨期机制性的重复建设的治理，只能是深化改革，加快市场经济体制的构建，除此而外别无他途。

4. 充分有效地发挥政府的调控功能

社会主义市场经济中政府有着广泛的经济功能，在转型期，政府要发挥推动、规划体制创新的功能，推动增长方式转换的功能，以及调控宏观经济，保持国民经济稳定、健康运行的功能。在当前过剩运行压力下，企业行为愈加不规范，如企业热衷于不合理的削价竞争，加剧市场秩序混乱，造成企业两败俱伤。我国当前出现的经济过剩运行，进一步表明政府宏观调控的必要性和迫切性。

我们把过剩作为市场经济运行的一种势态，是总量失衡和结构失衡在运行中的表现。这种失衡，需要有政府的宏观调控，要通过财政、金融等杠杆调节投资、消费等变量，维持宏观经济的稳定发展，既防萧条又防通胀，避免经济大起大落。凯恩斯主义出现以来的西方经济学已经大大推动了对政府宏观调控的研究。社会主义市场经济同样是在不均衡和波动中运行，我们迫切地需要研究社会主义条件下经济运行势态变化的规律，要总结我国近年来进行宏观调控的宝贵经验，有效地发挥政府的宏观调控功能，这对于争取实现我国经济的良性循环是十分重要的。

我国当前的过剩，表明在转型期需求变动与增长的不稳定性，供给结构失衡的刚性，经济增长中过热或过冷交替出现的经常性，以及国际经济变动受影响的外贸和引进外资等参数变动的不确定性。因而，为了保证国民经济的稳定、健康运行，需要加强政府对宏观经济的调节。在当前，政府要处理好影响运行的主要方面和环节，尤其要处理好增长速度与结构调整的关系，把结构优化放在首位；在扩大内需中，要处理好投资需求与消费需求的关系，着力启动社会投资和消费需求；在扩大消费需求中要把促进居民收入增长和刺激即期消费相结合；要大力增加出口，把扩大内需与扩大出口相结合。在当前，加强对宏观经济的研究，采取有效的政策措施，通过扩大需求、调整结构、转换机制，经过一段时间的艰苦努力，我们完全有可能实现由经济过剩运行到平稳运行的转换，实现总供求基本协调下的正常的买方市场，改变当前的市场疲软和增长减速势态。

二、经济转轨与有效需求不足

（一）我国经济运行中有效需求不足的出现

1. 有效需求不足的具体表现

如果说，需求快速增长，甚至有时出现过度扩张，是我国20世纪80年代改革初始阶段经济运行中的突出现象，那么，需求的不足则是90年代改革深化阶段中出现的新情况。

20世纪90年代中期经济运行中需求不足表现得日益明显。

第一，市场疲软，供给大于需求。20世纪90年代以来，随着经济的高速增长，消费品市场供给量日益增大，品种日益增多，80年代的消费品供应紧缺和"争购"现象即"卖方市场"，逐渐向相反方向即买方市场转变。上述情况也表现在投资物品市场上，市场销售问题逐步成为企业生产面对的重大难题。在1993~1996年实行的紧缩抑制了需求增长，而国内生产总值仍然保持9%的高增长的大背景下，1997年初市场供给过剩与销售困难已经呈现出来。在7月发生东亚金融危机的影响下，1997年底出口开始降低，1998年市场疲软进一步发展。根据国内贸易局商业信息中心1998年下半年的统计资料，610种主要商品中供求平衡的商品为403种，占排队总数的66.1%，供过于求的商品206种，占排队总数的33.8%，供不应求的商品只有棕榈油一种。市场全面过剩，"万种商品少俏货"的局面业已形成。

第二，物价持续负增长和低位运行。1994年物价涨幅处于高峰，为21%，1996年物价涨幅降至6%，经济软着陆已基本实现。1997年物价涨幅进一步下降，1997年10月出现了物价负增长，1998年涨幅为-2.6%，1999年物价继续下降，27个月负增长。投资物品的价格负增长持续时间更超过消费品，通货紧缩的征象已经十分明显。

第三，商品库存增大和生产能力过剩。过度库存是我国转型期经济的特征，20世纪80年代以来的经济发展中，一部分企业经常有大量库存，而1997年以来则表现出普遍的过度库存。据有关统计资料，乡以上企业库存商品约占国内生产总值30%～40%。在市场疲软，企业减产、停产下，生产能力的闲置也不断加剧。据1997年国家统计局公布，我国28种主要工业品生产能力有40%以上闲置，多年匮乏的电力在1998年也出现供过于求，出现了限制小电站上网，发电生产能力闲置这种前所未有的现象。

第四，市场疲软成为全方位的现象。不仅一般商品市场供给过剩，而且每年数百万计的职工下岗，劳动力就业市场上的过剩也十分突出。特别是长期紧缺的银行资金也出现过剩现象，1999年6月底全国金融机构存差已达1万亿元以上。

以上情况表明，1997年以来我国经济发展中面对着一种新的经济运行势态，人们习惯使用的"买方市场"概念已经不能确切表述这种情况。应该说，这是一种明显的需求不足和相对过剩，是一种经济过剩运行势态，需求不足和经济过剩已成为当前经济生活中的主要矛盾。

科学地分析需求不足的成因，对于我们采取正确政策，治理通缩是十分重要的。分析和认识需求不足的成因，要从实际出发，采取科学的方法，切忌片面性。需求不足主要是内需不足，后者是经济中的深层次矛盾所导致。

在这里我们要对以下两种观点加以评述：

一是需求不足是出口下降造成的。有些人将需求不足归因于东亚金融危机的冲击，这是需求不足的"外铄论"。1997年东亚金融危机和此后世界经济的动荡，带来的我国出口下降，是影响内需不足的重要国际因素。我国20世纪90年代出口年增幅在15%～20%左右，1998年、1999年两年出口大幅度下降，1998年出口增长0.5%，下降10多个百分点，1999年1～6月出口增长率为负的7.5%。但是，出口影响我国国内生产总值增长仅为1～1.5个百分点，而近年来国内生产总值增幅也已较1993年下调5～6个百分点。而且，市场疲软早在1997年初就已经表现出来。此外，当前不只是与出口有关的企业和生产的销售困难，而是全面的市场疲软，体现了内需不足。可见，将需求不足成因归于外需是难以成立的。

二是需求不足是1993年、1996年的紧缩造成的。有一种观点认为当前需求不足是由于紧缩"过了头""松动不及时"，这是需求不足的"紧缩过度论"。1993～1996年的宏观调控，实行适度从紧，货币、信贷规模紧缩力度不小，把1992～1993年狂热的需求扩张势头抑制住；同时，1993～1997年3年国民经济仍然保持平均9%的高增幅，表明这一轮软着陆是成功的。当然，任何事物都具有两面性，紧缩也存在负效应，特别是对于机制未能安全转换的转轨期经济，急剧的货币、信贷与财政的紧缩带来企业流动资金不足，债务链剧增，使经济循环发生阻滞，从而形成一种机制性的需求抑制惯性。具体地说，作为投资和消费需求源头的企业，特别是国有企业，在紧缩形势下，特别是在债务链引起的资金流通阻滞下，陷于营运困难，从而导致始发于企业的需求——投资和消费需求——弱化。

软着陆基本实现后的1997年，货币、信贷松动不及时，力度不够，也在一定程度上加强了这种需求抑制的惯性力量。在经济仍然高增长背景下，需求弱化的惯性就会带来严峻的负效应，加剧经济过剩和启动经济的难度。但是我国20世纪80年代的几次信贷松动，都出现市场迅速活跃、经济迅速回升，即"一松就活"的现象，亦即快速反弹。而1997年以来在实行松动中却是"松而难动"，呈现出复苏艰难。1997年松动不够却是加大了启动的困难。近两年已加大财政、货币政策的松动力度，然而，迄至1999年6月，市场疲软迟迟未能改观。上述情况表明，我国经济运行出现了新的情况，出现了制约有效需求扩大的深层次问题。因此，我认为把当前需求不足的主要原因归于实行紧缩，是不妥的见解。

2. 由需求过旺到需求不足的转换

为了剖析当前需求不足的成因，我们需要对我国改革以来经济运行中总量关系的势态进行简要的历史回顾。

20世纪50年代中期实行计划体制以来，我国经济的高增长主要是靠投资扩张及其对投资物品的需求来拉动的。改革开放以来，随着农村和城市经济活力的增强，出现了加快发展的强劲势头。80年代以来，基本建设持续扩张，投资率由1981年的32.5%不断增长，1982年为33.2%，1983年为33.8%，1984年为34.4%，在"提前翻番"的号召下，投资进一步扩大，投资率1985年增至37.8%，1986年、1987年、1988年3年投资率也保持在37%左右，大大高于"一五"时期（当时大体占国民收入的25%）。投资保持较大规模和持续高增长，成为80年代经济高增长的原动力。但是如果进一步分析，应该看到，80年代投资率持续提高是立足于消费增长的基础之上。中国改革的特点和优点是：实现了改革、发展和人民收入增长并进。农村的联产承包制改革和乡镇企业的崛起，带来80年代将近6～7年间农村居民收入的迅速和持续地增加。城市企业以扩权让利为特点的改革，尽管有企业目标模式还不清晰、行为不完善的缺陷，但是它使企业的生产和盈利的增长与职工收入直接挂钩，国有企业广大职工从增产中深受实惠，整个80年代"收入节节高"，带来城市居民消费持续地增长。就全国来看，消费率1978年为61.8%，1979年上升为64.9%，1980～1986年始终保持着这一水平，1981～1983年达到67%左右。50年代末以来以压抑消费来强行扩大投资的不稳定的"跃进"发展模式，已经为消费快速增长拉动投资快速增长的发展模式所取代。可见，我国1979年以来至今20年的以9.5%的幅度持续高增长，其关键在于消费、投资的同时增长，而以消费增长一马当先。

消费、投资并行扩大的增长模式，应该说是一个理想的扩大再生产模式。因为：消费和投资需求并行扩大，首先，使人民群众在改革中受到实惠，在计划体制下长期受到抑制的消费需要和群众的消费饥渴逐步得到缓解，改革由此得到群众由衷的支持，为进一步推进改革打下了坚实的基础。其次，用最终消费的增长带动投资增长，符合市场经济再生产的规律，它使消费品生产和投资物品生产相互协调、互相促进，而不会引发投资畸形扩张、消费不足带来的增长"断裂"，出现投资物品过度扩张的"大肚子"和实现困难的再生产危机。我国计划体制下的重工业过度扩张和世界一些国家重工业过度发展，最终造成投资物品与消费品生产脱节和国内需求不足的实践都表明，由消费率先拉动的消费、投资双增长，是保持经济持续、稳定增长的前提条件。

我国改革进程表明：消费和投资协调的持续增长只是阶段性的，是20世纪80年代，特别是80年代初期和中期的情况。此后由于转轨期的许多深层矛盾和发展中遇到的重大难点，我国城乡经济发展中逐渐呈现出消费需求增长滞后，这种消费需求增长滞后在一定时期被掩盖起来，只是在改革深化阶段，主要是90年代才明显地显现。

1990年消费率（消费占国内生产总值的比重）开始下降，当年为61.3％，1991年为60.8％，1992年为59.9％，1993年为58.3％，1994年为58.4％。1992～1996年消费率平均为58.18％。1997年以来消费率进一步下滑，根据一份材料，1998年消费率降到国内生产总值的45％，与1981～1983年平均消费率68％形成鲜明的反差。

引起消费需求增长滞后的主要因素是：基本消费群体收入增长的放慢和居民消费倾向的弱化。

基本消费群体收入增长的放慢，是我国90年代以来经济生活中表现出来的新趋势。改革开放和80年代初期和中期是群众收入快速增长时期。1978～1982年，全国居民每人收入平均增长90.4％，其中农民每人纯收入增长101.5％，职工家庭每人生活费收入增长58.2％。1981～1985年，即"六五"期间，职工收入每年增长10.9％，农民人均收入每年增长15.9％。①但90年代以来，城市职工收入增长放慢，国有经济职工实际工资增长率1991年为3.2％，1992年为7％，1993年为5％，1994年为8.7％，1995年为0.4％，1996年以来，国有经济实际工资增长处在5％以下的低水平。根据一份统计资料，城镇居民货币收入增长，1995年为22.5％，1997年降为6.6％。农村居民货币收入增长，

---

① 尹世杰：《中国消费结构研究》，上海人民出版社，1988年，第82页。

1995年为29.4%，1997年降为8.5%。1998年城镇人均收入增长更降到5.8%，农村人均收入增长降至4.3%，均处在多年来的低谷。某一个大省1998年农民人均纯收入增长100元，1999年1～6月仅增长15元。90年代居民收入增幅的急速下降，与80年代初居民收入年10%以上的增幅形成鲜明的反差。

20世纪90年代是改革开放深入发展的时期，尽管经济发展中出现过热和经历紧缩、减速，但也是经济持续年均9%左右的高增长时期，是国家综合经济实力迅速增强的时期。但是为什么在经济生活中会出现城乡居民收入增长滞后这一新现象？而且由于相对国内生产总值和生产能力快速增长，基本消费群体收入增长滞后已经给经济生活带来了十分严重的负效应，成为当前制约经济健康运行的重大障碍。这一新问题备受社会各方面关注，人们议论纷纷。一些人对这一现象感到迷惑不解，还有人怀疑它是改革带来的"恶果"，一些人满足于肤浅的表象解释，如认为是宏观紧缩所造成，一些人则不求甚解。

我们应该用辩证唯物主义和历史唯物主义的观点来分析社会主义改革的进程，要对我国改革开放历史进程及转轨期的矛盾进行冷静的经济学的分析和总结。基于此，我认为应该提出转轨经济中需求不足，特别是消费需求不足的命题。我在《论经济过剩运行》一文中已指出："我国消费需求增长的放慢和滞后，是我国改革过程中出现的值得重视的新问题，它既表明了市场经济中消费需求增长和变动的不均衡，更主要的，它是转型期经济机制不健全和经济运行中各种矛盾交织的结果，也是不发达国家工业化过程中的各种矛盾与困难的表现。"①

---

① 刘诗白：《论经济过剩运行》，原载《宏观经济研究》1999年第4期。

由计划体制到市场体制的转轨，是经济的全面改组，是一场深刻的革命。它从来不可能一帆风顺，不付出代价，不经历痛苦。不少前苏东国家，由于"私有化"的休克疗法路线、政策的错误，在矛盾激化和多种矛盾交织下，出现了"转轨期的经济危机和长期萧条"。其表现是：生产持续负增长，国内生产总值大幅度下滑，国家经济实力的逆退，广大居民实际收入减少，少数人借掠夺国有资产而暴富，并由此造成政治与社会动荡不安，使改革与发展面对着越发增大的困难。我国的经济体制改革，在邓小平理论指引下，坚持社会主义方向，实行市场取向的稳健的渐进改革。我国转轨过程中避免了改革力度过大的冲击，保持了稳定，有利于发展，但"摸着石头过河"的改革也使各种矛盾积累。在改革的深化时期，人们面对着众多的、深层的矛盾的交织，新旧体制的摩擦十分尖锐，人们只能恰当地和逐步地解决这些矛盾，而不可能一下子克服和消除这些矛盾。可见，转轨过程中会出现一个多种矛盾交织的时期，20世纪90年代中期出现的需求不足，就是这种转轨经济的多种矛盾在经济运行中的体现。因而，可以说，90年代出现的需求不足现象是我国改革深化阶段多种矛盾交织的结果，是一种"体制综合症"。

（二）转轨经济的内在矛盾与消费需求不足

1. 有效消费需求不足的含义

当前我国有效需求不足的根子，在于消费需求不足。在提高消费品有效需求的基础上，振兴和扩大投资需求，是当前缓解有效需求不足的根本之途。这里需要在理论上进一步明确的是：现实的消费需求，其最大界限是主体的可支配收入的总和，但在市场经济条件下，主体可支配收入的总和并不统统转化为现实的购买力和形成现实的需求，因为，人们并不是将收入统统用于消费，而是将一部分收入用于储蓄。储蓄的动机是多种多样的，主要是：（1）为购买固定消费品，例如为买车、买房而储蓄；（2）为家庭的生活需要，如为子女入学而储蓄；（3）为个人生活保障，如为就业的风险、养老、医疗等需要而储蓄；（4）为了延迟消费，例如，为等待和准备今后购买更好的消费品而储蓄，等等。由于消费者的消费心理和行为有着很大差异，而且收入水平也有高有低，上述因素的加强储蓄倾向的作用对不同个人和不同消费群体不会一样，但对一个国家的某一时期来说，会存在某种较为稳定的消费倾向，或储蓄倾向。因而，社会的现实的消费，就是可支配收入减去储蓄。上述现实的、即期的消费，构成社会的对消费品的有效需求。有效需求是一个年度有支付能力的需求中的实现部分，它通常小于有支付能力的购买力。也就是说，一部分消费需求，在储蓄形式下转化为潜在的或被推迟的需求。我国目前处在经济还不发达、群众收入水平还较低的阶段，在实行市场体制下，人们的即期消费要受到以上列举的四个因素的制约，重视储蓄、节制消费，成为多数居民的心态，而高储蓄率——40％左右——成为我国经济运行的特征。

储蓄偏好和消费抑制，是和改革开放初期消费品生产不足和供给匮乏阶段相适应的。人们应该记得，20世纪80年代初由于消费品普遍紧缺和供应不足，棉、粮、油和其他消费品还保持着凭票供应，因而，居民收入更多转化为储蓄，这是一种强制储蓄，它并不是消费品有效需求不足的原因。由于在计划体制下，政府通过银行信贷安排，直接使储蓄转化为投资，因而也不存在投资需求不足的问题。但是市场经济必须以需求为动力，要以消费需求的增长拉动投资增长，从而实现总量均衡和结构均衡。在90年代，我国经济告别了短缺运行，消费品供给量急剧增长，并逐步出现供给过剩；加之预算约束硬化的改革使投资需求——以自负盈亏的企业为主体——也要由消费需求来拉动。因而，保证消费品有效需求的不断增长，就成为90年代中期以来经济过剩运行势态下的客观要求。

消费品有效需求增长指的是：借助居民可支配收入的稳定增长和居民消费倾向的提高，实现居民可支配收入更充分地转化为即期消费。但是90年代中期，由于城乡居民收入增长出现滞后，削弱了有支付能力的购买力的增长；就业、住房、福利、社会保障、教育等改革的全面推进，增大了个人预期支出；经济由短缺运行转变为过剩运行，物价持续走低，加强了消费者"买涨不买落"心理。特别是在基本消费群体收入水平较低，当前我国人均国内生产总值只770美元的情况下，个人承担的住房、社会保障、教育的支出压力，加强了中低收入层普遍的即期消费的自我抑制，因而，出现了居民收入向储蓄倾斜和向消费转化的不足。1997年以来我国出现了"储蓄热"和"消费冷"的反差，居民储蓄已达到6万多亿元，而市场却全面疲软。1998年消费率已降到45%，与同等收入国家相比消费率低28个多百分点。最令人注目的是1999年1～5月，居民储蓄急剧大幅增长，达到5600亿元（1998年全年为7200亿元），而另一方面是物价20多个月的持续下行和低位运行。上述情况表明，90年代中期在我国出现了群众可支配收入和即期消费需求的反向运动，尽管可支配的收入和购买力还是在增长中，但有效需求却增长缓慢和总体不足。

以上分析表明：我国消费品需求的不足，既是由于群众可支配收入增长的滞后，又是由于消费倾向下降，是这两者相互作用下的现实的有效消费需求的不足。

对投资物品来说，同样也存在可支配的资本向投资转化不足，从而出现投资物品市场有效需求不足问题。例如在出现经济衰退，投资预期收益下降时，会造成社会投资不振，银行信贷资金难以向外投放，出现信贷资本过剩。在出现国际资本大量回流的条件下，也会抑制国内投资规模的扩大，从而出现国内投资物品的有效需求不足。

在再生产过程中，消费是最终需求，消费增长拉动投资增长，消费品有效需求不足，也会最终使其拉动力弱化，造成投资物品有效需求不足，从而，在社会呈现出全面的有效需求不足，也就是这一年度实现的总消费小于居民有支付能力的购买力，实现的总投资小于国内可提供的资本。其结果是：$DI+DC<Y$。

2. 消费需求不足出现的主要原因

我们在这里要进一步分析造成20世纪90年代中期以来消费需求不足的主要原因。

第一，改革滞后与国有企业竞争力的缺乏。需求来自产出，在市场体制下，企业是产出、收入，从而需求的始发创造者，有活力的企业会适应市场状况，创造有效产出，取得效益，由此引发新的投资需求和职工收入增长带来的消费需求增大。

国有企业是我国国民经济的主要支柱，是我国社会投资最主要的载体，是城市消费的主要支撑者，不断深化国有企业改革，增大企业活力，是保证始发的需求不断增长的根本前提。我国国有企业在20世纪80年代城市改革之初经历了一个活力增强，效益增大，职工收入较快增长的时期。但是此后在经济市场化大步发展、机制更活的非国有单位参与市场竞争的条件下，国有企业改革却滞后，缺乏适应变化了的市场情况而进行灵活的自我调整的能力；产品结构陈旧，不适应市场需要；企业机制不活；资本金不足，包袱重，冗员多，成本下不来。上述问题，使已经下了市场之海的国有企业多数缺乏竞争力，困难日增，效益下降，在80年代末国有经济就已出现1/3有盈利、1/3不盈不亏、1/3亏损的局面。国有工业资金税后利润率由1978年的15％不断下降，国有企业在工业产值中的比重也逐步下降。在1993年以来实行紧缩的宏观条件下，国有企业困难增大，亏损面达到50％以上；1997年以来又出现经济过剩运行势态，对国有企业来说，更是雪上加霜。资金税后利润率1997年为0.8％，1998年出现负值，更多企业陷入困境。尽管国有企业情况并非一个样，一批改革走在前面的企业表现出优良的业绩，在不利的宏观环境中仍然取得迅速的发展，但是相当多国有企业活力不足，竞争力弱，企业营运收入减少，甚至收不抵支，维持再生产已不容易，更难以有能力扩大投资和增加职工报酬。还需要指出，国有企业的投资、消费需求增长的缓慢，还与下述情况的变化有关：

其一，尽管国企改革未到位，但是毕竟在改革中预算约束逐步加强，自负盈亏、自担风险，以及实行下岗分流和破产等改革的向前推进，扩权让利改革时期企业的投资饥饿和消费亢进受到抑制。

其二，专业银行的商业化、减少银行不良债务和加强金融监管等改革，改变了银行对国有企业实行资金供给制，宣告了国有企业依靠银行信贷扩张而扩大投资和工资、奖金支出的时期的结束。上述情况下，国有企业维持再生产，实行扩产、发展和增加消费基金，只能立足于企业本身良好的经营和效益，而不再能借助"外在"力量而"虚胀"。

可见，相当部分国有企业缺乏活力和陷入困境，意味着需求创造的源流的减弱，我国近年来需求增长不足的最根本原因就在于此。

国有企业实行市场化改革是社会主义国家体制改革的最大难点。把传统的国有企业转变为市场微观主体，需要进行彻底的公司化的改造；进行产品、技术结构的创新；加强企业内部管理；解除企业历史负担，充实其资本金；建立新的国有资本经营管理体系，实现政企分开。企业改革还要与全面的体制改革相配套，特别是要有银行体制的改革，证券市场的发展和健全，社会保障体系的改革，所有制结构的改革和非公有制经济成分的发展。可见，国有企业的改革不仅涉及企业，而且涉及整个传统体制。它不只是企业的大改组，而且是整个传统计划经济体制的大改组，是一项历史上未曾有过的复杂而艰巨的任务。20世纪80年代末苏东社会主义国家崩解的悲剧之所以发生，重要原因就是国有经济改革的滞后和失误，一些前苏东国家迄今长期的经济困难，仍在于未能找到推进国有企业改革的正确途径。

我国国企改革坚持了市场取向的正确方向，1979年、1980年国企改革在四川进行试点，1984年开始了以国企改革为中心的城市改革，大体说来，国企改革经历了一个改革与企业发展并进的初始阶段。改革增强了企业活力，提高了效益，促进了增长。不过我国国企改革也不是毫无缺陷，曾经有企业改革目标模式不明晰，初期实行的片面的扩权让利使企业行为畸化而不是真正"搞活"；1992年以来公司制改造在一些场合名不副实，很不规范；企业重组和产权主体多元化进展缓慢。此外，相关改革不配套，特别是金融和社会保障体系改革滞后。总之，国有企业在体制摩擦中进展维艰，特别是在20世纪90年代经济愈加市场化的新形势下，国有企业却为原有的深层次矛盾和新矛盾的积累所困扰，困难日增。此后的90年代中期宏观环境的不利，更加剧了国企的困难。可见，当前国有企业的困难和竞争力的缺乏，就是改革深化阶段体制矛盾积累和摩擦的综合表现。国有企业的真正解困，迫切需要搞好布局调整、体制创新、结构调整、技术创新和加强管理，还需要采取有效措施，例如搞好债转股，解除其历史负担。这

是一个极其艰难的任务。党的十五大和十五届四中全会提出了抓住重
点，从整体上搞活国有经济和增加国有企业的控制力的正确战略方
针。但即使是重点企业——目前国家重点企业512户——上述改革的
真正到位也不可能立竿见影。特别是国有企业产品结构的调整、技术
创新、产业升级面对着许多一下子难以解决的问题，还存在着国家虽
然付出大量改革成本，而一部分企业仍然"活不长"的风险，例如旧
债解除后又逐步背上新债并非不可能发生。可见，把国有企业真正搞
活，实现公有制与市场经济的兼容，不可能一蹴而就，人们与其把搞
活时间看得短些，毋宁做更长期的安排，以便进行"保质"的真正的
转轨。[①]可见，国有企业的真正搞活需要有一个过程，从而我们还将在
一段时期内面对着一部分国有企业绩效不佳、自主投资与提高职工收
入的功能弱化问题，这也就意味着国有经济领域有效需求不足问题还
不可能一下子得到根本解决。

乡镇企业尽管机制较活，但也存在着产权不明晰、政企不分、技
术落后等问题，产品质量上不去，在20世纪90年代的新形势下，也遇
到类似国有企业的困难，表现出增长放慢。占工业产值近1/3的乡镇企
业出现困难，是造成当前市场需求弱化的另一重要原因。

综上所述，公有制企业，主要是国有企业的改革十分艰难，20世
纪80年代初期的表层性改革触发的矛盾相对较少，但在企业改革深化
阶段，触发的矛盾扩大化和大量积累，要加以疏解和克服十分艰难，
甚至会顾此失彼。缓解某一矛盾却又引发新的矛盾，暂时搁置矛盾又
会在日后积累更多矛盾。上述情况应该说是转轨期所难以避免的。国

---

① 党的十五届四中全会通过的《中共中央关于国有企业改革和发展若干重大问题的决定》，规
定了国有企业进行改革的十条指导方针，从而进一步指明了国企转轨的正确道路。

有经济由改革初期的较快发展，转变为后期的竞争力弱，由此造成消费与投资需求增长不足，可以说是体制转轨中难解之题。

第二，转轨期的失业。我国国企改革由表层到深层，不断向前推进，20世纪90年代中期国有企业改革进入攻坚阶段，需要进行结构大调整、资产大重组和机制大转换。这一场经济大调整中，首先，大量的职工下岗和再就业是不可避免的，从而职工的收入也会受到影响。其次，国有经济需要适应市场体制的需要而进行布局调整，实行适当紧缩，按照有进有退、有所为有所不为的原则，一部分国有资本要从竞争性行业中退出和向其他领域转移，这是从整体上搞活国有经济的客观需要，从而，下岗和再就业的规模增大是不可避免的。再次，再就业中包括失业，这是改革和经济大调整的"失业"，它会为体制活力增强带来的就业空间的扩大所缓和。体制活力的就业空间取决于国有企业的搞活和发展，以及所有制结构改革和非国有企业的发展。由于国有企业的搞活和发展是一个艰难课题，因而所有制结构改革和非国有企业的发展就成为这一阶段就业空间扩大的主要途径。但发展非国有特别是非公有制企业，需要有制度、政策的调整和观念的转变，在渐进的转轨过程中这种调整与转变难以做到十分及时和顺畅。在我国不少地方，客观上存在着非公有制经济发展的滞后，它限制了转业与就业的空间，从而加剧了国有经济大调整期的失业问题。上述情况，在一些重工业高度集中的城市和地区表现得十分明显。最后，90年代中出现经济过剩运行和增长速度放慢的宏观势态，它抑制就业空间的扩大，使失业问题更为严峻。

综上所述，国有企业和国有经济的战略性大调整，会出现和加剧转轨期的失业，导致职工收入增长放慢，这是城市消费需求不足的一个重要成因。

第三，农村制度创新和农业生产方式现代化推进的困难。农民占我国人口的80%，农村消费占社会总消费的40%，农村需求是我国市场需求的重要组成部分，是消费需求以及投资物品需求的重要支柱。农村改革一马当先的20世纪80年代初，农民收入在农业和农村经济兴旺发展基础上持续增长，成为城市经济和国民经济高增长的重要推动力。但是在80年代末农村广大地区呈现出增产不增收，农民收入增长缓慢，人们通常称之为：农村经济徘徊。90年代中期以来农民收入增幅进一步下降，1997年全国农民人均纯收入增幅较1996年下降4.4个百分点，1998年农民人均纯收入2160元，增幅仍低，1999年1~6月，农民收入增幅进一步放慢。

农民收入增长滞后是在我国农村"两个转换"进程中矛盾积累的背景下出现的。我国体制转轨过程以农村改革为先导，家庭承包制的"革命"解放了农业生产力，带来了20世纪80年代初农民收入和消费需求的迅速增长。乡镇企业的异军突起和后来逐步兴起的城镇化，成为农民收入和消费增长的另一重要因素。市场化所催化的农业生产方式的进步——化肥、农药以及农业机械的使用和品种改良等——更在农业劳动生产率得到提高的基础上，促进农民收入的增长。但是我国农业经济的主体是占地微小——户均数亩到十余亩——的农户，[①]规模不经济，农民家庭收入和积累小，技术进步缓慢，难以改变传统的以手工工具为基础的落后的传统农业劳动方式，保证农业劳动生产率的持续稳定增长。由于我国人均耕地少，农村人口多，人口增长快，存在着规模缩小趋势，规模小的家庭小生产和农业现代化的矛盾成为家庭联产承包实现后我国农村的第一个重要问题。

---

① 我国农民家庭平均每人经营耕地面积1990年为2.10亩，1997年为2.07亩。

我国农村约有2.3亿农户，由于国土广袤，许多乡村交通不便，信息闭塞，联结生产与市场的流通机构制度不健全和发育不足，分散的家庭小生产与不断变化的大市场的矛盾是我国农村经济的又一个重大矛盾。特别是随着向小康经济发展中居民对农产品的需求不断发生新的变化，分散的家庭生产的盲目性和产品品质和数量不适应市场需求，"卖难""谷贱"等问题，越发成为制约农民收入增长的突出问题。这是我国农村转轨期存在的第二个问题。

此外，我国农村人口多，占地少，剩余劳动力和长期存在的农业现代化经营的矛盾是我国农村经济的又一重要矛盾。农村大量劳动力剩余，既意味着隐性失业，使农民人均收入增长减缓，而且，存在着因耕地细分导致家庭农户生产、经营能力受到削弱的危险性。随着人口的增长，特别是农业劳动生产率的提高，剩余劳动力越是增大，上述矛盾越是突出。加快农村2亿多剩余劳动力向非农业和城镇转移是解决农户再细分、户均土地缩减，从而保证和稳定农户的劳动生产率问题的根本前提，是进一步扩大家庭农场规模，推行农业机械化和现代化的前提。在我国这样的农业大国，数亿农业人口的非农化和剩余劳动力向城镇转移，涉及城市化和小城镇建设的加速，特别是涉及国有经济的改革、发展以及非国有经济的发展，这些均非一日之功。在相当长的时期内，农村劳动力剩余压力将是一个客观的现实，并起着制约农民收入增长的负效应。这是我国转轨期农村存在的第三个问题。

基于上述我国转轨期农村三大问题，如何在稳定联产承包制的基础上，发展和完善家庭农场；如何搞好和大力发展为家庭生产服务的各种服务组织，提高小农场劳动生产率；如何搞好土地使用权的转让，发展农村适度规模经营，推进农业产业化；如何健全和发展农村流通组织，促进小生产与大市场接轨，以及如何推进城镇化，加快农村剩余劳动力向城镇转移，就成为我国农村经济持续快速发展的迫切问题。

乡镇企业的异军突起和持续健康发展，与我国农村三大问题的缓解密切相关。20世纪80年代初期和中期，乡镇企业表现出旺盛的生产力。在某些条件较好的地区，如像苏南和珠江三角洲等沿海地区，乡镇企业发展势头持续不衰，成为农民收入提高的主要源泉。乡镇企业也存在产权不明晰、技术落后、产品质量差、管理落后、政企不分等弊端，因此，促使乡镇企业制度创新和技术进步，不断增强乡镇企业的竞争力和保持其增长势头，成为决定我国农村经济发展的又一重大问题。总之，以上指出的我国农村经济的三大主要问题，要求人们进一步推进农村制度创新——包括家庭农场制度、服务中介制度、商业流通制度和农业增长方式的转换等，要在两个转换中促进农业现代化、农村经济工业化和城市化，这是一场新的农村革命，是我国转轨期最艰巨的任务，是繁荣农村经济、增加农民收入的根本前提。

农村改革的深化和增长方式转换进展艰难及其带来的负面效应，应引起人们的普遍关注。人们可以看到，农村经济结构不适应于市场的矛盾日益突出。不少地区，特别是内陆省区的农村仍然保持着千百年来的"一粮二猪"的传统农业结构，适销的产品少，新技术应用慢，农副产品品质不佳，销售困难。与此同时，每年却要大量进口国外农产品，如像为适应面包等糕点生产的需要，每年要进口小麦上千万吨。另外，农户生产与市场变动脱节，时而"过剩"，时而"不足"；农产品价格时而上涨，时而下跌，从而增收难。由于近几年市场形势变化、经济过剩运行，农产品全面过剩和价格下走，农民人均纯收入增幅下降。上述情况实质上是"两个转换"未能充分有效推进，机制性与结构性缺陷造成农业经济活力衰减。①

20世纪90年代以来乡镇企业出现活力衰退，不仅增长速度急剧放慢而且产品积压，大量企业亏损严重，减产停工，不少职工重新由工返农。此外，在经济过剩运行和国内生产总值增长放慢形势下，就业增长受到制约，出现了打工仔由工返农，从而使农村剩余劳动力转移步伐放慢，并成为近年来农村居民收入增长减慢的另一个原因。

可见，中国农村改革和城市改革一样，是一项极其复杂和艰巨的工程。农村改革和发展不可能一帆风顺，在一定时期由于各种矛盾积累而呈现出农村经济活力的衰减，是不奇怪的。但是这种转轨经济中机制和结构缺陷造成的阶段性的农村经济活力的衰减，成为我国农民收入增长滞后，农村有效需求增长缓慢的根本原因。

第四，转轨期的收入差距扩大。转轨期的收入差距扩大，在当前表现得十分鲜明。我国居民储蓄6万亿元，但是一些材料指出，占人口20%的高收入层拥有居民储蓄的80%。这种收入结构显然不利于有效需求的增长。因为，对高收入层来说，能买到的商品已经有了而"不想买"，对于低收入层来说，想要买的商品不少却又"买不起"。就城乡和地区来说，一些发达城市和发达地区，居民拥有数量可观的闲置购买力，但基本生活消费品已呈现市场饱和，而广大农村和贫穷地区却又由于群众收入低下，造成消费品市场狭窄。可见，收入结构的不完善和收入差距过度扩大，特别是占居民多数的基本消费群体收入水平低，缺乏购买力，成为当前制约社会有效需求增长的另一重要因素。

___

① 农民增产不增收，除了是由于经济机制、经济结构性（包括增长方式）、经济活力衰减外，在不少地方农民负担过重也是一个重要因素。

收入差距的过度扩大是转轨经济的产物。我国以社会主义市场经济体制为目标和逐步推进的体制转轨过程，防止了休克式的私有化中借掠夺、侵吞国有资产而暴富的大资产者的出现。但是，转轨期经济存在体制与机制性的收入差距扩大趋势，以及结构性的收入差距扩大趋势。

一是多种经济成分的发展和多种收入分配形式的共存，打破了传统的社会主义的公民财产占有和收入分配的一律。在国有企业尚未搞好搞活、经济效益不佳，非国有企业却能凭借其机制活而提高盈利的情况下，人们说的"国有不如乡镇""乡镇不如个体""个体不如私营"的过度的收入差别已经表现出来。

二是体制转轨进程中公有经济表现出阶段性的活力弱，国有企业职工收入难以正常增长，特别是当国企进行战略性大调整和重组时。出现大规模下岗转业和失业人口数量增大的时期，国有经济领域职工收入增长明显放慢，一些困难大的企业和老工业地区群众收入下降，甚至有城市出现新贫困层。①此外，政府机关、学校和事业单位职工工资又因政府财力限制而难以进行必要而充分的提高。因而，改革深化和经济大改组阶段，国有领域职工收入增长的滞后往往是难以避免的，它成为收入分配结构中差距过大的重要原因。

三是转轨时期体制的完善和法制的健全有一个过程，存在着许许多多可用于猎取非法的和不合理收入的"制度缝隙"：（1）不健全的市场，使一些人得以掠夺公众——如实行部门、地区垄断，制造"假、冒、伪、劣"；（2）难以制止和杜绝的"权钱交易"，使交易参与人双方共发不义之财；（3）在上述两种情况下，国有资产流动重

---

① 1998年城镇困难人口达1897万人，最低收入人口（包括困难家庭人口）达3794万人。

组，也就会伴随着国有资产的流失。可见，转轨期存在着产生自"制度缝隙"的不合理的高收入，这种"缝隙高收入"是造成社会收入差别过度扩大和收入结构畸形的重要因素。

四是政府对收入分配的宏观调控手段的缺乏和力度的不足，如调节财产和个人收入的税制不健全，税收充分征收还有困难，遗产税还未出台，等等。调节收入分配的税收机制形成滞后，成为社会收入差距拉大的重要成因。

造成收入差别过大的以上四个方面，是转轨期体制机制矛盾的体现。

五是经济的二元结构、经济的地区差别发展的不平衡，是促使收入差别扩大的重要原因。由于生产方式——工业与农业以及商贸业、工业的技术结构、产业结构、地区结构——和增长方式的差别，会引起劳动生产率的差别，从而引发收入差别。传统计划体制用集中统一的分配拉平了这一结构性的收入差别，而在实行市场体制下，生产方式和增长方式的差别必然会表现为主体收入差别的扩大。（1）我国现代工业和传统农业组成的二元结构具有巩固性和持久性。经过中华人民共和国成立后数十年的工业化进程，我国迄今仍有70%的农业人口。1979年以来城市工业化迅速发展而农村工业化步子滞后，这种生产和增长方式的差别决定了城乡收入差别呈现出不断扩大的趋势。1978年城乡人均收入差距为183元，1998年相差3265元。（2）农户在生产方式上和增长方式上存在着差别，不仅家庭人员和生产、经济条件存在差别，特别是资金、技术条件、劳动力的数量和素质、距城市的远近等条件不一样，而且经营方式——如从事种植业、养殖业、运输、商贸、外出务工——的差别越来越大，从而农民家庭经济在普遍发展、收入普遍提高中伴随着十分显著的收入差别扩大。一部分经营与市场联系紧密，生产引入现代技术的农户成为高收入层。根据1998年的统计，占农户总数4.94%的高收入户，人均收入5000元以上，最高收入与最低收入户的差距达数十倍，特别是收入100元以下的贫困人口还有5000万人。（3）我国经济的地区结构不一样，工业基础和经济发展差别性十分明显。在发展市场经济时期，沿海地区经济快速发展，内陆地区发展明显滞后，特别是近年来沿海地区产业加快升级，技术知识密集的工业以及金融业加快发展步伐，而内地的产业升级则步履艰难。另外，由于市场和资源等条件的新变化，一些原先具有产业优势的地区和城市表现出结构性萧条，一些著名的和曾经具有优势的老工业地区，特别是资源性工业基地的经济衰退特别引人注目。可见，在体制转轨和增长方式转换中，地区间特别是沿海地区和内陆地区，即东部和中西部地区经济和收入差别的扩大更是一个难以避免的大趋势。

以上分析表明，我国经济转轨，既要面对极其艰巨的体制转换，还要面对十分艰巨的结构调整和增长方式的转换。对于不同企业和不同地区，特别是对于城市和农村，增长方式的转换更具有进程不平衡的性质，而且这一转换又受体制转换的制约。因此，在我国的一定发展阶段将面对着结构性的收入差距扩大的问题。

综上所述，我国的转轨期，由于体制、机制性以及结构性收入差别扩大趋势的存在，以及两种趋势的互相交织，以致我国改革以来群众收入普遍增长与收入增长向少数人倾斜共存，特别在那些经济率先放开搞活和结构与增长方式优化的地方，收入普遍增长基础上高收入群体的兴起，更是十分明显和突出的现象。

第五，消费倾向的下降。以上我们分析了转轨期收入增长势态的变化，指出艰难的体制转轨（以及增长方式转换）中出现的基本消费群体收入增长滞后问题，是消费弱化的根本原因。我在本书中指出了有支付能力的需求和有效需求在概念内涵上是有差别的。20世纪90年代中期的需求不足中有效需求不足问题十分突出。由于我国在邓小平理论指导下，实行社会主义的体制改革，我国渐进的、稳健的改革保证了改革和发展相结合，在推进经济结构大调整中保持了社会稳定，改革使经济快速增长，城乡群众收入持续增加，即使是90年代中期以来社会商品零售总额仍然是连年增长，尽管增幅下降。

我国20世纪90年代经济运行中的主要问题是消费品有效需求的不足。1997年以来居民储蓄连年增长，而且增幅越来越大。1998年居民储蓄增加7200亿元，1999年1～5月储蓄增长5600亿元，呈现超常飚增。它表明出现了消费倾向的急剧弱化，居民可支配收入中用于购买消费品支出的份额的减少。

消费倾向表现为消费者可支配收入中用于消费品购买的比例的大小。它取决于：居民的收入水平、收入结构、生活和消费方式、供给结构、购销体制（包括商业流通与消费信用）、消费文化、社会保障等因素。实行市场经济的国家，消费倾向在一定的经济发展阶段是具有稳定性的，在经济运行出现不稳定，特别是在出现经济危机的阶段，会因购买者心理"恐慌"而导致暂时的消费倾向的急变，但此后又会逐步恢复到原有的势态。

我国20世纪90年代中期出现了消费倾向急剧弱化现象。其原因是：城乡居民收入增长的放慢和居民预期支出将增长。

更具体地说，原因如下：（1）由于我国还处在经济不发达阶段，居民收入水平低，收入变化直接影响消费倾向的变化。在收入增长放慢特别是改革深化，由"铁饭碗"转向自身承担就业风险，收入对个人来说不再稳定的条件下，即期消费的减少是很自然的。（2）居民预期支出的过度增长，是造成即期消费抑制的更重要原因。由于就业、住房、社会保障、教育等多项体制改革的全面推进，使居民账户上预期支出急剧增大，而工资分配制度改革却又滞后，特别是在现阶段只能实行低水平的社会保障的条件下，居民自我保障支出增大，因而，人们减少即期消费就是不可避免的。（3）在有关个人就业、购房、社会保障的制度建设还未完备和明确，各种改革带来个人负担和预期支出不明晰，还会引起即期消费的过度抑制的负效应。在基本消费群体收入水平低的条件下，上述预期支出过度增长带来的即期消费抑制的效应会更为强烈。（4）持续的经济过剩和市场疲软，也强化"买涨不买跌"的心理。在价格持续下行的宏观形势下，会加剧市场秩序混乱、厂商价格大战、假冒伪劣产品大肆泛滥等，这些均会进一步降低消费者的购买欲望。（5）城市经济进入小康，消费需求发生变化，但消费品结构创新和升级缓慢，适应小康热点消费品的缺乏，促使居民形成推迟消费的心态，这是抑制即期消费的又一因素。

可见，我国当前面对着转轨期多种矛盾积累和互相交织而导致的消费行为和消费心态的急剧变化，其结果是基本消费群体即期消费自我抑制过度和消费倾向的急剧缩减，居民储蓄不断增长，许多人"有钱也不花""有钱不敢花"，这种情况大大强化了消费品有效需求不足。

综上所述，我国转型深化阶段的体制和机制的矛盾，导致20世纪90年代群众收入增幅放慢和消费需求不足问题的出现，而经济呈现过剩运行和有效需求不足，使消费需求不足问题更加突出。由于作为最终需求的消费需求不足，投资需求也因此乏力，导致全面的国内需求不足。

（三）需求不足的治理和加快体制转轨

我们把20世纪90年代中期经济运行中需求不足归结为体制转轨、增长方式转换中众多矛盾的积累和交织的表现，可以称为转轨深入发展期矛盾综合征。基于制度分析而确立的以上认识，可以为我们确立起治理需求不足的清晰思路和更完备的方法。

1. 把扩大内需放到发展战略高度，同时千方百计扩大"外需"

既然我国需求不足的主要成因是内因，是内需不足，因而从根本上解决需求不足，就要扩大国内需求。与此同时，扩大出口、增大外需也十分重要，我国近20年来对外开放、引进外资、扩大外贸和出口，促进了我国经济持续高增长，特别是促进了沿海地区的跃进式发展。在走向21世纪的新时期，我国经济保持8%左右适度的高速增长和在科技进步、产业升级基础上提高增长质量，迫切需要进一步加强对外开放，使进出口不断增长，特别是保持旺盛的外需的拉动力。加强外贸工作、扩大出口，仍然是必要的和十分紧迫的任务。但是也必须看到像我国这样拥有12亿人口、处在发展中的大国，拉动经济快速增长主要应依靠国内需求。我国20世纪50年代兴建，特别是近20年来经济高增长中迅速扩大的城市工业生产能力的启动和获得充分有效的利用，以及我国当前在深化国有企业改革，加快资产重组与科技创新中正在形成的新生产能力的获得充分利用，其前提是12亿人消费需求的增长和国内大市场的开拓。我国目前国内生产总值约1万亿美元，人均国内生产总值只775美元，目前处在向小康社会发展的阶段。12亿人口不断增长的物质与文化生活的需要，即内涵广、层次多的"中国大市场"，是我国各类产业全方位的发展和我国经济持续高增长的不竭源泉。

我国当前出现的市场全面疲软和生产能力的过剩，表明了内需不足的严重危害和扩大内需的迫切必要性。另外，1997年东亚金融危机以来，国际经济的动荡和我国出口的缩减也表明，在走向21世纪的经济全球化新时期，强化国内需求对经济的拉动力的重要性。我国有必要实行一项重振内需的长期战略，只要我们能做到有效启动，不断保持国内需求的旺盛和持续充分增长，我国将会进入一轮工业、农业和各行各业稳定高增长的时期，我国国民经济因有国内需求为支柱将会得到更好的发展和振兴。

2. 实行和搞好扩充需求总量的宏观政策

在经济走出低谷，但国内有效需求不足，经济缺乏拉动力，增长减速、下滑时期，需要实行扩张性的宏观政策，有效地刺激投资和消费需求，使经济在政府"打气"中走向复苏。凯恩斯阐明和提出的上述反周期的政策措施，也可以加以采用，但要使其与我国的具体实际相结合。政府公共投资的根本目的是刺激和撬动社会投资，是用来启动经济复苏的"催化器"。我国1998年开始实行扩张性的财政政策，增发1000亿国债，用于基础设施建设，依靠政府公共投资的拉动，1998年经济得以在下半年止滑回升。由于我国转轨期体制和机制障碍，公共投资对社会投资的启动功能薄弱，1998年尽管公共投资大量增加，但是社会投资处于停滞状态，国有企业除电信部门以外，技改投资几乎是零增长，而除开外商投资部分的非国有经济的固定资产投资也接近负增长。1999年春，政府公共投资出现"断层"，全社会固定资产投资增长放慢，工业生产也呈现下滑趋势。政府及时采取了加大扩张性财政政策的力度并配合以松动的货币政策，以及配套其他政策（如税收、价格、社会保障），全方位地刺激投资和消费。1999年8月以来社会消费和市场销售已开始有所活跃，但是社会投资尚未启动。实践证明，当前的宏观政策应重点体现以下几个方面：

第一，继续实行积极的财政政策并加大其力度。

第二，把扩张性的财政政策的着力点放在撬动、刺激社会投资上，特别是要刺激、调动各类企业和居民的投资积极性，以振兴和加强来自企业的始发的需求。尽管政府公共投资拉动还需要持续一段时间，但是依靠政府财力的公共投资不可能长期持续，我国经济的健康复苏和走向高涨，必须依靠经济自身的活力，即依靠社会投资（企业、单位、居民和外商）和社会消费的增长。可见，把握好着力点，采取促进、激励社会投资的有效措施，是搞好扩张性财政政策的重要内容。

第三，把刺激消费作为扩张性的财政政策的一项重要内容。我国当前内需不足与经济难以启动的症结，在于消费需求不振。消费需求增长的明显滞后，导致普遍的市场疲软，造成生产萎缩，企业缺乏投资积极性。可见，启动社会投资的前提是振兴消费。1998年以来增强公共投资未能拉动社会投资，就在于消费需求的继续不振。因而，有效扩张总需求的宏观政策，就应该把刺激投资和刺激消费相结合，要借助财政力量提高职工和低收入层的收入，采取多种鼓励消费的政策措施，要着力于培育和推动住房、教育、旅游等新的消费热点，特别是要在改革深化中尽可能减轻基本消费群体预期消费支出增大的压力。

由于消费需求不可以长期依靠财政资金的注入，也不能用制造经济"泡沫"来求得产值"虚增"，而是要在群众收入提高的基础上实实在在地增长，这不是在短时期可以实现的。因此，从实际出发，在当前一段时间内为弥补消费需求不足，应该适当扩大投资规模，为此，可以实行一项发展高新技术和加强固定资本更新、振兴民族经济的战略，把持续的公共投资与大力刺激和扩大社会投资相结合，增加对投资物品的需求，以支撑和维持较为充分和稳定的总需求，保持经济的适度高增长。但是扩大投资只应是支撑需求的短期和中期战略，我国经济发展的根本问题和长期战略应该是提高群众收入，强化消费拉动，走消费拉动投资的协调稳定、持续高增长之路，而不能一直继续走重工业优先、投资需求畸增、投资与消费失衡的老路。

第四，要把扩张性的财政政策和适度扩张的货币政策相结合，即"适度双松"。基于当前出现通货紧缩的势态，货币政策应争取有大的作为，要采取多种措施，适度增大基础货币供给量和扩大信贷，并使货币政策与财政政策密切配合，有效发挥刺激投资和消费的效应。

第五，实行扩张性的宏观政策，既要着眼于当前扩大内需的迫切需要，又要着眼于中长期经济稳定增长的要求。需求不足是宏观经济运行中的严峻问题。不花大力气治理当前的通货紧缩，经济难以复苏，甚至还有可能较长期低速运行。但单靠加大松动和刺激力度，甚至饥不择食，采取超过现实经济承受能力的松动方法，甚至采取银行"开闸式"扩大信贷，即不问企业效益自由供应信贷资金和听任低素质企业自由上市筹资，上述手段可能会加速市场起搏效应，但也有可能由此引发又一轮重复建设和通胀，从而使我国20年来"一放就胀""一管就死""再放又胀"的不良循环继续延续下去。

3. 大力搞好国有企业的改革，在搞活"源头"上振兴有效需求

为了增加有效需求，有的人主张主要应在财政特别是货币政策的扩张上下功夫，主张通过扩大货币量供给，用通胀来快速刺激投资和消费需求。这种"货币扩张救治论"是基于下述认识：我国当前的通货紧缩和需求不足主要是一种货币现象，是1993年以来实行紧缩性的宏观政策造成的，因而，只要大胆实行货币政策与财政政策"双松动"，需求不足就能得到治理。我们对这种论点不敢苟同。

我们认为，通货紧缩取决于货币供应不足的弗里德曼理论，也许适合于西方发达的市场经济国家，但是却不符合中国的现实和国情。而且，单纯以货币扩张和膨胀来扩大需求，可能引发泡沫经济和"虚假"需求，特别是在我国转型期的盲目生产和重复建设机制下，通货过度扩张更会强化"虚拟"需求，最终导致经济热胀和促使供给畸化。

本书中我们指出，当前的需求不足是转轨期体制和机制性矛盾导致的相对需求不足，它在根本上是体制病的表现，而不是货币供应不足所造成。基于上述认识，需求不足的根本治理在于改革体制、完善机制。在当前特别要着力于搞好国有企业的改革，转换企业经营机制。公有制经济是社会主义市场体制的主体，我国国有企业是国民经济的主导，国有经济是我国国内社会投资增长和消费增长的中坚力量和重要源泉。我们已经指出：改革过程中矛盾的积累和国有经济缺乏活力，是国内社会投资需求和消费需求不振的重要原因。治理现阶段经济运行中的需求不足问题，我们应该着眼于根本，要深化国有企业改革，从总体上搞活国有经济，强化"需求之本"，从源头上解决有效需求不足问题。党的十五届四中全会《关于国有企业改革和发展若干重大问题的决定》，确定了当前进行国有企业改革的指导方针，制定了重大政策措施。我们应该贯彻落实好十五届四中全会精神，要在搞好国有企业科学定位基础上，进行国有企业布局的大调整；要大力发展股份制，推进产权主体多元化，进行规范化的公司制改造，搞好法人治理结构，健全企业产权制度，优化企业的组织结构，组建强势大企业，放开搞活中小企业，解除企业历史上形成的负担，要依靠科技进步，调整产品结构，实行产业升级。总之，要按照有进有退、有所为有所不为原则，着眼于提高国有企业的素质、竞争力，从而增强控制力，从整体上搞活国有经济。要把国企改革和所有制结构的调整和实行多种经济成分共同发展相结合，大力发展混合所有制，以股份制为载体，通过国有控股、参股，以及租赁、承包、托管等形式，实现国有资本向非国有经济"外延""渗透"与"联结"，从而形成和发展一种新型的公有主导的社会资本。也就是说，要在国有企业的重组中实现国有经济整体实力的增强。国有企业的搞活，涉及体制的方方面面，是一个系统工程，它要求改革全面推进，实行配套发挥综合改革的积极作用，避免改革的脱节引起相互掣肘。要加快社会保障体系的改革，进行工资制度的改革，使其与就业、医疗、住房、教育等改革相匹配，特别是与国有企业大改组、职工下岗分流和失业扩大的形势相适应，避免和缓和改革深化阶段消费倾向下降的负效应。

只要我们按照党的十五大和十五届四中全会提出的改革新思路，锐意深化改革，我们完全能克服当前国有企业竞争力衰减，实现国有经济力量重振，并由此振兴企业的投资活动和在企业职工收入增长基础上，促使社会消费有力增长和市场兴旺。

4. 加快体制转轨，依靠市场调节机制和有效的政府宏观调控，大力调整结构，争取实现长期的总量、结构均衡

千方百计扩大内需，启动经济是当前的迫切任务。继续采取恰当的扩张性的宏观政策，大力地和有效地刺激投资与消费，我国有效需求不足问题将会得到缓解，我国经济将能在2000年后实现健康复苏，走向新一轮高涨。但是，我国需求不足的主要成因是体制性的矛盾和生产方式与结构的缺陷，是制度转换和增长方式转换中的问题和矛盾所导致。转型期的体制和机制的缺陷既使经济盲目扩张，催化"过热"，导致需求扩张和通胀，使经济呈现"短缺运行"，又在一定条件下造成基本消费群体收入增长滞后和有效需求不足，使经济呈现"过剩运行"。我国20年改革进程中已经一度表现出上述经济运行

势态的转换，在20世纪90年代中由过去的短缺运行转变为过剩运行。当前实行的反周期政策，在实现总量调整，有效需求得到扩大，市场逐步活跃后，经济过剩运行将逐步得到治理。但目前看来实现充分的和旺盛的有效需求，使经济适度高增长，不是三五年的事。由于我国当前既面对着总量失衡，又面对着供给结构失衡，因此，宏观政策既要以扩大内需为着力点，又要大力调整和优化结构——产品结构、行业结构、地区结构，千方百计增大有效供给。在经济回升期，特别要注意结构优化、产业升级，在即将加入世界贸易组织的形势下，搞好结构调整更是极为紧迫。即使是经过一定的阶段，有效需求不足问题基本解决后，能否保持国民经济持续稳定健康增长，特别是能否防止经济过热和通胀的再起，争取实现一种高增长、低通胀的运行势态，在于能否搞好结构调整。为此，需要借助发达的市场经济的调节机制和有效的政府调控，既充分发挥经济机制的自动调节、"协调""致衡"的功能，又有效地发挥政府宏观调控的功能。走上21世纪的中国经济，在市场体制下实现持续的低通胀、适度高增长的运行的根本之途，在于加快推进以国有企业改革为中心环节的全面的体制改革，加快向市场体制的转轨，更早地在我国形成健全的市场调节与有效的政府调控共同作用下的新的经济运行机制。

第三章

我国经济转轨中的有效供给不足

一、经济转轨与有效供给不足

（一）有效供给不足是加剧内需不足的重要因素

千方百计扩大内需是当前经济工作的重中之重。因为当前十分明显的需求不足的宏观势态如果不能加以缓解和改变，市场全面疲软、价格持续下走的局面就难以改观；活力不足的国有企业将面对着更多的困难，经济运行就难以稳定，增长将会放慢。去年以来政府实行积极的财政政策，当前又出台了一系列扩大内需的新措施，并大力开拓出口。这一系列启动需求，特别是启动国内需求的政策措施，正在带来积极的效果。但是基于我国经济过剩运行的性质和特点，要能卓有成效地治理经济过剩，除了大力扩大有效需求之外，还需要切实增加有效供给。

有效供给的不足，使有效需求难以增长。社会投资不振、消费需求增长放慢，是当前经济过剩的重要原因。但是还应该看到国内产品的市场疲软，以及市场空间难以开拓的原因不只是在需求方面，供给方面的缺陷、有效供给不足，也是加剧内需不足的重要因素。

在这里使用的有效供给的含义是：适销对路，能刺激、调动和实现有效需求的产品，包括投资物品和消费品。有效需求不是指一般的有购买力的需求，而是指能实现购买行为的现实的需求，它既是主体有购买力的需求，又是有现实购买（消费）欲的需求。有购买（消费）欲，但是缺乏购买能力，不可能形成现实的需求，这是一种情况；有购买能力，但因产品品质、性能对主体不适合或价格不合算，不能激发人们的购买（消费）欲，因而不能形成现实的需求，这又是一种情况。可见，有效需求的形成既需要主体拥有购买力，又需要产品品质优，适销对路，价格适当，从而能给购买者带来使用价值/价格体现的比较利益——生产使用利益和消费使用利益。例如一件机器设备，价格高但生产效率也高，或是效率低一些，但价格很低，使用价值/价格对购买者有利，它能刺激生产者的购买意愿，这种投资品就是有效供给。就消费品来说，产品是适销对路的，价格又是购买者能承受的，而且是与产品的质量相匹配的，使用价值/价格能给购买者带来消费使用利益，从而能刺激人们的购买意愿，这种消费品就是有效供给。

我国当前有效供给不足，表现为：产品品质缺陷，价格缺陷，品质/价格比的缺陷。首先是产品品质的缺陷：市场上质量低、不适销对路的产品的充塞和过剩，适销对路的、质量好的"名、优、特、新"产品缺少。根据一个资料，我国产品总数大约在50万种以下，发达国家为150万种，我国新产品开发落后于发达国家50年。其次，价格不合算。一些可用产品价格虽较国外低，但是质量、性能差，从而缺乏充分的使用价值，或者缺乏品质/价格上的比较利益，对买方来说不合算，难以激发购买欲望。因而，尽管一方面是市场供给过剩，生产品太多，但是另一方面又是有效供给不足，适销对路的产品少。有效需求不足和有效供给不足并存，就成为我国转轨期机制性经济过剩的内涵。有效供给创造需求，[1]有缺陷的供给则限制需求，有效供给不足进一步加剧了有效需求的不足。

消费需求不振是当前经济运行中十分突出的问题。消费需求不振，既有居民收入增长滞后和预期支出增大造成的有效需求的不足，也存在着有效供给不足引起的被动的"消费延迟""储币待购"，即人们说的"想买的买不着"。

改革开放以来，在居民收入不断提高基础上，我国消费需求长期持续旺盛，20世纪80年代市场的主要问题是供应不足和通胀。90年代以来，消费品由匮乏转变为过剩，90年代中期，特别是1997年、1998年以来出现了前所未有的消费品全面过剩，市场全面疲软，价格持续走低。

消费不振和消费品全面过剩是多种原因造成的。主要是：（1）居民收入水平低和收入增长滞后；（2）预期支出增大，消费倾向降低。近年来居民收入增量有所下降，在预期支出大大增加的条件下，用于即期消费的比例下降，以致消费品总需求落后于总供给。据统计，"八五"期间，城镇居民家庭人均可支配收入年均增长23.2%，扣除价格上涨因素，实际增长7.9%。1995年以来，城镇居民人均实际收入增长由1993年的9.5%下降到1997年的3.4%；农民人均纯收入增长从1996年高峰时的9%回落到1997年的4.6%，1998年以来居民收入增长进一步放慢。解决消费需求不振的根本之途是提高居民收入，采取多种措施刺激即期消费。但是我认为，还需要致力于提高消费品的有效供给。理由是，

---

[1] 萨伊认为供给与需求是恒等的，创造供给也创造了需求。我们认为，需求直接取决于分配机制，在占有和分配机制存在缺陷的情况下，创造了供给，也会有有效需求的不足。并且，供给的缺陷也会起抑制现实需求的作用。

尽管近年来出现了宏观上的收入增长滞后，但是还应该看到城乡居民收入仍然是持续增长的，而且，居民储蓄数量巨大，达到6万亿元，我国广大居民仍然有着提高消费的现实欲望，而且也具有一定的现实购买力。人们可以看见，市场上名优特新产品的销售状况持续良好，甚至供不应求，因而，我国存在着扩大消费需求的空间，问题是能用以开拓这一空间的有效供给不足。

为了扩大消费需求，提高居民收入是决定性的条件，但不是充分的条件。因为，主体的消费欲取决于消费对象的使用价值，即它具有的满足主体需求的能力和品质。消费品品质的提高，特别是新产品的开拓，又培育和形成主体的新的消费欲和新的消费行为，从而促进消费需求的扩大。

如果说20世纪80年代初，在基本消费群体还处在满足低水平的温饱消费的阶段，那时是市场有什么，人们买什么，主体缺乏消费选择，消费需求的增长取决于收入和购买力，那么，此后，随着经济的发展，人民生活水平的提高，城市消费群体进入了小康消费阶段，人们"购买看对象，消费讲质量"，主体的消费偏好和选择成为现实消费需求的重要因素。改革开放20年，国内消费品生产快速发展和升级换代，国外产品大量涌入市场，使城市居民消费心理和行为日益现代化，进行合乎个人消费偏好，有比较、有选择的理性消费已成为城市消费群体的行为特征。

在人们的消费欲望和意愿不断变化的条件下，昨天抢手的畅销货，今天可能已经陈旧和成为无人问津的滞销品。企业必须适应市场变化不断进行产品更新，调整产品结构，使适销对路的消费品一浪又一浪地推出。也就是说：要着眼于增大有效供给，后者是促使消费需求稳定扩大的前提条件。如果社会经济机制呆滞，企业缺乏活力，技术进步和产品结构调整缓慢，仍然按"多年一贯制"方式向市场提供老一套、低水平重复的，难以激发居民购买欲的产品，或者是居民想买但价格远远超过他们现实承受力的产品，这样，即使供给快速增加，但并不等于有效供给的增加，而是存在着许多不可能得到消费者认可的无效供给的"水分"，或过剩部分。

以上分析归结起来就是，我国现阶段消费品市场的开拓，既要有消费主体购买力的提高，又需要有效供给的增长。因此，应该花大力气进行产品结构的调整和创新，不断推出质量高、技术含量高、价格又合理的适销对路的新产品，淘汰陈旧的产品。20年来，我国热门消费品经历了几度调整和更新，由20世纪80年代初的自行车、缝纫机、收音机"老三大件"，经过电视机、电冰箱、洗衣机"新三大件"，到目前的大彩电、录像机、计算机等最新三大件，这是一幅我国改革开放20年来消费品不断升级换代的图画，这一消费品结构调整升级维持和促进了我国消费品市场销售的不断扩大。

但是我国消费品生产中存在着一种低水平重复生产、数量盲目扩张现象，它引起一般大路货的供给重叠和过剩，而具有刺激和扩大即期消费能力的有效供给却不充分。有效供给不充分的表现是：（1）产品品类少，我国大百货商场商品品种约3万种，而国外大商场产品达30万种。市场供给不仅单调，而且产品雷同重叠，消费者选择空间狭窄。尽管近年来城市大商场剧增，但是商品供给缺乏特色，专业店缺乏，呈现出"千家百店一个样"。（2）质量不高，技术含量低，特别是假冒伪劣产品充斥，形成商店货源充分，表面上商品琳琅满目，但良莠难分，不少是名不副实，造成消费者"畏购"心理。（3）服务产品稀缺。我国服务业产值在国内生产总值产值中只占33%，发达国家为70%～80%。城市社区的各种家庭生活服务业，如快递、接送、托管（老幼）、代购、清洗、住房整修等行业处在萌芽形态；体育、健身等文化消费和旅游服务近年虽发展迅速，但硬软件质量低；能吸引人们花钱的教育产业还在初建之中。上述情况表明我国消费品结构不完善，有效供给不充分，特别是总体上消费品结构调整缓慢，市场上"老面孔"多，大路货多，劣质品多，名、优、特、新少，供给结构远远落后于不断变化的消费需求结构，许多消费者抱怨"有的已经买了"，而"想买的买不着"。（4）一部分商品价格不适当，低质甚至劣质而价不低，不仅使消费者感觉"不合算"，甚至引起"畏购"心理；另一种情况是价格昂贵，超过消费者购买力，例如小轿车低档价位十万左右，中高档达十余万、数十万，大大超过国外市场价格；经济适用住房价位高，北京100平方米住房平均价60万元，相当于职工数十年的工资收入。由于价格畸高，使产品难以销售，成为无效供给，如城市住房大量积压，全国城市住房积压面积约7000万平方米。

有效供给不足制约着市场需求的增长，在投资物品领域中也表现得十分明显。长期以来，国产机器设备和原材料结构失衡，质量不高的一般设备与原材料生产过剩，但是不少生产急需的技术含量高、性能好的关键设备、零部件和原材料却又匮乏。钢铁工业中一般钢材大量过剩而各类特殊板材则长期供应不足，每年进口动辄上千万吨。我国纺织品一般面料严重过剩，而高级面料不足，像江阴阳光集团这样的年产2000万平方米高级面料的企业屈指可数，为满足成衣业对高级面料的需求，每年花外汇60亿美元以上。我国轿车、家电、计算机重要零部件主要依靠进口，VCD、DVD的关键部件芯片依赖国外提供，使这一高速发展的行业成为进口设备、零部件的组装工业，不能拉动和扩大国内投资品市场需求。我国一些大型机器设备由于质量差，品质/价格比不合算，建设单位多使用进口设备，如三峡发电站使用的70

万千瓦发电能力的电机主要依靠进口，国产发电设备生产企业却因质量上不去而难以获得订单，造成大量生产能力闲置。在经济过剩、市场竞争日益激烈的条件下，一些有意愿和有能力从事结构调整和生产扩张的企业，不得不依靠进口质量、效率高的设备，在这种条件下，品质差、价格不低的国产设备日益丧失竞争力，市场问题越来越严重。可见，有效供给不足，成为当前投资物品有效需求不足的重要因素。

可见，我国无论是消费品生产或是投资物品生产，都存在着有效供给不足的问题，充分认识我国有效供给不足的负效应十分重要，在内需不足的当前采取有效措施加以治理更是十分迫切的。

（二）盲目生产、重复投资与有效供给不足

影响和加剧我国有效供给不足的一个重要因素是经济生活中长期存在的盲目生产、重复建设趋势，后者在本质上是转型期经济机制矛盾的产物。有关转型期盲目生产扩张机制的分析，我已专文论述，在此不再重复。

需要指出的是，低水平的重复建设刹不住，是转轨经济发展中的"痼疾"。例如，纺织业中的重复建设，20世纪80年代以来十分突出，各大中小棉纺厂不断上马，1997年底我国拥有棉纺纱锭达4245万锭，其中76%是80年代后新增的。在经济周期的上行即扩张阶段，盲目生产、重复建设一哄而起，全国各地出现了生产雷同的热门产品的浪潮，引发和加剧经济过热，造成产品和生产能力的过剩。

高增长迅速转变为生产过剩，在家电领域特别突出。20世纪80年代以来彩电生产能力迅速扩大，目前已达3500万台，市场销售能力只有1600万台。洗衣机年生产能力已达2500万台，电冰箱年生产能力达2580万台，空调器达3300万台，电风扇1.3亿台，过剩生产能力约占

50%。特别是近年来VCD生产发展迅猛，生产能力在4000万台以上，而据政府统计年产量仅达到1600万台，[①]短短几年之间我国成为世界VCD生产第一大国。且不说，数量迅速扩张主要是依靠进口核心技术和部件，缺乏自身的技术支撑和持续高增长的物质基础，更使生产厂家烦恼的是性能相差无几的产品一齐涌入容量有限的市场，加剧了市场争夺战和造成持续的生产能力过剩。

其他行业生产能力均过剩1/3～1/2。根据一份资料，我国衬衣积压15亿件，皮鞋积压20亿双，10年也难以出清。就总体来看，国民生产总值1/3左右成为库存积压。值得人们重视的是在经济周期下行，即实行紧缩的阶段，盲目生产、重复建设仍然未能刹住。1995年以来，在经济过剩运行的压力下产品结构调整有所加快。近年来中央不上新的加工产业项目，大的重复建设受到抑制，但是不受市场制约的低水平盲目扩张和重复建设的趋势仍然刹不住，不少地方仍然在继续兴办批量小、资金少、技术低的小家电、小轻纺、小化工、小造纸、小煤窑等。特别是在一些经济实力较强的地方，以"小而散"为特征的重复建设"井喷"似的发展。经济持续快速增长的宁波市，生产衬衣和轴承的小厂已达1000家以上。

重复建设的"刹不住"，导致宏观政策收"紧"而过剩生产"不缩"，其结果必然是供给结构继续失衡，有效供给问题越发加剧。

（三）经济过剩运行下重复建设的严重危害

我国当前经济过剩运行势态[②]不可能很快得到改变，而是会持续

---

① 据另一估计，VCD产量达3000万台。

② 当前的"买方市场"势态，我称之为"经济过剩运行"。参见《宏观经济研究》1999年第4期《论经济过剩运行》一文。

一段时期。因而，我认为，要从经济过剩运行阶段的有效需求不足与有效供给不足并存这一现实情况，来充分认识低水平重复建设的负面效应。特别是在当前市场疲软、价格走低、平均利润率下降形势下，企业不是及时和大力进行产量调整和结构调整，大力从事产品创新，用新产品来开拓市场，而是仍然在原有技术条件下进行原有产品的扩张，其负效应更为严重。

第一，它使企业加剧"涨库"，增大三项费用，造成成本上升、资金周转缓慢，企业更缺乏竞争力。

第二，它造成对狭窄的市场空间的非理性的互相争夺，人们纷纷采取加大"回扣"等各种各样的以邻为壑的"促销"手段，实行削价到成本以下的价格大战，等等。1997年、1998年以来的VCD价格大战，1999年春的彩电价格大战，以及空调大战等固然是竞争的必然规律，是经济市场化的表现，起着结构调整的积极作用，但是，"不正当的"竞争的加剧已经是十分明显和不争的事实。一些行业中企业为争夺市场份额采用将价格降到成本以下的极不理性的竞争行为，相互发动"自伤性"的价格竞争，在数强鼎立的情况下造成"两败俱伤"，而另一些企业则通过运动政府官员，实行保护本地企业的市场分割。可见，重复建设和过剩加剧了市场秩序的混乱。

第三，它增大了经营风险。人们不是用产品创新去开拓新的市场，而是在低水平上从事数量扩张，"复制"低效、无效供给。进行这样的简单重复扩产似乎较之开发新产品少花钱，实际上在市场饱和的项目上增加资金投入，只能增大投资风险。

第四，它造成企业资金、设备和人才的浪费。企业的生产资源和宝贵的资金不是用于新产品的开发，而是继续创造过剩供给，其结果是有效供给增长缓慢，难以形成新的消费热点，使消费出现断层，消费需求难以重振。

第五，它引起生产不稳定。市场毕竟是无情的，产品过剩的市场上更加无情的竞争——包括不正当竞争——使所有的生产者（包括经营业绩好的企业）面临困境。在市场产品重叠过剩，"库存"加大的压力下，企业不得不进行减产甚至大幅度减产以"消库"，导致生产下滑，一些曾经是效益好的企业也陷于困境，许多中小企业则纷纷关门、"倒闭"。特别值得注意的是目前已出现一些发展快、产值大的重点企业和地区，在长期生产猛增后生产和产值陡然下滑，从而造成地区经济运行的大波动和不稳定。

可见，在市场疲软形势下，在经济过剩运行条件下，不受市场制约的企业盲目扩张行为，使供给结构失衡和有效供给不足进一步加剧，从而加大了宏观的经济过剩和增加企业生产经营的困难。

（四）市场机制作用的薄弱——有效供给不足的主要原因

有效供给形成的主要杠杆有两个：一是科技进步和劳动生产率的提高，它是增进有效供给的物质基础；二是市场机制的作用，它是增进有效供给的制度基础。有效供给是随着生产进步和劳动生产率的增长而增长的，特别是科技进步，促进产品创新，使过时产品迅速被淘汰，品质优、技术含量高的新产品不断推出。这种不断更新和优化的产品结构不仅能适应发达的、成熟的经济中不断变化的需求，而且它本身又刺激和创造出新的需求，并使变化了的需求与变化了的供给相适应。20世纪20年代的福特汽车革命，在使汽车生产规范化的同时也创造了对汽车的需求，汽车由此成为现代生产和经济生活的重要组成部分。80年代以来的信息革命，在创造出大规模的计算机生产的同时也创造了对计算机的普遍需求，使信息产品成为发达的现代经济的有效供给的重要组成部分。

我国是一个发展中国家，科技水平不高，企业的物质技术基础不强，多数企业进行的是劳动密集型生产，产业结构升级缓慢，特别是科技进步和创新缓慢，因而，科技力量的薄弱是经济运行中有效供给不断增大的重要限制因素。

在市场经济中有效供给的不断增大，不只是一个技术和生产力的问题，更重要的是：它需要有一个能调节产品结构、数量，使之适应于市场需求状况的经济机制——市场机制，其核心是发挥市场价格机制的调节作用。更具体地说：（1）竞争性的市场价格调节生产什么和生产多少，这一竞争中形成的市场价格中准，以其优盈劣亏的功能促使那些生产质劣、成本高的产品的企业，及时进行产品和技术结构的调整，使不适销对路的生产转变为适销对路的有效供给。（2）市场机制以其固有的优胜劣汰的功能，促使那些不能及时进行有成效的自我调整的企业及其过时的技术与生产能力被淘汰，而使技术先进、管理先进的优势企业占领市场，从而使供给结构优化，使总供给更加成为有效供给。（3）在银行、资本市场高度发达，产权高度流动化基础上形成的企业破产、兼并和发达的资产重组的机制，十分有效地促进企业的重组和产品、产业结构的调整和技术的升级。由此大大地促进供给结构的调整和优化。可见，高度发达的现代市场经济以其发达的市场机制，通过竞争和优胜劣汰的功能，起着强有力的生产与经济自我调整功能，使产品和供给结构适应于市场需求。市场作用的充分发挥不断把供给中与需求不适应的部分——过剩——出清，使供给结构优化和适销化，从而实现供给有效化。当然，市场作用是自发性的，它也不断地引起供给的失衡——过剩或不足——在每一时点上，市场上会有经常的供求不均衡，在某些时期甚至会有总供求的失衡，市场机制只是通过经济运行中日常的、不断的不均衡，逐步实现从长期看的大体的均衡。在人们建立起完善的宏观调控体系和进行有效的宏观调控的场合，更有可能力争实现供求总量和供求结构由不均衡转化为均衡。可以这样说，依靠完善的社会基本制度（即社会主义制度）+完善的市场机制+完善的宏观调控，人们有可能做到充分利用市场机制的活力，并且在市场固有的不均衡中实现供求总量和供求结构的均衡化，以及供给有效化。

我国改革初始阶段的企业行为的特征是：在市场价格放开，利益驱动引入的条件下，企业热衷于进行生产与投资扩张。制度上缺乏自我约束，使企业表现出一种盲目扩张的刚性行为，它表现为普遍的"争贷款""上项目"热。我国经济转轨是渐进的，1979年迄今20年来，尽管经济市场化有很大发展，但是在我国，发达的市场机制尚未形成。（1）由于企业实行现代企业制度的改革未到位，市场微观主体尚未形成，国有企业多数还不具有适应于市场而做出灵活的、合理反应的行为；（2）由于市场发育不足，公平竞争还受到诸如政府保护等的限制，价格在市场中形成的机制还不完善，价格机制对企业行为的引导和约束还不强；（3）由于专业银行商业化的改革还处在初始阶段，资本市场也尚未健全，企业行为还缺乏来自市场化金融体系的有效支撑和有效约束；（4）由于国有资产的流动重组的机制尚未充分形成，企业破产、兼并和重组还处在很不发达的阶段；（5）由于政企不分、政资不分尚未能解决好，企业软预算约束尚未彻底解决，企业还存在获得政府的优惠和其他行政保护，以及银行的信贷扶持的空间。上述转型期的制度条件，决定了我国多数企业缺乏适应市场及时、灵活、自觉地进行自我调整的自主行为。人们可以看见，当前一些转制步子大、活力强的国有企业，如海尔、春兰等在适应市场、调整产品结构上取得显著业绩。对这一部分国有企业来说，已经显示出市场价格状况—结构调整—有效供给增大的市场调整机制作用。但是多数国有企业，特别是对一些"转制"步子小，甚至流于形式，而又有政府多方扶持的国有大中型企业，普遍地表现出对于市场价格机制的"不敏感"或"反应迟钝"。即使是在价格走低、利润率下降的形势下，企业仍然不积极调整结构，用新产品开拓市场空间和进行企业组织结构的调整，而是"等待""观望"，期待有朝一日买方市场的宏观形势改变和回到"旧时的好时光"。这些企业消极被动，在结构调整和技术创新上缺乏建树，甚至是无所作为，从而在市场急剧变化中长时期呈现出继续低效益复制无效供给。在这些国有企业，表现出市场价格—结构调整—有效供给增大的市场机制的失灵或力量薄弱。

当然，国有企业还存在以下问题：（1）企业历史遗留下来的债务包袱沉重，资本金不足；（2）传统的劳动体制和企业办社会造成的机构庞大、冗员众多，由此形成生产成本高、利润边际小等。这些因素使背负着沉重负担的国有企业缺乏进行结构调整、技术创新的实力，造成企业家"不进行技改等死，进行技改找死"的惶惑心态。这些企业正常营运条件的缺乏和不合理的负担，成为加强企业在原有的基础上继续传统生产、复制无效供给的又一原因。但是，微观的企业体制改革和宏观的市场体制改革和创新的不到位，发达的市场体系和灵活的市场机制未能形成，从而市场的结构调整功能软弱无力，一句话，转型期的体制和机制缺陷，应该是国有企业结构调整和技术创新难以深入开展的最重要的原因。因而，我们的分析归结到一点就是：加快体制转轨，建立起发达和完善的市场体制，才能为顺利地进行结构调整和形成有效供给创造出制度前提。在我国转型期，上述体制尚在构建之中，转轨期不完善的体制和机制会产生结构刚性和结构调整的阻滞，它不利于有效供给的形成。

（五）推进两个根本性转换，努力增加有效供给

1. 依赖科技进步，大力推进增长方式的转变，加强有效供给的物质基础

20世纪的经济发展，是以产品质量提高、产业升级、增长方式转换为红线。走向21世纪的世界，更处在一场生产和增长方式大变革之中，依靠科技进步，实行产品结构调整、产业升级，用科技含量高、质优价廉的新产品来开拓市场，已经是当今世界的大潮流，也是用来缓解世界性的生产过剩的主要途径。人们可以看到以信息技术、生物技术、航天技术、海洋技术、新材料合成技术等为主要标志的现代科技革命，正在创造一种崭新的生产方式——知识经济，并带来了一场在广度和深度上都是前所未有的产品更新。它不仅表现在产品供给的五彩缤纷、日新月异，而且表现为科技含量高，当今国外先进企业使用的现代投资物品可以说无不与计算机、网络技术和高科技有关，当今世界消费者偏好的"优质"消费品，也可以说无不与高科技有关。另外，在劳动生产率大幅提高基础上，供给能力增大，剩余增多。可见，21世纪，企业进入了产品供给结构大调整、大变革的时期。人们要更加以科技创新来增大有效供给，以有效供给来开拓市场，而且要以创造精益求精的新产品，更具有消费吸引力，即以最大限度的有效供给来争夺因生产能力猛增从而日益饱和的市场。当代世界出现了一场各国之间力争提高有效供给的竞赛，谁要是步子缓慢，赶不上趟，它的产品将失去市场——国际和国内市场，它的经济将陷入困境。

对于我国来说，我们已经经历了以产品简单的数量扩张来增大有效供给的时期，目前进入了以产品质的提高、新产品的开拓来扩大

有效供给的时期。特别是在当前，新产品"井喷式"涌出，国际市场和国内市场竞争空前激化，从而企业的投资和居民消费竞相"喜新厌旧"的新形势下，我国国内产品更新换代和升级缓慢，现实的投资需求和消费需求不相适应。

我国内需的有效而持续的启动，不可能依靠新一轮数量扩张，而只能立足于新的有效供给创造，借助简单刺激需求，特别是简单增大货币供应，也可能暂时给衰退的投资和消费打一剂强心针，为现有低质量的供给求得一定的市场，但它不可能出清市场和消除经济过剩。而且，数量扩张型的增长，以及难以避免的低水平重复建设，只会进一步加剧经济过剩。可见，基于我国供给结构的缺陷制约着内需这一情况，当前我们应该充分重视以有效供给来开拓有效需求。在当前，应该在争取适度高增长基础上，把重点放在调整结构上来。要依靠科技进步，大力推进增长方式的转变，在产业升级基础上加快产品的升级换代，通过优质低耗的新产品的创新来切实增大有效供给，这是促使总供给与总需求相适应，实现内需持续扩大的根本之途。

2. 加快制度创新，有效发挥市场机制的调节作用

供给结构中无效的、不能为市场吸纳的要素的不断产生，是市场经济中经常存在的，但是这一无效供给要素又会在市场机制的自我调整中不断地被清除。发达的市场经济以其灵敏的市场机制的调节功能，能够有效地引导和促进产品的创新，不断地优化供给结构，使后者最大限度地适应于变化中的需求。

当然，自发性的市场经济不可能是"万能"的，市场机制也会导致失衡，特别是资本主义市场经济中存在着制度性的需求不足，它导致相对于需求的供给过剩，往往要通过周期性爆发的危机才能消除这种过剩供给。但是在经济保持大体正常运行的阶段，市场对供给结构

毕竟起着有效的自我调整和优化功能。可见，正在由计划体制向市场体制转型的我国，为了增进有效供给必须要着眼于制度创新，加快市场体制的构建，形成和发挥市场机制的结构调整功能。为了形成创造有效供给的机制，当前需要加快以下几方面的改革和制度创新：

第一，大力构建能适应市场、灵活地调整产品结构的微观主体。对市场反应迟钝，产品结构调整迟缓，技术创新和新产品开拓乏力，在市场情况已经变化，销路已经缺乏，企业已出现亏损的情况下，仍然从事原来陈旧的、低水平的产品生产，即"古董复制"，这是当前不少国有企业的行为特征。不少企业和地方盲目"跟风"，在出现市场"热点"时，甚至在销售热点尚未出现时，不顾投资风险，一哄而起，进行品质上基本雷同的重复建设。这样的项目投产之日，就是企业亏损之时。在市场销售已经十分困难的情况下，一些企业不是切实地和及早地开发新品，转到新的生产领域，而是在产品的技术水平基本不变的基础上继续进行数量扩张，甚至企图独家占领大部分市场份额。这样的供给盲目扩张必然导致企业不惜耗费巨资，进行损己又损人的价格大战、广告大战、摸奖大战。总之，产品升级换代缓慢，供给结构调整和创新滞后，供给中的重叠愈演愈烈，有效供给日益减少，无效成分不断增长，并且最终表现为过剩。上述情况出现的微观原因是企业生产和投资的盲目性，后者的制度根源在于国有企业的改革和体制转换滞后，企业尚未真正成为市场经济的微观主体，适应市场、自我调整的机制尚未形成，加之企业的资本金缺乏，各种历史形成的负担重，因此，企业无意创新也无力创新，从而难以实现供给有效化。可见，加快以现代企业制度为目标的改革，构建适应市场、不断创新、不断自我调整和自我完善的微观主体就是当务之急。

第二，大力构建统一的大市场，发育市场体系，全面形成市场机制，发挥市场的调节功能，才能促进产品的淘汰和更新，增加有效供给。为此，必须：（1）进一步扩大市场准入和放开价格。目前大多数竞争性产品的价格已经放开，国民经济广泛领域内竞争性的价格机制已经基本形成，但仍有一部分投资物品和消费品（如电信服务）还是"自然垄断"领域，价格由政府制定，服务质次价高；一些部门中昂贵的垄断价格抑制了市场和生产的发展；一些基础设施和竞争性产业尚未对社会资本开放；在粮食生产领域，计划价格和国家统购统销的格局还未得到根本改变，棉花实行管得过死的统一收购价格制度，造成生产的大起大落，供给或是不足或是过剩。以上种种情况表明，在更广泛的生产和服务领域——包括教育领域——进一步推进市场化和放开价格，对于增大有效供给和促进消费是十分必要的。（2）彻底实行政企分开。由于政企分开不彻底，国有企业还存在各种方式的政府保护，目前突出的现象是许多本属于竞争性的产品生产领域成为主管部门和地方"垄断"经营的领地，而"外部"（其他部门和地方）的资本难以进入，竞争难以展开。（3）消除行政权力对市场的分割。在部门、地方利益未理顺而形成的"诸侯经济"条件下，用行政权力阻碍竞争的市场藩篱拆不尽，经济过剩反而促使保护本地的市场藩篱重现。市场分割阻碍了统一的大市场的形成和市场机制发挥调节作用。（4）大力形成市场秩序。由于公平交易的秩序未能形成，各种不正当的交易——包括权力、人情以及贿赂交易——和不正当竞争盛行，严重阻碍了竞争性市场价格的形成。（5）改进政府对价格的管理方式。对一些应作为竞争性产品的领域，价格应实行放开。我国市场价格化已有很大发展，但是真正放开的和十分灵活的市场价格机制尚未形成，其结果必然是价格的结构调整作用与功能不足，表现出转型期特有的、大范围的"价格失灵"。人们可以看到这样的情形：某些国有企业的产品价格不能适应供求进行调整，产品即使大量过剩，价格仍然下调不够。

总之，价格调节机制的薄弱，使生产缺乏市场导向和市场约束，这是我国生产盲目性加剧、产品结构调整不灵、有效供给难以增进的重要原因。

可见，进一步搞好价格改革，在更大范围内放开价格，完善价格的市场形成机制，加强价格机制的结构调整功能是当务之急。

第三，推动生产要素，特别是产权的流动化，形成资产流动重组机制。市场经济条件下，企业在竞争中通过破产兼并，实现资产的流动重组和产品结构的调整和创新。当代市场经济日益显示出的创新经济的特征，正是由于形成了完善的资产流动重组机制。其主要杠杆是：（1）发达的生产要素——资金、劳动力、技术、知识——市场体系的充分发育；（2）发达的资本市场和产权市场；（3）借助以上两项的企业破产与兼并机制。以上三项成为有力的经济杠杆，促使企业不断进行优胜劣汰、资产整合、新产品开发、产品结构调整，从而在市场状况不断变化中，保证供给的有效性。

我国转型期的现实是：（1）要素市场发育还未成熟，资金、劳动力特别是科技知识、管理能力的市场化均还未到位，市场配置资源的功能薄弱；（2）我国资本市场尚在建立初期，股市主要作为炒卖投机的工具，其投资和企业资产重组的功能还十分薄弱；（3）我国产权市场尚在初建时期，产权市场交易主体是非国有企业或小企业，国有资产主要领域——大中型企业——产权尚未流动化；（4）我国进行企业资产重组的金融机构，如投资基金、投资银行开始试点，各种中介机构——如会计事务所、律师事务所、企业评级机构——还很不健全。以上情况表明，我国企业产权流动重组机制尚未形成，借助市场力量的企业资产重组和优化配置的功能还十分薄弱。因而在经济日益市场化中，企业仍然被束缚于僵化的体制中，结构刚性远远未打破，20世纪80年代初就已经作为重要任务而提出的国有企业产品结构调整没有进展。我国的重工业高度集中、产业结构不合理十分突出的东北地区，90年代以来出现困难日增、增长趋慢的"东北现象"，鲜明地表现出结构刚性和市场化新形势的矛盾。

我国企业的重组是在经济的市场化和市场竞争的强力逼迫下开展起来的。1993年以来，在国有企业困难日益增大的严峻形势下，企业兴起资本运作热，小企业产权转让和企业兼并在"放小"中十分活跃。在1994年以来的企业流动重组热潮中，一批企业，特别是家电、轻工等行业中一批大企业崛起，推出了不少名优产品，扩大了有效供给和市场销量。但是在总体上资产的流动重组是依靠政府启动和行政的手段；而政府又往往为化解亏损企业搞"拉郎配"，或是搞"堆大堆"；特别是由于作为进行重组主体的企业，在体制缺陷下，缺乏以市场、效益为目标的科学决策和理性行为，往往盲目追求"多元化"，或是"贪多求大"。这种基本上是行政性的资产重组机制，不仅未能有效实现企业资产优化配置、组织结构合理调整、产品创新、结构调整、产业升级，即有效供给增长的目标，反而往往是带来不少后遗症。我国某一个城市在"拉郎配"的资产重组中实现国有市属企业无亏损后，使一些重组主体企业背上过度负担而长期陷于困境。可见，我国产品、产业、地区结构的调整和有效供给的形成，有赖于资本市场流动重组机制的进一步形成，在有效的优胜劣汰中，实现国有企业的战略性调整和产品结构的调整和创新。因而，在当前，加快要素市场的发育，特别是搞好资本市场和产权市场的发展和健全运作乃是当务之急。

3.发挥政府在引导和促进结构调整中的作用

实现产品创新、结构调整，需要发挥市场的功能，但是不能认为市场是万能的和提倡政府"无所作为"。因为，从理论上说，不存在完全的市场竞争，而且，市场存在"失灵"。在实践上，像美国这样的当代发达的市场经济国家，不少高新技术，如卫星、航天技术，也是依靠政府力量发展起来的。在现代市场经济中，不少基础性产品，如环保产品的生产，更要借助政府的力量。发展中国家实现经济的快速"赶超"发展，特别是在当前迫切的产业结构调整和升级中，更需要发挥政府的功能，这已经为20世纪60年代以来东亚"四小龙"的经济起飞和东亚崛起的成功实践所证明。

就我国来说，转型期的经济体制和机制的特征，决定了政府在经济结构调整中的特殊作用。（1）在形成实现结构自我调整的新体制和制度（包括交易、竞争、破产、兼并、产权等行为规则）中起决定作用。（2）产品与产业结构的优化，需要有国有资产布局的调整，使国有资金集中于关键产业和部门，国有企业与其他非国有企业从事生产与经营的领域的定位，要由政府依法科学确定。（3）在国内生产总值中比例不会很大的纯国有和国家控股的领域，是产品开发和技术创新的策源地，在结构调整中企业资本金的充实和资本的加速积累需要有政府的财力支持。（4）对多种经济成分实行放开，由市场调节和配置资源，结构的调整也应该从属于市场力量，而不再由政府干预，但是政府仍应进行有效引导和调控。在当前要大力引导和促进企业科技进步和创新，加快产业升级和高新科技产业的发展。发挥政府在结构调整与技术进步中的引导、调节作用，不是要国家为企业制定投资项目，审批计划，下拨资金，而是要创造有利于结构调整和技术创新的制度环境，体现公平竞争的交易制度和税收制度，有效筹集营运资本的银行信贷体系和资本市场，特别是需要有鼓励科技进步的财税制度，如税收减免和贴息制度。（5）在当前的经济过剩运行和社会投资不振的阶段，需要政府发挥财政、金融杠杆扭转周期的功能。为了促进结构调整和技术进步，增大有效供给，迫切需要实行阶段性的促进有效供给的政策。其核心是：对企业实行减税，减轻各种税费负担，使企业降低营运成本，扩大盈利边际，提高投资积极性。

鉴于我国过剩生产能力大量存在和重复建设的惯性，供给管理的宏观政策应该着眼于促进有效供给，即对于那些产品有市场、技术含量高、后劲强的企业的投资，予以税费的优惠和财政贴息的支持。当前为了活跃资本市场，政府已实施降低证券交易的印花税税率；为了促进房地产发展，已提出降低住房建设和交易税费的措施；对高新技术企业设备投资实行高的（40%）投资抵免所得税，还将取消投资方向调节税。税费过多，特别是行政权力单位不合理的征取多，至今仍是一个普遍的问题，在市场疲软、价格下滑形势下，它使企业"雪上加霜"。因而，实行减轻税费不仅是改革财政制度所必要，更是刹住扭转下行周期的有效举措，对经济拉动力强的重点行业和重点企业，更应实行加大力度的税费的优惠和给以资本市场进入的程序上的优惠。

总之，实行一项科学的供给管理政策，将能增大对企业的投资激励，促进有效投资和有效供给的增加。

二、增大有效供给的供给管理政策

（一）有效供给概念内涵

1. 弄清有效供给概念内涵十分重要

作为经济学范畴的有效供给，首先是指一个具有使用价值之物。

劣质产品，缺乏满足购买者需要的品质和性能。作为投资物品，它不仅质量差，而且性能不合格，不能用于正常生产，甚至导致生产事故；作为消费品，它不能满足正常的消费需要，甚至会对消费者的身心带来损害，如假药、假酒，以及黄、毒品，等等，这些产品不具有真正的使用价值，不能形成有效供给。其次，形成有效供给的使用价值，不是指一般的使用价值（例如面包具有充饥的使用价值，毛衣具有保暖的使用价值，它们均具有一般的使用价值），而是指社会的使用价值，即对于现实的购买者来说的使用价值。例如在消费偏好迅疾变动，消费选择性提高，购买讲质量、讲名牌的条件下，质量一般的"大路货"不再有充分的使用价值；适应于城市居民需要的产品，对于生活条件不同的农村居民不一定具有现实的使用价值。这种产品由于不具有社会的使用价值，不能在市场上流通、吸引和实现现实的购买需求，即使大量生产也只能成为过剩产品，不成为有效供给。最后，有效供给是一个经济范畴，它不仅要求产品在品质上适应市场需求，而且要求产品在价格上与购买者的支付能力和现实购买欲望相适应。产品质量再好，档次再高，但价格昂贵，超过了消费者的购买力，也不能形成现实的交易，从而不能成为有效的、能转化为需求的供给。这种产品即使使用价值良好，却因价格高昂而成为过剩产品，它既不能给社会带来可实现的使用价值，也不能为生产者实现价值从而带来效益，用于生产这种过剩产品耗费的资源，实质是一种浪费。

综上所述，我们可以对有效供给概念给出以下定义：有效供给是市场经济的概念，是能实现市场运行和销售的商品供给，是拥有与现实的市场需求相适应的使用价值和交换价值的商品供给。

2. 有效供给是一个宏观经济范畴

如果我们在分析中进一步从抽象上升到具体，那么应该看到，有

427

效供给是一个宏观经济范畴，它是指有效的总供给，即由各个微观主体生产和提供的、能最大限度地适应各类购买者需求的总供给和供给结构。对于进行简单交换的经济来说，有效供给概念内涵可以只是从单个产品的角度来加以分析和定义，但是对于发达的市场经济来说，在一切生产品都表现为商品和形成总产品，一切产品都要进入市场交换，形成互相依存、互为条件的市场流通的条件下，有效供给就应该从总产品和供给结构的角度来分析和定义。可以说，它是指最大限度与社会总需求相适应的、适销对路的总产品结构，包括产品总量、类别结构、各类产品的数量。

把有效供给作为上述供给结构，意味着：产品总量与总需求相均衡，即总量均衡；各类别产品的供给与各类别的市场需求相均衡，即供求结构均衡与协调。保持总量均衡和供求结构协调，是社会再生产顺利进行和经济稳定运行的前提条件。

（二）增加有效供给的重要意义

1. 有效供给是市场经济条件下国民经济稳定运行的基本前提

我们把有效供给作为宏观经济的基本概念，因为，它是分析宏观经济运行势态的工具。市场经济的稳定运行，从理论上说，它需要有效需求与有效供给相适应。具体地说是总需求与总供给相适应，需求结构与供给结构相适应。在这里我们分析供给即有效供给的形成。

我们提出的命题是，假定一个既定的总需求及其结构，那么，需要具有总需求与总供给相适应、需求结构与供给结构相适应这两个特征，即能实现两个均衡的总供给。因为，只有供给总量与需求总量相适应，国民总生产才不存在超出市场总容量的过剩生产，也不存在落后于市场需求的不足生产，由此，市场上也不存在持续的供大于求和持续的供不应求，经济运行中也就有可能排除"通缩"和"通胀"。另外，只要各类别产品的供给与各类别产品的市场需求相适应，市场上也不存在局部的生产过剩与生产不足，从而也不会有结构性供求失衡以及由此导致的通胀或市场疲软。可见，体现两个均衡的供给结构，意味着供求基本比例的协调和国民经济得以保持稳定运行势态；持续的总供给大于总需求，就意味着国民经济处于过剩运行势态；持续的总供给小于总需求，就意味着国民经济处在不足或短缺运行的势态。这两种情况在价格上表现为持续走低或持续上涨。可见，有效供给的形成是市场经济稳定运行的重要条件。

2. 有效供给的形成意味着资源的合理配置和经济效率的提高

在市场经济中，基本上由市场机制调节的总量和结构会经常处在不均衡中。资本主义市场经济更存在制度性的消费需求不足，因而，在出现总供给大于总需求或是出现供求结构失衡时，过剩运行的经济势态不仅表现为市场不景气、企业亏损、破产、大量失业等现象，即出现了再生产的障碍和经济危机，而且，过剩在本质上意味着资源的浪费。另一种情况是，在经济出现持续过热和卖方市场时，它引起通胀和经济泡沫膨胀，加剧资源的不合理配置。过热的经济运行是另一种形式的资源浪费，它不带来国民经济效率的提高。只有形成大体上均衡的供求结构，即意味着社会提供了充分适应市场需求的供给，也意味着最少的供给过剩或不足，社会生产资源由此得到最合理的配置、最有效的利用，从而也意味着国民经济效率的提高。

（三）有效供给不足是我国经济生活中十分突出的问题

1. 有效供给不足是我国转型经济中的突出问题

按照西方经济学理论，供给是作为完全竞争的产物，是具有充分效用的产品，因而生产者提供的一切产品均是有效供给，没有使用价值的商品是排除在西方经济学理论分析之外的。在此基础上，穆勒至庇古均认为供给能为自身带来需求。这种供给恒等于需求、不承认需求不足的萨伊教条已经在实践中破产。上述关于供给是具有充分效用的理论假设，或许可以用于分析发达的市场经济。因为，在发达市场经济中，生产者不会生产不具有社会使用价值，没有市场销路的产品，即使实际上也有提供质劣、价高产品的厂家，但这些"无效供给"也会为市场竞争机制所淘汰，从而使多数产品保持在有效供给范畴内。但对于我国转轨期经济来说，国有企业还处在向市场主体转换的过程之中，"为生产而生产"甚至"为库存而生产"的传统机制尚未彻底转换到"为市场而生产"，或真正的商品生产轨道上来。因而产品使用价值差的低水平盲目生产，以及稀释和降低社会使用价值的重复建设是经济生活中的客观现实，而缺乏销路的无效供给已经是当前市场供给的突出问题。特别是在21世纪的世界新一轮技术创新和结构调整的形势下，我国陈旧、老化的产品结构的市场销售问题越发严峻。基于上述情况，我们提出了有效供给的范畴，认为这是转轨期经济中的客观范畴。

2. 脱离需求制约的供给扩张

我国转型期经济发展中的一个未曾为人们充分重视和在理论上加以阐明的新现象是：随着改革开放经济活力的增强，出现了经济高增长中的供给结构失衡，后者表现为脱离总需求状况的总供给不断扩大。就消费品来说，如纺织、家电等行业的快速增长，生产能力过剩日益加剧，产品在城市市场呈现饱和，产品需求增幅下降而其供给却仍然快速增长。就投资物品来说，若干基本投资物品如机械、钢铁等保持着不顾市场容量变小而持续地快速增长。在许多行业中表现出的生产盲目扩张和持续过剩供给，成为我国国内生产总值平均9％高增长的部分，而且，1998年以来两次经济过热都带来新的过剩供给的膨胀。特别是在20世纪90年代以来消费需求增长放慢的条件下，消费品供给持续膨胀趋势使市场有效供给不足问题愈加突出。

3.供给结构与需求结构的脱钩和结构失衡

供给结构与需求结构的脱钩和结构失衡的表现是：（1）产品种类少，供给单调；（2）消费品中质量一般的"大路货"快速增长和重叠过剩，而技术含量高的名、优、特、新产品则长期匮乏；（3）就投资物品来说，城乡基础设施，关键性的设备、零部件的生产上不去，一般的设备生产能力过剩；（4）教育、服务等产品长期未能加以开发和充分供应。

供给结构失衡最主要的表现是：提供低水平产品的重复建设成为难以刹住的趋势，市场上"大路货"重叠供给，从而造成"货不对路"的供给结构失衡。特别是20世纪90年代供给结构和需求结构的不相对应和脱节越来越严重，对国民经济的运行产生极其严重的负效应。但是应该说，这一有关我国社会主义再生产的重大问题在理论上长期未曾予以阐明，这一我国经济生活中的"痼疾"在实践中长期未能予以解决。尽管80年代以来政府一直把调整结构作为发展和改革的重要目标，但实际上"结构调不动"，而且，在"市场经济就必然要有重复建设""经济搞活假冒伪劣难免"等模糊论点下，以及人们热衷于争取大发展和满足于国内生产总值世界罕见的高速增长，供给运行的失衡愈演愈烈。即使是在加强宏观调控和实行紧缩的90年代中期，一些领域，特别是地方盲目上项目和"小而散"、低水平的重复建设仍然刹不住。其结果是总供给结构失衡越来越突出，成为再生产比例失调的一个重要原因。

我国当前经济运行的新态势是经济过剩运行，其原因既有有效需求增长不足，又有供给结构的失衡。当前全面的市场疲软表现出有效需求不足，特别是作为最终需求的消费需求增长的放慢和不足。但是也必须看到，有效供给不足、不适销对路的过剩供给的膨胀，也是使有效需求不足问题加剧的重要原因。

中国转型期经济运行在20世纪80年代经历了以数量扩张为主要特色的高速发展阶段。这一阶段是高增长与短缺并行，在快速扩大的需求的拉动下，促进各行各业普遍的高增长。需求创造供给，旺盛的消费需求带来供给快速增长是这一时期的突出现象。另一方面，由于经济处在脱贫阶段，流行的是温饱型的消费，长期供应匮乏使人们产生对衣食住行等基本消费品的饥渴，个人的消费偏好和选择在消费中作用很小。这一时期，强劲的和快速增长的需求超过供给的增长，短缺、供给不足是经济运行的主要特征。这是需求创造供给十分明显的时期。短缺运行加剧了全国范围的建设热潮和盲目扩张，使经济快速发展表现为简单的、粗放的供给增长。

20世纪90年代以来，政府大力倡导和促进结构调整和有效供给增长，但是传统的数量扩张型增长趋势仍然表现得十分强烈，结构调整和产业升级步履维艰。90年代中期以来出现了经济过剩运行。由于有效需求增长明显滞后，但仍然保持着总供给8%左右的高增长（尽管已有所放慢），总供给中的一部分成为不能实现的，即无效的供给，这是一种有效供给不足性质的过剩供给。另一方面，由于经济的发展，收入水平的提高，城市和部分农村消费方式由温饱型向小康型提升，基本消费群体"吃喝讲质量""穿着讲式样"，一些居民"住进公寓房""开车逛市场"，人们不再是饥不择食的"见啥就买啥"，而是要进行理智的个人选择，消费品供给的质量、品类就成为吸引、开拓和实现消费需求的重要因素。但是由于供给结构未能改善和优化，那些品质差、价格也不低、不适销对路的粗放式的供给，就会成为过剩供给，这是一种结构性的供给过剩。

可见，收入增长的滞后以及消费行为的变化，供给结构的失衡，这二者成为我国经济过剩运行的重要成因。这里还需指出，上述二者是互相促进的。由于消费者收入越感到"不宽裕"，人们在购买商品时越是要进行"精选"，从而对结构（品质、品种）要求越高。可见，在经济趋于发达，生活水平提高的阶段以及在出现生产过剩形势下，除了解决收入增长滞后问题外，还需要用有效供给来刺激、调动和扩大有效需求。

基于以上我们阐述的有效需求和有效供给互相联系和互相促进的命题，针对我国当前出现的经济过剩运行势态，特别是针对我国转型期经济盲目生产、重复建设猖獗、供给结构失衡十分突出的现状，我们既要大力解决好基本消费群体收入增长滞后的问题，致力于提高有效需求，同时，还要解决好供给结构性的失衡问题和障碍，致力于创造有效供给。我国不少明星企业，在近年来经济过剩的大环境下，依靠科技进步，产品质量提高，或依靠新产品开发，或依靠"品牌"效应，或依靠价格合理，打开了销路，增加了效益，促进了发展，证实了"没有疲软的市场，只有疲软的产品"的道理。

以上分析表明，人们应重视有效供给概念，用它来指导实践。例如：大力进行技术创新，提高产品质量；调整产品结构，增加品种，特别要大力增加多种服务产品、文化与教育产品的供给；致力于品牌创造，树立起具有竞争力的"中国造"的形象；加强法制和消费者监督，整顿市场秩序，有效治理假冒伪劣；以物美价廉为目标，实行产品档次多样化，以适应各消费层次的购买力；特别要使生产品在性能、价格上适应农村居民的需求；等等。应该看到，在我国当前最大限度地增大有效供给，将能大大拓宽和刺激有效需求的增长。

（四）实行需求管理和供给管理相结合的宏观政策

基于内需不足是当前经济运行的主要矛盾，我们需要坚持实行以扩大需求，特别是扩大国内需求为主要目标的宏观政策。在当前，我们应该认真落实国务院提出的有关进一步实行积极的财政政策和货币政策的决策，切实扩大国内的投资需求和消费需求，努力培育和加强有效需求来拉动经济增长，促进经济健康复苏。但是针对我国供给结构失衡和有效供给不足的现实情况，我们还需要重视和致力于加强有效供给。为此，扩大需求的宏观政策应该把实行需求管理和以创造有效供给为内容的供给管理相结合。

20世纪80年代初里根政府实行的供给管理，其主要政策手段是减税，通过降低生产成本、增加企业利润和利润预期，由此来刺激投资的扩大和供给的增长。在实践中这一刺激供给的政策取得了积极成效，它加快了投资，使美国经济摆脱了1973年世界石油危机后的萧条滞胀，实现了战后时期的一次长期增长。国外的供给管理的有效方法和经验值得我们借鉴。

我们认为，我国当前的供给管理政策，应该着力于刺激有效供给。

1. 实行大力支持和激活重点的政策

当前深化国有企业改革，实行"抓大放小"，组建大企业集团，但是对国有大中型企业也不应实行"普惠"的政策支持，而是需要把政策资源用于那些产品有市场、有效益、有发展后劲的企业。特别是对那些产值大、带动力强的国有骨干企业，要实行减轻负担和充实资本金，使它们能进行筹资和获得贷款，提高它们的经营积极性和激发它们的投资动机。激活重点，带动一般，是当前促使内需扩大的最有效的方法。发达的市场经济国家由于市场机制作用充分、宏观政策传导有效，通过降息或普遍减税就能取得调控经济的效应。而在我国当前，市场制度还不健全，市场机制作用不充分，企业对市场反应不灵敏，宏观政策传导不灵，政策措施使用于大面积的经济领域，从而力量分散，调控作用小，甚至缺乏效果；加之国有企业的改革尚未到位，国有经济为内在矛盾困扰而运行维艰，政府的政策资源与调控手段又有限，针对所有企业的减税、减息手段难以拉动活力小、运转不灵的国有经济体系。因而，在我国当前条件下，为了促进增长，只能突出重点，首先激活重点企业，以点带面，拉动经济增长。

2. 刺激有效供给要落实在结构调整上

我国当前经济问题的症结既是有效需求不足，又是供给结构失衡，解决市场全面疲软和经济过剩，不能只是诉诸需求的扩大和货币的注入。单一的扩大需求，并不能解决结构失衡下产品重叠过剩与某些产品供给缺乏共存的问题。在体制改革和机制转换未能跟上和深化的情况下，全面的和过度的需求扩张还会驱动重复建设的再起，甚至有可能诱发通胀。可见，治理经济过剩运行，应该把扩大需求与调整结构相结合。我们提出的刺激有效供给的供给管理政策，就是要把促进优势企业的投资与企业加快技术创新和结构调整相结合。政府对企业实行的政策资源的支持，要以企业进行积极的和有科学根据的技术创新、新产品开发、产业升级和企业竞争力的增强为条件。也就是说要使政策资源用于支持精选出的重点，推动其在技术创新、结构调整中提升竞争力，真正实现有效供给的增长。即使是国家给予有力支持的300多户国有大企业，也要以企业进行有科学依据的技术创新和结构调整为条件，而不能听任企业在原有结构不变下搞数量扩张和"虚胖"。

3. 选好突破口,把政策资源用在刀刃上

刺激有效供给,需要动用稀缺的财政资源和宝贵的金融资源:(1)要对企业实行税收减免,如取消投资方向调节税,减免所得税,对外贸出口企业增加出口退税;(2)要搞好债转股,把企业的利息负担减下来;(3)要扩大国债(包括地方政府债券)发行,以财政资金建立技改贴息基金,促进企业进行技改;(4)要建立进行担保的金融机构,为企业技改和流动资金贷款提供担保,等等。

上述政策需要动用稀缺的财政资源,在一定时期甚至要实行赤字财政,另外,也要动用宝贵的金融资源。这意味着社会要付出启动经济的成本以及改革成本。刺激有效供给是一项大政策,落实好这项大政策应该选好突破口,要以国家的发展战略和产业政策为指导,按照有效益、科技含量高、拉动力大、后劲大等原则找准重点企业、重点产业、重点地区,落实好政策优惠,务求取得实现技术进步、结构调整和有效供给增长三者相统一的实效。要防止贯彻这一政策中的风险,这就是不顾企业是否具备搞活的条件,不问是否搞技术创新,从单纯减亏解困出发,"父爱式"地利用政策资源,甚至"撒胡椒面"。这样做财政减了收,社会付出了代价,但企业未必能搞活,结构也难以调好,增加的仍然是低水平重复、缺乏市场销路的无效供给。

4. 大力进行制度创新和机制转换

在市场体制下,供给是从属于市场力量的。总供给量以及供给结构是在市场价格机制以及优胜劣汰的竞争兼并、破产机制中进行调整的,尽管自发性的市场力量下的结构调整和致衡功能是在经常性的失衡中实现的。另外,市场也存在失灵,但是发达而健全的市场体系和作用充分的市场机制，总是会不断地促进产品、产业结构的调整和有效供给的增长，使其与不断变化的有效需求状况相适应，从而促使供给与需求二者大体相适应。我国近年来十分突出的结构失衡，包括总供给大于总需求、结构性的过剩与供给不足并存等，其成因主要是转型期的体制与机制存在缺陷：一方面，调整总供求关系和供给结构的计划机制逐步退出舞台失去其作用；另一方面，市场制度的不完善，市场机制作用薄弱，从而使市场自我调整功能疲软无力。体制转轨过程也是经济调节机制的新旧替换过程，看来，这一过程中出现调节器的缺损是难以避免的，从而会出现一个经济调整疲软无力的时期。在这一时期经济活动的自发性就必然会表现为盲目性，盲目投资、重复建设、技术进步缓慢、数量扩张和低水平的供给结构的刚性等的出现和难以得到克服是难以避免的。目前治理内需不足中出现了两难：启动内需必须依靠加大财政和货币政策的"松动"力度，大力启动社会投资，首先是国有企业的投资，要鼓励企业上项目、搞扩产；但是在经济调节器缺损条件下，对国有企业投资实行激励，加大信贷支持和实行税收优惠，更加之消费需求的增长，又会强化投资引诱，从而可能引发新的盲目投资，重复建设。可见，无论是需求管理或是供给管理政策，都面对着企业盲目扩产和投资以及加大结构失衡的风险。上述分析再次表明，要从根本上解决我国供给结构的缺陷，必须加快体制转型，建立起新的市场体制，充分发挥市场在经济调整和资源配置中的基础作用；同时，搞好政府的职能定位，建立起有效的经济调控体系，发挥好政府的宏观经济调控功能。

（五）充分重视有效供给的创造

在世界进入21世纪、科技迅速进步、生产和消费状况急剧变化的时代，调整和优化供给结构，增加有效供给，成为世界性的大课题。在我国当前正在进行的新一轮结构调整中，我们应有更高的眼界和更广阔的视野，要确立起创造和增强有效供给的观念。为此，我想对有效供给概念内涵再次加以表述，用来作为本章的结束语。有效供给如果抽象地说，就是拥有能满足购买者需要的性质和能力以及其交换价值适应于消费者购买力的产品。

第一，有效供给是一种物质性产品的品质。生产就是通过对象的物质结构、性能的变革，由此形成满足人的需求的品质和能力。物质性的使用价值主要满足人的基本生活需要。

第二，不能把使用价值限制于实物对象的物质性能，使用价值也包括非物质性，拥有满足人的精神需要的品质和能力，如像音乐、诗歌、舞蹈、绘画等精神产品，它们不具有实物形式，但能满足人的精神性审美享受需要。有许多精神产品以物质为载体，例如绘画、书法以纸或绢为载体，雕塑以石木为载体，这是生产者的思想、情趣的结晶和体现于物质载体、寄寓于实物的精神产品。精神产品真正的消费者不是欣赏物质载体的特征，主要是从中发掘蕴含的某种思想和情趣，以获得精神需要的满足。因而，这种拥有物质载体的精神产品的使用价值，仍然是具有满足人的精神需要的作用。

第三，体育、文化、娱乐、旅游等不提供物质产品，而是对人提供一种服务，用来满足人的全面发展和休闲的需要。它既包括物质性需要——如健身，也包括精神上的需要——如教育产品提供和传授思想、知识和技能，用以满足人的学习和提高精神素质的需要。精神产品和服务产品主要是用于人的发展和享受需要的满足。人是拥有精神性的需要的，对经济高度发达社会的现代人来说，在基本物质生活需要得到满足后，继续学习和精神素质提高——人的全面发展的需要以及休闲和享受的需要，就越来越重要。精神产品和服务在人的消费品中占有的份额越来越大。因而，文学、艺术等非物质性的精神产品以及各种服务的生产愈加重要，成为有效供给的重要组成部分。

第四，科学知识和信息是另一种生产性的精神产品，它属于生产手段，是创造现代高技术生产设备和高、精、尖消费品的条件与手段。这种科技、信息产品是现代知识经济中精神产品的重要内容。

基于以上分析，我们可以如此规定现代有效供给概念的内涵：它既是具有满足购买者物质生活需要的物质产品，又包括满足购买者的精神性需要、文化娱乐需要和科技、知识需要的精神产品和服务产品。

作为现代人的更高的需要来说，不只是拥有更高的物质性的需要，而且是拥有更高的精神需要；就现代消费品来说，不只是用以"充饥"，而且越来越要获得享受和休闲。那些受到消费者欢迎和热销不衰的名牌消费品，就是集高物质性品质和高精神性需要满足能力二者于一身的。麦当劳可以作为一个例证，它不仅以产品优质服务为其特点，而且它以其特有的、富有吸引力的店堂文化给消费者以精神上的享受。从而，它生产和提供的不只是一种物质的充饥之物，它还提供"名牌使人放心"的消费信任和满足，还以其特有的店堂文化使人们心情舒畅从而发挥休闲效用。

有效供给的概念，一定程度也适用于投资物品。例如现代企业生产车间、机械设备或流水线的设置，不仅要讲求高生产效率，而且还要重视安全性，符合劳动卫生标准，提供能激励劳动积极性的条件和环境。体现"以人为本"的现代的各种新材料创造，越来越重视对人的健康的无害性、环境的无污染性以及资源保护的功能。因而，投资物品的有效供给不只包括物的效率，还要具有实现经济、社会可持续发展的性质和具有有利于"人"和人类社会健康发展的性能。

以上分析归结到一点，即有效供给的生产不只着眼于一般的物质性能的创造，而且是满足现代社会需要的高水平的物质产品和科技、知识产品的创造。它还是现代社会居民多方面的生活服务，特别是用于满足现代人的复杂的精神生活需要的精神产品的创造。

此外，供给品质优而价高，超越了购买者群体的有支付能力的需求，也是不能实现的供给，应视为负供给，或可实现供给的扣除。用供求曲线表示为供给曲线能与需求曲线相交。

因此，创造有效供给，除了"物美"之外，"价格适当"也是必需的。对我国当前的经济条件来说，物美而价廉就是形成有效供给的最主要的要求。

第四章
社会主义市场经济运行的周期性

一、经济运行的周期性

（一）经济周期是市场经济运行的一般形式

经济运行的周期性，表现为从具有特定性质的运行阶段，经过若干相继阶段，又回到初始运行阶段，从而是一种周而复始的经济运行势态。这种运行的周期性，体现了市场经济有起有伏、波浪式运行的性质。

国民经济运行势态概念，指的是作为市场主体经济活动——生产、交换、消费——的总和的宏观经济的运行状况，后者表现为不同的方面。例如，反映生产状况的增长率，反映市场消费状况的社会商品零售总额和反映市场供求状况的物价水平，反映投资状况的投资率，此外，还有反映就业状况的失业率，等等。基于上述因素和指标的某种组合，人们可以把宏观经济运行状况区分为扩张和收缩：扩张势态可以区分为增长、高增长、超常高增长等形式；收缩势态可以区分为生产减速、萧条、危机等形式。迄至20世纪30年代的资本主义市场经济长期运行中，十分明显地表现出复苏、高涨、危机、萧条诸种运行质态的有序演进和循环式发展。

资本主义国家从1825年以来100多年的经济发展，都是处在上述经济周期性循环之中，在相当长的时期内循环时间即周期大体上是十年左右。20世纪30年代自由放任的自由资本主义转变为政府进行宏观调控的资本主义以来，宏观经济运行势态有了新的变化，在发达资本主义国家，爆发式的危机形式有所淡化，萧条成为经济收缩的主要形式，出现了滞胀形式的萧条，以及在日本80年代末以来的长期萧条，等等。另一方面，循环的时间即周期拉长了。例如美国经济从1991年摆脱衰退以来，迄今已经呈现出一百多个月的稳定增长。但是尽管有上述循环具体形式和循环周期的变化，资本主义市场经济运行的周期性的性质并未改变。

（二）经济运行周期性的成因

经济运行的周期性，在本质上决定于社会总产品的实现方式。社会总产品体现为 I 、II 部类产品的总和，即 $I(c+v+m)+II(c+v+m)$ 。在社会的总需求与总供给相适应，即货币形态的购买支出 $=I(c+v+m)+II(c+v+m)$ 时，以及 $I(c+v+m)=Ic+IIc$ ，$II(c+v+m)=I(v+m)+II(v+m)$ 时，构成总产品的各种不同的产品（投资物品和消费品）能够通过市场交换而销售出去；就一个个企业来说，意味着它投下的货币资本增值，已经消耗的生产资料通过购买重置得到补偿；就一个个消费者来说，意味着他们获得了各自需要而中意的消费品。这种情况下不仅社会总产品得到实现，由实物形态转换为价值形态，而且社会两大部类之间的交换得以顺利实现，这就是一种稳定的简单再生产，或稳定的扩大再生产即稳定的增长。

社会总产品的实现，依靠国内主体的投资和消费以及出口。我们先假定供给与需求在结构上是相适应的。也就是说，无论是投资物品和消费品都是适销对路的，能适应社会现实的需求。在这种条件下，首先，社会总投资物品 I（$c+v+m$）的实现[①]，需要有充分的年社会总投资支出 DI，包括政府财政支出的投资 gI，企业的投资 eI，以及投资物品的出口 oI，即 I（$c+v+m$）$=gI+eI+oI=DI$。其次，社会总消费品，即 II（$c+v+m$）的实现，需要有充分的年社会总消费支出 DC，其中包括政府的消费支出 gc，企业消费支出 ec，个人的消费支出 pc，以及消费品的出口 oc。

即 II（$c+v+m$）$=gc+ec+pc+oc=DC$

可见，年社会总产品，即 I（$c+v+m$）$+II$（$c+v+m$）$=DI+DC$ 的条件下，即总量均衡条件下，就能使社会总产品得到充分的实现，而保持上述社会总需求 $DI+DC$ 的规模，就是维持正常的再生产和稳定增长所必要的条件。

社会再生产的顺利进行还需要供求结构相协调。在存在供给与需求结构不相适应的场合，例如，投资物品供给过多，消费品生产不足，从而会有 I（$v+m$）$>II c$ 或是 I（$v+m$）$<II c$，表明投资物品的供给过少，而消费品生产过多，这都表明两部类交换中出现了不均衡。另一种情况是一部分投资物品和消费品因质量差、品类不对路或是需求发生变化，从而成为无效供给，也会出现现实的投资物品和消费品的过剩和销售困难。

由于市场经济是主体适应市场信号进行自发的生产的经济，供给与需求均是随着价格变动而不断变动的。无论是总需求与总供给的关

---

① 这里我们将投资物品的总和用 I（$c+v+m$）来表述。

系，即社会的总货币支出（$DI+DC$）与总供给即总产品价值之间，以及需求结构和供给结构的关系，都不可能是经常处在相适应的状态。恰恰相反，二者之间的不相适应是经常存在的。

先分析投资物品的供求。就供给方面来说，在一定年度，由于价格有利，刺激企业扩产，或是新技术运用增大了供给量等原因，导致投资物品总量的过度增长，从而总供给超出总需求，这是一种供给增长失衡性的过剩或需求不足。就需求方面来说，由于市场状况和人们的经济预期的变化，会发生需求的变化，甚至超常的变化。由于现实的投资需求不是恒定的，而是决定于预期的利润，如果经济情况变化引起平均利润率下降，或是因市场不景气，预期投资回报率下降，人们就会减少投资，由此导致现实投资支出总和小于投资物品总产值。这样就会引起投资品销售的困难和价格下跌。这是一种投资需求增长不足的供给过剩。反之，在出现经济景气时，预期回报率普遍上升，人们积极增加投资支出，从而出现DI超常增长，超过了I（$c+v+m$），导致投资物品供给的不足。这是一种投资需求增长过度的供给不足。

就现实的消费需求来说，更是具有变易性。由于人们现实的消费支出决定于多样的经济条件，如收入增长情况、消费需要的变化、预期消费支出的状况等，上述经济参数的变化会引起消费倾向的变化——消费支出与收入之比——从而会影响到现实的消费支出。例如人们的收入超常增长，预期消费支出稳定，即期消费欲望旺盛，就会有消费倾向的增强，由此导致消费支出的超常增长和供给不足。也会出现另一种情况，在收入正常增长下，由于对通胀的担心和保值的需要，人们加大消费支出，形成超常的消费支出，甚至盲目抢购消费品，这是一种心理恐慌性的消费支出超常增长和供给不足。另一种情况是：人们的收入正常增长，而预期支出却急剧增大，这种收入与未来支出的不协调造成即期消费的抑制，引起现实消费支出的减少，其结果会出现社会的消费支出小于消费品供应总量，由此，会出现消费品的销售困难和供给过剩。如果人们收入增长放慢而预期支出却急剧增大了，这种现实收入与未来支出的心理反差的扩大，会进一步引起人们恐慌性的消费自我抑制，导致现实消费支出相对甚至绝对减少，更加剧了消费品销售困难和供给过剩。

此外，市场经济中生产的自发性也会导致经常性的供给结构与需求结构的失衡，其表现是供不适需，例如A产品供大于求而B产品供小于求。这种供求结构失衡可以是个别行业的、局部性的失衡，也可以是包括多数企业、行业的产品供求失衡，成为全局性的失衡。这种供求结构的失衡也会引起日常交易和两部类交换出现障碍，使价格大涨大跌从而经济大起大落。

市场经济中，市场机制是经济的自动调节器，它通过价格等机制调节总供求和调节供需结构，从而在运动中，即在长期运行中实现总量相均衡和供求结构的相适应。这也表明市场经济中的运行是以生产的过度扩张，减速，生产过度紧缩，再一次的扩张……这样的增长以时起时落为特征，从而表现出经济的波动性和周期性。而且，随着这种再生产总量和结构失衡的逐步积累，达到一定极点，还会出现经济运行的"病态"。例如，通货膨胀与经济过热增长、通货紧缩与经济衰退等。

应该看到，资本主义国家的经济运行中，存在着市场经济固有的经济运行内在矛盾和资本主义所有制固有的内在矛盾的交织，从而加剧了经济病态运行势态。资本主义经济存在着生产社会性与占有私人性的矛盾，这是资本主义的基本矛盾，它导致生产的扩张趋势和社会消费需求增长的滞后，从而导致相对的经济过剩。这种相对过剩的积累及其引起的市场销售困难和预期投资回报的下降，会引起投资需求的萎缩，而且导致I（$c+v+m$）中的一个份额难以实现。而且，投资需求乏力带来的增长放慢，使企业中的职工收入增长放慢，由此更加强了消费需求增长滞后的趋势，造成II（$c+v+m$）中一个份额难以实现。上述投资需求与消费需求的放慢，使现有的生产能力过剩和产品供给过剩更加激化，而其总爆发则表现为商品价格暴跌、企业大破产的经济危机，1929～1933年的世界经济大恐慌就是上述经济危机的最突出表现。可见，资本主义经济的制度矛盾加剧了经济运行的波动性，使经济周期具有病态的性质。不断到来的周期中的紧缩和危机阶段给劳动者带来灾难和痛苦，病态的周期也使经济正常增长、社会的正常发展受到遏制。

（三）社会主义经济运行的周期性

传统社会主义模式下，不存在资本主义市场经济运行的萧条、复苏、高涨、危机等阶段和周而复始的循环运行形式，但是计划经济并不能消除经济扩张—调整—再扩张—再调整的周期波动。尽管传统计划经济理论认为依靠计划机制和行政手段的强制，能保持总供给与总需求，以及供给结构和需求结构的平衡，从而使国民经济有计划按比例、无危机地发展，但这种关于社会主义经济有计划按比例规律的斯大林命题没能为实践所证实。由于现实国民经济结构的复杂性和多样矛盾的存在，总会使总量与结构都出现不均衡。特别是计划经济的高度集中性质，经济运行从属于上级行政命令，加之经济落后国家对加快发展的紧迫要求，往往会滋生建设中贪大求快的急性病。特别是领导层对高增长的政治偏好会一次又一次掀起"跃进发展风"，由此出现超过现实经济可能性的高增长和超常高增长。这样的人为的经济大扩张不断引发和加剧总供给与总需求的矛盾以及具体供求结构的失衡，其结果是经济的自发收缩，或者政府自上而下的"调整"即大下马。实践表明，计划经济难以消除经济大起大落这样的病态周期运行形式。

我国1953年按国民收入计算出现增幅14%的高速增长，而1954年增幅只有5.8%，下降8.2%。"大跃进"的1958年经济超常高增长，增幅达到22%，1959年增长急剧下降，出现1958年、1959年、1960年三年平均3.1%的连续负增长。1961年起实行三年"大调整"和基本建设大下马，2000万劳动力回到农村。1964年高增长重起，达到16.5%，1965年达到17%，开展"文化大革命"的1967年、1968年生产迅速下滑，分别为7.2%和6.5%的负增长。1969年高增长再起，增幅达19.3%，1970年达23.3%，但经济生活全面紧张，物资严重短缺，造成此后国民经济衰退，达到崩溃的边缘。

中华人民共和国成立后的经济发展实践表明，我国的计划体制并不曾消灭经济运行的周期性，只是改变了周期运行的形式，出现了高增长—高紧缺—大滑坡—高增长的循环，国民经济多次大起大落。另外，计划体制下的高增长和经济过热不表现为显性的通胀而是表现在物资紧缺、排队和黑市高物价上。

一旦实行社会主义市场体制，由于经济活动从属于自发性的市场机制，因而经济运行的波动性和周期形式就是不可避免的。

社会主义市场经济是一个崭新事物，向社会主义市场经济的转型历史也不长，从1979年算起，中国市场性经济运行也只有20年的历史。这20年中经济呈现以下势态，放开—快速增长、物价上涨—紧缩—生产下滑、物价下降—再放开—再次快增长、再通胀的循环。正像人们所说的："一放就胀""一胀就管""一管就死""死了又放"。上述循环迄今已经经历了四轮，就循环形式来说，则呈现出下述形式：由高增长，经过收缩，又不断回到高增长。

20世纪90年代以来循环形式出现新变化，1993～1996年经济实现软着陆后，进入一个目前尚未走出的长"复苏"阶段。基于经济运行固有的逻辑，这个长"复苏"仍然要过渡到新的扩张阶段。可见，改革开放以来我国经济运行的实践表明，经济运行的波动性和周期性，并不是如人们通常认为的那样，是资本主义经济运行的特征，实质上它是市场经济宏观经济运行的特征，这种运行形式也会出现在社会主义市场经济的发展中。

二、我国体制转轨与经济运行周期的变化

（一）改革初始阶段的通胀—紧缩—通胀的周期运行

1. 高增长—高通胀—高增长的周期运行

1979年以来我国经济运行的周期性表现为：扩张—收缩—扩张，或是通胀—紧缩—再通胀。1979年经济由复苏迅速过渡到高涨，在消费和投资扩张拉动下，增长率达到12.3%。由于1979年大幅度调高农副产品价格，引发物价上涨，1980年物价涨幅6%。1981年实行紧缩调整，压缩基建投资120亿元，经济开始收紧，1981年物价涨幅降低到2.8%，1982年为1.9%。1982年提出到20世纪经济"翻两番"，开始第二轮经济扩张，1983年国民收入增幅为10.3%。特别是1984年提出加快发展，"提前翻番"，在该年底的"四行劝贷"的信贷扩张下，该年增长率达到14.5%，物价随之上涨。由于1985年采取的软着陆措施没有效果，增长率达到12.9%，物价涨幅达到8.8%，消费物价涨幅达到两位数。1986～1988年经济持续高增长，经济明显过热，物资紧缺加

剧，引发1988年物价飞涨，全年上涨18.5%，呈现两位数的通胀，全国各地出现抢购风。随着1988年9月采取急刹车式的紧缩，经济进入快速收缩阶段。1989年10月生产出现负增长，增长率由1988年的11.3%降为1989年、1990年两年的3.9%，下降7.4个百分点。1990年开始实行"松动"，1991年经济快速复苏，开始了第三轮快速增长，国内生产总值增长8%。1992年、1993年增长达到顶峰，出现13.6%、13.4%的超高速增长，并再次引发两位数的通胀，1993年物价涨幅达到13%，1994年达到21.7%。这是一轮过去未曾有过的经济急剧扩张，超常的高增长伴随高通胀，国民经济呈现超常的"热胀"运行。1993年6月开始实行紧缩，此后进入缓慢的收紧阶段。经过42个月的紧缩，1996年底软着陆基本实现。综上所述，1979年以来的经济运行，呈现高增长基础上的循环上升，经济增长势头强劲，1981～1991年国民经济以平均10.1%的超高速度增长。政府屡次实行的紧缩实质上只是对这种超高速增长运行的"打断"和调控，但随着紧缩过去，继之而来的是更高势头的增长。1992～1993年出现近14%的世界罕有的超高速增幅，即使在1993年实行紧缩政策后，1995年增长率仍达到11.6%。这是中华人民共和国成立以来一个最长的、强劲的高增长时期，它表现出改革开放，特别是以市场体制为目标的改革开放带来的经济活力。

1979年以来迄至1996年的经济运行，是以"双高"——高增长、高通胀——的不断出现为特征，伴随着增长加快的是物价的上涨。1980年物价上涨6%，1979～1984年期间，物价涨幅每年平均6%，1985年以后物价涨幅节节攀升，由1985年的8.5%，上升到1988年的18.5%，1989年为17.8%。90年代的超高增长中物价涨幅更上一层楼，1993年为13.2%，1994年高达21.7%。这种屡次出现的高增长和高通胀，使经济运行呈现"热胀"的势态，政府采取的紧缩只是打断经济的热胀运行，一旦实行松动，立即再次出现热胀，1979年迄至1993年已经出现若干次热胀运行。

1979年以来迄至1996年经济运行的另一特征是：经济收缩的景气下行阶段的不明显和时间较短，高增长的上行阶段时间则是较长的。1978年经济增长12.3％，1981年压缩基建，增长放慢，但1983年增长率又攀升为10.3％，1984年为14.5％，1985年为12.9％，1986年、1987年、1988年均是高增长。1989年、1990年两年增幅急剧下降，1991年又呈现出8％的高增幅，1992年进入大扩张阶段，出现连年超常高增长，在实行紧缩的1994年、1995年、1996年，国内生产总值仍保持8％的高增长。由于通胀与高增长相伴，因而1979年迄至1995年前，我国经济运行较长时间处在热胀势态下。

综上所述，1979年以来我国经济运行的特点有：一是持续高增长基础上的循环上升；二是高增长与高通胀并行；三是上行扩张阶段在周期中占据主要地位。这是一种热胀型经济周期运行，它表现出经济活力增大、潜力不断释放的我国社会主义转型期经济的生命力。

上述我国转型期初始阶段运行势态及周期形式和西方发达国家成熟的经济的运行有明显的不同，在西方资本主义市场经济中的经济循环，呈现繁荣与衰退的轮番交替。特别是战后不少发达资本主义国家的经济发展过程中，衰退的频繁性和长期性成为显著的特征，如美国在20世纪80年代、日本在20世纪90年代都经历了长期的经济不景气和萧条。可以说，景气上升至最高位时，萧条也即将到来，经济运行中存在难以克服的内在矛盾。

2. 高增长与高通胀经济运行的制度因素

在高增长基础上有波动的运行，是不少发展中国家经济运行的特征。这种经济运行势态，意味着借助不均衡发展的规律，在经济波动中实现高增长，显然，这种运行势态符合发展中国家的加速工业化和现代化的总目标。但是高增长演化为热胀，意味着再生产出现障碍，它不利于持续的、健康的高增长。因为，在经济扩张阶段，在增长速度超过可承受界限，演变为过热和过度通胀的"热胀"时，政府必须实行"拉闸"，对热运行经济刹车，而在消除通胀后，人们又要进行经济"启动"，促使经济复苏和正常发展。可见，经济波动和周期性的运行进程，使社会承担着宏观经济运行调整成本，特别是在转型经济中，无论是"紧缩成本"以及"启动成本"都相当高昂。这也表明，人们应该争取经济既是高增长的，又是低通胀的，这是保持持续适度高增长的条件。对于我国来说，特别要注意消除和防止高增长与高通胀并行的热胀势态。在此，我们要对"热胀"的成因加以分析。

社会主义国家在计划体制下经济运行的状况很大程度上取决于政府，取决于政府的经济政策的科学性。人们急于求成和贪多求快的心理，都会导致超过国力的大发展和"大跃进"行为。这种导致经济过度扩张的主观因素在转型期是客观存在的。但是，改革开放以来我国经济发展中的热胀趋势及其周期性地出现有其特殊的制度基础，它是我国转型期初始阶段的体制与机制的产物。

我国高增长演变为"热胀"的成因是：

第一，持续强劲的投资支出。（1）市场机制的引进，激活了各类企业（包括农村家庭农户）扩产的积极性，特别是软预算约束的国有企业受利益驱动，表现出投资饥饿，企业一股劲地进行投资扩产。（2）市场取向的改革，实行向地方放权，有了利益驱动的地方政府（省、市、县）表现出前所未有的投资办厂的积极性，不仅财政资金用于投资，而且企业获得政府主导下的银行信贷。（3）银行的信贷扩张、货币发行、信贷规模的增大成为促使经济扩张的主要杆杠。20

世纪80年代以来，为适应"翻两番"目标，货币与信贷是松动的，货币信贷供应量的年增长在20%左右，超过了增长率和物价水平涨幅之和。这种信贷扩张是传统的资金分配的银行信贷机制在企业投资热的新条件下的产物。货币的超常供应，促使投资快速增长。银行发票子、企业增投资、经济快速增长，在这一时期经济发展中表现得十分鲜明。（4）对外开放、外资的引入以及银行配套资金的注入，形成了强劲的投资拉动，促使沿海地区中外合资、合作企业的兴起。沿海地区的高增长有力地支撑着中国20世纪80年代以来经济的持续高增长。

第二，不断增长的消费支出。（1）农村改革一步到位地使家庭农户成为土地的经营主体（享有使用权）和其他财产的所有权主体，大大调动了8亿农民的积极性，出现了20世纪80年代初期的农业快速增长和农民收入快速增长；（2）负盈不负亏的国有企业表现出消费亢进，企业把市场性的经营带来的利润用于提高职工收入和福利，特别是扩权让利的改革带来分配向职工倾斜，即我称之为国民收入的V扩张，[①]因而整个80年代是职工收入高增长时期；（3）银行对国有企业长期松动的信贷，保证了国有企业的流动资金供应，支撑了国有企业的工资及其他职工收入的快速增长。

以上两方面表明：我国市场取向改革的早期阶段，在增强企业（及农民家庭）活力的基础上，出现了一个快速投资增长、快速消费增长和二者有力地拉动经济增长的时期。在原有的薄弱的物质基础和物资匮乏的条件下，快速增长的投资会与投资物品的供应相矛盾，快速增长的消费会与消费品的供给相矛盾，因而，高增长在加剧总量和结构失衡中，引起高通胀和导致政府的调控和实行"刹车"就是不可

[①]　刘诗白：《国民收入分配中的V扩张》，原载《中国社会科学》1992年第5期。

避免的。

第三，供求自我调节功能的薄弱。发达的市场机制及其灵活有效的调节功能是实现总量均衡和供求结构相适应的经济杠杆。我国经济转轨期市场体制还不完备，市场调节还不是全面覆盖的，其功能也存在不足，还存在着计划与市场两种调节机制的互相摩擦。因而现实的市场作用往往是扭曲的，它不是导致均衡，而是导致不均衡。例如，市场分割下市场调节功能的薄弱引起重复建设的难治之症，它导致市场上低水平产品重叠过剩。我国转型期经济运行的重要特征是，快速投资增长与盲目投资、重复生产并行。20世纪80年代以来，软预算约束的国有企业（以及乡镇企业）热衷于扩张甚至不问效益、不计后果地盲目扩产，从而企业表现出旺盛的投资欲，只要能借到钱，企业就会将投资意愿变成投资的行动。由于缺乏市场竞争机制和市场约束，企业习惯于和安于进行低水平重复投资。另一方面，地方政府在财政包干体制的利益趋动下，积极"发动"和促进"大办""大上"的盲目的投资活动；加以银行体制改革滞后，使专业银行只是片面促进企业的投资扩张而未能约束其低水平扩张和重复建设。可见，转型经济的机制使高增长与重复建设并行发展，重复建设加剧了结构失衡和生产资料的短缺，引起生产资料价格上涨。低水平重复的盲目投资，引起式样老、质量差的消费品的大量堆积和适销对路的名优产品的不足。我们也应该看到，我国改革初始阶段，由于企业缺乏内在的约束机制，也缺乏有效的外在的市场竞争机制，由此导致一种收入超分配倾向和不实在的职工收入增长。即使是亏损的企业，在"攀比"机制下，也可以通过各种方式和各种资金渠道发奖金，这种收入分配机制造成职工收入的持续增长和消费支出的增长。而在经济高增长时期，急速膨胀的消费支出往往造成消费品供给匮乏，使物价高涨。可见，转轨期初始阶段市场机制约束功能的薄弱，既促进供给失衡，又促进需求膨胀，由此导致增长过度和经济过热。总之，高增长引发高通胀的主要成因是转型经济的体制和机制的缺陷。

（二）经济改革深化阶段周期的新变化：长紧缩与长复苏

1979年以来经济运行的特征是：经济扩张为短时紧缩打断，又很快进入扩张，就经济上行阶段来说，呈现"一松就涨"。1984年货币信贷扩张，经济出现过热，1985年实行紧缩银根，1986年春出现生产下滑，在实行货币、信贷松动后，立即出现两年多的经济扩张。在出现两位数通胀形势下，1988年10月实行"急刹车"式的经济紧缩，1989年9月生产开始下滑，接着是1990年夏开始的重新松动，启动经济的成效几乎是立竿见影，出现了投资与消费需求同时增长。1991年实现了国内生产总值8%的增长（1990年为3.9%），1992年、1993年增长连续攀升至14%左右的顶峰。从1979年以来迄至20世纪90年代的三轮扩张—收紧—扩张的经济运行中可以看出：紧缩阶段的基本结束和松动，很快就是市场的由疲转旺，增长加速和转变为高增长和超高增长，不存在一个逐步启动消费需求和投资需求的中间阶段即复苏阶段。

在资本主义的市场经济循环中，继高涨之后出现的是萧条。其主要表现是：生产下滑（两个季度的负增长），市场低迷，物价持续下降，企业大量破产，失业剧增。萧条或者是体现需求不足下过热经济的自然收紧调整或是体现政府实行紧缩以抑制需求下的经济收缩调整。复苏阶段的特征是，投资和消费需求的逐步转旺，增长逐步加快。随着需求进一步增大，市场转为景气，一个投资高增长时期赓即到来，并拉动消费支出激增，经济由此进入繁荣阶段。上述各个阶段的递进，体现了由需求增长不足，转到需求加快增长。但是如果出现需求启动艰难和增长缓慢，就会使萧条持续化。在20世纪20年代和30年代的资本主义国家都出现过长期的萧条，二战后，不少国家发展中也存在这种长期萧条的运行势态。

我国1993年紧缩以来，经济运行势态出现了新变化，一方面是长紧缩，另一方面是出现了长复苏。长紧缩表现在：1993年7月开始实施的紧缩，在不断加大力度中逐步收到抑制需求的成效。1993年第三季度物价有所下降，但由于第四季度南方一些省区粮价上涨，引发了新一轮通胀。1994年零售物价上涨21.7%，消费物价上涨24.1%，而1993年物价涨幅分别为11.2%、14.7%。1994年、1995年采取继续加强紧缩力度的措施后，物价逐步下降，1995年下降7个百分点，1996年再下降8个百分点，全年物价涨幅为7%，1997年为3%。如果以1996年底为上一轮经济周期低谷，那么这一轮紧缩阶段为42个月，比1988年10月至1990年底的紧缩期多20个月。因而，这是一次逐步加大力度的长紧缩，它不同于1988年开始的需时较短的急刹车式的紧缩。

长复苏是1997年开始松动后的新经济运行势态。其特征是：市场投资需求与消费需求持续不振，价格持续负增长，企业亏损（额、面）增大，国内生产总值增长放慢和不稳。我国1993～1996年软着陆实现后经济运行的特征是：市场持续全面疲软，根据国内贸易部1996年底的调查，600种商品中30%供不应求，30%供求平衡，40%供大于求。1998年底的调查则是30%供求平衡，70%供大于求，表现出"万千商品少俏货"，特别是长期紧缺的电力、运力在1998年也出现过剩。物价则是从1997年10月开始迄至1999年12月共27个月持续负增长和低位运行。

1997年以来，在市场制约下，盈利预期下降，投资增长放慢，即使是在采取扩大依靠财政投入的基础设施建设后的1998年，全社会固定资产增长仅为15％左右，大大慢于1991~1995年的平均年增率34.7％。特别是非国有经济投资增长大大减缓，1998年接近零增长。在消费需求上，一方面消费收入增幅有所放慢，占社会总消费40％~50％的农村，农民收入增长的滞后更是前所未有。1998年农村人均收入2160元，实际增长4.3％。在改革开放全面推进，预期消费支出增加的情况下，居民边际消费倾向明显下降。1998年银行两次降低利息，但储蓄总额仍然不断增长，全年达7200亿元。特别是1999年1~5月，在银行连续7次降息后，储蓄仍出现5000多亿元的超常增长，这种情况表明消费需求的疲软和不足。总之，1997年以来，随着软着陆的实现和开始实行适度松动，出现了明显的需求不足，通货紧缩，增长放慢和不稳。上述现象迄至1999年底已持续30多个月，从而使这一阶段表现出长复苏的性质。由于经济仍然以8％左右的高速度增长，职工和居民收入仍然增长，下岗再就业得到较妥善安排，我国复苏阶段没有资本主义国家的萧条现象，因而，这是一种特殊的复苏。

长复苏的本质是转型深化阶段矛盾的积累和机制的变化，带来投资与消费需求不振，从而使增长放慢。另外，较长的经济偏冷也体现了转型经济中紧缩政策的较大的收缩惯性。1979年以来经济中的投资与消费的强劲扩张趋势，造成紧缩一旦松动，投资与消费需求几乎是立即迅增，即"一放就活"。而1997年以来却是"松而不活"，处在收缩中的、偏冷和下行的经济，适度松动后却拉不起来。近3年社会投资与消费双重拉力都不足，在1998年以来出口下滑形势下，这种社会投资与消费拉力弱化带来更大的负效应：（1）投资、消费需求不足，表现为市场全面疲软，企业销售困难，竞争日益激烈，价格越发下走，平均利润率畸低。（2）上述宏观势态挫伤了企业的投资意愿，造成更多企业，特别是缺乏活力的国有企业陷于困境，难以正常营运，大量停产和半停产，由此带来原材料采购减少，加剧投资物品的过剩；另外，企业大面积的效益下滑和亏损，使职工、城市居民收入增长放慢，大量下岗更加剧了收入增长滞后，加剧了消费品的过剩。（3）我国供给结构的失衡十分严重，重复建设造成市场上低水平产品重叠过剩，进一步加剧市场疲软，钝挫市场主体投资与消费意愿。可见，1997年以来，我国出现了一种需求不足—市场疲软—需求更不足的恶性循环，1999年3月后社会固定资产投资规模下降以及储蓄的超常增长，就是这种复苏期经济不良运行的表现。

（三）长复苏与经济进入过剩运行

1. 宏观经济过剩运行的出现

如果对1997年以来的经济"松而不活"、难以拉起来的长复苏的成因进一步加以剖析，我们认为，长复苏是我国经济运行中一个特定阶段的现象，它是我国经济进入过剩运行条件下经济启动期的特征。1997年以来的内需萎靡不振，投资、消费拉力不足，增长放慢和增长不稳，有其更深刻的原因。这就是：20世纪90年代中期我国经济由短缺运行向过剩运行转变。中华人民共和国成立以来，我国经济长期处在短缺运行势态下，其特征是投资物品与消费品供给大范围的和长期的紧缺。在计划体制下，短缺运行表现为凭票证供应、排队和黑市。1979年以来短缺主要表现为"一放就胀"，短缺实质是总供给与总需求的失衡。其根子是快速增长的经济及其旺盛的需求，受到供给不足的制约，特别是受到能源、基础原材料、基础设施和运力"瓶颈"的制约，还受到消费品供给不足的制约。

发展中国家的高速增长时期，经济出现短缺运行是不可避免的。而且，"短缺"的负效应是引起物价上涨，短缺经济中增长空间窄，高增长势必引起高通胀，如我国20世纪80年代国内生产总值增长率超过10%时，通常伴有10%以上高通胀。但是另一方面，也应看到短缺所带来的市场旺销和预期高利润率激发政府、企业、个人普遍的投资、发展欲望，由此，有力地促进高增长。短缺运行势态下，紧缩阶段一旦结束和实行松动，走在供给前面的需求自然地拉动着经济内生增长，使经济快速进入高涨。一旦经济进入过剩运行势态，再生产的内在机制就发生变化。1996年底我国经济软着陆实现后，人们面对着的是一个过剩运行的宏观经济，商品供给过剩，库存不断增大，生产能力过剩，价格过度低走，平均利润率畸低。上述情况主要体现了有效需求不足，其具体表现是投资不振和消费萎靡。

投资不振是引起当前需求不足的重要因素。固定资产投资增幅由1993年来的高峰逐年下滑，1997年以来，国有、非国有企业和个人固定资产投资增幅下降，尽管银行连续多次降息，仍然未能激发社会投资，1997年全社会固定资产投资增长幅度降到10%。1998年在采取加大政府投资情况下，全社会固定资产投资增长15%。但是，国有企业和非国有单位固定资产投资（占全社会46%规模）增长普遍缓慢，1～6月为零增长。1997年以来技术改造投资急剧下滑，技改投资增幅由1993年的50.31%猛降至1997年的8.35%，1998年回升至13.9%，但集中于邮电、通信行业，绝大多数国有企业技改投资没有增长。

平均利润率畸低是企业投资不振的重要原因。一些产品如彩电价格一度降至接近零利润的低价位，使企业难以扩产。市场不景气、预期利润率低，也使企业难以寻找新的投资项目。

当然，在市场制约下企业减产和投资增长放慢，也表现出改革深化带来的主体投资行为的理性化，它较之企业在"投资饥饿"下不问销路，不计盈亏，盲目上项目是一大进步。但是近3年在我国出现的不是经济运行中自我调整性的投资收缩，而是体制性的投资不振。具体地说，（1）国有经济体制、结构的缺陷，传统的国有经济大一统模式未能得到改变，造成国有资本在行业布局上无所不包，缺乏配置效益，而且使企业资本稀释，自有资本金不足，从而缺乏投资能力。另外，国有企业低水平重复配置十分严重，资产流动重组的滞后影响了资本存量的整合和优化，其结果是产品雷同、"小"而"散"的企业林立，不正当和致命的竞争又使企业互相削弱。这些产品重叠，"小""散""弱"的企业，扩大投资的能力越来越弱，难以进行结构调整。显然，在供求形势变化和需求不足形势下，必须有国有经济大调整、企业大重组的跟进，形成一批经济实力，特别是竞争力强的骨干企业，使其成为能够适应市场状况而自我发展和扩张的有效投资主体，才能保持强劲的社会投资势头。（2）国有企业改革的滞后，对多数企业来说，不断进行自我调整和自我完善，使自身灵活地适应市场的机制尚未能形成。当前十分突出的现象是企业激励机制不足，经营者缺乏积极性，另一方面又缺乏约束机制，所有者不到位。企业机制的缺陷必然表现在投资行为上，多数企业表现出投资欲弱化，后者既有项目难找引起的"慎贷"，即投资趋于理性的因素，还要看到经营积极性不高，"搞投资找死""不搞投资等死"的心态，造成投资疲惫和不振。这种企业机制性的投资欲的弱化与1979年以来的国有企业普遍的投资饥饿现象形成鲜明的对比。（3）金融体制改革的滞后和顺畅、灵活的资本供应机制的缺乏，也成为制约企业投资增长的重要因素。由于与银行商业化有关的制度要素未能解决好，在加强监管中出现了银行和信用社的"惜贷"现象；此外，由于资本市场尚处在发育过程中，企业直接融资还缺乏充分的空间，市场化的资本供应机制的缺陷，造成信贷资金和社会资本（股市筹集的资金）流向缺乏效益和发展前景的弱质企业，而许多真正具有竞争力的优势企业的投资需求却得不到满足。总之，信贷机制的缺陷与障碍造成资金供应"中梗阻"，成为当前投资不振的重要因素。以上分析，一定程度上也适用于乡镇集体经济。同时也表明，转型期的制度变迁过程中，特别是国有经济改革滞后以及金融体制改革滞后带来的众多矛盾会导致投资不振，造成投资需求不足。这是一种转轨期机制性的投资需求不足。我国1997年以来社会投资增长的急剧趋缓，就是上述机制性投资需求不足的表现。

消费萎靡是造成当前需求不足的另一重要原因。消费需求是总需求的重要组成部分，由于它是最终需求，在拉动总需求从而经济增长中起着基础作用。我国城乡居民消费在国内生产总值中的比重1979～1991年平均为64.5%。在国内生产总值高增长阶段，保持消费率的稳定十分重要，消费率的暂时下降，总需求可以靠投资率和出口率的增长来弥补，但是投资带来的产值增量仍然要靠消费来实现，因而，持续稳定的总需求毕竟是以适当而充分的消费率为基础。如果国内消费率下降，而消费品出口率不能提高，就会产生消费需求不足导致的经济拉动的减弱。

在我国20世纪90年代宏观经济运行中，一方面，国内生产总值的基数不断增大，另一方面，1992年以来的高增长中不仅未能使消费率有所提高，相反，1992年以来城乡居民消费率下降到60%以下，1992～1996年这一数据平均为58.18%，据一份资料，1998年消费率下降到国内生产总值的45%左右。消费需求的萎靡直接表现为消费品市场疲软。消费需求的弱化，又会影响到投资品的需求，从而导致总需求的不足。可见，我国90年代宏观经济运行中出现了消费增长滞后的现象，消费增长缓慢与经济高增长的矛盾逐渐凸显出来，成为我国当前再生产的主要矛盾。

消费需求增长滞后是转型期经济一定发展阶段的产物，主要是由于改革深入发展时期的体制摩擦，也由于增长方式转换的困难。

就占我国总消费的60％的城市消费需求来说，改革初期的扩权让利改革（包括国民收入超分配）条件下，经历了一个生产和职工收入快速增长的"经济浪漫主义"时期。20世纪80年代城镇家庭人均收入增长最低是9.7％（1987年），最高是48％（1986年），由紧缩而增长放慢的1990年、1991年，人均收入仍相应增长10％和11％，1992~1995年，年均增长为25％，[①]这种城镇居民收入的高增长支撑着社会总需求快速增长。但是随着经济市场化的发展，竞争的加剧，以及国有经济、国有企业大改组时期的到来，出现失业高峰。1997年以来每年近800万～1000万职工下岗，加之企业改革和"超分配"受到抑制，职工收入增长放慢，1997年城镇居民人均收入增长6.6％，国有企业生产与收入双双快速增长的"经济浪漫主义"时期从此结束。

就农村来说，1979年以来的农村改革，实行家庭联产承包制和乡镇企业崛起给农村经济带来活力，出现了20世纪80年代中叶前农民收入快速增长时期。但是由于农村改革深化步履维艰，80年代末以来出现了农村经济的徘徊和农民收入增长的放慢，1997年、1998年，农民人均纯收入增长幅度微小，从而使消费需求的重要支撑力日益减弱。

转轨期收入分配结构的不完善，收入差别过大，作为社会消费支柱的中间群体收入水平低、增长慢，这种收入结构畸化造成收入增长的消费需求弹性下降。

市场化改革的逐步深化，必然要涉及和引起就业、社会保障、教

---

① 以上数据来源于1996年《中国统计年鉴》第281页表。

育等领域的制度变迁，并带来消费行为的变化。80年代扩权让利的改革使人们增加了收入，在传统铁饭碗体制和国家统包的福利分配体制（包括住房、教育体制）下，人们可以将新增收入放心地用于即期消费，因此，80年代表现出居民收入与消费大体并行增长。1992年以来市场化改革全面深化，打破铁饭碗，实行就业市场化，破除传统的国家统包的公费医疗、免费教育、福利住房的分配、消费制度，实行市场化的生活消费和社会保障制度。在进行上述就业、收入分配制度改革过程中，就会出现居民预期支出的增加和即期消费的自我抑制。由于我国社会保障尚在逐步完善，而且长期只能是低水平的，住房、医卫、教育等消费很大程度上要由个人承担。在上述与个人消费支出有关的改革政策措施初建时期，个人负担尚不确定和人们对经济的信心不足的情况下，自我保障的心理压力更增强了居民即期消费的自我抑制，从而造成居民消费倾向的降低。我国居民储蓄率高达40%，近年来利率7次下调，储蓄不降反升。1998年居民储蓄增长达7200亿元，1999年1～5月储蓄猛升，总数达5000亿元。上述情况十分鲜明地表现了改革全面推进过程中抑制即期消费产生的聚合负效应。消费倾向下降，成为我国近年来消费不振的重要因素。

商业流通体制的缺陷，造成销售渠道不畅，买难卖难制约着市场的开拓；银行消费信贷和租赁交易等销售形式的发展严重滞后，也成为消费品市场难以开拓的重要原因。

总之，据以上分析，我国20世纪90年代中期以来出现了转轨深化阶段机制性的社会有效需求不足，后者主要表现为投资需求不足和消费需求不足，从而形成了经济过剩运行。经济过剩运行势态是我国改革深化阶段的新现象，当然，也是一种过渡性的现象。

2. 经济过剩运行下启动经济的困难

在宏观经济保持着短缺运行的总势态下，经济"一管就死、一活就胀"表现得十分鲜明，在实行紧缩后的经济启动期，一旦采取货币信贷政策以及财政政策的"松动"，社会总需求就会较快增大，在"短缺"的总格局下，投资和消费会由增长而再次崛起，并进一步拉动总需求的增长。也就是说：适度扩张的宏观政策有着明显的启动经济的效应，使经济较快回升，迅速地转上高增长的轨道。可见，短缺运行势态下的经济运行不会有复苏阶段。1990年我国经济在松动中顺利地启动，1991年迅速回升，就表现了1992年超高速增长这种宏观短缺势态下，政策松动启动经济的有效性和经济的快回升。

在经济进入过剩运行的总势态下，启动经济的机制受到经济过剩造成的市场桎梏的制约，激励投资的政策遇到市场制约下的投资不振，激励消费的政策遇到物价长期走低下消费倾向下降下的消费萎靡，因而，过剩运行势态使政策松动的启动经济效应大大弱化，呈现出"治冷难"即启动经济困难的问题。在这种新情况下就需要有一个在调整与完善宏观政策中启动经济，逐步理顺和恢复经济扩张机制的时期，我们将这一逐步回升时期称为特殊复苏。

1997年以来实行适度松动政策，在松动不断加大力度中，实际经济运行却表现出继续收缩的缠绵而顽强的"惯性"力量。1997年以来增长放慢，1997年10月以来物价一路下滑，1998年以来，采取了力度不小的刺激投资需求的措施，增加了1000亿财政支出用于基础设施建设，支撑了固定资产投资的增长，但全社会固定资产投资第一季度增长仅9%，全年达到15%的增长率，远低于过去一般的固定资产投资增长率；在消费不振和出口急剧下滑——全年增长0.5%——的情况下维持了国内生产总值7.8%的增长。

但在加大公共投资条件下，社会投资却继续不振，而且，随着公共投资支出的到位，1999年4月以来，又出现了全社会固定资产投资率的下降，这种情况表现出政府公共投资未能撬起和启动内生的社会投资。此外，1998年以来，消费品市场进一步全面疲软，零售物价和消费物价仍然持续下走，而且出现了1999年1～5月的储蓄狂增，反映出20世纪80年代以来的公共投资中40%转化为消费的传统机制的失灵。

上述社会投资与居民消费需求持续不振，有启动经济的政策措施是否到位和松动力度是否到位方面的问题，但是我们认为，经济启动的艰难在本质上体现了宏观经济运行势态的变化，即出现了有效需求不足和经济过剩运行。

（四）扩大内需，促进回升，实现经济稳定增长

1. 大力启动投资需求

我国宏观经济还处在复苏阶段，随着内需的逐步启动，市场将由疲转旺，价格将回升，增长将加快并逐步过渡到健康增长阶段。2000年上半年以来经济回升势态已经显现。我国最佳的增长模式应该是低通胀和适度高增长，而当前的紧迫任务是有效扩大内需，促进健康复苏和回升。

在货币政策刺激投资与消费的效果疲弱的条件下，应该把扩张性的财政政策作为反周期的主要杠杆，首先是作为撬动社会投资的杠杆。社会投资——企业和居民的投资——的重振和保持强劲的拉动力，是经济走出低谷、健康回升的主要条件。当前复苏阶段的主要矛盾是在市场制约、预期利润率下降、风险增大条件下的社会投资萎靡不振，应该借助政府公共投资来维持投资拉动力，支撑市场需求，防止生产滑坡。

基于我国新时期经济运行中机制性需求不足的大背景，以及内生的企业投资和居民投资难以启动的现状，有必要保持一定时期内有力度的和持续有效的公共投资支出，来维持对增长的投资拉动，防止公共投资一波结束，出现投资断层带来的负效应。1998年的政府公共投资扭转了1998年初增长下滑，实现了全年7.8％的增长，显示了积极的财政政策的作用。由于1998年政府公共投资在1999年春陆续到位，而1999年3月和4月全社会固定资产投资仍下降，工业增加值增幅也出现下降，这表明实行连续而有效的公共投资的现实必要性。

需要进一步指出的是，政府的公共投资应该是作为撬起、带动社会投资的杠杆。在市场经济中投资主要是社会投资，投资活动是由作为市场主体的企业以及居民来进行，这种自主进行的社会投资需求形成经济体系持续性的内生的需求。在经济过冷阶段，作为反萧条措施的依靠财政资金的政府公共投资则是一种非经常的外生的需求。国民经济的健康运行，必须立足于经济体系的内生需求——投资需求与消费需求——之上，1993年以前经济运行主要是内生需求过旺，而1997年以后的复苏阶段则是表现为内生需求不足，首先是内生的投资需求不足。不仅国有企业的投资不振，在市场制约下集体企业的投资在近年也大大下降，由于市场及各种制度制约，个体私营企业的投资也停滞不前，因而，当务之急是启动内生的投资需求。需要看到，扩张性财政政策和大规模公共投资是难以长期持续的，而且更重要的是，它不能取代社会投资，它的目的在于启动社会投资需求，只有社会投资重振、恢复活力和实现强劲增长，才能实现经济健康回升，并使经济运行进入稳定增长阶段。

根据当前经济的状况，为了启动内生的投资，一需要继续进行一轮一定规模的公共投资来维持外生的投资拉动；二要实行政府投资与社会投资相结合的共同投资方式，力争在一些基础设施建设中，使公共投资发挥直接拉动社会投资的效果；三要为企业的有效投资提供财政支持，政府建立基金，为支持企业技改，特别是发展高科技进行贴息；四要把对企业投资的支持和深化国有经济的改革相结合。

当前，国有企业的投资不振除了市场制约之外，关键在于企业缺乏活力和缺乏资本金。由于统负盈亏的国有企业投资饥饿受到抑制，宏观经济"一松就活"的阶段已经过去，改变国有企业投资疲惫和不振的状况，就微观来说，必须着力于解决企业的机制活力，形成适应市场而不断自我调整和自我完善的经营机制。如果企业机制不活，缺乏自我完善、自我发展动机，即使利息再低，企业也仍然缺乏投资和技术创新的意愿，还有可能又诱发新一轮低水平的重复建设。因而，当前应该把对刺激社会投资和深化国有经济、国有企业的改组相结合，着力于启动有效投资。为此要抓有后劲的重点企业的投资，既增强投资拉动又形成有效供给，并且通过企业效益提高，在职工收入持续增加的基础上启动城市消费支出。可见，在当前，搞好扩张性的财政政策，应该着眼于寻找一条刺激和形成有效投资需求、能切实带动消费需求增长的方法，而其关键则在于要将启动经济的财政政策和企业深化改革相结合。

2. 实行启动投资需求和启动消费需求相结合

我国特殊的长复苏的另一特征是消费需求的难以启动。20世纪90年代以来，特别是近年来城市居民收入增长放慢。据一份统计资料，城镇居民收入增长1995年为22.5%，1997年为4.6%。农村由于进一步改革和增长方式转换的困难，也表现为农民收入增长的放慢，1995年农村人均收入增长29.4%，1997年为8.5%，1998年增幅更降为4.3%。1979～1991年我国居民消费在国内生产总值中的比率平均为64.5%，

1998年下降到45％左右。

我们认为，不能把当前的消费需求不振和消费品市场疲软只看作是"紧缩的惯性"，而应看到它更深刻的原因，即20世纪90年代以来逐步趋于明显的有效需求不足，后者是转轨过程中的矛盾的集中表现，可称之为转轨期综合征。

在本书中我们已经指出，社会消费需求增长滞后的趋势，是在我国改革深化和增长方式转换的充满矛盾的过程中出现的。其主要因素是：（1）就城市来说，国有企业效益下降，国有企业大改组，失业高峰的出现，这一切造成20世纪90年代中期职工收入增长放慢，其结果是城市消费需求不旺。（2）在就业、住房、公费、医疗、教育等体制改革全面推进中，居民预期消费的增大，会造成即期消费的自我抑制和储蓄倾向的增强。（3）就农村来说，农村家庭承包化以后的制度创新和增长方式转换的困难，使20世纪80年代后期农村经济发展呈现徘徊和农民收入增长放慢。因而，我国转轨期，在"两个转换"的艰难过程中，出现消费需求增长落后于经济增长几乎是一个难以避免的趋势，只不过是上述趋势在1992年、1993年的超高增长中被掩盖起来。1993年实行紧缩以来，出现了紧缩中的矛盾与上述转轨期的矛盾的互相交织，从而使社会消费需求萎靡鲜明地表现出来。消费需求持续萎靡使市场状况难以改观，并且成为投资难以启动的根本原因。可见，在启动内需中，要把启动投资和启动消费相结合，在当前已经采取了诸如提高职工与居民收入，扩大消费信贷，刺激住房及其他固定消费品的消费，启动教育消费等措施。无疑这些措施能够并且实际上已经起到刺激消费的作用。只要我们坚持和搞好积极的财政政策和适当松动的货币政策，把投资的启动和消费的启动相配合，我们完全能加快经济回升的进程，使经济进入健康增长的运行阶段。

　　由于我国经济处在转轨期的复杂矛盾中，启动消费从而拉动内生投资、治理经济过剩运行需要时间；由于经济健康增长首先要恢复内生投资需求，投资的启动又快于消费的启动，我国经济中有效需求不足问题的根本缓解将经历一个过程，不可能一蹴而就。本书中我们已指出，当前消费需求增长滞后是转轨期的"综合征"，是转轨期诸多矛盾的集中表现，其根本治理需要经历一个阶段。因而，我们认为，重振消费需求，既要治标，即采取多种刺激即期消费的政策措施，更要治本，即在增强微观主体活力基础上提高基本消费群体的收入；既要着眼于促使6万亿居民储蓄更多地转化为即期消费，更要着眼于形成一大批生气勃勃的微观主体，后者能创造适销对路的有效供给，又能不断提高职工的收入。如果我国城乡越来越多的微观主体通过深化改革，转换机制，走上调整结构、加快技术进步、改变增长方式、提高效益、增大职工收入的发展轨道，再加上有关制度——如完善的社会保障体制的配合——那么转轨期的消费需求增长滞后就能从根本上得到治理。而在内生投资需求重新崛起相配合下，我国就会形成旺盛和适当的有效需求，拉动经济持续、稳定和健康地增长。

主著

中国转型期有效需求不足

及其治理研究

该书2004年由中国金融出版社出版，刘诗白主著并写作了第一章。

现代市场经济的生产扩张与总量均衡

本章从理论上分析现代市场经济的生产扩张与总量均衡关系。第一节从再生产诸要素的组合入手，阐明了内含扩大再生产是现代扩大再生产的主要形式，揭示了在现代扩大再生产中科技生产力的倍数作用和以高科技为基础的扩大再生产的特征。第二节研究现代市场经济中的总量均衡关系，以及科技进步和科技生产力倍数作用增强下实现总量均衡的机制，指出现代高科技并不能解决和消除资本主义再生产中的总量均衡问题，资本主义经济增长中制度性的有效需求不足仍然客观存在。

第一节　现代扩大再生产与科技生产力的作用

一、现代大工业生产方式的生产要素及其组合

（一）再生产是以诸生产要素的组合为基础

再生产是在社会生产要素的组合下实现的。在市场经济条件

下，社会的主要生产要素是：（1）物质生产要素；（2）劳动力；（3）货币资本；（4）科学技术。在市场经济条件下，有了货币资本，人们才能建厂，购买机器、设备和原材料，雇用职工，使物质要素与劳动力相结合，实现现实的生产。因此，货币资本表现为要素的"黏合剂"，是市场经济中特有的无形的生产要素。在现代大生产条件下，科学越来越被合并于机器、设备以及土地之中，因而对扩大再生产和经济增长起重要作用的不只是物质设备的量，更重要的是物质设备的质和能力，即设备的技术水平。技术是科学的体现，机器设备的高技术含量意味着高科技含量，内含于物质生产设备之中的科学、技术极大地提高了劳动生产率，成为加快增长的关键因素。

20世纪末以来，科学理论创新和技术创新越来越成为促进经济增长的决定因素，这一趋势鲜明地表现在20世纪末世界许多国家、地区的经济增长中。为了阐明现代再生产的内在机制，把握住现代再生产的决定动因，我们有必要将内含与具体化于物质设备（包括土地）中的科学技术作为一项现实的生产要素，我们简称其为科技，它是现代再生产中另一无形的生产要素。

以上我们将现代大工业生产方式的生产要素解析为物质生产要素、劳动力、货币资本和科技。对一国来说，现实的再生产就是上述四种要素的"黏合"和共同起作用，其结果表现在社会总产品中，人们通常用国内生产总值即GDP来加以计量。

（二）扩大再生产——现代社会再生产的特征

再生产的起点是上一年度的生产结果，表现为上期GDP，它是新的年度或即期的、现期的（Current）再生产的基础和起点。再生产有两种形式：简单再生产和扩大再生产。如果现期的生产规模不变，就是简单的再生产，如果生产规模扩大了，就是扩大再生产。扩大的再生产是现代大生产的特征，其主要标志是生产出的产品和服务量的增大，即产值正增长。市场经济条件下再生产具有十分鲜明的波动性，有时也会出现简单再生产形式，即产值增长持平，或零增长，甚至还会有萎缩的再生产形式，即产值缩减或负增长，再生产中的经济收缩阶段，特别是在资本主义国家频繁出现的衰退和危机阶段就会有这样的产值负增长。[①]产值负增长意味着扩大再生产过程被打断，它是资本主义市场经济再生产固有的矛盾和运行障碍的体现。

（三）外延扩大再生产的局限性

马克思主义政治经济学把扩大再生产分为两种类型：外延的扩大再生产和内涵的扩大再生产。外延的扩大再生产是指依靠增加生产要素数量和扩大生产场所来扩大生产规模；内涵的扩大再生产是指依靠技术进步，依靠提高和增大生产要素的能量来扩大生产规模。马克思指出："积累，剩余价值转化为资本，按其实际内容来说，就是规模扩大的再生产过程，而不论这种扩大是从外延方面表现为在旧工厂之外添设新工厂，还是从内含方面表现为扩充原有的生产规模。"[②]又说："如果生产场所扩大了，就是在外延上扩大；如果生产资料效率提高了，就是在内含上扩大。"[③]

多数国家在工业化进程中都经历了由外延扩大再生产为主，到以内含扩大再生产为主的增长模式的转换。

外延的扩大再生产是以生产要素投入的增加为前提，从而受限于

---

① 人们通常将GDP两个季度的持续负增长称为经济进入衰退（Depression）。
② 《资本论》第二卷，人民出版社，1975年，第356页。
③ 《资本论》第二卷，人民出版社，1975年，第192页。

原有物质设备的剩余，即生产出的投资物品减投资物品消耗的余额Z。我们用$I(c+v+m)$来表示物质设备的生产，$Ic+IIc$表示社会生产两大部类物质设备的消耗，那么，$I(c+v+m)-(Ic+IIc)=Z$。在一个封闭的扩大再生产模型中，上述Z就是社会扩大再生产基金，而Z的数量和规模也就成为一个极限，它制约和决定扩大再生产的规模。就发展中国家来说，由于技术进步缓慢，Z即国内物质设备剩余数量小。例如，在干旱水涝之年农产品增幅小，意味着可以用来作为追加投入的种子、耕畜数量少；发展中国家由于工业经济基础薄弱，生产资料生产部类增长有限，投资物品可使用于扩产的剩余量小，从而，扩大再生产要受到物质设备剩余量小的限制。此外，外延的扩大再生产还受限于现有的劳动力数量的状况。例如在许多发达的、经济成熟的西方国家，人口增长停滞使国内可用劳动力增量①很小，在那里，扩大再生产中会遇到劳动力供给价格提高的障碍。可见，外延的扩大再生产要受到原有生产要素的供给的限制。特别是外延的扩大再生产，是技术不变的、数量扩张型的扩大再生产，在出现资源匮乏、要素供给减少，从而要素成本上升的场合，增长的加快往往伴随着通货膨胀。此外，实行数量扩张型的扩大再生产，企业的竞争力会因产品技术含量和产品素质难以提高而遭到削弱，出现产品难以销售，资金难以回收，扩大了的生产也难以为继等问题。可见，在工业化、现代化过程中，由外延的扩大再生产向内涵的扩大再生产转换具有客观的必然性。

---

① "可用劳动力"概念，指发达国家劳动力市场价格水平下的就业量。发达国家存在一种工资提高也难以增大就业量的现象，从而使增长受到可用劳动力增量不足的制约。

（四）内涵的扩大再生产是现代扩大再生产的主要形式

内涵的扩大再生产以提高生产要素的质和生产能量为特征，从而是以科技要素的引入和物质设备、劳动力的质的提高为基础。科学技术含量增大了的物质设备和劳动熟练程度得到提高的劳动力，使生产方式进一步现代化，促使产业升级，使劳动生产率大幅度提高，GDP大幅度增长。另外，这种质量提高型的扩大再生产，一方面节约物质资源、人力资源以及货币资本资源，从而降低成本；另一方面，创造优质产品，促进产品结构的调整和优化，增大有效供给。这两个方面促进市场的开拓，社会总产品的实现和扩大再生产的持续化。内涵的扩大再生产的实质是依靠科技进步来提高劳动生产力和加快经济增长。

以信息技术和高技术为基础的扩大再生产是当代内含扩大再生产的最新形式，这种高技术型的扩大再生产，借助高科技含量的物质生产基础这一当代最先进、最强大的生产力，使用和发挥高智力的作用，使劳动生产率大大提高，它使生产资料部类实现了以实物形态计量的高增长。同时，当代高技术产品以知识密集为特征，当代高技术生产方式以物质耗费少为特征，如知识密集型产品，借助复制，在达到经济规模后，边际物耗增量趋近于零。因此，高技术型的扩大再生产中存在社会扩大再生产基金，即以实物计量的Z值扩大的巨大空间，它意味着较少的物质资源耗费和更大的设备剩余。这种依托高技术生产力的高级的内含扩大再生产形式，解除了经济高增长中可能出现的人力、自然资源（矿产、能源、水资源、农地等）供给的制约，它为土地、矿藏、水等自然资源消耗十分严重的后工业经济时代的经济增长提供了技术基础，使世界上那些"少土寡民"的国家和地区经济的高增长有了可能性，特别是为不发达国家加快发展速度，实行超赶式发展创造了技术经济前提。

（五）现代扩大再生产与科技生产力倍数作用

基于以上对再生产的要素及其组合方式的分析，我们可以用以下的简单公式来表述再生产的规模：

GDP的规模=（$M+L$）×t

式中：M是物质生产要素使用量，L是劳动力使用量，t是科技生产力。上述M、L均表现为价值量，t是一个倍数。

以上方程式表明：

第一，一国GDP的规模取决于$M+L$，即物质生产要素（其决定因素是物质、技术设备）和劳动力的使用量。

第二，以价值计量的一定的物质生产要素量，或物质资本量，体现的物质生产力会有高有低，这取决于物质资本的科技含量或更确切地说，取决于科技生产力，其作用数倍于前者。例如甲、乙两国已使用物质资本价值同样为1万亿元，但是乙国的科技生产力倍数为甲国的两倍，则它的物质资本的生产力将是甲国的两倍。

第三，科技是生产要素中起决定性作用的因素。先进的科技要素使劳动生产率成十倍、百倍地提高，这是一种科技创新推动型的扩大再生产，它可以用较少的物质资本增量实现大幅度实物形态的总产品增量。

第四，科技生产力倍数作用，是指科技创新带来的国民生产总值成倍的增量。这个增量可用t来表述，假设某一国科学技术生产力倍数值为2，而上年GDP为1万亿元，则GDP增量=上期GDP×2，即1万亿元×2=2万亿元。

科技生产力的提高决定于：（1）科技创新的性质，是一般工业技术的创新，还是高技术的创新；是一般的高技术创新，还是重大的高技术创新。（2）科技创新使用于生产的程度，是小范围的使用，还是大面积的使用。（3）由（1）和（2）决定的社会科技水平的提高。

用公式表述是：

$t=f（Q，S）$

式中：Q表示技术创新的质，S表示技术创新使用于生产的范围，t是Q、S的生产力增长函数。

以上科技生产力倍数作用的公式表明：（1）科技创新的性质十分重要。人们如果实现了对现实生产发展具有关键性的科技的重大突破，会大大提高Q值。例如从蒸汽机技术到电动机和电力技术，再到当前的信息技术，体现了工业中科技创新的质的飞跃；农业中一般的劳动工具的改进，农业机器和化肥的使用，良种选育，到当前的运用基因工程的农业生物技术，体现了农业中科技创新的质的飞跃。由对自然物质加工形成的工业原料、材料到当代高技术开发、创造的新物质与新材料，反映了劳动对象所体现的科技创新的质的飞跃。这种科技创新的质的飞跃，使Q值倍增，成为当前高技术经济中生产力跃升的泉源。（2）科技创新使用于生产的范围十分重要。如果有重大创新并使Q值倍增，又有有效的经济机制促使科技创新得以在生产中广泛使用，使S值倍增。S、Q值的提高，意味着科技创新成果成为马克思说的"社会一般生产力"和社会技术水平的提高，从而成为科技生产力倍数作用增大的重要因素。

第五，科技创新的泉源是知识，最主要是科学和技术的新理论，其次是各种应用技术知识、工艺方法、生产技巧、诀窍等。科学基础理论是技术创新的根本泉源，人们可以看到每一次重大的科学理论的突破都带来一场技术创新高潮：牛顿力学在物理学领域的理论创新带来18世纪末的蒸汽机革命；20世纪的量子论、相对论的理论突破，带来了20世纪末的技术革命的新高峰。信息技术、生物工程、航天技术、海洋技术、核能技术、纳米技术等领域的知识创新，使自然的微观层以及宏观层的结构得以解密，由此人们得以掌握利用自然深层力量的高、精、尖的应用技术。当代高科技把传统工业经济的技术提高到一个新水平，在我们使用的数学模式GDP=（$M+L$）×t，以及$t=f$（Q，S）中，它意味着Q值和S值的大大增大和科技生产力增长系数t值的增大，一句话，高技术使生产力倍数作用增大了。

二、现代高科技经济和以高科技为基础的扩大再生产的特征

（一）高科技生产方式的出现

20世纪末世界经济发展中最令人瞩目的是信息技术以及生物工程、纳米、航天、核能等高科技的出现，以及高科技生产方式的兴起和对传统工业生产方式的取代。

高科技生产方式首先出现在经济最发达的美国。20世纪80年代中叶以来，美国高科技企业迅猛发展，新兴信息产业滚雪球般壮大，在销售收入上和企业资产上都表明是高增长产业。一方面，适应高技术生产方式的发展，出现了产业和经济结构的新调整，高科技经济已经成为美国国民经济的主导部门。另一方面，高科技经济的发展成为国民经济的强劲的推动力，它导致美国1991年第一季度起至2001年第一季度长达10年的经济持续高增长。

当代高科技经济中，科学知识借助市场机制，不断地转化和内含于企业创新的物质技术设备与创新的产品之中，以及更加完善的生产工艺和组织、管理方式之中。一句话，出现了科学知识更直接地转化为现实的高科技生产力。人们可以看到，在当代高科技产业中，企业

的生产业绩不仅仅取决于高科技含量的物质资本和人力资本，而且取决于企业拥有的专利，新开发的科技成果，进行科技开发与创新的智力和进行经营管理与创新的智力。

微软（Microsoft）在短短的10余年间达到近千亿美元的资本市值，超过经历90多年发展的福特汽车公司，成为一匹令全世界大企业家惊叹的"黑马"，生动地表现了当代高科技经济中科学知识转化为现实科技生产力的机制以及这一机制固有的促进企业经济高增长的功能。实践表明，在当代最新的高技术生产方式中，科技不仅成为现实的生产要素，而且成为第一生产要素。

（二）当代高科技经济扩大再生产的特征

现代的内含扩大再生产是以科技进步，物质设备的科技含量和科技生产力的提高来实现生产规模的扩大。这种生产规模的扩大，尽管投入资本会增大，但由于科技生产力倍数作用，生产规模扩大大大超过投资的扩大，这是一种以科技生产力为依托的质量提高型的经济增长，鲜明地体现在20世纪现代工业经济的发展中。

基于对近200年来世界工业经济发展中科技进步的状况和性质的分析，我们可以归纳出两种科技进步主导型扩大再生产形式，或两种质量提高型模式。

1. 一般技术进步条件下的扩大再生产

我们把工业革命以来至20世纪中期的科技革命的发展阶段，称为一般技术进步时期。这是蒸汽机、电力、内燃机等动力手段的革新，推动机器大工业向纵深发展的时期。机器体系的技术进步，表现为动力机+现代工作机（包括现代流水线）组成的物质设备结构的复杂化和体积日益庞大，导致企业物质技术密集性的增强和资本技术构成的提高。自18世纪末蒸汽机使用以来近两个世纪的经济增长，都是以企业物质设备的增大和资本技术构成的提高为特征。我们把企业中的物质设备或固定资产以W表示，劳动力以L表示，资本的物质构成就由L/M来表示。工业经济时代科技进步主导的扩大再生产，表现为企业单位资本价值中L/M的比例越来越小，即资本的物质技术构成越来越高。

由于技术含量大的物质资本价值高，加之为取得规模效益而实行大批量生产——其典型形式是20世纪20年代福特汽车厂的流水线式的大生产，因而，技术密集也就必然表现为资本—技术密集。这也表明，这种一般技术进步条件下的扩大再生产，既需要增大物质设备，又需要增大货币资本投入。

2. 高科技条件下的扩大再生产

20世纪末期，随着世界科技革命的新发展，信息技术和其他一系列高科技引入和使用于生产之中，在经济发达国家出现了以高技术为基础的扩大再生产模式，通常具有以下几种模式：

第一，技术、资本、知识密集型生产。传统的机器制造，如20世纪20年代的福特汽车生产，是技术、资本密集型生产，它以产品品种单一（主要是T型车）、生产大批量为特征。当前的福特、通用等大公司的汽车制造，仍然保持着物质技术密集和资本密集的性质。但是在信息化介入和引导工业化、现代化大趋势下，科技进步成为扩大再生产的主要因素，企业立足于不断的科技创新，实现不断的产品创新，不仅仅是追求产品"样式"新变化，而且还有性能的改进、新的功能的增加。如当代汽车制造力图通过科技研发，提高速度、平稳性、抗震性及内饰件质量，引入电话、电视、计算机、网络、卫星定位等设施；此外人们不再从事单一型汽车制造，而是实行产品系列化。实行不断的科技创新，也是当代石油、化工、钢铁等传统工业的特征，它表明了企业资本构成中知识资本要素比重的提高。如企业占有的专利权、品牌等知识产权，成为资本价值的重要组成部分；另外，为了进行知识生产，研究与发展费用越来越大，一般占销售收入的8%～10%。可见，高科技的大规模引入，使传统技术、资本密集型生产转变为技术、资本、知识密集型生产。

第二，知识密集型生产。它可以分为两类：一类是知识密集主导型生产，如从事电子计算机制造，网络、通信设备——光纤、传感设备、手机以及航天、海洋产业中的硬件制造，企业既需要拥有从事科技研发的知识资本，又需要有高科技含量的现代物质技术手段。另一类是知识高度密集型生产，如从事软件的开发与制造，从事人体和生物遗传基因排序研究，以及从事于多样高技术研发、设计的企业，都属于典型的知识高度密集型生产。这些企业主要依靠增强知识资本，许多企业以重金罗致高智力生产者，进行高技术产品、新工艺、新经营方式的研发，它们进行的是高科技含量的物质产品，或者是纯科学知识产品的生产。现代金融企业中的投资咨询、金融工程设计也是高知识密集型的活动。高智力劳动的投入和高知识资本构成是上述企业的特征，而高创新知识含量则是产品高附加值的主要来源。

无论是技术—知识密集型生产，还是知识密集主导型生产，以及知识高度密集型生产，均是科技创新型的生产。人们可以看到，高科技时代的不断的科技进步和创新，成为资本快速积累和经济快速增长的关键要素。如果说，工业经济时代经济增长中科技生产力倍数作用日益显著，那么当前世界业已进入高科技经济时代，信息技术及其他高技术的普遍使用，使经济增长中科技生产力倍数作用分外加强。

第二节　现代市场经济与总量均衡

当代高科技经济的发展和技术的不断创新，经济增长中科技生产力倍数作用的加强，表现为再生产中的物质设备剩余的增大，即我们已经指出的社会扩大再生产基金Z值的增大，它意味着内涵的扩大再生产有了更大空间。强劲的科技创新发挥了拉动投资增长和刺激消费需求的功能，由此出现科技创新推动的有效需求的扩大和持续的经济增长。不停顿的科技创新，促进经济扩张期的拉长和经济收缩短期化，使市场经济运行的周期发生新变化。这就要求经济学从理论上阐明科技创新如何影响市场经济的运行，科学回答下列问题：（1）激发科技创新的经济机制；（2）科技转化为现实生产力的经济机制；（3）高科技经济运行中再生产内在矛盾加剧和引发危机的机制；（4）科技创新促进复苏的经济机制。可见，面对当代高科技经济这一新的变化，经济学家需要进一步揭示科技创新条件下的经济扩张—收缩—再扩张的规律。

以下，就对引入科技进步的再生产的内在均衡和经济周期问题进行理论探索。

一、现代扩大再生产与总量均衡

保持社会的投资需求和消费需求即总需求，与投资物品的供给和消费品的供给即总供给相适应，是社会再生产顺利进行的基本前提，这一总需求与总供给相对应，也就是宏观经济学的总量均衡原理。用公式表示是：

$Y=DI+DC$

式中：Y是总产量或总供给，DI是投资需求，DC是消费需求。

在扩大再生产条件下，保持增大的总需求与增大的总供给相适应更是十分重要，这是防止出现通货膨胀或通货紧缩，保持国民经济持续、稳定运行的前提条件。

为了维持顺利的再生产，除了总量均衡外，还需要有供求结构的均衡，即：（1）投资需求与投资物品——投资设备及其他原材料——的供给相适应；（2）消费需求与消费品的供给相适应。假定YI是投资物品的供给，YC是消费品的供给。用公式来表示是：

$Y=YI+YC$　（其中：$YI=DI$；$YC=DC$）

在市场经济中，上述总量均衡和结构均衡是借助市场机制的作用，通过经济运行中的一般波动来实现的。

在近代工业经济形态的扩大再生产中，实现总供求的均衡，要求有与工业技术进步带来的总供给一般增大相适应的总需求的增长，即

$Y^1=DI^1+DC^1$　　$Y^2=DI^2+DC^2$（其中：$Y^2=Y^1+t \cdot Y^1$）

Y^2、DI^2、DC^2分别是第二年度的增大了的总供给，增大了的对投资品的需求，增大了的对消费品的需求。

我们假定在经济发展一定阶段社会扩大再生产平稳地进行，在新的年度供给增量还不是很大，那么，只要能做到需求总量相应地适度增大，就能形成宏观经济总量均衡和国民经济的稳定运行。

在现代工业经济运行中，科技进步和科技生产力倍数作用的强化，意味着生产扩张趋势的加强，表现为生产总值即总供给更大幅度的增长。在经济信息化和网络化向前推进，高科技迅速发展和普遍使用于生产的条件下，生产能力和总供给增大表现得更为明显。可见，科技更大程度介入生产条件下，更加需要有对投资物品和消费品的充分的有效需求才能保持经济运行中的总量均衡。

当代资本主义国家再生产的主要矛盾和难解的问题是：在总供给扩张条件下能否创造出充分的投资需求和消费需求，即 DI^k+DC^k。人们可以看到，在微观层次上，当代资本主义国家出现的每一项重大的科技进步都会遇到市场不足的问题。20世纪20年代福特汽车公司使用流水线和科学管理，实现了大规模T型轿车生产，但立即面临着市场销路不足的问题。当代发达的资本主义国家的经济运行越加不稳定，有效需求不足问题越发加剧，成为实现顺利的再生产的一个根本问题。1929～1933年的世界性经济大危机，是有效需求不足的最鲜明的表现。从1825年迄至当前，资本主义市场经济运行过程之所以一直未能摆脱经济扩张—危机—经济扩张—再次危机的周期波动，无论这种波幅是大是小，无论危机表现为十分激烈的大崩溃形式，或较为缓和的形式，其根源都在于社会再生产过程中固有的有效需求的不足。

早期西方经济学家萨伊提出了"生产给产品创造需求"[①]的命题，从根本上否认资本主义市场经济再生产中的需求不足和危机。以马歇尔为代表的西方主流经济学，认为市场机制可以自动调节供求，实现均衡。马歇尔提出了长期均衡理论，这一理论回避了对经济波动的研究，也否认了资本主义经济运行中存在需求不足这一重大经济论题。

在现实经济运行中周期性危机不断出现且愈演愈烈的情况下，西方经济学不能不面对和研究经济运行中周期性的波动或衰退的根源。但是多数西方经济学家的经济周期理论停留于短期经济波动这一论题上，可以说形形色色的西方经济学有关经济波动理论，多半着眼于解释导致短期经济波动的各种具体原因，由此出发，一些人把"衰退"归于短时期内的投资不足，一些人把衰退归于消费不足，一些人则归

---

① ［法］萨伊：《政治经济学概论》，商务印书馆，1963年，第142页。

于货币信贷的紧缩，等等。多数西方经济学家是在经济制度的表层寻找经济周期的原因，而未能深入分析导致经济周期的深层原因，未能进一步追根溯源，去寻找导致再生产过程中周期出现的投资乏力、消费不足的制度根源。此外，还有一些西方经济学家在经济制度外去寻找危机与经济波动的原因，这就是有关太阳黑子、战争、人口增长导致供求失调和波动的理论，以及有关政府政策决定经济波动的政治性周期理论。

可以说，西方主流经济学有关市场经济条件下经济周期和波动的理论，尽管有关于经济波动演变具体过程和表层机制的分析，但是并未能揭示资本主义再生产过程的内在矛盾和衰退周期出现的根本原因。

马克思将经济运行周期问题纳入资本主义再生产过程的理论框架之中，分析了社会再生产过程中两大部类内部以及两大部类之间产品的交换，阐述了实现再生产所需要的条件。马克思不只是分析一般的再生产，而且着眼于分析资本主义制度下的再生产，深刻地揭示了资本主义再生产过程中产品实现的困难和生产过剩的制度根源。

马克思说："普遍的生产过剩所以会发生，并不是因为应由工人消费的商品相对地消费过少，或者说，不是因为应由资本家消费的商品相对地消费过少，而是因为这两种商品生产过多，不是对消费来说过多，而是对保持消费和价值增殖之间的正确比例来说过多，对价值增殖来说过多。"①马克思在这里指出了生产过剩的深层原因在于制度性的分配关系：资本决定的商品价值分配关系。恩格斯在《反杜林论》中阐发了马克思的危机理论。他指出，危机的根源在于资本主

---

① 《马克思恩格斯全集》，第46卷，人民出版社，1972年，第473页。

义生产方式的基本矛盾：社会化生产和资本主义占有之间的矛盾。这一矛盾决定了"市场的扩张赶不上生产的扩张。冲突成为不可避免的了，而且，因为它在把资本主义生产方式本身炸毁以前不能使矛盾得到解决，所以它就成为周期性的了"①。

经济运行周期性的制度根源在于资本主义经济的基本矛盾：群众收入增长落后于生产能力的扩张，这是资本主义经济中长期存在和难以摆脱的有效需求不足的主要成因。但是我们还需要指出：在市场体制下，经济运行中还会经常出现机制性障碍，如利率的变动，外贸、国际收支的状况以及币值的变化，特别是证券市场虚拟资本的运行状况，对需求变动和宏观经济运行有着极大的影响。例如利息的波动，股市不振会引起投资徘徊和消费不振。

现代市场经济是金融经济，货币、信用与资本市场高度发达，虚拟资本运行活跃是当代金融经济的特征。虚拟资本运行的高度活跃，表现在证券市场所吸引的营运资金的巨大规模和股市的更加变动不居，股指暴涨和暴跌频频轮替，以及不时发生的股市"崩盘"上。股市的兴旺，往往伴随着投资增长和作为"财富效应"的消费增长，而股市的疲软，则会导致投资与消费的紧缩，一旦出现股市"崩盘"的危机，就会导致投资需求和消费需求的急剧下挫。虚拟资本的运行尽管要以实际资本和现实经济为基础，但它又从属于自身的运行规律。虚拟资本是在与投机性相关联的证券市场上运行的，虚拟资本的状况既取决于证券市场的供求状况，也取决于证券市场主体的行为，取决于投资者与投机者的"收益预期"。这种预期既是经济基本面在主体头脑中的"反映"，又包括有作为心理因素的主观性，后者表现

---

① 《马克思恩格斯选集》，第3卷，人民出版社，1972年，第315页。

为在过度乐观预期下的股市竞购行为与对资本收益过度悲观预期下的股市竞抛行为。虚拟资本运行中主体的心理因素进一步加剧了资本运行的自发性，增强了市场机制引发"失衡"的功能。人们可以看到，在现实经济中某些领域已呈现市场过剩和投资过度情况下，仍然会有虚拟资本市场活跃，特别是股市的"牛市"，它继续刺激和支撑过度投资，加剧供给过剩与供求失衡；而另一种情况是一旦市场上有风吹草动，例如企业破产，会迅速引发股市主体的普遍惊恐，甚而可能引发股市全面崩盘，并导致投资消费的剧减，使经济进入衰退。上述情况，鲜明地表现在20世纪90年代美国的"信息产业繁荣"和2001年以来的经济衰退中。

另外，科技生产力倍数提高、作用的加强也使资本主义经济运行中供给快速增长和需求不足的矛盾变得更加严峻和更难以解决。现代生产特别是科技进步导致的生产的扩张趋势，成为加剧经济运行中供求矛盾的重要因素。20世纪经济发展中科技取得长足进步的新情况表明：现代经济增长中存在着科技生产力的倍数效应，它加强供给增长，从而会催化和加剧有效需求不足。使用信息技术和其他高科技，是始自20世纪末的生产的特征。人们可以看见，当代高科技以其技术生产力的高倍数，引起供给能力跳跃式的增长。信息技术不仅创造了一系列新的热门产品——计算机、多媒体、网络、软件等，而且，生产信息产品的新技术以其日益提高的劳动生产率造成众多产品供给的饱和。在美国，上网计算机1999年已达5620万台，上网人数已超过1亿人。手机在芬兰等国家，几乎成为自愿持有者人人拥有之物。另外，生物技术应用于农业，大大增大了优质高产的农产品的供给，在美国，转基因技术使玉米产量增加，加剧了农产品的生产和供给过剩。使用生物技术的新医药业，使少数几家大企业的生产能力足以囊括一国全部市场份额而有余。在汽车生产等传统工业领域，也都出现了十分严重的供给过剩的现象。当前发达国家的过剩资本积聚和资本全球性流动——每日达1.5万亿美元——反映了这种高科技—技术生产力倍数增大—供给快速增长的经济机制。科技生产力倍增效应带来的供给增长超过需求增长效应，也出现在新兴市场经济国家和地区，亚洲的新兴市场经济国家的劳动密集型企业在实行技术进步和数量扩张的基础上，生产能力也不断提高，许多产品目前也面临着供给过剩的严峻形势。

可见，资本主义国家经济运行中固有的生产扩张和有效需求不足的矛盾，其根子是制度缺陷，即资本主义制度决定的社会基本消费群体收入增长的滞后。此外，也同市场经济体制的机制性的运行障碍有关，市场失灵再加之政府调控作用的不足和缺陷，往往使需求不足和萧条势态持久。

西方经济学长期否认资本主义经济运行中存在有效需求不足。西方经济学中流行的理论认为：生产能创造充分需求，市场自行调节供求总量均衡和结构均衡。萨伊认为：不论生产量保持在什么水平，总产量的需求价格恒等于其总供给价格。从萨伊、马歇尔到庇古都否认资本主义经济运行中会产生有效需求不足，他们把市场力量奉为万能的，从而把实行自由放任、听任市场力量自发起作用视为治理市场经济运行失调的"万应"药方。但是这种供给自行创造充分需求的理论，却不能解释为什么1825年以来资本主义经济运行中会周期性地出现愈演愈烈的危机。1929～1933年发生的世界经济大危机，更使上述供给自动创造需求的古典理论归于破产。英国经济学家凯恩斯重新评价与批评了古典供求均衡理论，提出了有效需求不足和实行"有调控的资本主义"的新理论。凯恩斯的理论，从经济运行中投资需求和消费需求变动和有效需求不足产生这一新视角，承认了市场经济不是万能的，他论述了市场力量对供求总量和供求结构实行自我调整功能存在"失灵"，提出了要由政府的宏观调控来刺激投资和消费，来解决有效需求不足与过剩。

凯恩斯提出了一个公式：有效需求 D=社会可以预期的即可以实现的消费量 DC+社会可以预期需求的投资量 DI。凯恩斯认为：在出现消费需求增长不足，即 DC_1+DC_2（其中，DI_1、DC_1 分别为维持简单再生产的投资需求和消费需求；DI_2、DC_2 分别是维持一般的经济增长所必要的正常投资需求以及消费需求的增量）仍然是不充分量，小于充分的消费需求量 DC_k 的情况下，应该通过增大政府投资来带动和刺激社会投资，发挥投资乘数作用，形成充分的投资需求 $DI_1+DI_2+DI_3$（其中 DI_3 是政府投资带动和刺激的社会投资），从而支撑和维持充分的需求和就业。

凯恩斯不仅对资本主义经济运行机制及其矛盾进行了冷静的理论思考，而且提出了强化政府职能，以宏观调控手段来弥补"市场失灵"，治理危机的方略。凯恩斯的理论启动了资本主义国家由自由资本主义到有调控的资本主义的转换。

凯恩斯阐述的有效需求不足理论，承认了资本主义再生产过程有其固有的内在矛盾并孕育萧条，凯恩斯使西方"乐观的"经济学回归现实，他的经济学被称为西方经济学发展中的一次"革命"。美国马克思主义经济学家保罗·巴兰对凯恩斯新经济学做出如下评价：凯恩斯试图"找出一条挽救资本主义制度的道路"，"他未能提高一步在理论上充分抓住资本主义总危机的实质，但是凯恩斯用传统的理论工具，不逾越'纯经济学'范围，忠实地避免把整个社会经济过程看作一个整体，他的分析把资产阶级的经济理论推向顶峰，并且讨论了资产阶级经济理论的全部结构"①。当然，作为西方经济学代表人物，凯恩斯受到传统理论的局限，他对有效需求的分析未深入和把握住其深层的制度根源，但是，他建立的有关再生产总量均衡的理论和政府实行宏观调控的方法仍有积极的科学价值。我们在研究分析社会主义市场体制下宏观经济运行，探索和构建马克思主义的社会主义宏观经济运行理论时，批判凯恩斯理论的局限性并充分汲取《就业、利息和货币通论》中的积极因素是有必要的和有益的。

二、科技进步下实现总量均衡的机制

20世纪末的科技革命和经济领域中的科技创新，不仅对生产力的发展产生了重大的影响，而且对经济再生产过程也产生着重要的影响，高科技引入再生产，首先有力地刺激投资，刺激消费，从而促进增长。

科技进步和科技生产力倍数作用增强，一方面会加强生产扩张和供给膨胀，另一方面也创造出对投资物品的追加的需求。

（一）固定资本使用周期缩短和更新的加快

当前高科技时代的特征是：科学理论与技术知识的不断创新，某一领域的新理论引出一系列新理论。由于学科的相互交叉，科学知识的相互融会和促进进一步增强，使各个领域的技术创新互相推动。如信息技术促进了宇航技术、海洋技术和生物工程的研发，宇航技术如卫星制导技术发展的需要又促进了高效计算技术的发展等。可见，当

---

① ［美］保罗·巴兰：《增长的政治经济学》，商务印书馆，2000年，第41、92页。

代高科技发展呈现出各种理论、技术的交相引发、互促互动的连锁作用。特别是关键性的新理论、新技术像导火线一样，促使一系列新兴理论和相关新技术的萌生，从而使科技的创新不间断。

科技的不断创新，以致原来的技术和物质设备很快就过时，竞争中的厂商竞相用新的设备来取代陈旧设备，因而，企业物质设备的不断更新，成为高科技经济的特点。如果说，在蒸汽机时代，工作机和机器体系的进步是十分缓慢的，由蒸汽动力机到内燃机的使用花了近100年，20世纪内燃机的技术进步也是逐步推进的；那么，在信息技术时代，技术进步则表现为不断加速度的性质。计算机在20世纪40年代体积极其庞大——每台计算机需要上百平方米的房间来安放，并且运算能力也十分有限，自20世纪80年代以来，PC计算机按照葛洛夫定律每18个月功能增加一倍，与此同时机体体积越来越小，目前计算机的纳米化研发正不断取得进展。

市场经济的机制使上述科技创新转化为现实生产力，表现为企业加速的物质资本更新。在市场竞争机制下，企业敏锐地寻找、捕捉科技创新成果，用以革新其生产技术。如果说，传统工业经济时代技术创新的节奏较缓慢，在19世纪固定资本大更新往往是10年一次，在此以前的逐年再生产中原有技术基础是不变的，那么，在当前的高技术经济和向知识经济转变的时期，再生产表现为企业物质技术基础不断地创新和升级。为了提高竞争力，企业不断地更新和使用科技含量更高、功能更强大的生产设备，特别重要的是企业加速折旧和缩短固定资本使用和更替期。电脑目不暇接地快速更新，就是固定资产更新周期缩短的例证。这种普遍的加速固定资本更新，意味着对投资物品需求的扩大。

（二）高科技的使用带来纵向的生产扩张

纵向的生产扩张指同一行业中企业的不断壮大和增多，技术的不断进步，新的投资物品的不断出现，引起这一行业的发展和扩大。例如以计算机和网络为核心的信息产业，随着信息技术使用的普遍化，创造了对信息产品的巨大需求，特别是随着新型计算机的不断开发，多媒体、软件技术、网络技术的发展，进一步促进了包括众多行业的信息产业的发展。纵向的生产扩张使信息产业成为当代发展最快的新兴产业，据美高胜公司统计，1998年信息处理行业生产值较1991年增长250%，而传统工业生产总值增长仅为125%。信息产业的产值在一些发达国家已占GDP的8%～10%。信息技术还衍生出为其服务的相关行业，如计算机调试、设备修复、技术培训等行业。新兴高科技产业的纵向扩张，创造出对投资物品特别是对信息投资物品的追加需求。

（三）高科技的使用带来横向的生产扩张

横向的生产扩张指现代高科技产业间的互相促进，例如信息产业促进了生物工程技术、航天技术、热核技术，以及医疗技术等的发展，从而促使上述一系列新产业的出现。信息技术引入商业、金融业，促使电子商务、电子咨询等新行业的出现；生物工程技术促进了新的医药、农业企业的出现。可见，当代高科技加强了相关产业间相互拉动和新的产业链的形成。如果说，手工业缺乏行业依存从而缺乏产业链，机器大工业生产是以分工、企业协作和产业链为特征，那么以信息技术和现代高科技为基础的生产方式则是以分工、协作的更加发达，相关产业、行业链条的拉长和延伸为特征。这种产业链延伸效应，产生出对投资物品的新的需求。

以IT产业为核心横向的生产扩张，产生对多种多样高技术投资物品新一轮的需求，信息技术的出现，引起了一个对新的高科技投资物品的追加需求。假设I_B为高科技的投资物品，I_A为传统工业经济时代的投资物品，则投资需求$DI=DI_A+DI_B$。这种高科技新的投资物品的需求，已成为信息时代投资的主要增长点。

（四）高科技引入传统工业生产领域，其生产扩大效应增大了对投资物品的需求

这是高科技引发的横向的生产扩张的另一形式。由于高科技向传统工业生产领域渗透，改造与提高传统工业技术，因而高科技使用也促进传统产业的新发展，例如信息化促使了汽车、机械、化工、石油、钢铁等产业的技术革新、产品革新和生产扩大，从而促进了这些产业对投资物品需求——既包括对高技术投资品的需求，也包括对传统投资物品的需求——的扩大。这种高科技产业—传统产业—高科技产业之间的相互促进作用，促使设备更新规模的不断扩大。在美国，信息技术促进了各个产业的设备更新，设备投资年增率1991～1998年为9.7%，为前8年的2倍，其中计算机与软件投资年增率为15%，计算机与软件占全部设备投资（7万亿美元）的45.3%。

上述四个方面的作用，使美国在20世纪90年代出现了一个高科技经济发展带来的投资需求强劲增长的时期，投资需求的增长和拉动力成为这一时期美国经济前所未有的高增长（1994年至1999年增长率近4%）的决定因素。

以上分析表明，在投资物品领域，现代高科技被应用于生产，一方面使产品总供给快速增长，另一方面通过固定资本加速更新，纵向的和横向的生产扩张和产业链延伸效应，以及对传统工业的改造作用，又促进了对投资物品需求的增长，也就是说，在投资物品领域，

技术进步带来的新供给不断地创造出新需求，投资物品增量 YI_B，会引致投资物品新需求 DI_B 的产生。因此，科技生产力倍数作用的增强不是必然导致生产过剩，带来运行危机，恰恰相反，企业的科技创新还会引致对投资物品需求的增大，由此实现投资带动的经济增长。

当然，科技进步引致的充分的投资需求不是自然形成的，它必须以形成能促使科技有效转化为投资的经济机制为前提。这样的经济机制包括：（1）科技产品市场化、资本化机制；（2）包括二板市场在内的风险资本形成与运行机制；（3）科技人才流动化，等等。上述育成和促进高技术经济的经济机制，意味着更加发达和更加完善的市场经济体系的构建。只有形成了这样的经济体系和机制，才能实现科技成果的转化和拉动投资，才能形成固定资本加速更新，才能实现高技术企业纵向的生产扩张和横向的生产扩张。

上述经济体系与机制，人们称之为"新经济"，我们则将其定义为高科技经济。

三、技术进步与投资扩张型的总量均衡

如以公式来表示再生产的供求均衡：年再生产是 $Y=DI+DC$，Y 是当年国民总产值，DI 是当年投资物品的总需求，DC 是当年消费品的总需求。

如果我们从产品性质来分析国民总产值结构，YI 是投资物品价值量，YC 是消费品价值量，那么，上述公式可以进一步具体表述为：

$YI+YC=DI+DC$

我们把第一年的生产写成：$Y^1=DI^1+DC^1$

在引入科技生产力后，第二年的再生产的产值结构是：

$Y^2+DI^2+DC^2=（1+t）\cdot Y^1$ （其中：$Y^2=Y^1+\Delta Y^2$，$\Delta Y^2=t\cdot Y^1$）

Y^2即增大了的国民生产总值，假定科技生产力倍数为20%，$Y^2=Y^1+$（$Y^1\times20\%$），总量均衡要求：

$Y^2=（DI^1+\Delta DI^2）+（DC^1+\Delta DC^2）$

DI^1是第一年的投资量，ΔDI^2是第二年投资增量，DC^1是第一年的消费量，ΔDC^2是第二年消费增量。$DI^2=DI^1+\Delta DI^2$是第二年扩大了的投资需求，它和投资物品总供给YI^2相适应，$DC^2=DC^1+\Delta DC^2$是第二年扩大了的消费需求，它和消费总供给YC^2相适应。

投资物品毕竟是用来生产作为最终产品的消费品的，投资物品的市场需求的增长，最终决定于消费品的市场销售状况和受到消费品需求的拉动。可见，投资需求增长必须要以充分的消费需求为前提。即使是在技术快速进步时期也可以借助投资物品需求的超常增长来吸引、消化涌现于市场的投资物品，维持总需求的饱和，弥补消费需求增量的不足。例如，在Y^2增长20%时，DI^2跃增40%，DC^2则按常规增长20%。这是一种投资扩张型的总量均衡。20世纪90年代美国经济的长时期的稳定增长，就在于依靠这种投资扩张型的总量均衡。但是这种投资扩张型的总量均衡存在着内在的矛盾，因为市场经济不可能有脱离消费需求的投资增长，因此，依靠单方面的投资扩张来拉动总需求是不可能持久的。如果消费需求增长长期滞后，那么，超常投资增长带动的扩大再生产或迟或早终将达到极限，片面地依靠投资扩张来支撑的经济增长也会陷于停顿，这也意味着供求总量不对应的运行危机的出现。

四、消费需求与现代市场经济

以上分析指出了以科技进步为基础的现代再生产，需要有与投资物品的快速增长相适应的充分的投资需求，以及与消费品的快速增长相适应的充分的消费需求。在现代发达的市场经济中消费需求的重要性大大提高，这是由于：

第一，消费从来是生产的目的，任何社会的生产都要受到消费的拉动，特别是在市场经济的运行中，消费需求是最终的需求。投资物品的需求也是建立在居民对消费品的购买，即最终需求的前提之上。

第二，现代生产中形成了投资物品生产和消费品生产两大部类，投资物品发展成许多互为市场的行业，呈现出作为中间产品的投资物品行业间的互相拉动，例如机械工业的发展，带动原材料、交通、能源等产业的发展，后者的发展又带动机械工业的发展。但是中间产品的互为市场和互相拉动，毕竟是立足于消费品部类增长的基础之上，即它是以增大的消费需求即 $DC^1 + \Delta DC^2$ 为前提。在上述 $Y^2 = (DI^1 + \Delta DI^2) + (DC^1 + \Delta DC^2)$ 公式中，存在着 $DC^1 + \Delta DC^2 = f \cdot (DI^1 + \Delta DI^2)$，即第二年的增大投资量和第二年的增大消费量之间的某种比例关系，公式中用系数 f 来表示。我们将 f 称为投资需求对消费需求的牵动力。在 f 值适当的场合，现实的消费需求是充分的，即足以吸收消费品的供给量，在 f 值下降时，现实的消费需求会小于充分值，从而会出现投资增长中消费增长的不足和失衡，由此导致总需求的不足。在现代市场经济中必须保持投资对消费的充分牵动力，使消费需求的增长与增大的投资需求相适应，才能保持投资品部类的持续增长。

第三，在现代市场经济条件下，消费在再生产总量均衡中的作用增大了。在工业化——无论是资本主义国家或是社会主义国家——的初始阶段，由于总供给水平低，存在着为积累资本，扩张物质资本而抑制消费的倾向；但是在生产现代化发展和市场经济成熟时期，适应于劳动生产率提高和消费品供给的增大，强化消费成为经济运行内在的要求，并首先是消费品部类经济顺利运行的内在需要。在20世纪20年代福特T型车以年数十万辆计生产出来和投放市场时，亨利·福特也需要实行一项提高工资、增大消费需求的计划。当然，这纯然是出于资本家开拓汽车市场的目的，而不会是一种人道主义的善行。

随着工业化、现代化的发展和GDP的增长，居民收入水平也逐步提高；此外，中产阶层的增大也促进了消费率的提高，在当前发达国家消费率已占GDP的6/7。消费需求的增大，也起着保证和拉动投资品部类增长的重要作用。

第四，高技术经济中产品创新的需求扩大功能。产品创新促进需求增长功能的强化是高技术经济中的显著特征。高科技具有一种超常的使用价值提升能力，使用高科技的食品如绿色食品，无污染，对身体有好处。电视机是一种有声、有形、有色的视听产品，数码电视技术能提供高清晰度的图像，有更鲜艳的色彩和更佳的音响效果。新型家用计算机的特征：其一是高质量的运算能力。当前家用电脑中运算速度最快的P4，其CPU主频已达到2.2Hz～2.4Hz（即每秒钟22亿～24亿次运算周期）[①]。其二为多功能。家用计算机兼有计算、文字处理、信息传输等多种多样的功能，使用最方便、提供信息最多最快，是远程教育的工具，还可以用于网上购物、投资、求职等。高技术产品具有

---

① 英特尔公司于2002年11月24日正式在全球发布含HT超线程技术的新款奔腾4处理器，主频为3.06GHz，是第一款采用业界最先进的0.13微米制造工艺、每秒计算速度超过30亿次的量产微处理器。

高质量、低价格的特征，能够激发强劲的需求，成为市场上人们竞相购买的大众产品。可见，高科技不仅会不断创造崭新的产品，而且能激发和创造出新的消费需求。

第五，现代市场经济的运行中应保持投资需求与投资品供给相适应，消费需求与消费品的供给相适应。市场经济中投资需求增长的不稳定性和波动性十分鲜明，需要发挥消费支撑总需求的作用。现代市场经济中科技进步呈加速势态，它导致设备投资的增大，在当代，投资的增长对经济增长和经济周期起着越来越重要的主导作用。在设备投资增长加快时，经济进入扩张阶段；而设备投资增长缓慢或萎缩就会引起经济增长放慢，或导致萧条和GDP负增长。市场经济中既会出现投资过热，又会出现投资不足。后者或是机制性的，例如缺乏固定资本更新动机；或是物质技术性的，例如技术进步缓慢。在投资需求增长乏力，新投资量不足的条件下，投资增长不足部分就应该由消费的一个追加增量来加以弥补。假设第二年的投资是$DI^2=DI_1+DI_2+DI_3$，其中，DI_1是维持简单再生产的投资量，DI_2是维持第二年一般的经济增长所必要的正常的投资需求的增量，DI_3是在科技生产力倍数效应下GDP增幅扩大所需要的追加投资部分。在投资增长不足，即$DI_3=0$的场合，就应该有$DC_1+DC_2+DC_3$的增长，公式中DC_1是维持简单再生产的消费，DC_2是维持一般的经济增长所必要的消费增量，DC_3是用以弥补投资增量不足的消费增量。在上述场合，消费需求的扩大弥补了投资需求不足，维持了总供求均衡。可见，投资需求增长的不稳定性和波动性是当代市场经济的特征，不仅由于自发性市场机制下投资预期的变化，而且由于技术进步的时快时慢，因此，即使是当前的信息技术和其他高技术的迅猛发展也只能看作技术进步的"高潮期"，人们不能期望技术进步永远是"高峰运行"。投资需求增长的不稳定，意味着再生产进程中会出现DI_3的不足，它要求DC_3来弥补。可见，现代市场经济的顺利运行要求有消费需求的稳定而充分的增长。

综上所述，消费在现代市场中的地位和作用大大提高，即使不时会出现投资扩张，也不能取代消费在再生产中的基础作用。为了保持国民经济的快速增长和稳定运行，人们就需要保证社会消费充分增长，使消费与投资同总供给的增长相适应。

五、高科技经济与有效需求不足

市场经济体制下国民经济运行的根本问题，是能否保证$Y^K=DI^K+DC^K$，即在总供给加快增长的条件下，能否保证有与之相适应的投资需求与消费需求。

不断的和全方位的技术创新，特别是高科技的发展，是现代生产的鲜明特征。在走向21世纪的新时期，出现了一场以信息技术为标志的世界性的企业物质技术基础的大改组和产业升级。在技术创新发展迅速的发达国家呈现出投资需求的加快增长。1990～1999年，美国高科技领域的投资大幅度和持续增长，在再生产中大体实现了DI^{k-1}（上年度企业固定资本投资增量）和DI^k（纵向生产扩张中对投资物品的需求增量+横向生产扩张中对投资物品的需求增量）适应于科技生产力倍数效应下的增大的国民生产总值Y^k。

投资需求的增长也拉动了消费的增长。（1）投资需求的增大会引起投资物品生产部类就业的增加；（2）投资需求的增大，投资物品生产部类就业的增大，会导致工资水平的提高；（3）投资品部类产值的增大，意味着企业盈利和投资者以及经营者收入的增长。以上三方面引起"收入多、花费多"，导致消费需求的增长。

我们已经指出，市场经济运行中投资需求对消费需求的带动作用，或牵动力，可用下述公式来表述：$DC=f\cdot DI$。公式中 f 是一个系数，f 的值是变动的，它在经济增长的不同阶段会有所不同。在传统工业生产方式下，在投资需求一般增长的情况下，由于生产技术构成提高，会对就业增大起抵消作用；在传统工业生产方式下技术进步较为缓慢，投资物品部类内部生产扩张规模，从而其就业扩大和工资增加的拉动力也往往是有限的，因而 f 值较小，意味着投资增量的扩大就业和刺激消费效应较低；在20世纪末发达资本主义国家的新一轮技术进步条件下，出现了下列新情况：全面和加速的技术创新促使生产新的投资物品的企业的涌现，以及投资物品部类企业之间的互相拉动，如计算机生产拉动其他高科技生产，硬件生产拉动软件生产，以及不同生产企业间的互相拉动，使这一场新技术革命启动了一轮投资需求增长的高潮。

这种投资大幅度增长抵消了企业生产技术构成提高的就业抑制作用。例如，美国1991~1998年的高设备投资率——主要用于信息技术，即硬件和软件，年增长率高达15%——成为扩大就业的主要因素。而且，以高科技为基础的投资需求是以生产的纵向和横向扩张为特征，它本身就是新就业的增长点。1991~1998年美国的新增就业人口达1800万人，1/3来自IT产业的就业。

全面技术创新催化的纵向的横向的生产扩大带来就业增大效应。例如美国失业率由6%降到近4%，就业增大促使个人收入提高，维系了中间收入群体的购买力。

高科技产品的高效用、低价格固有的刺激消费的效应，以及高科技发展中的收入分配机制，形成了一个由技术专家和经营者组成的高收入层，它加强了中间阶层的经济实力和购买力。

上述情况意味着高科技经济发展阶段出现了f值的增大和投资增量对消费需求的牵动力的提高。在美国，20世纪90年代消费稳中有升，1998年个人消费支出，占经济活动总量2/3，比1997年同期增长4.9%，为近14年最高水平。

可见，在高科技经济的快速增长阶段，f值的增大，也即是投资需求增长对消费需求牵动力的增大，带来了投资需求与消费需求的互相促进，和投资需求与消费需求的扩大。的确，信息化、网络化给美国经济带来了一轮需求的增大，它表现出当代技术进步提高社会有效需求的显著效应。

20世纪末的科技创新的确是对经济有重大影响的新要素。在科技创新高潮下，美国20世纪90年代经济出现了持续10年的稳定高速增长，美国《商业周刊》及许多经济媒体不断欢呼"信息繁荣"，"新经济消灭了危机"。认为这种高科技带来了充分就业、无通胀、无危机的"新经济"。但这只不过是那些对当代经济缺乏理性思考的人们的一种主观愿望。

我在1999年就指出："在西方媒体上对'美国两旺新经济'的一片喝彩和大肆渲染中，我们应该看到现代市场经济中的有效需求不足问题仍然存在。"[①]事实上，以高技术为基础的美国"经济"也并未改变资本主义市场经济运行周期性的规律。2001年春，随着纳斯达克股市泡沫的破裂，美国经济告别了10年高增长，进入了新一轮衰退，而网络企业的纷纷破产更是衰退中最令人瞩目的景象。迄今美国尚未走出衰退，世界不少国家仍面对着通货紧缩、经济低迷的困境。实践表明，DC^k+DI^k的增长滞后和有效需求不足，仍然是以高科技为基础的当

---

① 刘诗白：《论新经济》，《光明日报》2000年8月22日。

代资本主义再生产的一个难以解决的问题。

资本主义国家经济运行中有效需求不足的根本原因是制度性的，资本主义国家少数资产者财产垄断制度及其收入分配制度带来居民消费需求增长滞后，由此导致投资动力不足，从而造成$Y^k>DI^k+DC^k$，出现需求不足下相对的经济过剩。总需求和总供给的失衡是资本主义国家经济运行过程中频频出现危机和萧条的根源。发源于发达国家的当代高科技的发展，以其技术生产力倍数效应加剧了总供给扩大趋势，尽管科技进步推动了投资增长，生产扩张，就业扩大，中产阶级收入增长，增大了消费需求，但是在资本主义所有制和收入分配的制度框架下，消费需求即DC^k的增大仍然是大大滞后于总供给即Y^k的增长的。

应该看到，在美国式的投资扩张型的经济增长中，消费增量ΔDC^k落后于能与投资增量相协调的消费增量ΔDC_k^k，即存在着$\Delta DC^k-\Delta DC_k^k=G$（$G<0$）。$G$体现了不足消费部分。消费需求增量的不足，与增大的总供给的矛盾是投资扩张型经济增长中的深层矛盾，只是依靠加速进行固定资本替换，加速度的投资扩张，即$DI_1+DI_2+DI_3+\cdots\cdots$，即投资需求的不断扩大、实行过度投资才能保持这种畸形的经济运行中总量的动态均衡。美国20世纪90年代末的"信息、网络热"，和这一领域内的过度投资支撑了经济高增长，但这种过度投资毕竟不能持久，因为，消费需求增长不足始终是"达摩克利斯剑"。特别是高科技带来的生产扩张也未能做到真正地消灭失业人口与贫困，即使是美国20世纪90年代达到的罕见的4％的低失业率（也很难将它说成是完全的"自愿的"结构性失业）。可见，信息技术和现代高科技的使用并未能解决和消除资本主义再生产中的总量均衡问题，经济增长中制度性的有效需求不足仍然是客观存在，甚至可以说难以解决的。

基于上述论述，科技创新引发的需求高增长，以及投资需求增长

对需求的牵动力即 f 值的增大，只是暂时的现象，资本主义再生产过程中阶段性的需求旺盛及其带来的生产扩张，只能是新一轮总量失衡和衰退的前兆。经济学家克鲁格曼在其《萧条经济学的回归》一书中不同意关于需求不足不再存在的"美国新经济"的论调，他说："现在，很多经济学家还认为衰退微不足道，对衰退的研究也是一个逐步消失的神话"，但"短期中的现实世界正经历一次又一次的危机，所有问题都涉及需求不足……如何增加需求，以便充分利用经济的生产能力，已经是一个至关重要的问题了。萧条经济学又回来了"[①]。当然，也需要指出，由于科技创新的需求扩张效应，在高科技经济主导的当代资本主义国家的经济运行中也出现了更为强劲的内生的复苏力量，它促使经济较快摆脱萧条和进入新一轮的增长，因而，长增长—危机—短萧条—增长的周期运行，有可能成为科技创新主导的经济运行中周期性的具体形式，能否实现这样的经济运行周期形式，取决于科技创新和转化为生产力的状况，也取决于政府有效的宏观调控功能的发挥。

附　录

假定：一国GDP的规模取决于物质生产要素（其决定因素是物质、技术设备）和劳动力的使用量。则：

$$Y=(M+L) \times t \tag{1}$$

其中，Y 是GDP的规模，M 是物质生产要素使用量，L 是劳动力使用量，t 是科技水平，上述 M、L 均表现为价值量，t 是科技生产力倍数。

[①]　［美］保罗·克鲁格曼：《萧条经济学的回归》，中国人民大学出版社，1999年，第215页。

$$t=f（Q，S） \tag{2}$$

其中，Q表示技术创新的质，S表示技术创新使用于生产的范围，t为科技生产力倍数，是Q、S的生产力增长函数。

社会再生产顺利进行的基本前提：

$$AS=AD \tag{3}$$

其中：$AS=Y$；$AD=DI+DC$

Y是总产量或总供给，DI是投资需求，DC是消费需求。

为了维持顺利的再生产，除了总量均衡外，还需要有供求结构的均衡：

$$AS=SI+SC \tag{4}$$

其中：$AS=Y$；$SI=DI$；$SC=DC$

SI是投资物品的供给，SC是消费品的供给。

由以上二式，可证明总供需的总量均衡与结构均衡之间具有如下逻辑关系：

（1）若$SI=DI$，$SC=DC$，则$AS=AD$

（经济含义：结构均衡则总量均衡）

（2）若$AS≠D$，则

①$SI≠DI$；$SC≠DC$

②$SI=DI$；$SC≠DC$

③$SI≠DI$；$SC=DC$

（经济含义：总量不均衡则结构也不均衡）

（3）$AS=AD$与$SI≠DI$，$SC≠DC$可以同时并存。

（经济含义：总量均衡与结构均衡可并存）

（一）近代工业经济一般技术进步条件下扩大再生产中的总供求均衡

$Y^1=DI^1+DC^1$，$Y^2=DI^2+DC^2$，$\cdots$，$Y^n=DI^n+DC^n$　（n=1，2，3，$\cdots$）

其中：$Y^n=AS^n$

则：$Y^N=Y^{N-1}+\Delta Y^N$　（N=1，2，3，$\cdots$，n）

其中，$\Delta Y^N=t\cdot\Delta（M+L）$　　　　　　　　　　　　（5）

Y^2、DI^2、DC^2分别是第二年度的增大了的总供给，增大了的对投资品的需求，增大了的对消费品的需求；Y^N、DI^N、DC^N分别是第n年度的增大了的总供给，增大了的对投资品的需求，增大了的对消费品的需求；Y^{N-1}为上一年度的增大了的总供给，ΔY^N为当年的总供给增量。

假设：DI_1、DC_1分别为维持简单再生产的投资需求和消费需求；DI_2、DC_2分别是维持一般的经济增长所必要的正常投资需求以及消费需求的增量；DI_k、DC_k分别是充分的投资需求和消费需求。则在$DC_1+DC_2<DC_k$的情况下：

$DI=DI_1+DI_2+DI_3$　　　　　　　　　　　　　　　　　（6）

（其中，DI_3是政府投资带动和刺激的社会投资）

其经济含义为：在出现消费需求不足的条件下，应该通过增大政府投资来带动和刺激社会投资，发挥投资乘数效应，形成充分的投资需求。

（二）现代市场经济高科技条件下投资扩张型的再生产总量均衡

$\because Y=DI+DC$

其中：Y是当年国民总产值，DI是当年投资物品的总需求，DC是当年消费品需求。

按产品性质分：YI是投资物品价值量，YC是消费品价值量，那么：

$Y=YI+YC$

且：$YI+YC=DI+DC$

即：$SI+SC=DI+DC$　　（其中$YI=SI$，$YC=SC$）

∴第一年：$Y^1=DI^1+DC^1$

第二年：$Y^2=DI^2+DC^2$

其中，$DI^2=DI^1+\Delta DI^2$，$DC^2=DC^1+\Delta DC^2$

$Y^2=Y^1+\Delta Y^2=Y^1+t \cdot Y^1$

总量均衡要求：

$Y^2=（DI^1+\Delta DI^2）+（DC^1+\Delta DC^2）$

其中，DI^1是第一年的投资量，ΔDC^2是第二年的投资增量：$YI^2=DI^1+\Delta DI^2$，$YI^2=YI^1+\Delta YI^2$

DC^1是第一年的消费量，ΔDC^2是第二年的消费增量：$YC^2=DC^1+\Delta DC^2$，$YC^2=YC^1+\Delta YC^2$

且：$DC^1+\Delta DC^2=f \cdot （DI^1+\Delta DI^2）$

（f是投资需求对消费需求的牵动力）

······

则：$Y^N=（DI^{N-1}+\Delta DI^N）+（DC^{N-1}+\Delta DC^N）=YI^N+\Delta YC^N$（$N$=1，2，3，…，$n$）

且：$DC^{N-1}+\Delta DC^N=f \cdot （DI^{N-1}+\Delta DI^N）$　　　　　　（7）

即$DC=f \cdot DI$

投资需求不足下的总量均衡：

假设：$DI=DI_1+DI_2+DI_3$　　　　　　　　　　　　　　　（8）

其中，DI_1是维持简单再生产的投资量，DI_2是维持一般的经济增长所必要的正常的投资需求的增量，DI_3是在科技生产力倍数效应下GDP增幅扩大条件下需要的追加投资部分。

则：当$DI_3=0$时，$DC=DC_1+DC_2+DC_3$

其中，DC_1是维持简单再生产的消费，DC_2是维持一般的经济增长所必要的消费增量，DC_3是用以弥补投资增量不足的消费增量。

即：DI_3的不足，要求DC_3来弥补。